Daniel Mendelsohn

EINE ODYSSEE

*Mein Vater,
ein Epos und ich*

Aus dem Englischen
von Matthias Fienbork

Pantheon

Die englische Originalausgabe erschien 2017 unter dem Titel
An Odyssey. A Father, a Son and an Epic bei Alfred A. Knopf, New York.

Der Verlag behält sich die Verwertung des urheberrechtlich
geschützten Inhalts dieses Werkes für Zwecke des Text- und
Data-Minings nach § 44 b UrhG ausdrücklich vor.
Jegliche unbefugte Nutzung ist hiermit ausgeschlossen.

Penguin Random House Verlagsgruppe FSC® N001967

2. Auflage 2024
Copyright © 2017 by Daniel Mendelsohn
Copyright © 2019 der deutschsprachigen Ausgabe by Siedler Verlag, München
Copyright © dieser Ausgabe 2020 by Pantheon Verlag
in der Penguin Random House Verlagsgruppe GmbH,
Neumarkter Straße 28, 81673 München
Umschlaggestaltung: Büro Jorge Schmidt, München,
nach einem Entwurf von FAVORITBUERO, München
Umschlagmotiv: © Shutterstock/aleksm und natsa
Satz: KCFG – Medienagentur, Neuss
Druck und Bindung: CPI books GmbH, Leck
Printed in the EU
ISBN 978-3-570-55425-8

www.pantheon-verlag.de

Für meine Mutter

VORBEMERKUNG DES AUTORS

Aus erzählerischen Gründen und mit Rücksicht auf die Privatsphäre meiner Studenten und der Teilnehmer an der Kreuzfahrt »Auf den Spuren der Odyssee« habe ich fiktive Namen verwendet, Situationen und Personen teilweise verfremdet.

PROÖMIUM
(Anrufung)

1964 – 2011

Der Inhalt der *Odyssee* ist rasch erzählt. Ein Mann weilt viele Jahre in der Fremde, wird ständig von Poseidon überwacht und ist ganz allein; bei ihm zu Hause steht es so, dass Freier seinen Besitz verzehren und sich gegen seinen Sohn verschwören. Nach überstandener stürmischer Reise kehrt er zurück und gibt sich zu erkennen, vernichtet seine Feinde und ist gerettet.

ARISTOTELES, *Poetik*

Vor einigen Jahren, eines Januarabends kurz vor Beginn des Frühjahrssemesters, in dem ich ein Seminar über die Odyssee halten würde, fragte mich mein damals einundachtzigjähriger Vater, der vor seiner Pensionierung in der technischen Forschung gearbeitet hatte, aus Gründen, die ich seinerzeit glaubte verstanden zu haben, ob er an dem Seminar teilnehmen könne, und ich sagte Ja. Während der nächsten vier Monate fuhr er einmal pro Woche von dem bescheidenen Split-Level-Haus auf Long Island, in dem ich aufgewachsen war und in dem er nach wie vor mit meiner Mutter wohnte, zum Campus des Bard College, der kleinen Universität, an der ich unterrichte. Jeden Freitagvormittag um zehn nach zehn setzte er sich zu den jungen Leuten, die sich für das Seminar eingeschrieben hatten, Siebzehn-, Achtzehnjährigen, nicht einmal ein viertel so alt wie er, und beteiligte sich an der Diskussion über dieses antike Epos über lange Reisen und lange Ehen und Sehnsucht nach der Heimat.

Das Semester begann mitten im Winter, und wenn mein Vater mir nicht gerade klarzumachen versuchte, dass Odysseus, der Held des Epos, kein richtiger Held sei (*weil er ein Lügner ist und seine Frau betrogen hat!*), dachte er voller Sorge an das Wetter: die zugeschneite Windschutzscheibe, die schneematschigen Straßen, die vereisten Gehwege. Er hatte Angst hinzufallen. Und so gingen wir vorsichtig die schmalen asphaltierten Wege entlang, die zu dem Gebäude führten, in dem das Seminar stattfand, einem Backsteinkasten, so bemüht unauffällig wie ein Marriott, oder den Pfad zu dem spitzgiebeligen Haus am Rand des Campus, das für ein paar Tage in der Woche mein Zuhause war. Um die dreistündige Fahrt nicht zweimal am selben Tag machen zu müssen, übernachtete er oft in diesem Haus, schlief in dem Gästezimmer, das mir als Arbeitszimmer dient, ausgestreckt auf einem schmalen Tagesbett, in dem ich als Kind geschlafen hatte – ein niedriges Holzbett, das mein Vater eigenhändig für mich gebaut hatte, als ich meinem Bettchen entwachsen war. Nun hatte dieses Bett etwas an sich, was nur mein Vater und ich wussten: Es war aus einer Tür gebaut, einem billigen, hohlen Türblatt, an das er vier stabile Beine aus Holz montiert hatte, gestützt durch Metallwinkel, die heute noch so fest sitzen wie vor fünfzig Jahren, als sie angeschraubt wurden. Dieses Bett, mit seinem witzigen kleinen Geheimnis, verborgen, solange man die Matratze nicht anhob und das Türblatt darunter sah, diente meinem Vater in jenem Frühjahrssemester des *Odyssee*-Seminars als Schlafgelegenheit, bevor er dann krank wurde und meine Geschwister und ich anfangen mussten, unseren Vater zu bevatern, sorgenvoll zusahen, wie er unruhig schlief in enormen, technisch aufwendigen Konstruktionen, die überhaupt nicht wie Betten aussahen, wenn sie sich laut summend aufrichteten und wieder absenkten, eher wie Lastkrane. Doch das kam später.

Mein Vater fand es immer amüsant, dass ich jahrelang meine Zeit auf so viele unterschiedliche Orte aufteilte: das besagte Haus auf dem ländlichen Campus, das schöne alte Haus in New Jersey, in dem meine Jungs und ihre Mutter wohnten und in dem ich lange Wochenenden verbrachte, und mein Apartment in New York, das, seit ich eine Familie und dann eine Professur hatte, wenig mehr als eine Übernachtungsgelegenheit zwischen endlosen Bahnfahrten war. Du bist dauernd unterwegs, sagte mein Vater manchmal am Ende eines Telefongesprächs, und bei dem Wort »unterwegs« glaubte ich zu sehen, wie er den Kopf in leiser Verwunderung schüttelte. Mein Vater hatte fast sein ganzes Leben in einem Haus gewohnt – dem Haus, in das er einen Monat vor meiner Geburt eingezogen war und das er im Januar 2012 zum letzten Mal verließ, auf den Tag genau ein Jahr nach dem Beginn meines *Odyssee*-Seminars, an dem er teilgenommen hatte.

Das Seminar dauerte von Ende Januar bis Anfang Mai. Etwa eine Woche nach der letzten Sitzung telefonierte ich mit Froma, einer befreundeten Altphilologin, die während des Studiums meine Mentorin gewesen war und sich meine periodischen Berichte über die Fortschritte meines Vaters im *Odyssee*-Seminar mit Vergnügen angehört hatte. Im Laufe unseres Gesprächs erwähnte sie eine Mittelmeer-Kreuzfahrt namens »Auf den Spuren der Odyssee«, an der sie einige Jahre zuvor teilgenommen hatte. Das wär doch was für euch!, rief sie. Nach diesem Semester, in dem du deinen Vater mit der *Odyssee* bekannt gemacht hast, liegt das doch auf der Hand. Diese Idee fanden nicht alle gut. Eine befreundete Reisemanagerin, eine lebhafte blonde Ukrainerin namens Yelena, die ich um ihre Meinung fragte, mailte umgehend zurück: »Hände weg von Themen-Kreuzfahrten!« Aber Froma war meine Lehrerin gewesen, und aus alter Gewohnheit folgte ich ihrem Rat. Als ich am nächsten Vormittag meinen Vater anrief und ihm von meinem Gespräch mit ihr berichtete, reagierte er mit einem unverbindlichen: Schau'n wir mal.

Wir studierten die Website der Kreuzfahrtreederei. Ich hatte es mir auf dem Sofa in meinem New Yorker Apartment bequem gemacht, ein wenig erschöpft nach einer erneuten Woche ständigen Pendelns, und starrte auf meinen Laptop. Ich konnte mir meinen Vater vorstellen, der in seinem vollgestopften Arbeitszimmer saß, das früher das Zimmer gewesen war, das ich mir mit meinem älteren Bruder Andrew geteilt hatte: die einfachen, niedrigen Betten, die er gebaut hatte, der schlichte Eichenschreibtisch, schon lange ersetzt durch Spanplattentische von Staples mit ihrer schwarzen, glatten Oberfläche, die sich unter den Desktops und Bildschirmen und Laptops und Druckern und Scannern bog, die vielen Kabel und blinkenden Lämpchen, die dem Ganzen die Anmutung eines Krankenhauszimmers gaben. Die Kreuzfahrt, lasen wir, sollte der jahrelangen Irrfahrt des mythischen Helden folgen, der nach dem Trojanischen Krieg in die Heimat zurückkehren will, ständig bedroht von Schiffbruch und Ungeheuern. Die Reise würde in Troja in der heutigen Türkei beginnen und auf Ithaki enden, einer kleinen Insel vor der Westküste Griechenlands, die das antike Ithaka sein soll, die Heimat des Odysseus. »Auf den Spuren der *Odyssee*« verstand sich als »Bildungsreise«, und wenn mein Vater alles verachtete, was er für überflüssigen Luxus hielt – Kreuzfahrten und Sightseeing und Urlaub –, so war er doch ein großer Verfechter von Bildung. Und so kam es, dass wir ein paar Wochen später, im Juni, nachdem wir uns kurz zuvor noch mit Homers Epos beschäftigt hatten, die Kreuzfahrt unternahmen, die insgesamt zehn Tage dauerte, einen Tag für jedes Jahr der langen Heimreise von Odysseus.

Wir sahen fast alles, was zu sehen wir gehofft hatten – die fremden Landschaften und die Ruinen der verschiedenen Kulturen, die dort entstanden waren. Wir sahen Troja, das für unsere ungeübten Augen wie eine Strandburg aussah, die ein übellauniges Kind zerstört hatte, die legendären Anhöhen nur mehr eine zufällige Ansammlung von Säulen und Steinen, die blind auf das Meer hinunterschauten. Wir sahen die neolithischen Tempelruinen auf Gozo, der Insel nordwestlich von Malta, wo es auch eine Höhle gibt, die der Sage nach die Grotte der Kalypso gewesen sein soll, der schönen Nymphe, auf deren Insel Odysseus sieben Jahre lang festsaß und die ihm Unsterblichkeit anbot, wenn er sich ihr zuliebe von seiner Frau lossagte, wozu er nicht bereit war. Wir sahen den dorischen Tempel von Segesta mit seinen klassisch strengen Säulen, der aus unerklärlichen Gründen nicht fertiggestellt worden war, errichtet von irgendwelchen Griechen auf ebenjener Insel, wo Odysseus' Gefährten verbotenerweise Fleisch von Rindern aßen, die dem Sonnengott Hyperion gehörten, ein Vergehen, das sie alle mit dem Leben bezahlten. Wir besuchten den trostlosen Ort an der kampanischen Küste bei Neapel, der nach antiker Auffassung der Eingang zum Hades war, dem Reich der Toten – auch dies ein unerwarteter Zwischenstopp auf Odysseus' Heimreise, aber vielleicht nicht ganz so unerwartet, denn schließlich müssen wir uns mit den Toten aussöhnen, um weiterleben zu können. Auf der Peloponnes sahen wir wuchtige venezianische Festungen, die auf sonnenverdorrten Hängen saßen wie Frösche auf einer abgebrannten Heide, unweit von Pilos, dem antiken Pylos, einer Stadt, wo dem Dichter zufolge ein freundlicher, wenn auch etwas weitschweifiger alter König namens Nestor herrschte, der dort Odysseus' jungen Sohn empfing, der auf der Suche nach seinem verschollenen Vater war: Und so beginnt die *Odyssee*, mit einem Sohn, der sich auf die Suche nach dem abwesenden Vater macht. Und natürlich sahen wir das Meer, das vielgesichtige Meer, spiegelglatt und rau, bald unbekümmert offen, bald abweisend, unergründlich, manchmal von einem so klaren Blau, dass man die Seeigel auf dem Meeresboden sehen konnte, stachlig und erwartungsvoll wie Minen aus einem Krieg, an dessen Ursachen und Teilnehmer sich niemand mehr erinnert, dann wieder von einem undurchdringlichen Purpur, jener Farbe, die wir beim Wein als Rot, die Griechen aber als *schwarz* bezeichnen.

All das sahen wir auf unserer Reise, all diese Orte, und wir lernten viel über die Völker, die dort gelebt hatten. Mein Vater, dessen griesgrämige Sorge vor den Gefahren praktisch allen Reisens zu Aussprüchen geführt hatte, über die seine fünf Kinder gern lachten (*Parkplätze sind die gefährlichsten Orte der Welt, die Leute fahren dort wie die Verrückten!*), konnte seinen Auftritt als Mittelmeerreisender zunehmend genießen. Doch aufgrund einer Reihe ärgerlicher Ereignisse, für die der Kapitän und seine Mannschaft nicht verantwortlich waren, worauf ich später noch zurückkommen werde, konnten wir den letzten Punkt unserer Reise nicht ansteuern. Also haben wir Ithaka nicht gesehen, den Ort, den zu erreichen Odysseus alles unternommen hat; also mussten wir auf das wohl bekannteste Reiseziel in der Literatur verzichten. Andererseits ist es ja so, dass die *Odyssee* mit ihren plötzlichen Kalamitäten und überraschenden Wendungen ihren Helden lehrt, Enttäuschungen zu ertragen, und ihre Zuhörer, das Unerwartete zu erwarten. Insofern war der Umstand, dass wir Ithaka nicht erreichten, vielleicht der typischste Odysseus-Moment unserer Bildungsreise.

Erwarte das Unerwartete. Im Spätherbst, einige Monate, nachdem mein Vater und ich von unserer Reise zurückgekehrt waren – die, weil wir das Ziel nicht erreicht hatten, als unvollendet, als noch nicht abgeschlossen betrachtet werden konnte, wie ich ihm gegenüber manchmal scherzhaft bemerkte –, stürzte mein Vater.

Wer sich mit der antiken griechischen Literatur beschäftigt, ob mit Dichtung oder Geschichtsschreibung, wird regelmäßig einem Begriff begegnen, der den Ursprung einer Katastrophe bezeichnet – *arche kakon*, »der Anfang allen Übels«. Meist geht es dabei um Kriege. So bezeichnet etwa der Historiker Herodot, der über den Perserkrieg schreibt, der in den 480ern v. Chr. stattfand, die viele Jahre vor dem Ausbruch der Feindseligkeiten getroffene Entscheidung der Athener, gewisse Verbündete durch die Entsendung von Schiffen zu unterstützen, als *arche kakon* dieses Konflikts. (Herodot schrieb in den späten 400ern v. Chr., etwa dreieinhalb Jahrhunderte nach Homer über den Trojanischen Krieg, der nach Ansicht zeitgenössischer Gelehrter drei Jahrhunderte vor Homer stattgefunden hatte.) Mit *arche kakon* kann aber auch der Grund von Ereignissen anderer Art bezeichnet werden. Euripides etwa beschreibt damit in einem seiner Dramen eine unglückliche Ehe, eine unter einem ungünstigen Stern stehende Verbindung, die eine Reihe von Ereignissen in Gang setzt, deren katastrophales Resultat für den Höhepunkt seines Bühnenstücks sorgt.

Sowohl Krieg als auch schlechte Ehe verbinden sich in dem allerberühmtesten *arche kakon*, dem Moment nämlich, als ein Prinz von Troja namens Paris mit einer griechischen Königin namens Helena, der Frau eines anderen, durchbrennt. So beginnt, laut Mythos, der Trojanische Krieg, der zehnjährige Konflikt, den die Griechen führten, um die eigenwillige Helena zurückzuholen und die Bewohner von Troja zu bestrafen. (Dass der Krieg so lange dauerte, lag auch daran, dass Troja von unüberwindlichen Mauern umgeben war; nach zehnjähriger Belagerung konnte die Stadt nur dank eines Tricks eingenommen werden – mithilfe des Trojanischen Pferds, das der listenreiche Odysseus ersonnen hatte.) Wo immer die historischen Ursprünge der Stadt liegen mögen – an dem Ort in der heutigen Türkei, den mein Vater und ich besuchten, hatte es tatsächlich eine antike Stadt gegeben, die brutal zerstört worden war, aber alles andere können wir nur erraten –, die mythische Katastrophe, zu der Helenas ehebrecherische Beziehung mit Paris führte, ist seit dreieinhalbtausend Jahren Stoff für Dichter und Dramatiker und Romanciers: die unzähligen Toten auf beiden Seiten, die Plünderung Trojas, die Versklavungen und Demütigungen, die Kindstötungen und Selbsttötungen und schließlich, nach elend langer Irrfahrt, die Heimkehr derjenigen Griechen, die den Krieg überlebten, weil sie schlau genug waren oder einfach Glück hatten.

Arche kakon. Das zweite Wort ist eine Form des griechischen *kakos* (schlecht), das sich in dem Wort Kakophonie (schlechter Klang) gehalten hat – eine treffende Bezeichnung für das Geheul, das die Frauen anstimmen, nachdem ihre Kinder über die Mauern der besiegten Stadt geworfen wurden –, eines der schlechten Dinge, die nach dem Fall Trojas passierten. Das erste Wort, *arche*, bedeutet »Anfang«, manchmal auch »früh« oder »ursprünglich«. Es findet sich auch in unserer modernen Sprache, beispielsweise in »Archetyp«, wörtlich »erster Abdruck«. Ein Archetyp ist das früheste Modell einer Sache, so alt, dass es für alle Zeiten als Vorbild dient. Alles kann ein Archetyp sein – eine Waffe, ein Gebäude, ein Gedicht.

Für meinen Vater war das *arche kakon* ein unbedeutender Zwischenfall, ein einziger unglücklicher Schritt auf dem Parkplatz eines kalifornischen Supermarkts, wo er und mein Bruder Andrew ein paar Dinge für ein seit Langem geplantes Familientreffen besorgen wollten. Alle seine fünf Kinder würden mit ihren Familien kommen, um im Haus von Andrew und Ginny in der Bay Area mit meinen Eltern ein langes Wochenende zu verbringen; alle würden von weither anreisen. Meine beiden Söhne und ihre Mutter Lily kamen mit dem Flugzeug aus New Jersey, mein jüngerer Bruder Matt kam mit Frau und Tochter aus Washington, mein jüngster Bruder Eric kam aus New York, unsere Schwester Jennifer kam mit ihrem Mann und den kleinen Söhnen aus Baltimore. Doch bevor auch nur einer von uns eintraf, stürzte mein Vater. Wie eine vom Pech verfolgte Mythenfigur hatte er unabsichtlich und auf ungeahnte Weise seine eigene düstere Warnung erfüllt: Ein Parkplatz hatte sich für ihn als der gefährlichste Ort der Welt erwiesen, jedoch nicht wegen der Autos oder der Leute, die dort wie die Wahnsinnigen herumkurven. Er und Andrew hatten gerade die Besorgungen im Wagen verstaut, und während er den leeren Einkaufswagen zurückbrachte, stolperte er über eine Metallstange und fiel hin. *Er konnte nicht aufstehen*, berichtete Andrew später, *er saß einfach wie benommen da.* Als wir anderen alle eintrafen, saß mein Vater bereits in einem Rollstuhl. Er hatte sich einen Hüftknochen angeknackst und würde erst nach Monaten wiederhergestellt sein, aber für uns war natürlich klar, dass er sich erholen würde, schließlich galt seit jeher: *Jay ist hart im Nehmen!*

Und er war tatsächlich tough, meisterte erst den Rollstuhl, dann den Rollator und dann den Gehstock. Aber der Sturz, vor dem er sich die ganze Zeit gefürchtet hatte, setzte eine Reihe von Komplikationen in Gang, deren Ergebnis in keinem Verhältnis zu dem Stolperer stand, der alles ausgelöst hatte – die feine Fraktur, die zu einem Blutgerinnsel führte, das wiederum die Einnahme von Blutverdünnern verlangte, die ihrerseits zu seinem schweren Schlaganfall führten, der meinen Vater umwarf: Er konnte nicht mehr atmen, die Augen nicht mehr öffnen, sich nicht mehr bewegen, nicht mehr sprechen. Einmal hieß es, dass es bald vorüber sei, doch er kämpfte sich wieder zurück. Er war eben tough, und eine Weile ging es ihm immerhin so gut, dass er über Baseball sprechen konnte und über meine Mutter und ein Stück von Bach, das er auf seinem elektronischen Keyboard üben wollte, obwohl es nach eigener Aussage zu schwer für ihn war. In dieser letzten Phase hatte sich (wie wir später sagten, wenn wir immer wieder diese bemerkenswerte Geschichte erzählten, als wollten wir uns in Erinnerung rufen, dass alles ganz real gewesen war) »sein altes Ich« wieder gemeldet: ein Begriff, der Fragen aufwirft, die erstmals in der *Odyssee* gestellt wurden, einem Werk, dessen Held nach jahrzehntelanger Abwesenheit denjenigen, die ihn von früher kannten, beweisen muss, dass er »er selbst« ist.

Aber welches ist das wahre Selbst?, fragt die *Odyssee*, und wie viele Formen des Selbst kann ein Mensch haben? Wie ich in dem Jahr lernte, in dem mein Vater an meinem *Odyssee*-Seminar teilnahm und wir uns auf die Spuren der Reisen ihres Helden machten, gibt es auf diese Frage sehr überraschende Antworten.

Alle klassischen Epen beginnen mit dem sogenannten Proömium, einer Vorrede, in der den Zuhörern erklärt wird, worum es in dem Epos geht – Inhalt, Personen der Handlung, Anlage des Stoffes. Diese Einleitungen, formal im Ton, vielleicht etwas steifer als die anschließenden Geschichten, sind nie sehr lang. Manche sind irreführend kurz und bündig, wie das Proömium der *Ilias*, eines Epos von fünfzehntausendsechshundertdreiundneunzig Versen, in denen es um eine einzige Episode geht, die im letzten Jahr des Trojanischen Kriegs stattfindet: der erbitterte Streit zwischen zwei griechischen Kriegern – zwischen Agamemnon, dem Oberbefehlshaber, Sohn des Atreus, und seinem größten Kämpfer, Achilleus, Sohn des Peleus –, der die Mission gefährdete, nämlich Troja zu zerstören und die Entführung Helenas zu rächen. (Für

Agamemnon, den König von Mykene, ist dieser Krieg eine persönliche Angelegenheit, denn Menelaos, der König von Sparta, Helenas gehörnter Ehemann, ist sein jüngerer Bruder. Achilleus dagegen kämpft nur um die Ehre. »Mir taten die Troer gar nichts zuleide«, erklärt er bitter.) Zum Schluss versöhnen sich die beiden, und ihr Unternehmen endet erfolgreich. Es sollte jedoch erwähnt werden, dass die Zerstörung Trojas, die List mit dem Trojanischen Pferd, der nächtliche Hinterhalt, die Tötung der trojanischen Krieger sowie die Versklavung ihrer Frauen und Kinder, das Schleifen der bis dahin unüberwindlichen Mauern, ein für griechisches Publikum aus real erlebten Kriegen vertrautes Resultat, das in vielen literarischen und künstlerischen Darstellungen des Falls von Troja gefeiert wird, in der *Ilias* nicht konkret erzählt wird. Trotz ihrer großen Länge konzentrieren Epen sich streng auf das im Proömium vorgestellte Thema. Das Proömium der *Ilias* erwähnt nur den Streit zwischen den beiden griechischen Kriegern, seine Ursachen und Auswirkungen und was dies über beider Auffassungen von Ehre und Heldentum und Pflicht und Tod verrät. Weil Epen aber über eine Vielzahl erzählerischer Techniken verfügen – sie können andeuten und Ahnungen vermitteln, ja sogar einen Blick in die Zukunft werfen –, werden die Leser der *Ilias* nicht im Zweifel darüber gelassen, wie die Sache ausgeht.

Das Proömium der *Ilias* besteht aus sieben Versen:

Den Zorn singe, Göttin, des Peleus-Sohns Achilleus,
Den verderblichen, der zehntausend Schmerzen über die Achaier
brachte
Und viele kraftvolle Seelen dem Hades vorwarf
Von Helden, sie selbst aber zur Beute schuf den Hunden
Und den Vögeln zum Mahl, und es erfüllte sich des Zeus Ratschluss –
Von da beginnend, wo sich zuerst im Streit entzweiten
Der Atreus-Sohn, der Herr der Männer, und der göttliche Achilleus.

Diese sieben Verse berichten, für sich genommen, ziemlich wenig über die Handlung des Epos. Wir wissen nur, dass es Zorn, Tod und einen göttlichen Plan gibt; Agamemnon und Achilleus. Zeus wird nur andeutungsweise erwähnt: Worum geht es genau? Inwiefern tragen Zorn und Schmerzen, Hunde und Vögel zur Erfüllung dieses Plans bei? Wir erfahren es nicht sofort. Und natürlich liefert uns der Dichter keinerlei Anhaltspunkte, denn wir sollen ihm auch weiterhin gebannt zuhören, um zu erfahren, worin dieser Plan besteht. Aber der Hinweis auf einen »Ratschluss« ist natürlich sehr raffiniert: Zumindest der Dichter hat einen Plan, auch wenn wir zu diesem frühen Zeitpunkt nur eine sehr vage Vorstellung haben, wie dieser Plan aussehen könnte. Bei Epen braucht es das Proömium, weil es uns versichert, dass die Reise, zu der wir nunmehr aufbrechen, dass dieser Ozean von Worten, diese Weite keine »unförmige Leere« ist (mit der jene andere großartige Erzählung, die Genesis, beginnt), sondern ein Weg, der uns zu einem lohnenden Ziel führen wird.

»Ein lohnendes Ziel« – so könnte man den grandiosen Stoff der *Odyssee* bezeichnen, die sich gewissermaßen an die *Ilias* anschließt. Ein aus zwölftausendeinhundertzehn Versen bestehendes Gedicht, dessen Thema die abenteuerliche Heimkehr eines Griechen ist, der am Trojanischen Krieg teilgenommen hatte. Es handelt sich dabei um Odysseus, Herrscher eines kleinen Inselkönigreichs namens Ithaka, ein listenreicher Mann, von dessen mehr oder weniger gelungenen Einfällen und Tricks die Griechen gern erzählten. Eine der beliebtesten Legenden bezieht sich auf die Vorbereitungen zum Trojanischen Krieg. Als die Griechen bei Odysseus vorsprachen und ihn aufforderten, sich ihrem Militärbündnis anzuschließen, soll er – »ein kluger Mann«, wie ein zeitgenössischer Kommentator der *Odyssee* trocken anmerkte, »der genau wusste, wie lange dieser Krieg dauern würde« – sich dem Ansinnen der Griechen entzogen haben, indem er vorgab, verrückt zu sein. In Gegenwart des griechischen Abgesandten spannte er einen Esel und einen Ochsen vor seinen Pflug und streute Salz auf seine Felder. Der Abgesandte, der von Odysseus' Reputation gehört hatte, schnappte sich dessen kleinen Sohn Telemachos und setzte ihn vor den Pflug auf die Erde. Als Odysseus mit seinem Pflug den Säugling umkurvte, schloss der Abgesandte daraus, dass er nicht so verrückt sein konnte, und nahm ihn mit in den Krieg.

Der Krieg war in der Tat enorm – aber das galt auch für Odysseus' Prüfungen auf seiner langen Heimreise. Von dem zornigen Meeresgott Poseidon, den er beleidigt hat (die Gründe erfahren wir später) und den er erst nach seiner Heimkehr besänftigen kann, wird er permanent bedrängt und aufgehalten, immer wieder erleidet er Schiffbruch, wird an unbekannte Gestade geworfen. Seine zehnjährige Irrfahrt mit ihren unablässigen Anstrengungen, in die Heimat zu Frau und Sohn zurückzukehren, kontrastiert deutlich mit der Situation der Griechen, die während des zehnjährigen Krieges unbeweglich vor Troja stehen. Und auch die unverbrüchliche Liebe der beiden – Odysseus hält seiner Frau, die er am Ende zwanzig Jahre nicht gesehen haben wird, die Treue, er widersteht den Verlockungen diverser Göttinnen und Nymphen, denen er unterwegs begegnet, und Penelope hält ihm ihrerseits die Treue, trotz der aufdringlichen Freier, die sich in ihrem Palast einquartiert haben und ihr den Hof machen – kontrastiert mit der Affäre zwischen Paris und Helena, die der eigentliche Grund des Krieges war, der *arche kakon*.

Nach Ansicht der meisten Altphilologen besteht das Proömium der *Odyssee* aus den ersten zehn Versen:

Muse, erzähl mir vom Manne, dem wandlungsreichen, den oft es
abtrieb vom Wege, seit Trojas heilige Burg er verheerte.
Vieler Menschen Städte sah er und lernte ihr Denken
kennen und litt auf dem Meer viel Qual in seinem Gemüte,
trachtend, sein Leben zu sichern und seinen Gefährten die Heimkehr.
Gleichwohl rettete er sie nicht, wie sehr er es wünschte;

denn sie gingen durch eigene Freveltaten zugrunde,
Narren, die des Hyperion-Sohnes, des Helios, Rinder
in sich stopften; doch der nahm ihnen den Tag ihrer Heimkehr.
Davon berichte – beginn, wo du willst –, Zeus' Tochter, auch
uns nun!

Das ist ein merkwürdiger Anfang. Nachdem der Dichter die Hauptperson schlicht als »einen Mann« vorgestellt hat – dass er Odysseus heißt, wird nicht erwähnt –, wendet er sich anderen Männern zu, also denen, die er befehligte und die, wie wir hier hören, durch eigene Schuld umkommen. So weit die Irrfahrten des Mannes, so weitschweifig ist auch das Proömium.

Einige Gelehrte haben angemerkt, dass das Proömium der *Odyssee*, dieses mäandernden Werkes über eine mäandernde und unerwartet lange Heimkehr, vielleicht selbst abschweifen muss, dass es in Wahrheit die ersten einundzwanzig Verse des Gedichts umfasst. Die elf zusätzlichen Verse beschreiben, wie Athene, die Göttin der Weisheit, ihren Vater Zeus bedrängt, Odysseus nach Hause zu führen, ungeachtet des Widerstandes des erzürnten Meeresgottes:

Alle die andern, soweit sie dem jähen Verderben entkommen,
waren bereits zu Hause, entronnen dem Krieg und dem Meere;
ihn allein, der vor Sehnsucht verging nach Heimkehr und Gattin,
hielt die Nymphe Kalypso zurück, die Göttin, die Herrin,
in dem Grottengewölbe, drauf brennend, er werde ihr Gatte.
Doch als nun kam das Jahr im Umlauf der Zeiten,
da ihm die Götter zugesponnen, nach Hause zu kommen,
heim nach Ithaka, konnt' er auch dort nicht entrinnen den Kämpfen,
auch nicht unter den Seinen. Die Götter erbarmten sich alle,
nur nicht Poseidon: Der zürnte dem göttergleichen Odysseus
unablässig und heftig, bevor in sein Land er gelangte.

Und so, genau wie Odysseus, wandert das Proömium nicht nur, sondern vielleicht wandert es noch länger als ursprünglich beabsichtigt.

Die *Ilias* und die *Odyssee* sind die berühmtesten Gedichte in der abendländischen Geschichte, aber es sind keineswegs die einzigen, die aus der Antike auf uns gekommen sind. In der klassischen griechischen und römischen Literatur, von den beiden Werken Homers aus dem achten Jahrhundert v. Chr. bis zu christlichen Versepen aus dem fünften Jahrhundert n. Chr., wimmelt es von epischen Gedichten, die sich aus diesen Landschaften erhoben, so wie Troja sich vermutlich aus der Küstenebene erhoben hat, scheinbar uneinnehmbar und von ewigem Bestand. Selbst wenn viele dieser Gedichte im Lauf der Jahrtausende verloren gingen, ihre Proömia haben oft überlebt, eben weil sie so knapp und bündig waren.

Ein Proömium konnte an andere Gedichte erinnern. Nehmen wir nur das Proömium von Vergils *Aeneis*, das auf den Beginn der *Ilias* und der *Odyssee* verweist:

> *Die Waffen besinge ich und den Mann, der als Erster,*
> *durch das Schicksal ein Flüchtling,*
> *von Troias Küste nach Italien kam und an die Gestade Laviniums:*
> *weithin wurde er über Länder und Meere getrieben durch der*
> *Götter Gewalt*
> *wegen des unversöhnlichen Zorns der wilden Iuno;*
> *auch erlitt er viel im Krieg, bis er endlich seine Stadt gründen*
> *und seine Götter nach Latium bringen konnte; daraus gingen hervor*
> *das Geschlecht der Latiner, Albas Väter und die Mauern*
> *des hochragenden Rom.*

Die *Aeneis* verweist auf die Welt der Homerischen Epen, bezieht aber, indem sie die Verlierer in den Blick nimmt, eine radikal andere Position: Erzählt werden die Abenteuer des Aeneas, der als einer der wenigen Troer die Zerstörung Trojas überlebte. Nachdem Aeneas, den Vater auf dem Rücken tragend und den jungen Sohn an der Hand (eines der berühmtesten und berührendsten Details des Epos), den brennenden Ruinen Trojas entkommen ist, reist er zunächst ziellos umher (seine Irrfahrten erinnern uns an die *Odyssee*), bevor er sich in Italien niederlässt, dem Land, das ihm als Heimat des neuen Staates versprochen wurde, den er gründen wird und in dem er dann mehrere Kriege gegen die lokalen Bewohner führen muss (diese Kriege erinnern an die *Ilias*), um dort mit seinen Leuten wirklich sesshaft werden zu können. Ihm fehlt die brutale Strahlkraft des Achilleus oder der verführerische Listenreichtum des Odysseus, aber er verkörpert ein unbeirrbares Pflichtbewusstsein, das in der römischen Kultur viel gilt und mit dem lateinischen Adjektiv *pius* bezeichnet wird, das besonders oft für Aeneas verwendet wird. Wobei *pius* nicht »fromm« heißt, wie man vermuten würde, sondern »pflichtbewusst«. Das Proömium der *Aeneis* ist sieben Verse lang, der erste Vers, in dem der Dichter ankündigt, er werde von Kriegen und einem Mann singen, *arma virumque*, ist selbst eine Anspielung auf die *Ilias*, in der es vor allem um Kriege beziehungsweise Waffen geht, und auf die *Odyssee*, deren erster Vers uns ebenfalls »einen Mann« ankündigt.

Ein Proömium kann daher nicht nur die eigene Handlung zusammenfassen, in die Zukunft schauen und kommende Ereignisse vorwegnehmen, sondern auch auf ältere Epen verweisen, Archetypen, die es beeinflussen.

In meiner Kindheit hat mein Vater gern eine Geschichte über eine lange Reise erzählt, die wir beide einmal unternommen haben, eine Geschichte, deren Angelpunkt ein Rätsel war. Wie kann man, pflegte mein Vater zu fragen, während er seine Geschichte erzählte, ohne irgendjemanden dabei anzusehen – eine Gewohnheit, die meine Mutter nicht leiden konnte und derentwegen sie ihn manchmal tadelte, weil er, wie sie sagte, auf diese Weise *wie ein Lügner aussieht*, ein Vorwurf, der uns Kinder amüsierte, denn alle wussten, dass mein Vater nie log –, *wie kann man*, fragte mein Vater also, während er seine Geschichte erzählte, *große Entfernungen zurücklegen, ohne irgendwo anzukommen?* Weil ich in dieser Geschichte vorkam, wusste ich die Antwort, und weil ich damals noch ein Kind war, verdarb ich ihm natürlich mit größtem Vergnügen den Spaß, indem ich die Antwort verriet, bevor er seine Geschichte zu Ende erzählt hatte. Doch mein Vater war ein nachsichtiger Mensch, und obwohl er manchmal streng sein konnte, hat er mich nur selten ausgeschimpft.

Des Rätsels Lösung lautete: *Indem man sich im Kreis bewegt.* Mein Vater, studierter Mathematiker, kannte sich natürlich mit Kreisen aus, und wenn ich ihn darum gebeten hätte, hätte er sein Wissen vermutlich mit mir geteilt. Weil Arithmetik und Geometrie und quadratische Gleichungen, unnachsichtige Systeme, in denen kein Raum ist für Ungefähres oder Verzierungen, Ausreden oder Lügen, mich aber immer nervös machten, war mir Mathematik schon damals zuwider. Jedenfalls war seine Wertschätzung für Kreise nicht der Grund, weshalb er diese Geschichte zum Besten gab. Er erzählte sie, weil sie zeigte, was für ein Kind ich gewesen war, obwohl ich vermute, inzwischen erwachsen und selbst Vater von Kindern, dass es eine Geschichte über ihn ist.

Eine lange Reise, die wir beide einmal unternommen haben. Im Interesse von Präzision, auf die mein Vater großen Wert legte, sollte ich sagen, dass die Reise, die wir gemeinsam unternahmen, eine Heimkehr war. Die Geschichte beginnt mit einem Sohn, der aufbricht, seinen Vater zu retten, aber die Heimreise endet, wie das bei Reisen manchmal eben passiert, mit einem noch viel größeren Drama als demjenigen, das alles in Gang gesetzt hatte.

Der fragliche Sohn war mein Vater. Das Ganze trug sich um die Mitte der 1960er Jahre zu, er wird Mitte dreißig gewesen sein, sein Vater Mitte siebzig. Ich muss etwa vier gewesen sein. Jedenfalls weiß ich, dass ich noch nicht zur Schule ging, denn aus genau diesem Grund wurde ich dazu bestimmt, meinen Vater zu begleiten. Es war Januar. Andrew, vier Jahre älter als ich, ging in die zweite Klasse, Matt, zwei Jahre jünger, trug noch Windeln, und meine Mutter blieb bei den beiden zu Hause. *Ich könnte doch Daniel mitnehmen, was meinst du, Marlene?*, sagte mein Vater, was vermutlich Eindruck auf mich machte, weil ich bis dahin noch nie etwas nur mit ihm unternommen hatte. Andrew war derjenige, der Daddy begleitete und Dinge mit ihm unternahm, ihm das Werkzeug reichte, wenn er in der Garage unter dem großen schwarzen Chevrolet lag, der neben ihm vor der Werkbank im Souterrain stand, und Bastelanleitungen von Modellflugzeugen studierte. Ich empfand mich damals als Kind meiner Mutter. Aber Andrew war in der Schule, und deshalb begleitete ich Daddy nach Florida, als mein Großvater anrief und sagte: Komm rasch.

Damals wohnten die Eltern meines Vaters in Miami Beach, in der neunten Etage eines Hochhauses mit Meerblick, das, wie der Zufall es wollte, gleich neben dem Hochhaus stand, in dem die Eltern meiner Mutter wohnten. Ich glaube, die beiden Paare haben nichts miteinander anfangen können. Der Vater meiner Mutter, *Grandpa*, war redselig und lustig, ein großer Geschichtenerzähler und Charmeur, eitel und dominant. Er wendete jeden Tag viel Aufmerksamkeit auf seine Kleidung und auf seinen Verdauungstrakt. Obwohl er nur ein Kind hatte, meine Mutter, war er viermal verheiratet und hatte, wie mein Vater mir einmal zuflüsterte, eine Geliebte gehabt. Seine Ehen hielten durchschnittlich elf Jahre.

Der Vater meines Vaters – Poppy, der Auslöser unserer Reise in jenem Januar, als ich vier war – sprach dagegen kaum ein Wort. Anders als Grandpa war er nicht der Typ, der Zuneigung demonstrierte oder einforderte. Er war nicht sehr groß – mit einssechzig war er kleiner als meine hochgewachsene Großmutter Nanny Kay – und schien immer überrascht zu sein, wenn wir die beiden am Flughafen JFK abholten und bei der Begrüßung umarmten.

Er war gern allein und verabscheute Lärm. Von Beruf war er Elektriker gewesen. *Ihr ruiniert die Leitungen!*, rief er mit seiner hohen, etwas dünnen Stimme, wenn wir im Wohnzimmer herumtollten; die nächste Viertelstunde liefen wir auf Zehenspitzen und kicherten. Ruhig und bedächtig genoss er seine bescheidenen Freuden, Lustspiele im Radio hören oder auf dem Steg hinter seinem Haus sitzen und schweigend angeln – als würde er, wenn er selbst seinen Freizeitvergnügungen mit Sorgfalt nachging, der Katastrophe entgehen, die, wie wir wussten, seine Jugend tragisch zerstört hatte: so große Armut, dass sein Vater all seine sieben Brüder und Schwestern in ein Waisenhaus stecken musste, und als er herangewachsen war, waren seine Mutter und alle Geschwister und auch seine erste Frau gestorben. Diese Verluste hatten ihn »traumatisiert« – dieses Wort hörte ich Nanny Kay flüstern, als sie mit meiner Mutter und den Tanten eines Sommerabends unter einer Weide saß und ich, vierzehn Jahre alt, sie belauschte. Er war traumatisiert, hatte Nanny Kay gesagt, dabei den Rauch aus ihrer langen Zigarette ausgestoßen und ihren Schwiegertöchtern erklärt, warum ihr Mann so still war, warum er nur selten mit seiner Frau, mit seinen Söhnen und mit seinen Enkeln sprach. Ein eingeübtes Schweigen, von dem ich wusste, dass es von Generation zu Generation weitergegeben werden konnte.

Denn auch mein Vater hatte gern seine Ruhe, suchte sich oft ein Plätzchen, wo er ungestört lesen oder ein Baseballspiel verfolgen konnte. Kein Wunder. Ich hatte von meiner Mutter gehört, wie klein das Apartment seiner Familie in der Bronx gewesen war, und hatte mir immer vorgestellt, dass sein großes Ruhebedürfnis eine Reaktion auf diese beengten Wohnverhältnisse war: Mit seinem älteren Bruder Bobby, der Kinderlähmung hatte *(ich erinnere mich an das Geräusch, wenn er seine eisernen Beinschienen an die Heizung stellte, bevor wir zu Bett gingen,* erzählte er mir Jahre später kopfschüttelnd), teilte er sich ein Klappbett im Wohnzimmer, die Eltern gleich nebenan in dem winzigen Schlafzimmer,

Poppy hörte Jack Benny im Radio, Nanny rauchte und spielte Solitaire. Wie waren sie zurechtgekommen, bevor sein ältester Bruder Howard 1938 zur Armee ging? Ich konnte es mir nicht vorstellen ... Da mein Vater später fünf Kinder hatte, musste ich annehmen, dass auch er sich paradoxerweise nach Aktivität und Lärm und Leben in seinem Haus sehnte. Warum hätte er sonst so viele Kinder, fragte ich mich manchmal. Als ich einmal mit Lily über dieses Thema sprach – die Jungs waren noch klein, Peter vielleicht fünf oder sechs, Thomas, knapp zwei, schlief meist unruhig, warf sich in seinem Bettchen hin und her und stieß im Schlaf leise Seufzer aus –, sah Lily mich an und sagte: Du bist doch auch in einem Haus mit vielen Geschwistern aufgewachsen und wolltest Kinder haben! Und für dich war es viel komplizierter! Ich musste grinsen bei dem Gedanken, wie alles angefangen hatte und wie weit wir gekommen waren: ihre schüchterne Frage, als sie erstmals überlegt hatte, ein Kind zu bekommen; ob ich mir vorstellen könnte, dem Kind eine Art Vater zu sein; wie nervös ich anfangs gewesen war und doch auch fasziniert, sobald Peter da war; dass ich immer weniger Lust hatte, wieder nach Manhattan zurückzukehren, wenn ich für ein paar Tage in New Jersey bei ihnen gewesen war, dass sich allmählich, nach Monaten und Jahren, eine neue Struktur herausgebildet hatte – eine halbe Woche Manhattan, eine halbe Woche New Jersey, und dann Thomas' Geburt, die das Ganze irgendwie verfestigte. *Beim ersten Kind kommt es dir wie ein Wunder vor, wie eine Überraschung*, hatte mein Vater gesagt, als ich ihm von Thomas erzählt hatte. *Danach ist es dein Leben.* Fünf Jahre waren seitdem vergangen, und während ich nun laut darüber nachdachte, warum mein Vater so viele Kinder hatte, wandte Lily den Kopf zur Seite. Mir schien, sie horchte, ob von Thomas etwas zu hören war, aber sie dachte nach. Schon komisch, sagte sie langsam, dass du dich am Ende gar nicht so weit von deinem Vater entfernt hast.

Aus diesem Grund – weil die Männer in dieser Familie nie

groß geredet haben, auch nicht über ihre Gefühle und Probleme, wie das in der Familie meiner Mutter üblich war – kam es mir merkwürdig vor, dass wir eines Tages überstürzt nach Florida flogen, zu Poppy, meinem kleinen, schweigsamen Großvater. Erst allmählich wurde mir der Grund von Nannys dringlichem Anruf klar: Poppy war ernstlich erkrankt. Wir fuhren also zum Flughafen, bestiegen eine Maschine nach Florida und verbrachten dann etwa eine Woche im Krankenzimmer, in Erwartung seines Todes, wie ich glaubte. Sein Krankenbett stand hinter einem Vorhang mit lauter rosa und grünen Fischen, und der Gedanke, dass Poppy versteckt werden musste, ängstigte mich. Ich traute mich nicht, hinter den Vorhang zu schauen, sondern saß auf einem orangefarbenen Plastikstuhl und las oder spielte mit meinem Spielzeug. Ich habe keine Erinnerung daran, was mein Vater die ganze Zeit im Krankenhaus gemacht hat. Ich wusste, dass die beiden nie groß miteinander redeten, selbst wenn sein Vater gesund war. Entscheidend war offenbar, dass Daddy anwesend, dass er gekommen war. *Vater ist Vater*, sagte er zehn Jahre später, als Poppy tatsächlich im Sterben lag, diesmal in einer Klinik auf Long Island, in unserer Nähe. Viele Aussagen meines Vaters kamen in dieser $x = x$-Form daher, immer mit der Implikation, dass alles andere, also die Vorstellung, x könne etwas anderes als x sein, den strikten Codes widersprach, die sein Denken prägten und die Welt zusammenhielten: *Qualität ist Qualität, Punkt* oder *Intelligent ist intelligent, so etwas wie »Prüfungsangst« gibt es nicht*. Vater ist Vater. Im Sommer 1975, während Poppys Kräfte endgültig schwanden, fuhr mein Vater täglich während der Mittagspause ins Krankenhaus, eine Viertelstunde entfernt, und saß mit seinem Sandwich schweigend neben dem Bett, in dem sein Vater lag, jeden Tag ein wenig kleiner, verhutzelt und unbeweglich wie eine Mumie, reglos, vielleicht träumte er von seiner toten Frau und den vielen toten Geschwistern. *Vater ist Vater*, sagte Daddy, als ich fünfzehn war und ihn fragte, warum er täglich in die Klinik fuhr, wenn sein Vater doch nichts von seiner Anwesenheit mitbekam. Doch das war später. Jetzt, 1964 in Miami Beach, saß er in dem winzigen Raum hinter dem Vorhang mit den Fischen, redete leise mit seiner Mutter und wartete. Und der kleine alte Mann, der Vater meines Vaters, der einen Herzinfarkt gehabt hatte, starb doch nicht, und das Drama war vorüber.

Auf dem Rückflug begann dann dieses Kreisen, diese merkwürdige Heimkehr.

Den oft es abtrieb vom Wege.
Im Englischen gibt es verschiedene Wörter für den Akt des Sich-Fortbewegens von A nach B. Die Herkunft dieser Wörter ist interessant, denn sie verrät etwas darüber, wie sich die Menschen durch die Jahrhunderte und Jahrtausende diesen Akt vorgestellt haben.

»Voyage« beispielsweise kommt aus dem altfranzösischen *voiage*, das wiederum auf das lateinische *viaticum* (Reiseproviant) zurückgeht. In *viaticum* steckt natürlich *via* (Straße). Man kann also sagen, dass »voyage« das Stoffliche umfasst – all das, was man mitnimmt, wenn man eine Reise macht, und auch das, was man dabei unter den Füßen hat: die Straße.

»Journey« dagegen, ein anderes Wort für die gleiche Aktivität, bezieht sich auf Zeit, denn es stammt vom altfranzösischen *jornée* ab, das auf das lateinische *diurnum* (Tagesstrecke) zurückgeht, das wiederum von *dies* (Tag) abstammt. Sich vorzustellen, dass »Tagesstrecke« die Bezeichnung für »Reise« wurde, erfordert nicht viel Fantasie. Vor langer Zeit, als eine Reise Monate oder gar Jahre dauerte – beispielsweise von Troja, heute einer verfallenen Ruine in der Türkei, nach Ithaka, einer Felseninsel im Ionischen Meer, die mit keinerlei bedeutenden historischen Sehenswürdigkeiten aufwarten kann –, vor langer Zeit war es sinnvoller, nicht von der »Reise« zu sprechen, dem *viaticum*, also den Dingen, die es brauchte, um sicher von A nach B zu gelangen, sondern von der Strecke, die man an einem Tag schaffte. Mit der Zeit stand der Teil für das Ganze, die Strecke eines Tages für die gesamte Dauer der Reise, ob nun eine Woche, einen Monat, ein Jahr oder auch (wie wir heute wissen) zehn Jahre. Anrührend an dem Wort »Journey« ist die Vorstellung, dass in jenen alten Zeiten, als das Wort aufkam, schon die Strecke, die man an einem Tag zurücklegen konnte, ein so aufwendiges und beschwerliches Unternehmen war, dass es einen eigenen Namen verdiente – *journey*.

Dies bringt mich zu einer dritten Bezeichnung für das Reisen: »travel.« Wenn wir dieses Wort heute hören, denken wir an Vergnügen, an etwas, was man in seiner Freizeit unternimmt, an eine regelmäßige Zeitungsbeilage, die man am Wochenende liest. Was hat dies mit »Beschwerlichkeit« zu tun? »Travel« ist eng verwandt mit »travail«, das der dicke Merriam-Webster, den ich vor fast vierzig Jahren von meinem Vater geschenkt bekam, als ich im Begriff war, meine erste größere Reise anzutreten – von Long Island an die University of Virginia, Nord nach Süd, von der Highschool ans College – als »schmerzhafte oder mühsame Anstrengung« definiert. Tatsächlich scheinen hinter dem Wort *travail*, wie bei einem Palimpsest, Schmerzen auf. Das Wort ist über das Altfranzösische und Mittelenglische aus dem mittellateinischen *trepalium* (Folterinstrument) ins Englische eingewandert. »Travel« bezieht sich also auf die emotionale Dimension des Reisen, nicht auf materielle oder zeitliche Aspekte, sondern darauf, wie man es erlebt. In jener Zeit, als diese Wörter ihre Form und Bedeutung entwickelten, war Reisen vor allem schwierig, schmerzhaft, mühsam und wurde von den meisten Menschen daher tunlichst vermieden.

Das eine Wort im Englischen, das all diese verschiedenen Aspekte von »voyage«, »journey« und »travel« in sich vereint – Entfernung, Zeit, Gefühle, Mühen und Gefahren –, kommt nicht aus dem Lateinischen, sondern aus dem Griechischen. Es ist das Wort »Odyssee«.

Dieses Wort geht auf zwei Eigennamen zurück. Der jüngste ist das klassische griechische *odysseia*, der Name eines epischen Gedichts über einen Helden namens Odysseus. Nun wissen viele Leute, dass es in der Geschichte des Odysseus um Reisen geht: Er fuhr über das Meer und verlor dabei nicht nur alles, was er zu Beginn mitgeführt, sondern auch alles, was er unterwegs an Bord genommen hatte. (So viel zu »Reiseproviant«.) Bekannt ist auch, dass er lange Zeit unterwegs war, zehn Jahre, die die griechische Belagerung Trojas dauerte, und noch einmal zehn Jahre, in denen er unter großen Anstrengungen versuchte, nach Hause zurückzukehren, wo vernünftige Leute natürlich bleiben.

Wir wissen also von seiner langen Reise, von den Entfernungen und der zeitlichen Dauer. Aber nur sehr wenige wissen, sofern sie Griechisch gelernt haben, dass im Namen dieses eigentümlichen Helden das magische dritte Element steckt: die Gefühle. In der *Odyssee* wird an einer Stelle von dem Tag erzählt, an dem der neugeborene Odysseus seinen Namen bekam. Diese Geschichte, auf die ich noch zurückkommen werde, liefert die Etymologie des Namens. So wie sich das lateinische *via* in *viaticum* verbirgt (und auch in *voiage* und *voyage*), so steckt im Namen »Odysseus« das Wort *odyne*. Sie glauben vielleicht, dass Sie dieses Wort nicht kennen, aber gemach. Denken Sie nur an das Wort »anodyne«, das besagter Merriam-Webster als »schmerzstillendes Mittel« definiert. Anodyne besteht aus zwei griechischen Wörtern, die, zusammengesetzt, »ohne Schmerz« bedeuten; die Vorsilbe *an-* heißt »ohne«, *-odyne* muss also »Schmerz« bedeuten. Das ist der Ursprung des Namens Odysseus und auch des Namens seines Epos. Der Held dieser epischen Reise ist, wörtlich übersetzt, ein »Schmerzensmann«. Er ist ein Reisender, ein Leidender.

Und wie auch nicht. Denn Reisen heißt immer auch, Abschied zu nehmen, sich von den Liebsten losreißen zu müssen. Selbst wer die *Odyssee* nicht gelesen hat, wird von der Legende eines Mannes gehört haben, der zehn Jahre lang versuchte, zu seiner Frau zurückzukehren. In den Anfangsszenen des Epos erfährt man aber auch, dass Odysseus, als er nach Troja aufbrach, ein neugeborenes Kind und einen kraftstrotzenden Vater zurückließ. Die Struktur des Gedichts unterstreicht die Bedeutung dieser beiden Figuren. Es beginnt mit dem inzwischen herangewachsenen Sohn, der sich auf die Suche nach seinem abwesenden Vater macht (vier komplette Gesänge, wie die Kapitel heißen, widmen sich den Reisen des Sohns, bevor wir seinem Vater begegnen), und es endet nicht mit der triumphalen Wiedervereinigung des Helden mit seiner Gattin, sondern mit dem tränenreichen Wiedersehen von Sohn und Vater, der inzwischen ein alter, gebrochener Mann ist.

Sosehr die Odyssee eine Geschichte von Mann und Frau ist, sie ist auch, ja vielleicht noch mehr, eine Geschichte von Vätern und Söhnen.

Vieler Menschen Denken lernte er kennen.
Von Miami flogen wir zurück nach New York. Es war Nacht. Während wir uns auf den Start vorbereiteten, sprach die Stewardess davon, dass zu Hause »schlechtes Wetter« sei. Daddy schaute kurz von dem Buch hoch, in dem er las, und wandte sich dann wieder seiner Lektüre zu. Doch bald nach dem Start gab der Pilot bekannt, dass sich aufgrund der Wetterverhältnisse unsere Ankunft verspäten werde, dass wir eine Weile würden kreisen müssen. Die Maschine neigte sich leicht, und dann flogen wir lange Zeit im Kreis. Dort oben, wo wir waren, gab es kein Wetter. Die Nacht war mattschwarz wie ein Stück Samt, auf dem ein Juwelier seine kostbaren Steine präsentiert – wie der Juwelier in der Siebenundvierzigsten Straße, bei dem der Vater meiner Mutter, wie sie mir einmal zuflüsterte, ihren Verlobungsring gekauft hatte, nachdem er in einem Hinterzimmer mit einem alten Juden gefeilscht hatte, einem von Großvaters vielen, vielen Freunden, der ein paar Rohedelsteine auf das schwarze Tuch ausbreitete, wäh-

rend die beiden auf Jiddisch miteinander diskutierten, weil mein Vater nicht genug Geld hatte für die Sorte Edelstein, der ihr nach Ansicht ihres Vaters gebührte – der Himmel war wie schwarzer Samt, und die Sterne waren die funkelnden Brillanten. Ich wusste, dass wir im Kreis flogen, weil der Mond, ebenmäßig wie ein Opal, vor meinem Fenster erschien und verschwand und dann wieder erschien. Ich hatte ein Buch dabei, legte es aber beiseite, als das Kreisen begann, betrachtete lieber den Mond, einmal, zweimal, dreimal, viermal, und irgendwann zählte ich nicht mehr mit, wie oft er mir sein freundliches Gesicht zeigte.

Mein Vater hatte keine Augen für den Mond. Er las.

Eigentlich schien er immer zu lesen. Mein Vater, dessen Eltern nicht über die Highschool hinausgekommen waren, erzählte mir einmal, was ihn zu einem unersättlichen Leser gemacht hatte. Nachdem in der siebten Klasse rheumatisches Fieber bei ihm diagnostiziert worden war, musste er monatelang das Bett hüten, und in dieser Zeit entdeckte er seine Liebe zu Büchern. *Mit dem richtigen Buch kann man alles lernen*, erklärte er seinen fünf Kindern, ein Motto, an das er sich jedenfalls hielt. Nie war er glücklicher, als wenn er sich über das neueste Fundstück beugen konnte, das er aus der Bibliothek mitgebracht hatte, ein Lehrbuch für Jazzgitarre, für Schlagzeug, für Blockflöte, Violine und Klavier, für Poplyrik, ein Handbuch, wie man eine Einbauspüle baut, wie man Grillbeschleuniger herstellt, wie man einen Komposthaufen anlegt, wie man einen Sekretär aus Walnussholz schreinert, wie man ein Cembalo baut. Am Ende des fünften Gesangs der *Odyssee*, als die liebestolle Nymphe Kalypso endlich bereit ist, Odysseus in seine Heimat zurückkehren zu lassen, schenkt sie ihm Werkzeug, das sie bislang in einem Versteck aufbewahrt hat. Damit baut er aus Holz und Pflanzen das Floß, auf dem er die letzte Etappe seiner Heimreise antritt. Sooft ich diese Episode lese, denke ich an meinen Vater.

Weil er sich immer über ein Buch zu beugen schien, weil er

immer seinen eigenen Verstand gebrauchte und anderer Leute Ideen aufgriff, hatte ich als Kind das Gefühl, als bestünde mein Vater nur aus seinem Kopf. Der Eindruck, dass er hauptsächlich aus Kopf bestand, wurde durch die Tatsache verstärkt, dass er frühzeitig eine Glatze bekam, jedenfalls schon in meiner Kindheit, und nach meiner Überzeugung war der Haarausfall durch eine massive Ausdehnung des Gehirns unter der Schädeldecke verursacht worden. Meine Erinnerungen beginnen meist nicht mit seinem Gesicht − dem blassen Oval, den gewölbten Augenbrauen und den dunkelbraunen, eng zusammenstehenden Augen, der langen ungleichmäßigen Nase mit der knubbeligen Spitze, dem schmalen Mund, den meist zusammengepressten Lippen −, sondern mit seinem kahlen Kopf, der geradezu rührend ungeschützt aussah, verletzungsgefährdet. Ein dünner Kranz von verbliebenen Haaren zog sich um den Schädel, dunkel in meiner ganzen Kindheit, dann grau, dann abrasiert und schließlich, wegen der Tabletten, die er nehmen musste, ein grotesker dünner Flaum. Und dann die Stirn, fast immer in konzentrierte Falten gelegt, weil er über ein Problem nachdachte, über eine Gleichung, über meine Mutter, über eines von uns Kindern.

Das war der Kopf, der sich in jener Nacht, in der das Flugzeug endlose Kurven flog, über ein Buch beugte.

Was hat mein Vater gelesen? Durchaus möglich, dass es eine Latein-Grammatik war oder vielleicht Vergils *Aeneis*, das römische Epos, das sich so elegant vor seinen griechischen Vorbildern verneigt. Obwohl mein Vater sein ganzes Berufsleben unter Mathematikern und Gleichungen und Zahlen verbrachte − zunächst beim Flugzeughersteller Grumman, wo er in einer Abteilung arbeitete, die strengster Geheimhaltung unterlag, weshalb wir nie erfuhren, was er dort machte, und außerdem hätte ich es auch nicht verstanden, wie er mir später erklärte, und nach seiner Pensionierung in den 1990ern begann er eine zweite Karriere als Computerwissenschaftler an einer örtlichen Universität −, war er stolz darauf, dass er in jungen Jahren Latein gelernt hatte. *Oh ja, sagte er manchmal in jener Zeit, als ich Altphilologie studierte, auf der Highschool habe ich Ovid auf Latein gelesen!* Und ich, statt beeindruckt zu sein, wie er gehofft hatte, registrierte nur, dass er den Namen des Dichters mit einem betonten O aussprach: *Oh-vid*. Die Aussprachefehler meines Vaters, die mir in einer bestimmten Lebensphase äußerst peinlich waren, rührten daher, dass seine Eltern über keine nennenswerte Schulbildung verfügten. Viele Namen und Begriffe, auf die er gestoßen war, hatte er nie ausgesprochen gehört. Erst jetzt wird mir klar, wie hoch ihm anzurechnen ist, dass er der Erste war, der über seine Schnitzer lachte. *Ich war in der Armee, bevor mir klar wurde, dass es so etwas wie »battlefatigjuuuh«* (Kriegsneurose) *nicht gibt!*, sagte er mit einem angedeuteten Grinsen, und wenn ich zufällig dabei war, wenn er sich im Beisein anderer veräppelte, wartete ich mit klammheimlicher Freude darauf, wann sein Gegenüber wohl erkannte, dass es sich um das Wort *»fatigue«* handelte.

Mein Vater gab also gern damit an, dass er *Ohvid* im lateinischen Original gelesen hatte, aber irgendwann erfuhr ich, dass er es bedauerte, Latein abgewählt zu haben, bevor er eine Chance gehabt hatte, Vergil zu lesen. Das Wissen, dass mein Vater vorher ausgestiegen war, nie die *Aeneis* gelesen hatte, verschaffte mir eine leise Befriedigung, da ich als Altphilologe Vergil natürlich im Original gelesen hatte. Und Vergils Latein war dichter, komplizierter und schwieriger als Ovids, worauf ich meinen Vater gern hinwies.

In meiner Kindheit und Jugend versuchte mein Vater manchmal, all die Kenntnisse aufzufrischen, die ihm in den späten 1940ern abhandengekommen waren. Wenn ich in den Oster- oder Herbstferien bisweilen nach Long Island zurückkehrte, sah ich seine Exemplare von *Latina pro populo* (»Latein für das Volk«) und *Winnie ille Pu* neben dem schwarzen Ledersessel in dem Arbeitszimmer, wo er, oft vergeblich, die Stille zu finden hoffte, nach der er sich sehnte. Schon als Kind von sieben oder acht oder neun Jahren las ich Bücher über die Griechen und ihre Sagen, fasziniert vermutlich von den nackten Leibern und den lasziven Akten, von den Heldenfiguren und ihrer Rüstung, von den Göttern, den Tempelruinen und untergegangenen Schätzen, und obwohl ich es damals nicht ahnte, weiß ich heute, dass meinem Vater die Vorstellung gefiel, dass ich mich zum Altertum hingezogen fühlte.

Jahre später – lange, nachdem ich auf der Highschool die für ein Mathematikstudium erforderlichen Noten nicht erzielt hatte – bemerkte mein Vater manchmal, dass das schade sei, denn ohne Kenntnisse in Analysis sei die Welt nicht zu verstehen. Er sagte das nicht, um mich zu kränken, sondern wohl aus echtem Bedauern. *Schade*, sagte er, so wie er manchmal sagte, es sei schade, dass ich kein Gespür für die »ästhetische Dimension« von Mathematik hätte, was mir völlig absurd erschien, weil ich Mathematik mit dem Lösen von unnützen, sinnlosen Aufgaben assoziierte. Erst später verstand ich, dass es mir nur deswegen sinnlos erschien, weil ich nicht hart genug gearbeitet oder vielleicht auch keine guten Lehrer gehabt hatte (*Warum erklärt dir dein Lehrer diese Sachen nicht besser?*, rief mein Vater und schüttelte den Kopf, aber wenn ich ihn bat, es mir zu erklären, schüttelte er erneut den Kopf, verwirrt über meine Unfähigkeit, etwas für ihn Sonnenklares zu verstehen). Und so kopierte ich Kurven und geometrische Formen und quadratische Gleichungen, ohne die leiseste Vorstellung, wozu das alles gut war, wie jemand, der auf der Gitarre oder auf dem Klavier oder dem Cembalo Tonleitern üben muss, ohne zu ahnen, dass es etwas gab, was Konzert hieß. Viel später, als Erstsemester im Griechisch-Kurs, saß ich allmorgendlich mit drei anderen Studenten um neun Uhr in einem Seminarraum, und wir übten, wie Musikstudenten Tonleitern üben, die Paradigmen von Substantiven und Verben, jedes Substantiv mit den fünf Fällen und jedes Verb mit seinen beängstigend ausfernden Konjugationen, den Zeiten und Modi, die es im Englischen nicht gibt,

Aktiv und Passiv, ja, das kannte ich vom Französischunterricht an der Highschool, aber nun kam auch das sonderbare »Mediopassiv« hinzu, ein Modus, in dem das Subjekt auch Objekt ist, eine eigentümliche Überschneidung oder Dopplung, so wie jemand Vater und zugleich Sohn sein kann. Doch ich unterzog mich diesen rigiden Übungen, weil ich eine genaue Vorstellung hatte, wohin sie mich führen würden. Ich würde griechische Texte lesen, die *Ilias* und die *Odyssee*, die komplexen *Historien* des Herodot, die Tragödien, so schön gebaut wie Uhren, so gnadenlos wie Fallen... Jahre später, wenn mein Vater jene Bemerkung über Analysis machte, ohne die man die Welt nicht verstehen könne, entgegnete ich, dass man die Welt im Grunde auch nicht verstehen könne, wenn man die *Aeneis* nicht im Original gelesen habe. Und dann machte er diese kleine Grimasse, die wir alle kannten, halb Lächeln, halb Stirnrunzeln, er verzog das Gesicht, wir lachten etwas schief, und jeder zog sich in seine Ecke zurück.

Gut möglich also, dass er in jener Nacht etwas Lateinisches las, vielleicht sogar Vergil, als wir, auf dem Rückflug von Florida, wohin mein pflichtbewusster Vater geeilt war, um bei seinem schweigsamen Vater zu sein, stundenlang kreisten. Jahre später, als er an meinem *Odyssee*-Seminar teilnehmen wollte, kam mir der Gedanke, dass man sich auch aus schlechtem Gewissen einen Text vornehmen kann, weil es noch etwas Unerledigtes gibt, so wie man sich einem Menschen gegenüber verpflichtet fühlt. Mein Vater hatte ein ausgeprägtes Pflichtbewusstsein, weshalb er, als ich ihm Jahre später eine bestimmte Frage stellte, nur sagte: *Weil man nicht davonläuft.*

In jener Nacht saß ich, der Vierjährige, ganz still neben meinem stillen Vater, während das Flugzeug mit leicht geneigter Tragfläche seine Runden drehte, so wie bei Homer ein gigantischer Adler weit oben am Himmel über einer Armee oder einem einzelnen Mann im Augenblick großer Gefahr kreisen wird, um Sieg oder Niederlage für die Armee, Rettung oder Tod für den Mann zu signalisieren. Ich saß neben meinem lesenden Vater in dem kreisenden Flugzeug. Ich weiß nicht mehr, wie lange wir gekreist sind, mein Vater sprach später von »stundenlang«. Hätte mein Großvater mütterlicherseits diese Geschichte erzählt, wäre ich skeptisch. Aber mein Vater war kein Freund von Übertreibungen, wie er generell Exzesse aller Art ablehnte, und deshalb stelle ich mir vor, dass wir tatsächlich stundenlang kreisten. Zwei? Drei? Ich werde es nie herausfinden. Irgendwann schlief ich schließlich ein. Irgendwann flogen wir nicht mehr im Kreis, wir begannen mit dem Sinkflug, landeten, fuhren durch die Kälte und waren etwa eine halbe Stunde später zu Hause.

Als mein Vater diese Geschichte erzählte, handelte er den für mich interessanten Part in stark verkürzter Form ab – den Herzinfarkt, die (aus meiner Sicht) überstürzte Reise zu meinem Großvater, das Drama. Ausführlich berichtete er von dem langweiligen Part, dem Kreisen. Er erzählte diese Geschichte gern, weil sie aus seiner Sicht zeigte, was für ein braves Kind ich gewesen war: dass ich dieses endlose Kreisen, das uns unserem Ziel nicht näher gebracht hatte, klaglos ertragen hatte. *Er hat kein Theater gemacht*, sagte mein Vater, der es nicht leiden konnte, wenn jemand Theater machte. Und schon damals, als Kind, ahnte ich, dass die leise, aber unüberhörbare Betonung, die er auf das Wort »Theater« legte, sich gegen meine Mutter und ihre Familie richtete. *Er hat kein Theater gemacht*, sagte Daddy mit einem anerkennenden Kopfnicken. *Er hat einfach gelesen, kein Wort gesagt.*

Lange Reisen, kein Theater. Viele Jahre sind vergangen seit jener langen und umständlichen Heimreise, und in dieser Zeit bin ich oft in Flugzeugen mit kleinen Kindern unterwegs gewesen, weshalb mir heute, im Rückblick, zwei Dinge an der Geschichte meines Vaters bemerkenswert erscheinen. Erstens wird deutlich, wie gut mein Vater war. Wie gut er mit der ganzen Sache umgegangen ist: die Situation herunterspielen, so tun, als wäre es nichts Ungewöhnliches, Vorbild sein, indem er selbst ganz ruhig dasitzt und, anders als ich, der ich in vielerlei Hinsicht nach meiner Mutter und meinem Großvater komme, dem Drang widersteht, andere mit seiner Unsicherheit anzustecken oder sich furchtbar aufzuregen.

Das zweite Bemerkenswerte an dieser Geschichte: In der ganzen Zeit, die wir nebeneinander im Flugzeug saßen, haben wir kein einziges Wort miteinander geredet.

Wir hatten ja unsere Bücher.

Wege und Wendungen.
Nicht umsonst beginnt der erste von insgesamt zwölftausendeinhundertzehn Versen der *Odyssee* im griechischen Original mit dem Wort *andra* (Mann). Am Anfang steht die Geschichte des Sohnes von Odysseus, eines jungen Mannes, der seinen verschollenen Vater sucht, den Helden dieses Epos. Erst dann wendet es sich dem Helden selbst zu, wenn es um die sagenhaften Abenteuer geht, die er nach der Abreise aus Troja erlebt, und um seine unermüdlichen Versuche, nach Hause zurückzukehren, wo er sich als Vater, Ehemann und König behaupten und furchtbare Rache an den Freiern nehmen wird, die seiner Frau den Hof gemacht und sein Haus und sein Reich für sich beansprucht haben. Und im letzten Gesang bekommen wir schließlich eine Ahnung davon, wie »ein Mann« aussieht, der am Ende seines Lebensweges steht: der alte Vater des Odysseus, der letzte Mensch, dem er wiederbegegnet, nunmehr ein alter Mann, allein in seinem Garten, des Lebens müde. Das Kind, der Mann, der Greis: die drei Zeitalter des Menschen. Mit anderen Worten: Zu den in diesem Epos geschilderten Reisen gehört auch der Lebensweg eines Mannes von der Geburt bis zum Tod. Wie sieht dieser Weg aus? Und wie erzählt man davon?

Die Antworten haben viel mit Odysseus' Wesen zu tun. Das erste Adjektiv, das den Mann beschreibt, mit dem das Proömium beginnt – das allererste Attribut der Odyssee –, ist ein ganz besonderes Wort: *polytropos*, wörtlich »vielgewandt« – *poly* heißt »viel«, und *tropos* ist eine »Wendung«. Fremdwörter, die das Element -trop enthalten, gehen auf *tropos* zurück. »Heliotrop« etwa ist der Name einer Pflanze, die sich der Sonne zuwendet. Und »apotropäisch« (»das Böse abwendend«) wird für abergläubische Praktiken verwendet, die vor Unglück schützen sollen. Unter osteuropäischen Juden aus der Generation meines Großvaters beispielsweise war es üblich, einem Neugeborenen ein rotes Band um das Handgelenk zu binden, um es vor dem bösen Blick zu schützen. *Meine Mutter hat dich so geliebt, dass sie dir ein rotes Band um das Handgelenk gebunden hat, bevor sie mit dir in den Park gegangen ist!*, sagt meine Mutter gelegentlich noch heute. Und dann schnalzt sie mit der Zunge und seufzt. In dieser Anekdote geht es natürlich nicht nur um die Liebe, die meine Großmutter mir entgegenbrachte. Das innige Gefühl, das in dieser Geschichte zum Ausdruck kommt, sollte sich von dem relativen Desinteresse abheben, das die Großeltern väterlicherseits mir entgegenbrachten. Sie haben mich – aufgrund jenes grimmigen Schweigens, das zwischen meinem Vater und seinen Brüdern und Eltern gelegentlich herrschte – erst kennengelernt, als ich zwei Jahre alt war.

Dass das erste Attribut im ersten Vers eines zwölftausendeinhundertzehn Verse umfassenden Gedichts über eine Heimkehr das Adjektiv »vielgewandt« ist, muss als programmatisch verstanden werden. Odysseus ist bekanntlich ein listenreicher Typ, berüchtigt wegen seiner fragwürdigen Deals und Ausflüchte und Lügen und vor allem wegen seiner Wortgewandtheit. Er war es schließlich, der das Trojanische Pferd ersann, dieses geschickt getarnte Kriegsinstrument. Einerseits ist *polytropos* also im übertragenen Sinn zu verstehen: Dies ist ein Gedicht über jemanden, dessen Denkweise gewunden, verschlungen, nicht immer aufrichtig ist. Andererseits kann *polytropos* in einem ganz unmittelbaren Sinn verstanden werden: bezogen auf die Irrfahrten unseres

Helden. Er bewegt sich kreisförmig voran. In mehr als einem Fall verlässt er einen Ort, um dorthin zurückzukehren, manchmal unbeabsichtigt. Und die allergrößte Kreisbewegung ist natürlich die, die ihn am Ende nach Ithaka zurückbringt, den Ort, den er vor so langer Zeit verlassen hat, dass er und seine Angehörigen einander nicht wiedererkennen.

Die *Odyssee* selbst bewegt sich durch die Zeit in der gleichen gewundenen Weise, wie sich Odysseus durch den Raum bewegt. Das Epos beginnt in einer Gegenwart, in der der Sohn des Odysseus, der in der Abwesenheit des Vaters zu einem Mann herangewachsen ist, sich auf die Suche nach Nachrichten von seinem verschollenen Vater macht (erster bis vierter Gesang); dann wendet es sich dem Vater zu, nimmt ihn in dem Moment in den Blick, als die Götter beschließen, Odysseus sei genug herumgeirrt und solle nun heimkehren, ihn aus den Fängen der Kalypso befreien und zur Insel der gastfreundlichen Phaiaken bringen (fünfter bis achter Gesang); in einem vier Gesänge dauernden Rückblick (neunter bis zwölfter Gesang) berichtet Odysseus den Phaiaken von all den Abenteuern, die er seit der Abreise aus Troja überstanden hat. Die Erzählung wendet sich dann wieder dem Sohn in der Gegenwart zu, setzt kurz den Bericht von den Abenteuern des jungen Mannes fort, um sich abermals Odysseus zuzuwenden, der schließlich zu Hause eintrifft; und endlich kommen Vater und Sohn zusammen und gehen daran, ihre Herrschaft wiederherzustellen und die Freier und ihre Helfer zu bestrafen (dreizehnter bis zweiundzwanzigster Gesang). Erst dann werden Gatte und Gattin vereint (dreiundzwanzigster Gesang), und das Epos endet mit einem Blick auf die Männer der Familie, auf den Sohn, den Vater, den Großvater, die nach der Vertreibung der Freier beieinander stehen (vierundzwanzigster Gesang): die Vereinigung von Gegenwart, Zukunft und Vergangenheit als Schlusspunkt des Epos.

Diese gewundenen Kreisbewegungen in Raum und Zeit finden ihren Niederschlag in einer Erzähltechnik, der wir in vielen

Werken der griechischen Literatur begegnen, der sogenannten Ringkomposition. Der Erzähler beginnt dabei mit seiner Geschichte, nur um sogleich innezuhalten und auf eine ältere Situation zurückzukommen, die einen bestimmten Aspekt der Geschichte verständlich machen soll – sagen wir, ein Ereignis aus der Geschichte des Protagonisten oder seiner Familie –, und anschließend auf eine noch ältere Situation oder ein noch älteres Ereignis, das diesen etwas jüngeren Moment erklärt, und sich anschließend wieder in die Gegenwart zurückzuschrauben, bis zu dem Moment in der Erzählung, in dem er innehielt, um all diese Hintergründe zu liefern. So greift Herodot in seinen *Historien*, dieser ausufernden Darstellung des großen Krieges zwischen Griechen und Persern (den Herodot als späten Nachfolger des Trojanischen Krieges sah), oft auf diese Technik zurück. Einmal wendet er sich etwa von seinem militärischen Narrativ ab und geht ausführlich auf die Geschichte Ägyptens, der Regierung, der Kultur, der Religion und Sitten ein, weil Ägypten zum Persischen Reich gehörte, dessen Überfall auf Griechenland im Jahr 490 v. Chr. mit den daraus resultierenden Konflikten das eigentliche Thema der *Historien* sind. Die Ausführlichkeit dieser Abschweifung lässt vermuten, dass die Klassiker eine ganz andere Vorstellung vom thematischen Aufbau eines Buches hatten als wir.

Aber das Prinzip der Ringkomposition ist zweifellos viel älter als Herodot, denn es wurde noch vor der Erfindung der Schrift entwickelt. Das berühmteste Beispiel findet sich in der *Odyssee*: eine Passage im neunzehnten Gesang (auf die ich später zurückkommen werde), die damit beginnt, dass jemand eine verräterische Narbe am Bein des Odysseus entdeckt, der in diesem Moment noch unerkannt bleiben will. Hier hält Homer inne und erzählt, wie Odysseus sich in seiner Jugend die später vernarbte Wunde zuzog. Er geht sogar noch weiter zurück und erzählt eine Episode aus Odysseus' Kindheit, in der es um den Vater seiner Mutter geht, einen notorischen Betrüger; dann kehrt er zu dem Vorfall zurück, bei dem Odysseus die Wunde empfing, und schließlich landen wir wieder in der Situation, in der die Narbe entdeckt wird. Erst jetzt, nach all diesen Umwegen, beschreibt Homer die Reaktion derjenigen Person, der die Narbe auffiel. So kompliziert es ist, diese Erzähltechnik zu beschreiben, ihre charakteristischen Assoziationsspiralen entsprechen im Grunde der Art und Weise, wie wir Alltagsgeschichten erzählen. Wir springen von Episode zu Episode, um die Geschichte, zu der wir am Ende zurückkehren werden, zu erklären, auch wenn wir mitunter ermahnt werden müssen, den Faden nicht zu verlieren. Deshalb erinnert die Ringkomposition vielleicht an eine entspannte, gemütliche Heimreise, unterbrochen von Umwegen und Abstechern, die so reizvoll sind, dass man womöglich das Ziel aus den Augen verliert.

So erweist sich die Ringkomposition, auf den ersten Blick eher eine Abfolge von Abschweifungen, als wirkungsvolles Verfahren, die Vergangenheit, die Gegenwart und manchmal auch die Zukunft in die Geschichte einzubinden, insofern manche »Ringe« nach vorn weisen und Ereignisse vorwegnehmen, die erst nach dem Ende der zentralen Geschichte stattfinden werden. So kann eine einzelne Erzählung, ja sogar ein einziger Moment die gesamte Lebensgeschichte einer Figur enthalten.

Insofern verweist das Wort *polytropos* (wandlungsreich) im ersten Vers der *Odyssee* nicht nur auf den Charakter des Helden des Gedichts, sondern auf den Charakter des Gedichts selbst. Es bringt zum Ausdruck, dass bestimmte Geschichten am besten nicht geradeheraus erzählt werden, sondern in ausladenden und geschichtsschweren Zirkelbewegungen.

Wege und Wendungen.

Narren!
Das Schweigen, in dem mein Vater und ich damals während des Heimflugs von Miami Beach saßen, war lange Zeit typisch für

unser Verhältnis. In der ersten Hälfte meines Lebens, bis ich Ende zwanzig war, herrschte lange Zeit Stille zwischen uns. Vielleicht weil ich mir einst vorgestellt hatte, dass er nur aus seinem Kopf besteht, aus seinem Schädel, war es immer das Wort »hart«, das mir einfiel, wenn ich an ihn dachte, und wegen dieser Härte hatte ich Angst vor ihm, als Kind, als Teenager und noch als junger Mann in meinen Zwanzigern. Ihm wurde Strenge nachgesagt. Er hatte tatsächlich hohe Ansprüche in praktisch allem. Ganz sicher in Bezug auf unsere schulischen Leistungen, aber auch sonst. Wie ich später begriff, war alles – aus seiner Sicht – Teil eines großen, gleichsam kosmischen Kampfes zwischen den Qualitäten, die er meinte, wenn er erklärte, warum ein bestimmtes Musikstück, das uns gefiel, oder ein gerade populärer Film nicht »gut« war und es sich nicht lohnte, seine Zeit damit zu verschwenden – es ging ihm um Härte und Langlebigkeit, im Grunde wohl um Authentizität –, und den simpleren Qualitäten, mit denen sich die meisten Leute zufriedengaben, ob in Musik oder Literatur, ob bei Autos oder beim Ehepartner. Die Texte der Popsongs etwa, die wir heimlich hörten, waren das Gegenteil von »hart«. *Ein Reim ist ein Reim, nicht nur ungefähr!* Je schwerer etwas zu erreichen oder zu verstehen war, je mühsamer und anspruchsvoller, desto eher besaß es diese Qualität, die aus seiner Sicht Wertschätzung rechtfertigte.

X ist x. Auch die Auffassung, dass den Dingen eine tiefe und unergründliche Essenz innewohnt, eine unhintergehbare Härte, die er spürte, von denen viele, wenn nicht die meisten Menschen aber keinen Begriff hatten, prägte sein Verhältnis zu anderen. Weil er diese hohen Ansprüche hatte – besser gesagt, weil kaum jemand diesen Ansprüchen genügte –, gab es Leerstellen in seinem Leben, die einmal von Menschen ausgefüllt worden waren. Seine Eltern in meinen ersten zwei Lebensjahren, als er und meine Mutter nicht mehr mit seinen Eltern sprachen, jeder einzelne seiner drei Brüder, mit denen er unterschiedlich lange (Wochen, Jahre, Jahrzehnte) einfach nicht sprach. Ich war schon in meinen

Dreißigern, als ich mit Onkel Bobby ein richtiges Gespräch führte, der wegen eines heftigen Streits mit meinem Vater (wie wir glaubten, Daddy hat nie darüber gesprochen) aus unserem Leben verschwunden war, bis sich die beiden in den 1990ern aussöhnten, als sie in den Siebzigern waren. Und dass er noch einen älteren Bruder hatte, das Ergebnis von Poppys kurzer erster Ehe, erfuhren wir erst, als mein Großvater im Sterben lag und dieser fremde neue Halbonkel namens Milton eines Tages im Krankenhaus auftauchte. *Milton, Milton, wo bist du gewesen?*, krächzte Poppy in seinem hohen Bett, während mein Vater angewidert wegschaute.

Ich hatte mich so sehr an das Schweigen meines Vaters gewöhnt, dass mir erst in jüngster Zeit der Gedanke kam, ihn zu fragen, warum er, wenn jemand seine Erwartungen enttäuscht hatte, so tat, als existiere dieser Betreffende nicht mehr.

Deshalb hatte ich lange Zeit Angst vor ihm. Wenn ich Probleme mit einer Mathe-Hausaufgabe hatte, stand ich nervös vor der Tür seines Schlafzimmers, wo er am Teakholztischchen saß und Rechnungen durchging oder Unterlagen für seine Arbeit studierte, und musste all meinen Mut zusammennehmen, um ihn um Hilfe zu bitten. Die Ungläubigkeit in seinem Gesicht, dass ich das Matheproblem nicht verstand, wo für ihn die Lösung doch auf der Hand lag, erfüllte mich mit Scham. Praktisch meine ganze Jugend hindurch beeinflusste diese Scham meine Beziehung zu ihm. Am liebsten hätte ich mich vor ihm versteckt. Zwar habe ich mich damals vor vielem versteckt: Ich war ein schwuler Teenager, wir schrieben die 1970er, und wir wohnten in einer bürgerlichen Gegend. Ich war vorsichtig. Tatsächlich machte mein beklommener, verstohlener Umgang mit meiner Sexualität den geringsten Teil der Angst vor meinem Vater aus. Ich wusste, dass er und meine Mutter in dieser Hinsicht liberal und frei von Vorurteilen waren. Als auf der Highschool diverse charismatische schwule Lehrer meine Mentoren wurden, bemühten sich meine Eltern, mir klarzumachen, dass sie Bescheid wussten und kein Problem damit hatten. Mein Vater reagierte sogar überraschend verständnisvoll, als ich mich in meinem ersten Studienjahr gegenüber meinen Eltern outete. (*Lass mich mit ihm reden, ich kenne mich da aus*, sagte er zu meiner Mutter, obwohl er sich erst viele Jahre später erklärend dazu äußerte, nämlich auf der *Odyssee*-Kreuzfahrt.) Nein, es hatte nichts mit meinem Schwulsein zu tun. Ich hatte einfach das Gefühl, dass alles an mir hoffnungslos diffus und ungenau war, dass ich die x = x-Prüfung nicht bestehen würde. Ich wusste ja nicht einmal, was x war – wusste nicht, wer ich war oder was ich wollte, konnte mir die Gefühlsturbulenzen nicht erklären, die Begeisterungsstürme und die Ängste, zu denen ich neigte. Und so versteckte ich mich – vor vielem, vor allem aber vor meinem Vater, der alles ganz klar benennen konnte.

Das war der Grund, jedenfalls für mein Teil, dass zwischen uns so lange Schweigen herrschte. Welche Gründe er hatte, habe ich ihn nie gefragt.

Meine Abscheu vor der Strenge meines Vaters, der Schwierigkeiten als Ausweis von Qualität betrachtete, Vergnügen verdächtig und harte Arbeit lobenswert fand, erscheint mir heute ironisch, denn vermutlich waren es genau jene Qualitäten, die mich dazu brachten, das Studium der Altphilologie aufzunehmen. Schon früh hatte ich, wenn ich mich über die Sagen des klassischen Altertums beugte, die Vorstellung, dass unter dem Fleisch der faszinierenden Geschichten mit ihren heißen Affären und unerwarteten Metamorphosen ein hartes Skelett war, das für eine Qualität stand, die für die Antike und ihr Studium charakteristisch war. Als ich vierzehn war, sollten wir auf Geheiß unseres Englischlehrers eine Passage aus einem Theaterstück auswendig lernen. Unter den vielen schmucklosen Kassetten im Bücherregal neben dem schwarzbezogenen Schaukelstuhl, in dem mein Vater gern las, stand eine vierbändige Ausgabe der *Complete Greek Tragedies*, die meisten anderen Bücher waren Sammelbände mit Abhandlungen zu mathematischen Fragen. Ich griff wahllos einen der vier

Bände heraus, schlug ihn irgendwo auf und las eine Passage aus Sophokles' *Antigone*, einem Stück über den Konflikt zwischen einer widerspenstigen jungen Frau und ihrem Onkel, dem König, der ein strenges neues Gesetz erlassen hat, das sie unter keinen Umständen befolgen will. In der Textstelle, die ich aufgeschlagen hatte, weist Antigone darauf hin, dass sie nur den ewigen Gesetzen der Götter gehorcht, nicht den Gesetzen der Menschen, selbst wenn das bedeutet, dass sie sterben muss. *»War es doch Zeus nicht, der mir dies gebot, noch auch/Der Götter unten thronende Gerechtigkeit./ Sie sind es, die den Menschen ›das Gesetz‹ bestimmt.«* Als ich diese Worte las, dachte ich, dass hier endlich der Knochen unter dem Fleisch zum Vorschein kommt: ein Stück, in dem x gleich x ist, ein Drama, in dem es um Entscheidungen geht, die keinen dritten Weg zulassen. Hier war alles eindeutig und klar. Als ich einige Jahre später mein Griechisch-Studium aufnahm, fand ich eine ebenso befriedigende Härte nicht nur in den Mythen und Dramen, sondern auch in ihrer Sprache – eine Syntax, so eindeutig wie die Entscheidung der Antigone, für Halbheiten und Ungefähres war kein Platz. Die schmale schwarze Grammatik, die wir in der Lehrveranstaltung Griechisch 101 verwendeten, war klar und unnachsichtig.

Viel später stellte ich mit Befriedigung fest, dass mich meine Vorstellung von der »Strenge« der Altphilologie nicht getäuscht hatte. Das Fach geht auf den deutschen Gelehrten Friedrich August Wolf zurück, der im späten 18. Jahrhundert dafür eintrat, die Interpretation literarischer Texte – für viele Leute, auch für meinen Vater, etwas Subjektives, Impressionistisches, eine Meinungssache – als rigorose Wissenschaft zu betreiben. Viele damals übliche Bildungstheorien waren für Wolf beklagenswert sentimental und weich – etwa die von John Locke oder Jean-Jacques Rousseau, die vor allem die praktischen Ziele von Erziehung betonten, der es darum gehen müsse, die Schüler auf das »wahre Leben« vorzubereiten. Welchen praktischen Nutzen könne das

Studium der alten Sprachen haben, überlegten sie. Spöttisch fragte Locke, genau wie viele heutige Eltern, warum ein Arbeiter Latein lernen müsse. Wolfs Antwort: Weil es um den Menschen geht. Gegenstand dieser neuen Literaturwissenschaft – der »Philologie«, also der »Liebe zur Sprache« – war für ihn die Entwicklung eines tiefen Verständnisses der »intellektuellen, moralischen und ästhetischen Fähigkeiten des Menschen«. Das Studium der antiken Schriften und Kulturen müsse jedoch genauso wissenschaftlich betrieben werden wie das Studium der Natur. Ein sinnvolles Studium der antiken Welt müsse interdisziplinär angelegt sein – nicht nur Altgriechisch und Latein müsse man lernen (neben Hebräisch und Sanskrit), sondern auch Geschichte, Religion, Philosophie und Kunstgeschichte all der Kulturen, in denen diese Sprachen gesprochen und geschrieben wurden. Außerdem brauche es Spezialkenntnisse, etwa um alte Papyri, Manuskripte und Inschriften entziffern zu können. Diese Fertigkeiten seien ebenso notwendig wie die Beherrschung von Geometrie, Arithmetik, Algebra und Analysis für ein vernünftiges Studium der Mathematik.

Und so entstand die Altphilologie. Als ich während meines Studiums von diesem Hintergrund erfuhr und meinem Vater davon erzählte, schüttelte er den Kopf und sagte: *Nur Wissenschaft ist Wissenschaft.*

Das Schweigen zwischen meinem Vater und mir legte sich allmählich, als ich mit sechsundzwanzig mein Aufbaustudium im Fach Altphilologie begann. Ja, nur Wissenschaft ist Wissenschaft, aber angesichts der Strenge meines Studiums schien sein Widerstand zu erodieren. So kritisch er der subjektiven, wachsweichen Interpretation von Literatur gegenüberstand, den alten Sprachen begegnete er mit größtem Respekt, ihrer Grammatik, der man mit Emotionen oder Subjektivität ebenso wenig beikam wie einem mathematischen Beweis; da ich sie beherrschte, war ich in seinen

Augen ein besserer Mensch geworden. Er interessierte sich nun ernsthaft für den Fortgang meines Studiums, erkundigte sich nach meiner Lektüre und den Themen der Seminare. In dieser Zeit erinnerte er sich an seinen eigenen Lateinunterricht und erzählte jene Geschichte, dass er in der Highschool Ovid gelesen habe, aber aufgehört habe, bevor er Vergil habe lesen können.

Im ersten Jahr meines Aufbaustudiums belegte ich ein Seminar zur *Aeneis*. Mein Vater bat mich, ein paar Seiten aus dem 2. Buch zu fotokopieren und ihm zu schicken, er wolle versuchen, sich an die Lektüre zu machen, sagte er. Nun ist das 2. Buch der Teil des Epos, in dem der Fall Trojas in brutalen Einzelheiten geschildert wird: der schreckliche Höhepunkt, auf den *Ilias* und *Odyssee* anspielen, ohne ihn konkret zu beschreiben, einmal als Blick in die Zukunft, auf das kommende schreckliche Ereignis, einmal als Rückblick.

Erst der Römer Vergil erzählt die komplette Geschichte. Die Griechen, versteckt in dem gigantischen Trojanischen Pferd, das die Troer in ihre Stadt hereingezogen haben; dann der nächtliche Überraschungsangriff, der Rauch über der brennenden Stadt, die Panik und die Flammen; das Bild des ermordeten, enthaupteten Königs von Troja, Priamos, ein bemitleidenswerter alter Mann, Inbegriff der Vaterfigur, der vor dem Altar ermordet wird, während er verzweifelt für die Sicherheit seiner Stadt betet, erschlagen von Neoptolemos, dem Sohn des inzwischen toten Achilleus, ein junger Mann, der, indem er den alten König tötet, seinen eigenen Vater an Grausamkeit und Tapferkeit übertreffen will. Mein Vater wollte ein paar Seiten aus dem 2. Buch haben, weil er, wie er sagte, wissen wollte, ob er das Lateinische verstehen würde. Aber die Zeit, in der er *Ohvid* flüssig gelesen hatte, lag schon viel zu lange zurück.

Es ist sinnlos, erklärte er mir am Telefon in jenem gepressten, klagenden Tonfall, den er manchmal hatte, das stimmliche Äquivalent der Gebärde eines Menschen, der unzufrieden dreinschaut und eine wegwerfende Handbewegung macht, als wollte er sagen: *Was soll's.*

Es ist zwecklos. Es funktioniert einfach nicht mehr, sagte er, nachdem er sich an Priamos und Neoptolemos versucht hatte. Es ist zu spät.

Ach ja, sagte ich. Es ist so lange her. Niemand würde sich an diese ganzen Sachen erinnern.

Worauf mein Vater entgegnete: Schon okay. Jetzt wirst du es für mich lesen.

Ein rührender Kommentar. Obwohl mein Vater streng und tough war, machte er hin und wieder eine so unerwartet innige oder großzügige oder poetische Bemerkung, dass man ganz irritiert war – ein Zustand, den die Griechen als *aporia* (Hilflosigkeit) bezeichneten, wörtlich »ohne Weg«, was aber auch als »Gefühl des Gestrandetseins« übersetzt werden kann. Doch dies war der Vater, der trotz aller Strenge, trotz aller Härte, die sich buchstäblich in ihn eingegraben hatte – die ernsten waagerechten Linien, die sich über seine Stirn zogen wie die Linien in den schwarzweiß-marmorierten Kladden, die wir für unsere Aufzeichnungen verwendeten, die eingesunkenen Wangen unter den markanten Wangenknochen und den hohen, symmetrischen Augenhöhlen, darunter die verschatteten Halbkreise wie Illustrationen in einem Geometrie-Lehrbuch –, aus irgendeinem Grund den unpassenden Spitznamen »Daddy Loopy« erworben hatte. *Daddy Loopy!,* riefen wir, wenn er uns, was selten genug vorkam, neckte oder kitzelte. *»Was ist dein Daddy Loooooopy?«*, antwortete er etwas gehemmt, aber irgendwie auch zufrieden, während er mich in meine Bettdecke einpackte, *Ein ganz ganz toller Einpacker, wie eine Mami!,* und so hatte ich es am liebsten, als ich vier oder fünf war und er abends in mein Zimmer kam, sich auf den Rand meines schmalen Bettes setzte, das er für mich gebaut hatte, und mir aus *Pu der Bär* vorlas.

Schon okay, jetzt wirst du es für mich lesen, hörte ich ihn sagen, diese rührende Bemerkung, die er eines Herbstabends vor vielen

Jahren machte, und ich dachte, nicht zum ersten Mal: *Wer ist dieser Mann?*

Und so begannen mein Vater und ich dank Vergil wieder miteinander zu reden. Ich rief ihn während des Semesters regelmäßig an und rekapitulierte die Diskussionen der Seminarteilnehmer, und manchmal holte er die Seiten, die ich ihm geschickt hatte, sodass wir uns gemeinsam am Telefon durch eine Textstelle arbeiteten, und manchmal lag eine leise Befriedigung in seiner Stimme, wenn er ein grammatikalisches Prinzip erkannte, das er fünfundsechzig Jahre zuvor gelernt und dann vergessen hatte, wie etwa bei der Lektüre einiger Verse des 2. Buchs, das den Fall von Troja schildert, etwa jene Szene, wo der greise König Priamos seine alte Rüstung anlegt, um seine geliebte Stadt ein letztes Mal zu verteidigen – *ipsum autem sumptis Priamum iuvenalibus armis* (»Priamos selbst, nachdem er zu den Waffen gegriffen hat, die er in seiner Jugend trug«). Ach ja, richtig, *sumptis armis* ist ein Ablativus absolutus, sagte mein Vater. Genau, sagte ich und wies darauf hin, dass die Waffen, zu denen der alte König greift (weil er seinen Palast vor den Griechen schützen will, die dem hölzernen Pferd entstiegen waren, das der listenreiche Odysseus ersonnen hatte), dieselben Waffen sind, die er getragen hatte, als er jung und stark gewesen war – ein Detail, das der Szene eine ergreifende Dramatik verleiht. Ja, das finde er auch, sagte mein Vater. Es gab viele solche Gespräche im Herbst jenes ersten Jahres meines Aufbaustudiums, die ganz anders waren als die Gespräche, die wir bis dahin geführt hatten.

Deshalb kann ich sagen, dass ich meinen Vater im Grunde erst richtig kennenlernte, als ich mich ernsthaft mit der Altphilologie beschäftigte.

Beginn, wo du willst.
Anders als das konzentrierte Proömium der *Ilias* ist das Proömium der *Odyssee* weitschweifig, voller Uneindeutigkeiten. Zu Beginn

der *Ilias* ruft der Dichter die Muse an, sein großes Thema zu singen, das im ersten Vers benannt wird: »Zorn.« Wessen Zorn? Der Zorn des Achilleus, des Sohns von Peleus. Man vergleiche dies mit der Eröffnung der *Odyssee*, die damit beginnt, dass die Muse die Geschichte eines Mannes erzählen soll, dessen Name nicht genannt wird. Es könnte ein x-beliebiger Mann sein. Doch aus den Nebensätzen, die sich aneinanderreihen, erhalten wir weitere Informationen: der Mann, der weit herumkam, nachdem er Trojas heilige Burg zerstört hat, der viel gelitten hat, der bemüht war, seine Gefährten zu retten, was ihm aber nicht gelang. Das Proömium wendet sich nun jenen Männern zu, schildert ungewöhnlich detailliert eine Episode, die offenbar ihr Schicksal besiegelte: Sie aßen das verbotene Fleisch der Rinder des Sonnengottes. Am Ende des Proömiums ist die Diskrepanz zwischen der Fülle spezifischer Informationen, die man über jenen Mann erhalten hat, und den Lücken, vor allem bezüglich seines Namens, überdeutlich: ein krasses Versäumnis, gelinde gesagt, denn er soll hier doch eingeführt werden. Natürlich wissen wir, dass es sich um Odysseus handelt, aber warum sagt Homer das nicht einfach? Denkbar wäre, dass der Dichter, indem er die Aufmerksamkeit auf diese Spannung lenkt zwischen dem, was er sagt (»der Mann«), und dem, was er und wir wissen (Odysseus), ein wichtiges Thema einführt, das im Laufe des Gedichts an Bedeutung noch zunehmen wird, nämlich: Was ist der Unterschied zwischen dem, was wir sind, und dem, was andere über uns wissen? Diese Spannung zwischen Anonymität und Identität wird ein wichtiges Handlungselement in der *Odyssee* sein. Das Leben des Helden wird davon abhängen, ob er seine Identität vor seinen Feinden verbergen und sich, wenn die Zeit gekommen ist, seinen Freunden offenbaren kann, jenen, von denen er erkannt werden will: erst sein Sohn, dann seine Frau und schließlich sein Vater.

Der raffinierten Weigerung des Proömiums, sich auf einen Namen festzulegen, entspricht eine weitere bizarre Ungenauigkeit.

Die *Ilias* beginnt mit einer präzise formulierten Anrufung der Muse, mit dem Gesang in einem bestimmten Moment in der Geschichte anzufangen – *von dem Punkt an, da sich die beiden streitend entzweiten/Atreus' Sohn, der Gebieter des Heers, und der edle Achilleus.* Dem Dichter der *Odyssee* dagegen scheint es egal zu sein, wo genau das Epos beginnen soll. Er bittet die Muse, irgendwo anzufangen, *hamothen* – an irgendeinem beliebigen Ort der Reise des Odysseus. *Hamothen* kann aber auch zeitlich verstanden werden: *irgendwann*, zu einem beliebigen Zeitpunkt in der Erzählung. In den Anfangsversen der *Odyssee* sind Raum und Zeit erstaunlich vage.

Dieses eigentümlich unentschlossene Hin und Her zwischen konkreten Spezifika und wenig hilfreichen Allgemeinheiten vermittelt ein bekanntes Gefühl: das Gefühl des Verlorenseins. Manchmal scheint es, als bewege man sich auf bekanntem Terrain, manchmal ist man ratlos, treibt auf einem unendlich weiten Meer, nirgendwo Orientierungspunkte in Sicht. Dergestalt bringt der Beginn dieses Gedichts über Irrfahrt und glückliche Heimkehr sehr präzise das Schwanken zwischen Dahintreiben und Zielstrebigkeit zum Ausdruck, das die Reise des Helden charakterisiert.

Dieses Gefühl des Unterwegsseins, des Reisens, das im Proömium lebendig wird, führt auf den Ursprung des Wortes »Proömium« selbst zurück, wörtlich übersetzt »vor dem Gesang«: *pro-* (vor) und *oime* (Gesang). Das leuchtet ein: Das Proömium ist der Teil des Epos, der dem eigentlichen Gesang vorangeht. *Oime* hat aber eine interessante Herkunft. Es stammt von dem älteren Wort *oimos* ab, das »Pfad« oder »Weg« bedeutet. Möglicherweise wurde ein uralter Ausdruck wie etwa »der Weg des Gesangs« schließlich auf »Weg« verkürzt und bedeutete irgendwann einfach »Gesang«. Dass »Gesang« auf »Weg« zurückgeht, ist ebenfalls nachvollziehbar: Jedes Lied, von der Ballade bis zu einem Epos von fünfzehntausend Versen, bringt uns vom Anfang bis zum Ende, findet seinen Weg durch eine Erzählung bis zum abschließenden Höhepunkt. Wir »bewegen« uns auf etwas hin.

Und wenn wir noch weiter zurückgehen in der Geschichte dieser Wörter, wird noch etwas deutlich. Denn *oimos* (Pfad) ist letztlich mit *oima* verwandt, einem Wort, das so etwas wie »Schwung, Drang« bezeichnet – ein Drängen, ein Sprung nach vorn, eine gezielte Vorwärtsbewegung.

Ich finde die Etymologie des Wortes »Proömium« seit jeher interessant, weil sie von der Einleitung eines Gesangs bis zum Grundelement von Bewegung führt, zum Gehen. Für die Griechen war Dichtung Bewegung.

Sie soll uns in jeder Hinsicht bewegen.

Davon berichte.
Eines Januarabends, ein halbes Jahrhundert nach jener Heimreise in dem endlos kreisenden Flugzeug, von der mein Vater, *Daddy Loopy*, gern erzählte, dachte ich über lange Reisen und über langes Schweigen nach.

Wieder saß ich schweigend neben meinem Vater. Diesmal befanden wir uns nicht in einem Flugzeug. Mein Vater lag, unbeweglich wie ein mumifizierter Pharao, in einem komplizierten Bett in der neurologischen Intensivstation eines Krankenhauses, nur wenige Kilometer von dem Haus entfernt, in das er zweiundfünfzig Jahre zuvor eingezogen war, in dem er ununterbrochen gelebt hatte, während fünf Kinder hinzukamen und dann wieder auszogen, sodass er und meine Mutter fortan allein lebten, ein Leben, das im Großen und Ganzen ruhig und ereignislos war, auch deswegen, weil meine Mutter im Grunde nicht gern reiste.

Erwarte das Unerwartete. Mein Vater war gestürzt, und es war klar, dass es keine Bildungsreisen mehr geben würde. Aber wir hatten unsere Odyssee unternommen – waren ein Semester lang gemeinsam durch diesen Text gereist, der für mich, während ich auf die reglose Gestalt meines Vaters blickte, mehr und mehr von der Gegenwart zu handeln schien als von der Vergangenheit. Es ist schließlich eine Geschichte über merkwürdige und komplizierte Familien, über zwei Großväter – derjenige mütterlicherseits extrovertiert, redselig, ein beispielloser Charmeur, der andere, der Vater des Vaters, schweigsam und eigensinnig –; über eine lange Ehe und kurze Affären, über einen Mann, der in die Ferne reist, und eine Ehefrau, die zurückbleibt, in ihrem Heim verwurzelt wie ein Baum in der Erde; über einen Sohn, der von seinem Vater lange Zeit nicht erkannt wird und nicht erkannt werden kann, bis sie spät, sehr spät zu einem großen Abenteuer aufbrechen; eine Geschichte schließlich über einen Mann in der Mitte des Lebens, der ja nicht nur Vater, sondern auch Sohn ist und am Ende der Geschichte, beim Anblick seines greisen, hinfälligen Vaters, in Tränen ausbricht und so ergriffen ist, dass er, selbst ein erfahrener Geschichtenerzähler, der die Wahrheit geschickt zurechtbiegen und auch unverhohlen lügen kann, ein Manipulierer von Worten und Menschen, es nicht mehr über sich bringt, Lügen zu erzählen und Märchen zu ersinnen, und schließlich die Wahrheit sagen muss.

Dies ist die *Odyssee*, die mein Vater vor einigen Jahren in meinem Seminar lesen wollte, und dies ist Odysseus, der Held, auf dessen Spuren wir dann gereist sind.

TELEMACHIE
(Erziehung)

Januar – Februar 2011

... Die Reise des Telemachos gilt vorgeblich der Suche nach seinem Vater, doch Athene, die ihm dazu geraten hat, denkt vor allem an seine Erziehung. Der Sohn wäre des Vaters nicht würdig, hätte er die Gefährten seines Vaters nicht über dessen Taten befragt; auf Grundlage der Berichte, die er gehört, weiß er, wie er sich gegenüber seinem Vater zu verhalten hat.

Antiker Kommentator zu *Odyssee*, 1.284
(»Gehe zuerst nach Pylos und
frage den göttlichen Nestor«)

1. PAIDEUSIS
(Väter und Söhne)

Eine der seltenen Kindheitserinnerungen, von denen mein Vater erzählte – selten jedenfalls in den Jahren, in denen wir heranwuchsen, denn im Alter hat er bereitwilliger über seine Vergangenheit gesprochen, auch wenn sein Vorrat an Anekdoten es nicht mit den lustigen und dramatischen Geschichten aufnehmen konnte, die meine Mutter und ihr Vater auf Lager hatten –, handelte davon, wie sein Lateinunterricht zu Ende ging.

Eines Tages, begann er, eines Frühlingstages kurz vor Kriegsende (für meinen Vater war der Zweite Weltkrieg immer »der Krieg«, so wie ein antiker Barde »Troja« meinte, wenn er von »Krieg« sprach), es muss am Ende meines letzten Jahres auf der Junior Highschool gewesen sein, fragte unser Lateinlehrer, ein sehr feiner Kerl, europäischer Emigrant – ich erinnere mich, er war ein Deutscher, der es gerade noch geschafft hatte –, was wir im nächsten Jahr vorhätten. Wir waren in der zehnten Klasse, hatten seit der siebten Latein, und in dem Jahr hatten wir Ovid gelesen.

Ohhvid.

Hier räusperte sich mein Vater vielleicht. Er kam aus Deutschland, fuhr er fort. Ich weiß noch, dass er Wert darauf legte, gut gekleidet zu sein, obwohl man sehen konnte, dass seine Sachen oft gewaschen worden waren, der Hemdkragen war ausgefranst, die Ellbogen seiner Jacke glänzten. An diesem Tag fragte er uns, wer in der Oberstufe mit Latein weitermachen werde. Oberstufen-Latein war die Krönung des Lateinunterrichts, denn da wurde endlich Vergil gelesen. Die *Aeneis*.

Wenn er diese Geschichte in der jüngsten Zeit erzählte, fiel mir auf, wie detailliert er über das Äußere des Lehrers sprach, den ausgefransten Kragen, die glänzenden Ellbogen. Dass er derlei überhaupt registriert hatte, wäre mir früher merkwürdig erschienen, denn mein Vater war in puncto Kleidung ein notorischer Muffel. Er hatte ein untrügliches Gespür dafür, stets das Falsche zu tragen, so wie bestimmte Leute stets das Richtige tragen. Als wir uns am ersten Abend unserer *Odyssee*-Kreuzfahrt für die Captain's Cocktailparty umkleideten, wollte er sich ein glänzendes braunes Hemd anziehen, woraufhin ich sagte: Daddy, wir sind auf einer Mittelmeer-Kreuzfahrt, du kannst unmöglich braunen Polyester tragen. Ich nahm das Hemd, ging auf den Balkon und warf es ins Meer. Neeiiin!, rief er, das war ein teures Hemd! Er stürmte durch die Kabine, trat auf den Balkon und schaute unglücklich hinunter auf das Hemd, das im Wasser robbenartig schimmerte und noch eine Weile auf den Wellen tanzte, bis es schließlich unterging. Erst in seiner späten, nostalgischen Phase – ich muss damals Mitte dreißig gewesen sein – überraschte er mich mit einer Anekdote, die seinen aufmerksamen Blick für die Garderobe seines alten Lehrers erklärte. Während seines Studiums an der New York University, erzählte er eines Tages (und sofort wies er darauf hin, dass ihm diese Universität nur wegen der GI Bill offenstand und er nur deshalb davon profitieren konnte, weil er mit siebzehn genau deswegen zur Armee gegangen war, um nämlich später studieren zu können), hatte er bei Brooks Brothers gejobbt. Er grinste schief, als er meine Reaktion bemerkte. *Na ja, sagte er, es war nur der Verpackungsraum, aber ich habe etwas gelernt!* In diesem Moment spürte ich so etwas wie scheuen, eigensinnigen Stolz unter seiner Selbstironie, ein leises Triumphieren über seinen kurzen Auftritt in der exquisiten Welt amerikanischer Patrizier, als wollte er sagen: *Schau, wie weit ich es gebracht habe! Nicht schlecht für einen Jungen aus der Bronx!* Bei dem *Aber ich habe etwas gelernt* sah ich ihn plötzlich als Zwanzigjährigen, damals unglaublich dünn, die Hose zusammengezurrt um die schmale Hüfte und von einem Gürtel gehalten, wie er, mit einem Päckchen in der Hand, auf Zehenspitzen durch die mahagonigetäfelten Geschäftsräume an der Madison Avenue schleicht, unter der Kassettendecke und den Kronleuchtern, ungläubig die polierte Holztäfelung mit den feinen Messingbeschlägen bewundernd – vermutlich nicht viel anders als Telemachos, der junge Sohn des Odysseus, der im vierten Gesang der *Odyssee* den prächtigen Palast des Königs von Sparta, Menelaos, bewundert, des langmütigen Gatten der Helena von Troja, den er im Zuge seiner Suche nach dem verschollenen Vater besucht. »Zeus' Hof auf dem Olymp kann nicht herrlicher sein!«, ruft der naive Telemachos, der im Gedicht zwanzig Jahre alt ist, so alt wie mein Vater, als er bei Brooks Brothers jobbte.

Er hat, wiederholte mein Vater, in Gedanken bei seinem Lateinlehrer, einem deutschen Flüchtling, dem Mann, der auf sein Äußeres großen Wert legte, obwohl seine Sachen ganz abgetragen waren, er hat uns also gefragt, wer von uns im nächsten Jahr weitermachen und Vergil lesen würde.

Hier hielt mein Vater meist inne, um das Schweigen anzudeuten, das damals im Klassenzimmer in der Bronx geherrscht hatte.

Keiner sagte ein Wort, fuhr er dann fort und wich dabei meinem Blick aus. Der Lehrer stellte die Frage, dann fragte er noch einmal, aber niemand sagte ein Wort.

Fünfundsechzig Jahre später – der Lehrer mit dem ausgefransten Kragen und den enttäuschten Hoffnungen war längst verschwunden, viele der Kids aus der Bronx, die so verlegen geschwiegen hatten, waren Männer und dann Väter und dann Großväter geworden und dann alte Männer wie mein Vater, die sich, plötzlich und unerwartet, an alte und unverzeihliche Fehler erinnerten –, fünfundsechzig Jahre später schüttelte mein Vater den Kopf und presste die dünnen Lippen zu der vertrauten schmalen Linie zusammen.

Ich erinnere mich noch an das Zimmer, sagte er, weil es so still war. Wir brachten vor lauter Verlegenheit kein Wort heraus. Da sah uns der Lehrer plötzlich an und zeigte mit dem Finger auf jeden Einzelnen, ungefähr so, und sagte (hier imitierte mein Vater einen starken deutschen Akzent): »Ihr verschmäht den Rrreichtum des Fergiel? Das werdet ihr noch bereuen!« Damit klappte er seine Aktentasche zu und ging hinaus.

Das war, fuhr mein Vater fort, das Ende des Lateinunterrichts an dieser Schule.

Vergesst nicht, fügte er hinzu, es war nicht die beste, aber doch eine gute Highschool.

Ich erinnerte mich vage an irgendeine Geschichte, die uns jemand erzählt hatte, meine Mutter, meine Tante, ich weiß nicht mehr, wer, vielleicht einer meiner Onkel. Daddy war *das schlaueste Kerlchen auf der Junior Highschool* gewesen, ein Mathe-Ass, aber aus irgendeinem Grund war er nicht auf die anspruchsvollste Highschool gegangen, die Bronx Science, auf die alle mathematischen und naturwissenschaftlichen Talente gingen. An den Rest der Story konnte ich mich nicht mehr erinnern, ich konnte nicht sagen, warum er nicht auf die beste Schule gegangen war.

Es war eine gute Schule, sagte mein Vater. Nur sehr wenige Schüler hatten Latein gewählt, der Kurs hing also von uns ab! Aber wir haben schon vor der Oberstufe aufgehört. Und ein, zwei Jahre später wurde Latein schließlich komplett gestrichen.

Man konnte sehen, dass diese Geschichte meinen Vater noch immer beschäftigte, nach all den Jahren – dass er und seine Klassenkameraden das Angebot jenes liebenswürdigen deutschen Juden abgelehnt hatten, der von so weit her gekommen war mit nichts anderem im Gepäck als seinem wertvollen Wissen. Man konnte ihm ansehen, dass er noch immer sauer auf sich war, dass er, nachdem er es so weit in Latein gebracht, das letzte Stück Weg nicht mehr gegangen war und das bedeutendste Werk in jener Sprache nicht gelesen hatte – ein Werk über einen Mann, der seinen alten Vater aus den brennenden Ruinen seiner besiegten Stadt rettet und dann mit seinem Vater und seinem jungen Sohn in ein fernes, fremdes Land reist, um dort mit ihnen ein neues Leben zu beginnen. *Aeneas*, der sich durch beispielhaftes Pflichtbewusstsein auszeichnet – keine Kleinigkeit, was mein Vater sehr wohl wusste.

Als ich in meiner Kindheit zum ersten Mal die Geschichte von der Entscheidung meines Vaters hörte, den Lateinunterricht nicht weiter zu verfolgen – und selbst später, während meines Studiums, als sich die Frage stellte, welchen Berufsweg ich einschlagen würde, was ihn veranlasste, seine Geschichte abermals zu erzählen, ein wenig versonnen, als würde er durch immer neues Erzählen am Ende verstehen, warum in seinem Leben alles so gekommen war, wie es gekommen war –, war ich so fasziniert von ihrer Dramatik und Heftigkeit, von dem armen deutschen Juden, der in letzter Minute entkommen war, von den achtlosen Teenagern, die in New York an einem warmen Tag kurz nach Kriegsende sehnsüchtig aus dem Fenster schauten, desinteressiert an den Reichtümern der Vergangenheit, vor allem aber von dem fast unerträglichen Bild eines Lehrers, dessen Wissen niemand haben wollte, dass ich überhaupt nicht auf den Gedanken kam, meinen Vater zu fragen, warum er ein Fach abgewählt hatte, in dem er ausgezeichnete Leistungen gezeigt hatte, ein Star gewesen war; so wie ich nicht auf den Gedanken gekommen war zu fragen, warum ein solcher Star die zweitbeste Schule besucht hatte.

Ein Junge sitzt abseits in einem Saal voller Menschen und träumt von seinem abwesenden Vater.

Es ist Telemachos, der Sohn des Odysseus. Zwanzig Jahre sind vergangen, seit sein Vater nach Troja aufbrach, und nie wieder hat man von ihm gehört. Seitdem haben sich Dutzende junger Männer aus Ithaka und Umgebung im Palast breitgemacht, die, davon ausgehend, dass Odysseus längst tot ist, der unverändert schönen Penelope den Hof machen, in der Hoffnung, sie zu heiraten und damit König von Ithaka zu werden. Doch ihre Anwesenheit ist ein einziger Verstoß gegen die Gesetze der Brautwerbung, denn statt die Tradition zu befolgen, statt Opfergaben und Brautgeschenke mitzubringen, haben sie sich in Penelopes Palast häuslich eingerichtet, plündern die Vorräte, zechen Tag und Nacht und verführen die Dienerinnen. Auch das Sozialgefüge des Königreichs ist brüchig geworden, die Regierung gelähmt. Manche Bürger sind dem verschollenen König weiterhin treu, doch andere haben sich auf die Seite der Freier geschlagen, und seit Odysseus' Weggang hat keine Bürgerversammlung mehr stattgefunden.

Die Königsfamilie zerfällt. Die untröstliche Penelope hat sich in ihre Gemächer über dem Bankettsaal zurückgezogen, ihr Repertoire an Listen, mit denen sie sich der Freier erwehrt, ist längst erschöpft, der Druck, eine Entscheidung zu treffen, wird täglich größer, sie wird ohnmächtig und weint. Und Odysseus' bekümmerter Vater Laertes findet die Zustände im Palast so widerwärtig, dass er

nicht mehr in die Stadt kommt,
sondern weit weg auf dem Lande Leiden erduldet,
bei ihm eine dienende Alte, welche Speise und Trank ihm
vorsetzt, stets wenn Erschöpfung sich seiner Glieder ermächtigt,
wenn er den Hang hinankriecht des weinstocktragenden Gartens.

Nicht allein Telemachos' Vater ist also verschwunden, sondern auch der Vater seines Vaters. Der melancholische junge Mann steht an der Schwelle zum Erwachsenenleben und hat niemanden, der ihm den Weg zeigen könnte.

So beginnt die *Odyssee*: Der Held ist nirgendwo in Sicht, die Krisen, die seine Abwesenheit hervorruft, rücken in den Vordergrund. Wie lange das Proömium auch sein mag, zehn Verse, einundzwanzig Verse, es erweist sich als irreführend. Laut Ankündigung soll es um »einen Mann« gehen, tatsächlich aber taucht dieser Mann zunächst nur als Erinnerung auf, als Gespenst, von dem wir Geschichten, Reminiszenzen, Gerüchte hören. Er ist auf dem Heimweg, sagt jemand. Ein anderer entsinnt sich, ihn in Troja gesehen zu haben, verkleidet als Bettler in Spionagemission. Auch eine recht unschöne Geschichte wird erwähnt: Ach ja, Odysseus, er war auf der Suche nach vergifteten Pfeilen. (Wir verstehen: Ein edler Krieger verwendet solche Waffen nicht.) Immer neue Gerüchte tauchen auf, aber der Held – »der Mann« – ist nirgendwo zu sehen, weder auf Ithaka noch in Homers Geschichte. Und ständig weint seine Frau, das Volk murrt, der Sohn gibt sich seinen hoffnungslosen Tagträumen hin. Es ist, als habe die Muse keck beschlossen, die Aufforderung des Proömiums – *beginn, wo du willst* – wörtlich zu nehmen. Und dieser Anfang ist ein ganz anderer als der, den wir erwartet haben.

Man kann sich des Eindrucks nicht erwehren, dass Homer mit seiner Entscheidung, die Hauptfigur zu vernebeln, zu verdunkeln und erst später sichtbar zu machen, uns neugierig machen will auf diese schattenhafte Figur, die auf diesen wichtigen ersten Seiten wie eine Randerscheinung anmutet, eigentümlich klein und nur mit Mühe auszumachen, wie eine jener winzigen Figuren auf einem niederländischen Gemälde, die oft übersehen werden, weil der Blick des Betrachters auf das Hauptthema gelenkt wird, auf die Person im Vordergrund, und man erst bei genauerem Hinsehen erkennt, dass diese kleine, ferne Gestalt im Hintergrund, womöglich nur teilweise zu sehen, am Ende viel interessanter und lohnender und vielleicht sogar das eigentliche Bildthema ist. Das berühmteste Beispiel dieses Kunstgriffs ist die *Landschaft mit dem Sturz des Ikarus*, ein Gemälde von Pieter Brueghel, das in einem Brüsseler Museum hängt und ebenfalls eines der vielen antiken Vater-Sohn-Dramen zum Thema hat – den Mythos des großen Erfinders Daedalus und seines Sohns Ikarus, der mit Flügeln aus Wachs und Federn fliegen wollte. In der bekanntesten Version des Mythos, einem Gedicht von Ovid, warnt Daedalus seinen Sohn davor, der Sonne zu nahe zu kommen, weil dann das Wachs schmelzen werde; doch der leichtsinnige Sohn schlägt den väterlichen Rat in den Wind, fliegt viel zu hoch und stürzt ins Meer. Mit treffender Ironie zeigt Brueghel genau diesen Moment. Dominiert wird das Gemälde von der Küstenlandschaft und dem Meer, besonders aber von den drei Bauern im Vordergrund, die ihren Tätigkeiten nachgehen, pflügen, die Herde hüten und angeln und nichts von der Katastrophe mitbekommen, von der nur ein kleines Detail zu sehen ist, das Bein des armen Ikarus, das aus dem Wasser ragt. Bei Brueghel verwandelt sich Ovids Geschichte vom Sohn, der nicht auf den klugen Rat seines Vaters hört, in eine Geschichte über die Notwendigkeit von Bescheidenheit, man könnte auch sagen von Weitblick – eine Ermahnung, was wir riskieren, wenn wir unsere eigenen Vorstellungen unbedingt durchsetzen wollen, und wie gefährlich es ist, den Vordergrund fälschlicherweise für das ganze Bild zu halten.

Die Figur, die zu Beginn der *Odyssee* im Mittelpunkt steht und in den ersten vier Gesängen unsere ganze Aufmerksamkeit bekommt, ist die Person, die schrittweise all die Gerüchte, Klatschgeschichten und Erzählungen zusammenträgt: Telemachos, der Sohn des Odysseus. Der erste Eindruck, den wir bald nach beendetem Proömium von ihm gewinnen, ist traurig. Er sitzt »bekümmert« im großen Festsaal des Königspalastes von Ithaka, schaut ohnmächtig zu, wie die Freier lachen und lärmen und tafeln, und weil er nicht weiß, wie er sich ihnen gegenüber behaupten soll, rettet er sich in hilflose Fantasien:

schauend im Geiste den edlen Vater, ob er wohl komme
irgendwoher und in den Gemächern die Freier zerstreue.

Das Problem ist nicht bloß, dass niemand weiß, wo sein Vater ist. Viel schlimmer ist, dass niemand weiß, ob er überhaupt noch am Leben ist. Aus dieser Ungewissheit ergeben sich weitere Fragen:

ob Penelope Ehefrau oder Witwe ist, noch verheiratet oder schon frei für eine neue Ehe; ob der Sohn notfalls der König und Mann sein kann, der sein Vater gewesen war. Die Antwort auf die letzte Frage lautet aktuell: Nein.

Die lähmende Ungewissheit, die die Königsfamilie, die Freier und die Bevölkerung bedrückt, wird uns in den ersten Gesängen der *Odyssee*, in denen Odysseus nicht anwesend ist, sehr anschaulich durch eine Geschichte vermittelt. Diese Geschichte, die sich um die bekannteste List der Penelope dreht, die sich auf diese Weise der Freier erwehren will, hat eine offensichtliche symbolische Bedeutung. Die Königin, mault ein wütender Freier, habe versprochen, einen von ihnen zu heiraten, sobald das Leichentuch für ihren Schwiegervater Laertes fertiggewebt sei, den hinfälligen alten Mann, der nun, weit entfernt vom Ort der Demütigung seines abwesenden Sohns, in bedrückter Stimmung seiner bäuerlichen Arbeit nachgeht. Die Freier hatten Penelopes Vorschlag akzeptiert, doch nachts trennt sie das Gewebte heimlich wieder auf, sodass sich die Fertigstellung des Tuchs in unendliche Ferne verschiebt. Diese List funktionierte drei Jahre lang, bis eine von Penelopes Mägden, ein treuloses Ding, die mit einem der Freier schläft, das Geheimnis verriet. Die Freier stellten Penelope zur Rede, sodass sie nun gezwungen war, das Tuch fertigzuweben. Seitdem – die ganze Sache, erfahren wir, trug sich drei Jahre vor Beginn der *Odyssee* zu, drei Jahre vor jenem Moment, in dem Telemachos einsam und hilflos im Festsaal sitzt und sich vorstellt, sein Vater könne wie durch ein Wunder erscheinen –, seitdem hat sich die Königin in ihr Gemach zurückgezogen.

Diese Geschichte verrät viel von Penelopes Verzweiflung – und von ihrer Schläue, die es mit dem bekannten Listenreichtum ihres Mannes in jeder Hinsicht aufnehmen kann. Mehr noch, das Weben und Auftrennen, das Verknüpfen und Auflösen, das Voraneilen und Verzögern, all das symbolisiert sehr schön die Erstarrung, den Stillstand, der das Leben auf Ithaka während Odysseus' langer Abwesenheit charakterisiert. Dieses gleichmäßige Auf und Ab, Vor und Zurück entspricht auch dem Rhythmus der *Odyssee*: dem Vorandrängen der Handlung, dem bremsenden Sog der Flashbacks, der alten Geschichten und Abschweifungen, ohne die die zentrale Erzählung dünn und substanzlos wäre.

Das berühmte Epos des Reisens beginnt also mit Figuren, die keinen Schritt vorankommen. Der Stillstand, der die Situation auf Ithaka kennzeichnet, wirft zugleich handwerkliche Fragen auf: Wie fängt man ein Gedicht an? Wo beginnt eine Geschichte? Wie schließt man die Vergangenheit ab und verwandelt sie in Gegenwart?

Eine Antwort auf diese Frage lautet: durch einen Willensakt. Nach dem Ende des Proömiums verlagert sich die Handlung auf den Olymp, die himmlische Heimstätte der Götter. Athene, voller Mitgefühl für den Sterblichen, der ihr von allen der liebste ist, drängt Zeus, ihren Vater, den zehnjährigen Stillstand zu beenden. Der Göttervater entsinnt sich seiner Zuneigung für den listenreichen Odysseus und willigt ein. Der göttliche Plan, Odysseus nach Hause zu führen, besteht aus zwei Teilen. Zunächst wird der Götterbote Hermes auf die Insel der liebestollen Nymphe Kalypso eilen, die Odysseus seit sieben Jahren festhält, und ihr befehlen, den Gefangenen freizulassen. Dieser Szene begegnen wir aber erst im fünften Gesang – wenn sich die Handlung endlich der Geschichte des Odysseus zuwenden wird. Bis dahin wird uns der zweite Teil des göttlichen Plans geschildert, der auf Ithaka beginnt und den Sohn des Helden involviert.

Athene begibt sich sogleich nach Ithaka und kann, verkleidet als Mentes, ein alter Freund von Odysseus, in den Palast eindringen. In der Halle, wo sich die Freier zum Festgelage versammelt haben, verwickelt sie den jungen Telemachos in ein Gespräch. (Telemachos bedeutet »Kämpfer in der Ferne«: Der Sohn, der sich durch den abwesenden Vater definiert, trägt einen Namen, der auf diese Abwesenheit und ihren Grund verweist.) Der junge

Mann unterhält sich höflich mit der verkleideten Athene und lässt dabei seine ausgeprägte Unsicherheit erkennen. So klagt er darüber, dass seine Mutter Penelope zwar immer erklärt habe, dass Odysseus sein Vater sei, er sich dessen aber nicht sicher sein könne. Athene macht zunächst eine Bemerkung über das »schändliche« Tun der Freier, versucht dann aber, die Zweifel des jungen Mannes zu zerstreuen. Sie versichert ihm, dass sein Vater keineswegs tot, sondern auf einer Insel am Leben ist, von »grausamen Männern« gefangen gehalten (die schöne Nymphe Kalypso verschweigt sie zartfühlend), und macht auch eine Bemerkung über die erstaunliche Ähnlichkeit zwischen ihm und seinem Vater – das Haupt, die schönen Augen…

Aber sie weiß natürlich, dass Handeln die beste Medizin wäre, und nimmt Telemachos an der Hand. Erst einmal solle er eine Versammlung der Bürger von Ithaka einberufen und das Wort an sie richten: »Heiße die Freier, sich zu zerstreun auf die eigenen Güter!« Dann rät sie ihm, ein Schiff auszurüsten und zwei Mitstreiter seines Vaters aufzusuchen, Nestor, den alten König von Pylos, und Menelaos, den Gatten Helenas und König von Sparta:

Wenn du nun hörst, der Vater lebe und sei auf der Heimfahrt,
halte ein Jahr noch durch, wie sehr man auch immer dir zusetzt.
Hörst du indessen, er sei tot und nicht mehr am Leben,
kehre dann wieder zurück ins teure Land deiner Väter,
schütte ein Grabmal ihm auf und spende die Gaben an Tote,
reichliche, wie es sich ziemt, und gib einem Mann deine Mutter.

Tatsächlich wird in dieser Passage die Handlung der nächsten drei Gesänge skizziert. Im zweiten Gesang wird Telemachos die längst überfällige Versammlung der Bürger von Ithaka einberufen und in deren Anwesenheit die Freier zur Rede stellen. Im dritten Gesang verlässt er zum ersten Mal seine Heimat und segelt nach Pylos, wo er Nestor begegnet und etwas über die Aktivitäten seines Vaters im Krieg erfährt. Im vierten Gesang reist er von Pylos nach Sparta, wo Menelaos und Helena in großer Pracht leben, beide voller Erinnerungen an Odysseus' Listenreichtum und Witz.

Anders gesagt, Telemachos wird in den ersten vier Gesängen endlich seine eigenen Abenteuer erleben. Er wird auf seinen Reisen die Erfahrungen machen, die laut Proömium sein Vater machen musste: »Vieler Menschen Städte sehen und ihr Denken kennenlernen.« Auf derart raffinierte Weise wird Telemachos versichert, dass er tatsächlich der Sohn seines Vaters ist.

Für diese unerwartete, aber aufschlussreiche Einleitung, ebenso wie für andere Episoden der *Odyssee*, hat die Tradition einen Namen. So wie die *Ilias* ein Gesang über Ilion (ein anderer Name für Troja) und die *Odyssee* ein Gesang über Odysseus ist, so ist die *Telemachie* (der Titel des ersten großen Teils des Epos) ein Gesang über Telemachos. Die ersten vier Gesänge erzählen davon, wie das Kind eines abwesenden Vaters beginnt, sich mit seinem Vater und der Welt auseinanderzusetzen.

Es ist die Geschichte der Erziehung eines Sohnes.

Ich verstehe einfach nicht, was an ihm so heldenhaft sein soll!
Es war der 28. Januar 2011, 11.15 Uhr, ungefähr eine Stunde nach Beginn der ersten Sitzung des Seminars Altphilologie 125: Homers *Odyssee*. Ständig hatte mein Vater an Odysseus etwas auszusetzen.

Um neun war er bei mir eingetroffen. Trotz des schlechten Wetters hatte er den Wagen genommen. Das wäre einfacher, als mit der Bahn zu fahren, hatte er ein paar Tage zuvor am Telefon erklärt, was natürlich nicht stimmte. Aber mein Vater war noch nie gern Zug gefahren. Am Morgen hatte ich mir vorgestellt, wie er, angetan mit einem der weißen Schlabberpullover, in denen er gern herumlief, seinen weißen Schlitten vorsichtig durch den starken Schneefall manövrierte. Um rechtzeitig vor Seminarbeginn, also zehn nach zehn, auf dem Campus einzutreffen, musste er deutlich vor sieben auf Long Island losfahren, und obwohl er es nicht aussprach, wusste ich, dass dieser zusätzliche Aufwand die ganze Sache umso reizvoller machte. *Wenn man sich nicht anstrengen muss, lohnt es sich nicht.* Ich konnte schon hören, wie er sich in der folgenden Woche lautstark beschwerte bei seinen Freunden Ralph und Milton und Lenny und den anderen, mit denen er im Town Bagel an den hellorangefarbenen Resopaltischen saß, vor ihnen gigantische Styroporbecher mit dampfendem Kaffee, und sie, wie seit Jahren, jeden Vormittag über die üblichen Dinge sprachen: Frauen und Kinder, Scheidungen und Enkel, die Mets und die Giants, ihre Arthritis und die Prostata. *Um halb sechs musste ich aufstehen! Unfassbar!*, würde Daddy sagen.

Auch mein Vater war, auf seine Weise, ein Schmerzensmann.

Ich stellte ihn mir vor, wie er während der Fahrt stumme Selbstgespräche führte, die dünnen Lippen über Zähnen bewegte, die sich nach jahrelangem Rauchen gelb verfärbt hatten, 1970 hatte er von einem Tag auf den anderen aufgehört, weil dieser kalte Entzug vermutlich die rigoroseste, die schmerzhafteste Methode war. In all den Jahren hatte ich meinen Vater abertausendmal am Steuer erlebt: wie er langsam durch die stillen Straßen unseres Viertels fuhr, vorbei an Ahornbäumen und Sumpfeichen, vorbei an Häusern, die misstrauisch durch die heruntergelassenen Jalousien zu spähen schienen, wie er sich auf verstopften, abgasumwölkten Interstates und Mautstraßen voranquälte, zu Barbecues und Ferienpartys, zu den Apartments in Brooklyn oder Queens, wo mysteriöse Verwandte meiner Mutter wohnten, ältere Leute, die, nachdem wir geklingelt hatten, leise schlurfend näher kamen, um die braunlackierte Stahltür mit den vielen Schlössern und dem Guckloch zu öffnen, durch das sie vorsichtig spähten, ein Auge durch das konvexe Glas grotesk vergrößert, wie ein einäugiges mythisches Fabelwesen. Ich war mit dabei, wenn er zu

Schulkonzerten fuhr, Orchester, Kapelle, Chor, Choral, Madrigale, Herbst, Winter und Frühling, wenn er uns zum Sommercamp fuhr, zu Klavier-, Cello- und Gitarrenstunden, zu Bar-Mizwas und Hochzeiten, und als meine Großeltern und die Eltern der Freunde meiner Eltern allmählich starben (und später, als ihre eigenen Freunde starben), beteiligte er sich auch an Trauerkorsos, wobei er sich bitterlich über andere Verkehrsteilnehmer beschwerte, die der langsamen Prozession nicht die Vorfahrt ließen, denn sosehr er Zeremonien jeglicher Art ablehnte, ja verabscheute, so groß war seine Achtung vor den Toten, selbst denen, die ihm zu Lebzeiten nicht sonderlich sympathisch gewesen waren – wohl aus Respekt dafür, dass sie am Ende das Schwierigste, das Schmerzhafteste vollbracht hatten.

Beim Fahren zog mein Vater oft krampfartig die knochige linke Schulter hoch und verzog dabei den Mund in einer jener unbewussten Gebärden, die man macht, wenn man sich ärgert, vielleicht über die zahlreichen Kinder, die regelmäßig ihren Besuch verschieben und angeblich kein Geld für die weite Reise haben, vielleicht rekapituliert man einen uralten Streit mit der eigenen Frau, vielleicht wegen ihrer Abneigung, auf Reisen zu gehen (weshalb man selbst, neugierig auf die Welt und unternehmungslustig, nicht mehr verreist), vielleicht wegen etwas anderem, einer noch älteren Meinungsverschiedenheit, deren Dialog einem inzwischen so vertraut ist, dass man beide Partien gleich gut spielen kann, während man in seinem dicken weißen Schlitten herumfährt, eine der wenigen Extravaganzen, die man sich gestattet – womöglich eine Art Kompensation für all die Reisen, die man nicht unternommen hat.

Mir egal, was du gesagt hast, entscheidend ist, <u>wie</u> du es gesagt hast.
Hör auf, mir Vorschriften zu machen!
Daddy hätte nie zugelassen, dass sie so mit mir reden.

*Ach, dein Vater, dein Vater! Glaub mir, er war kein so
großer Held. Ich weiß ein paar Dinge ...*

Ganz verkrampft saß mein Vater da, wenn er, die linke Schulter hochgezogen, die rechte Hand in Zwölf-Uhr-Position auf dem Lenkrad, die Lippen stumm bewegend, diese uralten Diskussionen noch einmal abspulte.

Genau so bewegten sich seine Lippen vermutlich an jenem Januartag, als er mit seinem grotesken Schlitten übertrieben vorsichtig in meine Auffahrt einbog, als wollte er sagen: *Die Fahrt hierher war kein Kinderspiel.* Und während er die Beine durch die geöffnete Fahrertür ins Freie schwang und die Hand nach dem Griff oberhalb des Fensters ausstreckte, um sich aus dem weichen Schalensitz zu hieven (was ich bei ihm erst in jüngster Zeit gesehen hatte), rief er schon: »Dieser Verkehr, unglaublich!«

Er klagte gern darüber, wie schwer es Autofahrer hatten. *Dieser Verkehr, unglaublich!,* war der Refrain, den wir als Kinder hörten, als Teenager, selbst als Erwachsene, nachdem wir längst ausgezogen waren aus dem schönen weißen Haus mit dem schnittigen weißen Auto und den weißen Schlabberpullis. Dieser Satz platzte sofort aus ihm heraus, wenn er irgendwo angekommen war, so unveränderlich und formelhaft wie die stehenden Wendungen, zu denen Homer greift, wenn er bestimmte Szenen oder Handlungen beschreibt, Sonnenaufgänge oder Festgelage oder Auseinandersetzungen – »Als in der Frühe Eos erschien mit rosigen Fingern« oder »Als sie aber verscheucht ihr Verlangen nach Essen und Trinken« oder »Welch ein Wort, mein Kind, entschlüpfte dem Zaun deiner Zähne«. Nicht anders mein autofahrender Vater. *Der Parkway war ein Albtraum!,* sagte er, wenn er jemandes Haus betrat, oder *Der Long Island Expressway ist ein einziger riesiger Parkplatz!,* rief er, wenn wir, gewöhnlich verspätet, zu einer Feier eintrafen, und wir nickten alle, obwohl wir manchmal wussten, dass das nicht ganz stimmte, dass das nicht der genaue Grund unserer Verspätung war. (Wenn wir beispielsweise zu einem Gottesdienst fuhren, pflegte er das Haus exakt in dem Moment zu verlassen, in dem die Veranstaltung begann, und wenn wir mit einstündiger Verspätung eintrafen, wies er entschuldigend darauf hin, dass wir in einen Stau geraten seien.) Selbst wenn er ausnahmsweise pünktlich sein wollte – bei seinem Freund Nino etwa, mit dem zusammen er Mathematik studiert hatte, oder an Dienstagabenden, wenn er mit seinem Arbeitskollegen Bob McGill zum Tennis verabredet war –, hatte er immer mit einem nicht zu besänftigenden Wettergott zu kämpfen. Wir kletterten in das Auto, alle sieben, Andrew vorn auf dem Beifahrersitz, weil ihm schlecht wurde, wenn er hinten saß, Matt und Eric und Jennifer ganz hinten, ich auf dem Rücksitz neben meiner Mutter (die gern dort saß, sodass sie das rechte Bein, purpurn marmoriert von den Krampfadern, die ihr nach all den Schwangerschaften geblieben waren, auf die Vorderlehne zwischen der rechten Schulter meines Vaters und Andrews linker Schulter legen konnte, *mein schlimmes Bein kann dann ein bisschen ruhen*), und fuhren los, mit reichlich Zeit, aber schon damals war der Verkehr offenbar ein Problem, der Expressway verstopft wie ein Parkplatz, und wir kamen zu spät.

Der Verkehr, unglaublich!, rief mein Vater, als er sich an jenem Januartag aus dem Wagen hievte und mit beiden Füßen aufstampfte, die Abdrücke wie wütende Ausrufezeichen im weißen Pulverschnee. Ich stand auf der Veranda und sah, wie vorsichtig er die Stufen hinaufstieg, weil er große Angst hatte zu stürzen. Er griff nach dem Handlauf, schaute hoch zu mir und fragte, was an diesem ersten Seminartag auf dem Programm stand. Ich sagte: der Anfang.

Jetzt, eine Stunde nach Seminarbeginn, war klar, dass er nicht sehr viel von Odysseus hielt.

Eine Woche zuvor hatte ich die Studenten, die sich für das

Seminar angemeldet hatten, per E-Mail gebeten, vor der ersten Sitzung den ersten Gesang zu lesen und sich Gedanken darüber zu machen, warum das Epos so beginnt, wie es beginnt. Das Seminar würde freitags von 10.10 Uhr bis 12.30 Uhr stattfinden, knapp zweieinhalb Stunden, mit einer Kaffeepause gegen 11.15 Uhr. An diesem ersten Tag, schrieb ich, würden wir in der ersten Hälfte über den ersten Gesang diskutieren. Nach der Pause würde ich über einige grundlegende Dinge in Bezug auf Homers Dichtung sprechen: die historische Debatte über die Entstehung der Werke Homers, die Tradition der mündlichen Überlieferung, handwerkliche Aspekte der Ependichtung und schließlich meine Erwartungen an das Seminar.

Ich erwähnte auch, dass mein Vater teilnehmen werde. Besser die Studenten vorwarnen, dachte ich, dann wird seine Anwesenheit sie an diesem ersten Tag nicht irritieren.

Also, sagte ich um 10.15 Uhr, den Blick in die Runde gerichtet, ich habe Sie gebeten, über den Beginn der *Odyssee* nachzudenken. Heute können wir noch nicht ausführlich über den ersten Gesang sprechen – nächste Woche werden wir Nummer eins und zwei detailliert behandeln, aber zumindest können wir schon mal einsteigen. Ist Ihnen an der Eröffnung des Epos irgendetwas aufgefallen – etwas Ungewohntes, etwas Bemerkenswertes?

Ein Student am unteren Tischende grinste und sagte: Es ist lang! Seine tiefen Grübchen widersprachen der Coolness, die er mit seiner kultivierten Ungepflegtheit vermitteln wollte. Während ich noch mit den Augen rollte, stieß ihn seine Nachbarin, ein schlankes, dunkeläugiges Mädchen, in die Seite. Freundin und Freund. Ihre Augen waren so schwarz, dass Iris und Pupille nicht auseinanderzuhalten waren.

Etwas genauer bitte, sagte ich. Wie ist Ihr Name?

Jack, sagte der Ungepflegte. Das Mädchen sagte: Nina.

Vor mir auf dem Tisch lag die Teilnehmerliste, die mir die Universitätsverwaltung zugeschickt hatte. Ich suchte die beiden

Namen. Neben seinen schrieb ich »Grübchen-Jack«, neben ihren »schwarzäugige Nina«.

Diese Praxis hatte ich mir als studentische Lehrkraft zwanzig Jahre zuvor angewöhnt. Wenn sich die Studenten zu Semesterbeginn vorstellten, notierte ich irgendein auffallendes Merkmal neben dem Namen auf der Liste, um sie leichter behalten zu können. Das führte oft dazu, dass die Studenten, selbst wenn ich sie schon gut kannte, weiterhin »Zack mit der Nickelbrille« oder »Maureen Grünauge« für mich waren, als ob diese äußeren Merkmale auf einen spezifischen Charakterzug hinwiesen, auf eine Neigung zu Präzision oder eine unbezähmbare Schalkhaftigkeit. Das ähnelt durchaus der Art und Weise, wie bei Homer bestimmte Figuren durch feste, formelhafte Attribute bezeichnet werden (»schnellfüßiger Achilleus« oder »funkeläugige Athene«) oder durch eine bestimmte Haltung oder Gebärde. So wird jedes Mal, wenn Penelope die Treppe von ihrem Schlafgemach herunterkommt und die große Halle des Palastes betritt, in der die Freier sich zum Festgelage versammelt haben, die Szene mit den gleichen Worten beschrieben wie beim ersten Mal im ersten Gesang:

> *Und [sie] stieg in ihrem Hause die hohe Treppe hinunter,*
> *nicht allein, ihr folgten zugleich zwei dienende Mägde.*
> *Als sie nun kam zu den Freiern, die göttliche unter den Frauen,*
> *trat sie neben den Pfeiler des fest gezimmerten Baues,*
> *zog sich sodann den schimmernden Schleier ganz eng*
>   *um die Wangen,*
> *und eine sorgende Magd trat links und rechts ihr zur Seite.*

Die wortwörtliche Wiederholung von Formulierungen, die eigentümlich mechanische Wiederholung von Gebärden und Haltungen finden manche Leser heutzutage befremdlich. Einige Forscher weisen jedoch darauf hin, dass diese feststehenden Wendungen und Formeln, unabhängig von ihrer technischen Funktion, einen

Einblick in die Vorstellungswelt der antiken Dichter bieten – nicht zuletzt ihren Glauben an die grundsätzliche Unveränderlichkeit von Natur, Menschen und Objekten, wie sehr sie dem Einfluss von Geschichte, Gewalt und Zeit auch ausgesetzt sind –, wobei der Glaube an diese Unveränderlichkeit eine wichtige Rolle spielt in diesem Epos, dessen Figuren einander nach jahrzehntelanger traumatischer Trennung wiedererkennen wollen. Diese Funktion der Epitheta hat etwas Tröstliches, ihr wiederholter Gebrauch etwas Beruhigendes. Wie Kletterhaken, die in der gigantischen Felswand des Epos stecken, bieten sie den Lesern sicheren Halt auf ihrem Weg durch diesen ausufernden Text.

Ich wiederholte meine Frage, ob ihnen am Beginn des Gedichts etwas aufgefallen sei, was sie interessant fänden.

Nach längerem Schweigen meldete sich ein schlaksiger Student mit markantem Adamsapfel und schwarzer Mähne, der in viel zu kleinen Sachen steckte (die Handgelenke standen weit aus den Pulloverärmeln hervor), und sagte, dass er es interessant fände, dass Odysseus im ersten Gesang praktisch nicht vorkomme.

Ein Karikaturist würde diesen jungen Mann als dunklen Fleck auf einem senkrechten Strich darstellen. Er sah tatsächlich wie der Don Quijote auf der Picasso-Zeichnung aus, die irgendwo im Haus meiner Eltern hing, eine Reproduktion des Metropolitan Museum, die meine Mutter hatte rahmen lassen.

Gut, sagte ich. Ja. Am Anfang geht es zunächst um etwas anderes.

Ich fragte ihn nach seinem Namen.

Tom, sagte er.

Neben seinen Namen schrieb ich »Don Quijote Tom«.

Gut, wiederholte ich. Odysseus ist im ersten Gesang eine Art Erscheinung. Worum geht es in dem Gesang hauptsächlich?

Ein grauäugiges Mädchen neben mir schaute hoch und sagte mit einem Kopfnicken, sodass ihre blonde Lockenmähne vibrierte: Ich bin Trisha.

Ich notierte auf der Liste: »Trisha mit den Botticelli-Haaren.«

Es geht um die Situation auf Ithaka, sagte sie.

Ja, sagte ich, gut. Und wie sieht die Situation aus?

Ähm ... also, am Anfang haben wir Stagnation.

Sehr gut, sagte ich. Und warum schildert Homer im ersten Gesang die Stagnation auf Ithaka, statt sich sofort Odysseus zuzuwenden?

Ich sah mich mit ermunterndem Blick im Raum um, aber niemand meldete sich.

Als Dozent hat man gelegentlich – nicht oft, aber doch hin und wieder – mit Studenten zu tun, zu denen man keinen Draht findet. Man redet und redet, man stellt Suggestivfragen und liefert Stichworte, um ihnen auf die Sprünge zu helfen, aber sie sitzen einfach da, machen Aufzeichnungen und geben manchmal einen unsicheren Kommentar in fragendem Tonfall von sich. Das Gespräch verläuft schleppend, einseitig, es fehlt das angeregte Hin und Her, das wirklich gute Seminare auszeichnet. Für ein abschließendes Urteil war es natürlich noch zu früh, aber diese Gruppe schien mir ein wenig zugeknöpft zu sein. *Mein Gott*, dachte ich, *und das ist ausgerechnet das Seminar, an dem Daddy teilnimmt.*

Schließlich meldete sich ein hochaufgeschossener blonder Student mit rundem Gesicht und wachen blauen Augen hinter einer randlosen Brille.

Ich heiße ebenfalls Tom, sagte er.

»Sancho Pansa Tom« notierte ich auf der Teilnehmerliste, was ich aber sofort durchstrich und durch »Tom Blondschopf« ersetzte.

Vielleicht ist es Absicht? Homer will uns zeigen, wie chaotisch die Verhältnisse zu Hause sind, sodass Odysseus' Heimkehr sich wie eine Erlösung anfühlt?

Hübsche Idee, sagte ich. Aber ich frag mal so: Ausgehend von dem Eindruck, den wir im ersten Gesang von Odysseus gewonnen haben, wie plausibel wäre dieser Höhepunkt?

Ein schlankes Mädchen auf der rechten Seite hob ihre blasse Hand nur andeutungsweise und machte eine vorsichtige Bewegung wie jemand, der während des Gottesdienstes einem anderen ein Zeichen geben will. Ihr Haar war bemerkenswert: dunkelrot, fast hennafarben, fiel es ihr wie ein schimmernder Vorhang auf die Schultern.

Nicht besonders plausibel!, sagte sie. Mir kam er nämlich wie ein Trauerkloß vor ...

Pardon, sagte ich, wie ist Ihr Name?

Sie errötete und sagte: Sorry.

Keine Ursache. Fahren Sie fort!

Ich bin Madeline?

Ich fand ihren Namen auf der Liste. »Madeline mit der schimmernden roten Mähne.«

Okay, Madeline. Was meinen Sie mit »Trauerkloß«?

Er ist sehr bedrückt, sagte sie. Ganz am Anfang, als Athene und Zeus überlegen, was sie in Bezug auf Odysseus unternehmen sollen, der ja auf Kalypsos Insel festsitzt, sagt Athene, dass er niedergeschlagen auf der Insel herumschleicht und dauernd weint.

Trishas Locken flogen hin und her, während sie Notizen machte. Dann schaute sie zu mir und sagte: Ich glaube, der erste Gesang soll eine Art Überraschung sein. Wir sind am Anfang dieses bedeutenden Epos über den großen Helden, und das Erste, was wir von ihm hören, ist, dass er ein Loser ist. Er ist ein Schiffbrüchiger, ein Gefangener, er hat keine Macht und überhaupt keine Möglichkeit, nach Hause zurückzukehren. Er ist von allem abgeschnitten, was ihm wichtig ist. Tiefer kann er nicht sinken, es kann nur aufwärts gehen.

Sehr schön, sagte ich. Ja. Das ist eine Grundlage, auf der sich die Heldenerzählung entwickeln kann.

In diesem Moment hob mein Vater den Kopf und sagte: Held? Ich finde überhaupt nicht, dass er ein Held ist.

Alle Studenten wandten sich ihm zu. Mein Vater hatte nicht

am Seminartisch Platz genommen, sondern saß schräg links hinter mir an einem Fenster, das den Blick auf eine trostlose, von Schnee geräumte und gestreute Fläche freigab. In den nächsten fünfzehn Wochen sollte er jeden Freitag auf diesem Stuhl sitzen.

Ich werde euch sagen, was an Odysseus interessant ist!

Ich drehte mich zu ihm um. Als wir zum ersten Mal über eine mögliche Teilnahme an dem Seminar gesprochen hatten, hatte er mir versichert, dass er sich nicht an der Diskussion beteiligen werde. Nein, hatte er gesagt, bald nach jenem Novembertag 2010, als er angerufen und gesagt hatte, ich lese die *Odyssee* auf meinem iPad, aber vieles verstehe ich einfach nicht. Hast du nicht gesagt, dass du im nächsten Semester ein Seminar dazu hältst? Und damit fing alles an. Zunächst hatte ich gezögert. Wollte er wirklich jede Woche hier antanzen, zweieinhalb Stunden pro Strecke, und noch einmal zweieinhalb Stunden mit einer Handvoll Studienanfänger im Seminar sitzen? Klar, hatte er gesagt. Warum nicht? Vergiss nicht, ich war auch mal Professor. Ich weiß, wie man mit College-Kids umgeht! Ich hatte kurz überlegt und schließlich eingewilligt. Aber bedenke, es ist ein Seminar, keine Vorlesung – die Studenten werden an einem Tisch sitzen und über den Text reden. Du kannst dich nirgendwo verstecken. Wär das okay für dich? Klar, hatte mein Vater geantwortet. Ich werde einfach dasitzen und zuhören.

Und nun, am ersten Tag des Seminars, redete er. Ich werde euch sagen, was ich interessant finde, wiederholte er.

Er hielt die Hand in die Luft. Dass er zusammen mit diesen jungen Leuten in einem Raum saß, hatte den merkwürdigen Effekt, dass er für mich plötzlich, zum ersten Mal, alt aussah, kleiner, als ich ihn in Erinnerung hatte, blasser. Der Schock, meinen Vater als alten Mann zu sehen, war mir nicht ganz neu, aber manchmal konnte mich seine Erscheinung, bei bestimmten Lichtverhältnissen oder in bestimmten Situationen, noch immer erschrecken. Einige Monate zuvor, im September, war ich mit dem

Zug aus Manhattan angereist, um anlässlich des einundachtzigsten Geburtstags meines Vaters ein paar Tage bei meinen Eltern zu verbringen. Nein, hatte er gemeint, als ich angerufen hatte, um Bescheid zu sagen, mit welchem Zug ich kommen würde, nimm kein Taxi, ich hol dich ab. Als ich dann in Bethpage auf dem Bahnsteig stand, ließ ich den Blick über die vielen Autos unten auf dem Parkplatz wandern und fragte mich, warum ein verhutzelter Mann in übergroßen Sachen mir zuwinkte, und dann dachte ich plötzlich, *Daddy*. Ein wenig verlegen ging ich die Treppe hinunter, die vom Bahnsteig zum Parkplatz führte, und mein Vater spitzte die Lippen, wie er das manchmal tat, wenn er sich über irgendeine unerklärliche Dummheit aufregte – jemand hatte ihm die Vorfahrt genommen, die Kassiererin falsch herausgegeben –, und sagte, *ich hab dir doch zugewinkt!* Entschuldige, sagte ich, die Sonne hat mich geblendet.

Okay, sagte ich jetzt zu meinem Vater. Was findest du interessant? Warum findest du, dass er kein Held ist?

Mein Vater räusperte sich und machte eine Handbewegung in Richtung Trisha. Erstens, ich stimme ihr zu, dass er ein Loser ist – aber nicht nur, weil er ein hilfloser Gefangener ist!

Die Studenten schauten amüsiert.

Bin ich der Einzige, fuhr mein Vater fort, der sich daran stört, dass Odysseus zu Beginn des Gedichts *allein* ist?

Was meinst du mit »allein«?

Mir war nicht klar, worauf er hinauswollte.

Also, sagte er, zwanzig Jahre zuvor ist er losgezogen, um im Trojanischen Krieg zu kämpfen, richtig? Und vermutlich war er der Anführer seiner Truppen?

Ja, sagte ich. Im zweiten Gesang der *Ilias* gibt es einen Katalog der griechischen Verbände, die nach Troja fuhren. Dort heißt es, dass Odysseus in einem Verband von zwölf Schiffen segelte.

Genau, rief mein Vater mit triumphierender Stimme. Das sind also Hunderte von Kämpfern. Ich frage mich: Was ist aus diesen zwölf Schiffen und den Besatzungen geworden? Warum kehrt er als Einziger lebend heim?

Einige Studenten sahen einander an. Andere blätterten in ihrem Exemplar der *Odyssee* und starrten auf die Buchstaben, als würde sich ihnen auf diese Weise eine Antwort erschließen.

Eine gute Frage, sagte ich. Möchte jemand darauf antworten?

Alle saßen schweigend da, während ich mich in der Runde umsah, in der verrückten Hoffnung, einer von ihnen werde schon auf die Frage meines Vaters eingehen.

Nach einer Weile sagte ich: Also, ich denke, man kann diese Frage auf zweierlei Weise beantworten. Die erste bezieht sich auf die Handlung. Wenn Sie das Proömium aufmerksam gelesen haben, werden Sie sich erinnern, dass die Männer des Odysseus als »Narren« bezeichnet werden – dort steht, sie seien »durch eigene Freveltaten zugrunde gegangen«. Im weiteren Verlauf der Dichtung werden wir zu den verschiedenen Ereignissen kommen, bei denen die Männer den Tod fanden. Und dann werden Sie mir sagen, ob Sie der Ansicht sind, dass sie durch eigene Freveltaten zugrunde gegangen sind.

Mein Vater machte ein Gesicht, als hätte er die Dinge besser im Griff gehabt als Odysseus, als hätte er die zwölf Schiffe mit ihren Besatzungen heil nach Hause gebracht. Du gibst also zu, sagte er, dass er alle seine Männer verloren hat?

Ja, sagte ich, fast trotzig. Ich kam mir wie ein Elfjähriger vor, und Odysseus war ein frecher Klassenkamerad, zu dem ich halten würde, auch wenn das hieß, dass ich mit ihm bestraft würde.

Mein Vater war offenkundig nicht überzeugt.

Nina, die Dunkeläugige, schaute zu mir herüber. Sie haben gesagt, es gibt zweierlei Antworten auf die Frage, warum er ganz allein heimkehrt. Wie sieht die andere aus?

Diese Antwort, sagte ich, hat letztlich mit der Anlage der Erzählung zu tun. Es geht gar nicht anders, Odysseus *muss* der Einzige sein, der es nach Hause schafft.

Ich sah mich im Raum um.

Überlegen Sie mal, sagte ich nach einer Weile. Wenn er als Einziger am Leben bleibt – was bedeutet das?

Trisha schaute hoch. Dann ist er der Held der Geschichte.

Genau, sagte ich und dachte, *die* ist auf Draht.

Bedenken Sie, sagte ich in die Runde, wie die *Odyssee* aussehen würde, wenn er mit zwölf oder fünf Mann heimgekehrt wäre – oder auch nur mit einem Matrosen. Es würde einfach nicht funktionieren. Um Held eines Epos zu sein, muss man sich gewissermaßen der Konkurrenz entledigen.

Wieder sagte mein Vater: Ich glaube nicht, dass er so ein großer Held ist!

Er sah sich unter den Studenten um. Was ist das für ein Anführer, der alle seine Kämpfer verliert? Das ist ein Held für Sie?

Die Studenten lachten laut. Und dann, als befürchteten sie, eine Grenze überschritten zu haben, schauten sie fragend in meine Richtung. Da sie mich nicht für einen humorlosen Spielverderber halten sollten, grinste ich über das ganze Gesicht.

In Wahrheit dachte ich: *Das wird ein Albtraum.*

Kurz vor halb zwölf kamen sie mit Kaffeebechern in der Hand aus der Cafeteria zurück und klopften den Schnee von ihren Schuhen. Als alle wieder Platz genommen hatten, begann ich meinen Vortrag, und am Ende hatte ich fast die gesamte verbliebene Stunde geredet.

Dies ist das letzte Mal, dass ich in diesem Kurs so viel reden werde, fing ich an. In einem Seminar wird diskutiert. Außerdem werde ich nicht für so viel Reden bezahlt.

Ein paar Studenten kicherten nervös.

Ich begann mit der sogenannten »homerischen Frage«, dem jahrhundertealten Streit darüber, wie die Werke Homers entstanden sind – ob als schriftlich verfasste Texte oder als Produkt mündlicher Überlieferung. Die Studenten sollten die Grundzüge dieser Debatte verstehen, da wichtige Interpretationsfragen davon abhängen, welcher Theorie man folgt.

In Griechenland wurde vermutet, dass es einen Dichter namens Homer gab, der seine Gedichte niederschrieb. Laut Herodot soll Homer um 800 v. Chr. gelebt haben, vierhundert Jahre vor seiner eigenen Zeit. Mehrere Jahrhunderte nach Herodot vermutete Aristarchos von Samothrake, Vorsteher der Bibliothek von Alexandria (der bedeutendsten wissenschaftlichen Einrichtung in der antiken Welt) und anerkannter Homer-Experte, dass Homer um 1050 v. Chr. gelebt hat, anderthalb Jahrhunderte nach dem Trojanischen Krieg. Generell wurde Homer als Autor der *Ilias* und der *Odyssee* vermutet, während einige antike Gelehrte, die sogenannten Separatisten, die Ansicht vertraten, die Epen seien von zwei verschiedenen Autoren verfasst worden. Nicht weniger als sieben antike Städte bezeichneten Homer als ihren Sohn.

Das war der Stand der Forschung, bis im späten siebzehnten Jahrhundert der französische Gelehrte Jean-Baptiste Gaspard d'Ansse de Villoison in einer venezianischen Bibliothek ein Manuskript der *Ilias* aus dem zehnten Jahrhundert entdeckte. Dieses Manuskript sah ganz anders aus als all die anderen, die im Laufe der Jahrhunderte in Umlauf gewesen waren. Neben dem griechischen Originaltext enthielt es Transkriptionen der Anmerkungen antiker Kommentatoren, von byzantinischen Gelehrten bis zu den Bibliothekaren von Alexandria, die in den 200er und 100er Jahren v. Chr. gearbeitet hatten. Aus den Randbemerkungen ging hervor, dass diese frühen Kommentatoren Zugang zu unterschiedlichen und stellenweise abweichenden Fassungen des Epos gehabt hatten. Ein deutscher Gelehrter, der Villoisons Werk rezensierte – kein anderer als Friedrich August Wolf, der Begründer der Philologie, des wissenschaftlichen Studiums der Literatur –, gelangte daraufhin zu einer bahnbrechenden Erkenntnis. Die Texte der *Ilias* und der *Odyssee*, über die wir verfügen, können erst relativ spät in ihrer jeweiligen Geschichte schriftlich fixiert worden sein. Wolf erklärte, dass Homer ein Analphabet gewesen sein muss, und schockierte damit viele seiner Zeitgenossen. Homer habe, anders als bislang vermutet, seine Werke nicht niedergeschrieben, sondern eine Reihe von Balladen beziehungsweise Gesängen geschaffen, die so kurz waren, dass sie auswendig gelernt werden konnten und mündlich über viele Generationen weitergegeben wurden, vielleicht durch professionelle Rezitatoren. Irgendwann wurden diese einzelnen Gesänge von einem gebildeten Herausgeber-Lektor, der, im Gegensatz zu seinen Vorgängern, des Schreibens kundig war, zu den unendlich langen und komplexen Gedichten zusammengefügt, wie sie uns heute vorliegen.

Wolfs Hypothese bereitete letztlich den Weg für die Theorie von der mündlich überlieferten Form der homerischen Epen, die von den meisten modernen Altphilologen akzeptiert wird. Dieser Theorie zufolge gab es nicht einen einzigen Homer, sondern Barden, die diese Epen darboten, Wandersänger, die eine jahrhundertealte Tradition weitergaben, von älteren Dichtern geschaffene Stoffe rezitierten, zugleich eigenes Material hinzufügten und nicht selten dabei improvisierten. (Der Einfachheit halber bezeichnen die meisten Altphilologen die Gesamtheit dieser Ependichter als »Homer« – so wie ich im vorliegenden Buch.) Die Nachfolger und Schüler Wolfs wiesen darauf hin, dass diese spontane Darbietung möglich war, weil es in der homerischen Dichtung bestimmte konventionelle Elemente gab. Nehmen wir etwa die feststehenden Epitheta – »Agamemnon, Herr der Männer« oder »Eos mit rosigen Fingern«. Stellen Sie sich vor, Sie improvisieren bei Ihrer Darbietung einer Verserzählung. Wenn man weiß, dass der nächste Vers mit »... sagte Agamemnon, der Herr der Männer« enden wird, kann man sich ganz auf den Beginn des Verses konzentrieren, bei dem man seine kreative Energie unter Beweis stellen muss.

Die Theorie der mündlichen Überlieferung hatte den Vorteil, dass sie etliche Diskrepanzen und Merkwürdigkeiten in der *Ilias* und in der *Odyssee* erklärte, von denen einige technischer Natur sind. Manchmal werden in einer einzigen Szene Werkzeuge, Gegenstände und sogar Kampfmethoden erwähnt, die aus ganz verschiedenen Epochen der griechischen Geschichte stammen. (Andere sind weniger grotesk: Einige Figuren sterben zweimal.) Anomalien finden sich auch in der Struktur. Ein Beispiel, auf das sich Wolfs Schüler und all jene stürzten, die nachdrücklich erklärten, dass eine einzige Person namens Homer die Epen geschrieben habe, ist die Telemachie. Für all jene, die die Epen als zusammengefügte Produkte vieler Dichtergenerationen sahen, war die auffällige Diskontinuität zwischen den ersten vier Gesängen der *Odyssee*, in denen es vor allem um Telemachos geht und sein Bemühen, Informationen über den verschollenen Vater einzuholen, und der eigentlichen Geschichte von Odysseus und seiner Heimkehr, die im fünften Gesang beginnt, der Beweis, dass die Gesänge 1 bis 4 einst ein separater Gesang gewesen waren, der von einem späteren Bearbeiter an die große Erzählung angehängt wurde, sodass die »deutlich hervortretenden, in die Lücken eingesetzten Bindeglieder« (wie Wolf in seinen *Prolegomena* schrieb) zwischen den beiden Abschnitten weiterhin zu sehen waren. Diejenigen allerdings, die das Gedicht als Werk eines einzigen genialen Dichters betrachteten, wiesen auf offenkundige Verbindungen zwischen der Telemachie und den übrigen Teilen des Epos hin. Aus ihrer Sicht sind die Reisen des jungen Telemachos im dritten und vierten Gesang, seine Begegnungen mit faszinierenden Fremden, die spannende Geschichten zu erzählen haben, Miniaturversionen der Abenteuer seines Vaters in den späteren Gesängen. Diese Gelehrten unterstrichen auch, dass die Darstellung des Chaos auf Ithaka in den ersten vier Gesängen die Voraussetzung dafür sei, dass Odysseus später heimkehren könne. All das, erklärten sie, müsse Teil einer einzigen künstlerischen Vision gewesen sein, in der die vielen Themen und Episoden schrittweise abgehandelt worden seien.

Dass die beiden rivalisierenden Lager ein und dieselben Beispiele als Beweis diametral entgegengesetzter Interpretationen heranzogen, zeigt, dass wir literarische Texte auf ganz unterschiedliche Weise lesen und interpretieren – was in den Mysterien der menschlichen Natur begründet liegt. Wo die einen Chaos und Widersprüche sehen, sehen andere Plausibilität, Symmetrie und Vollendung.

Ist das alles klar?, fragte ich am Ende meiner langen Ausführungen über die homerische Frage am ersten Tag des altsprachlichen Seminars 125: Homers *Odyssee*. Ich weiß, es ist eine Menge Stoff, aber es ist wichtig, dass Sie bei der Lektüre der *Odyssee* ein Gespür dafür entwickeln, wie diese Gesänge vermutlich entstanden sind, denn Sie sollten Ausschau nach diesen Inkonsistenzen und Gemeinsamkeiten halten, von denen in der Homer-Forschung gesprochen wurde.

Die Studenten nickten pflichtschuldig.

Mmh, sagte ich, worauf sie nervös lachten.

Wissen Sie, sagte ich, dieses Aus-dem-Stegreif-Rezitieren klingt unwahrscheinlich, aber das machen wir alle, die einen mehr, die anderen weniger.

Dann erzählte ich ihnen eine Geschichte.

Als meine Söhne noch klein waren, wollten sie am liebsten die Episode mit der Nymphe Kirke hören, auf deren Insel Odysseus während seiner Irrfahrt landet und seine Gefährten später in Schweine verwandelt werden. Vielleicht war es die komische Transformation, die Peter und Thomas so toll fanden und weshalb sie diese Geschichte immer wieder vorgelesen bekommen wollten. Peter dürfte sieben gewesen sein, Thomas war im Vorschulalter. An Wochentagen, nachdem ihre Mutter sich morgens auf den Weg zur Arbeit gemacht hatte, packte ich die beiden in mein Auto und dachte mir während der Fahrt auf kurvenreichen Landstraßen eine Version ihrer Lieblingsgeschichte aus: die Ankunft auf der Insel, die Verwandlung der Männer in Schweine, das Kraut, das Odysseus von einem hilfreichen Gott bekommt, das die Wirkung des Zauberspruchs vereitelt. (Die Episode endet damit, dass Odysseus und Kirke miteinander schlafen, aber diesen Teil ließ ich aus.) Die beiden Jungs waren gerade in einer sehr schwierigen Phase. Um ihnen das Lunchpaket schmackhafter zu machen, arbeitete ich den Inhalt ihrer Lunchdosen in die Geschichte ein, die ich mir gerade ausdachte. *Und als Odysseus und seine Männer auf der Insel Aiaia an Land gingen, was sah er da mitten auf der Waldlichtung? Leckeres Apfelmus!!* Und während ich beim Erzählen kalkulierte, wie lange ich für die ganze Geschichte wohl brauchen würde – *Und als ihr klar geworden war, dass sie verloren hatte, erlaubte sie Odysseus und allen seinen Männern, ein Jahr in ihrem Palast zu bleiben. Alle wurden gute Freunde, sie hatten eine gute Zeit!* –, spürte ich geradezu körperlich die Gespanntheit, mit der die beiden meine Geschichte verfolgten, ihren Wunsch, ich solle genau in dem Moment zum Ende kommen, wenn wir die Schule erreichen, was mir natürlich jedes Mal gelang. *Schnell, Nano, mach schnell!,* flüsterte Peter jedes Mal, wenn wir auf die geschotterte Auffahrt einbogen. »Nano«, das war der Name, den er mir gegeben hatte, als er zu sprechen anfing und »Daniel« zu schwer für ihn war ... Jahre später, auf der Highschool, belegte er einen Kurs in Mythologie, was mir natürlich gefiel – obwohl ich meine Freunde sofort darauf hinwies, dass ich ihn in seiner Entscheidung nicht »unter Druck gesetzt« hatte. Eines Abends rief er mich an. Nano! Die Geschichte, die du uns immer erzählt hast, mit Kirke und den Tangerinen und den Peanut-Sandwiches, das ist nichts gegen das Buch!, sagte er und lachte. Ich grinste. Hey, ich mache nichts anderes als das, was Homer gemacht hat. Nämlich?, fragte Peter. Ich sagte: Er hat improvisiert.

Ich erzählte den lächelnden Studenten diese Geschichte und sagte: Sehen Sie? Sie würden staunen, wenn Sie wüssten, wie oft wir improvisieren, wenn wir vor einem Publikum stehen.

Und im selben Moment dachte ich: *vor Studenten*.

Ich kam dann auf die charakteristischen Merkmale der homerischen Dichtung zu sprechen, angefangen beim Versmaß, dem daktylischen Hexameter, in dem jeder einzelne der zwölftausendhundertzehn Verse der *Odyssee* rhythmisch voranschreitet:

DAM-da-da DAM-da-da DAM; da-da DAM-da-da DAM-da-da DAM DAM

Ich sprach über die feststehenden Epitheta, die so wichtig für den mündlichen Vortrag sind, weil sie ein rasches Wiedererkennen der verschiedenen Personen ermöglichen. Ich bat die Studenten, nach »epischen Vergleichen« Ausschau zu halten, mitunter recht langen Passagen, in denen der Dichter innehält, um eine Figur oder eine Handlung mit etwas zu vergleichen, was zum Alltag seiner Zuhörer gehört, zu unserer Welt. (Mein Lieblingsvergleich kommt in der *Ilias* vor, in einer Kampfszene, wo Homer einen Krieger, der seinem Feind einen Speer durch den Kopf jagt und den Ärmsten damit aus seinem Kampfwagen herauszieht, mit einem Angler vergleicht, der einen Fisch aus dem Wasser zieht.) Diese längeren Vergleiche dienen vor allem dem Zweck, die erzählte Handlung realistischer, eindringlicher zu gestalten und zugleich, indem auf die vertraute Alltagsrealität seiner Zuhörer verwiesen wird (Pflügen, Fischen, Kochen), ihnen die Möglichkeit zu geben, sich für einen Moment von der grausamen oder fremdartigen Welt des Gedichts zu erholen.

Ich sprach über die Ringkomposition, jene bemerkenswerte Erzähltechnik, die Gegenwart und Vergangenheit miteinander verwebt, weshalb einzelne Episoden aus dem Leben einer Figur so berichtet werden können, dass sie quasi ihr ganzes Leben enthalten.

Ich holte Luft. Irgendwelche Fragen?

Jack, der Ungepflegte, gab den Schlauberger. Ähm, könnten Sie etwas über das Seminarprogramm sagen?

Ein paar Studenten lachten.

Ich erklärte, wie das Seminar ablaufen würde. In jeder Sitzung würden wir zwei Gesänge durchnehmen, einen vor, den anderen nach der Pause. In der nächsten Woche würden wir den ersten Gesang abschließend besprechen und uns dann den zweiten Gesang vornehmen. Ich erklärte ihnen den Zugang zur Website des Seminars, auf der ich ein Diskussionsforum für jede Sitzung eingerichtet hatte. Einen Tag vorher, spätestens um Mitternacht, sollten sie ein, zwei Absätze über den jeweils anstehenden Lesestoff abliefern. Nach meiner Erfahrung sei es ein gutes Verfahren, vor dem Seminar seine Gedanken zu dem Stoff zu artikulieren und sich auf diese Weise auf die Diskussion vorzubereiten. Ich erklärte meine Bewertungskriterien, für die Studenten immer ein wichtiges Thema, und beantwortete die unvermeidlichen Fragen, was in den Prüfungen in der Mitte und am Ende des Semesters behandelt würde und wie Prüfungsergebnisse, schriftliche Semesterarbeiten und mündliche Beteiligung für die Abschlussprüfung gewichtet würden.

Es war viertel nach zwölf, als all diese Dinge besprochen waren. Noch fünfzehn Minuten.

Sonst noch etwas?, fragte ich. Irgendwelche Unklarheiten?

Der schlaksige Junge, der in viel zu kleinen Sachen steckte, hob einen langen Arm. Don Quijote Tom.

Ähm, ich habe eine Frage?, sagte er.

Überlegen Sie noch, oder haben Sie tatsächlich eine Frage?

Diese studentische Marotte irritiert mich immer wieder. Ich war fest entschlossen, sie ihnen auszutreiben.

Tom lachte nervös. Okay, also, Sie haben uns geschrieben, dass Ihr Vater an diesem Seminar teilnimmt, aber dürften wir den Grund dafür erfahren?

Alle lachten.

Ich wollte schon zu einer Erklärung ansetzen, um von diesem, wie ich befürchtete, heiklen Nebenschauplatz wegzukommen, als mein Vater sich meldete.

Professor Mendelsohn, sagte er übertrieben betont, darf ich dazu etwas sagen?

Den Studenten zuliebe machte ich ein gequältes Gesicht.

Ja, Daaad?

Einige lachten wieder, aber ich merkte, dass sie neugierig waren.

Während mein Vater sich für einen Moment im Raum umsah, kam mir auf einmal der Gedanke, wie er wohl als Professor gewesen sein mochte. Mir war nie richtig klar, was er in all den Jahren bei Grumman getan hatte, denn das meiste war geheim, und ich, der ich so schlecht in Mathe und den naturwissenschaftlichen Fächern war, verstand sowieso nichts, auch wenn er gelegentlich erzählte, an welchem Projekt er gerade arbeitete, und manchmal sogar versuchte, es uns zu erklären. Wie etwa in den frühen 1980ern, als er auf dem Gebiet der »digitalen Optik« arbeitete, was er geduldig damit erklärte, dass es darum ging, »Computern das Sehen beizubringen« (erst viel später verstand ich, dass dies der Beginn der elektronischen Bildverarbeitung war, worunter in der Raumfahrttechnik Zielerkennungssysteme verstanden wurden), oder in den 1970ern, einem Jahrzehnt, in dem er manchmal lange Zeit am Stück abwesend war – Zeiten, in denen die Spannung bei uns zu Hause spürbar nachließ und sich die sprühende gute Laune meiner Mutter wieder zurückmeldete –, als er sagte, dass Grumman diversifizieren wolle und er an der Entwicklung eines künstlichen Herzens arbeite. Für Daddy und mich, den Teenager, war es eine schwierige Zeit. *Künstliches Herz*, dachte ich bitter, *na super!* Und in den 1960ern, in unserer Kindheit, hatte es die Mondlandung gegeben. Grumman hatte das Landefahrzeug gebaut, und in den aufregenden Wochen zuvor fanden wir alle, dass dies »unser« Triumph war – nicht nur wir Mendelsohns, sondern auch zahllose Freunde und deren Familien, denn Grumman war der größte Arbeitgeber auf Long Island. Wir Kinder durften bis in die Nacht hinein aufbleiben, damit wir im Fernsehen die Mondlandung verfolgen konnten. Später, in der Kellerbar, die mein Vater in unserem Haus eingerichtet hatte, stellte er stolz die Cocktailgläser aus, die Grumman an die Mitarbeiter verschenkt hatte, die berühmte Mondfähre eine blaue Zeichnung auf dem Kristall. Wir fanden die Dinger peinlich, aber sie verschwanden nie von dem Regal, wo sie ihren Platz gefunden hatten.

Da ich inzwischen selber Professor war, erschien es mir merkwürdig, dass mein Vater über seine zweite Karriere, die Professur für Computerwissenschaft, genauso ungern sprach wie über die erste, aber vielleicht ahnte er, dass mich dieses Fachgebiet nicht sonderlich interessierte. Nachdem er als Mittsiebziger in Pension gegangen war, fiel mir bei einem Besuch zu Hause auf, dass er das massive weiße Namensschild, das sein Büro an der Hofstra University geschmückt hatte, mitgenommen und an der Tür seines häuslichen Arbeitszimmers angebracht hatte, jenes Zimmers, das ich mir früher mit Andrew geteilt hatte, mit den beiden schmalen Betten, die mein Vater gebaut und Kopf an Kopf hingestellt hatte. Die Betten waren längst durch einen großen L-förmigen Schreibtisch ersetzt worden, in dem mein Vater seine Papiere aufbewahrte, darunter fünf dicke Ordner, einen für jedes Kind und später auch für unsere Familien, die er mit Fotos und Zeitungsausschnitten gewissenhaft auf dem neuesten Stand hielt. Auf diesem gigantischen Tisch standen die Drucker und Scanner und Laptops, die ihm irgendwie ans Herz gewachsen waren, wie wenn es Haustiere wären, darunter das leise brummende Computerlaufwerk, dessen schwarze Kabel sich um die Geräte schlängelten. Gegenüber stand das Einzige, was aus Andrews und meinen Kindertagen übrig geblieben war: das Tischchen, an dem wir unsere Hausaufgaben gemacht hatten. Darüber hatte mein Vater ein CD-Regal an die Wand geschraubt, vollgestopft mit CDs, Ella Fitzgerald und die *Complete Mahler Symphonies* mit Bernstein und Django Reinhardt, und zur großen Verwunderung meiner Mutter klebten überall an der Wand Fotos von uns und unseren Kindern und von Persönlichkeiten, die er verehrte – Billie Holiday, Einstein und Bach. Unser Kinderzimmer war nun sein Arbeitszimmer. PROF. JAY MENDELSOHN stand auf dem weißen Plastiktürschild.

Ich konnte mir nicht recht vorstellen, wie er als Dozent gewesen war. Ich wusste nur, wie meine Mutter als Grundschullehrerin gewesen sein muss, erst in den 1950ern, kurz nach ihrer Hochzeit, und später noch einmal in den 1980ern und 1990ern, zwanzig Jahre, nachdem sie uns Kinder großgezogen hatte. Meine Mutter war lebhaft und extrovertiert und klug; alle fanden, dass sie die geborene Lehrerin war. Uns Geschwistern kam das zugute, auch wenn wir das damals sicher nicht zu schätzen wussten. Wenn wir nachmittags von der Schule nach Hause kamen, stand eine einzelne Rose in einer Langhalsvase auf dem Küchentisch, oder eine sorgfältig halbierte Apfelsine lag da oder eine grüne Paprikaschote. Sie rief uns herbei und sagte: *Kinder, schaut, wie schön die Natur ist, die Blütenblätter, die Fruchtfächer, die Samenkammern, wie vollkommen geometrisch alles ist!*

Als wir erwachsen waren und sie in ihren Lehrerberuf zurückkehrte, rief sie uns oft an und erzählte lustige Geschichten von ihren Kollegen und Schülern, von den Kindern auf der staatlichen Schule in Queens, an der sie, frisch verheiratet, unterrichtet hatte, von Kindern, die mit ihren »Tanten« zum Elternabend kamen, weil sie keine Eltern hatten, oder von dem jüdischen Jungen, der, als er für ein Projekt über die Bewohner von Seen und Flüssen einen Fisch zeichnen sollte, ein Blatt Millimeterpapier abgab, auf das er ein vollkommenes Oval mit nur einer Rückenflosse gezeichnet hatte. Als meine verwunderte Mutter ihn bat, seinen Mitschülern zu erklären, um was für eine Art Fisch es sich handelte, sagte er nur *gefilte*. Ich konnte mir unschwer vorstellen, dass sie mit ihrer temperamentvoll-fröhlichen Art, ihrem unbändigen Humor, ihrem Talent, fantasievollen, ungewöhnlichen Festschmuck herzustellen, ihrer theatralischen Art und großen Vorstellungskraft eine hervorragende Lehrerin für die Jüngsten war.

Bei meinem Vater musste ich jedoch passen. Ich erinnerte mich daran, mit welchem Blick er die Mathe-Klassenarbeiten betrachtete, die ich nach Hause brachte, die roten Anstreichungen, die den Seitenrand wie wütende Stickerei zierten, und konnte mir einfach nicht vorstellen, was für ein Lehrer PROF. JAY MENDELSOHN gewesen sein mochte.

Und nun saß er in meinem *Odyssee*-Seminar und streckte gleich am ersten Tag die Hand in die Höhe. *Ja*, sagte er, ich bin sein *Vater*.

Im Unterschied zu meiner Mutter stand er nicht gern im Mittelpunkt. Sooft sich aller Augen auf ihn richteten, sooft er als Einziger in einem Raum voller Menschen sprach, betonte er irgendwelche beliebigen Wörter, als würden diese beliebigen Betonungen seinem Vortrag Autorität verleihen.

Ich habe mich für Dans Seminar eingeschrieben, sagte er nun (einige Studenten schauten belustigt, als sie hörten, dass er meinen Vornamen verwendete), weil ich fand, ich sollte *die Klassiker* mal wieder lesen, die ich seit der Highschool nicht mehr gelesen habe. Das war während des Zweiten *Weltkriegs*, in den 1940ern.

Seine dünnen Lippen verzogen sich zu einem privaten Lächeln.

Die meisten Ihrer Eltern waren da wahrscheinlich noch nicht einmal *geboren*.

Mein Vater nickte mit seinem glänzenden Schädel in meine Richtung und sagte: Ich habe dieses ganze Zeug lange vor ihm gelesen.

Die Studenten kicherten.

Also, ich habe eine ganze *Menge* gelesen, sagte er nach einer Weile und tippte dabei vage auf sein iPad, auf das er den Text der *Odyssee* geladen hatte. Ich habe Ohvid auf *Latein* gelesen. Die ganzen Heldensagen. Ich habe die *Ilias* und die *Odyssee* gelesen, allerdings nur in Auszügen. Also habe ich gedacht, ich könnte mal den ganzen Text lesen.

Ein paar Studenten musterten ihn aufmerksam. Die Sache gefiel ihnen.

Mein Vater sagte: Ich dachte mir, jetzt ist die Gelegenheit, die Geschichte noch einmal zu *lesen*, bevor ich sterbe.

Dann zeigte er wieder auf mich, und sein Gesicht nahm einen Ausdruck an – die Augen schmale Schlitze, die Lippen zusammengepresst, die Mundwinkel nach unten gezogen, der schmale, glänzende Schädel leise nickend, wie zur Bestätigung, dass das, was er gerade sagte oder hörte, der Wahrheit entsprach –, den jemand, der ihn nicht kannte, für humorvoll halten mochte. Aber ich kannte ihn.

Wenn *dieser* Bursche da ein Altphilologe ist, sagte er und zeigte mit einem blassen Finger auf mich, dann deswegen, weil er es von *mir* hat.

Ich versuchte, amüsiert dreinzuschauen, während ich den Reißverschluss meiner Büchertasche schloss, was die Studenten als Zeichen nahmen, dass das Seminar beendet war. Sie standen auf, stopften Notizhefte und Textbücher in ihre Rucksäcke, doch in dem Moment holte mein Vater keuchend Luft und räusperte sich. Ich drehte mich zu ihm um und wusste plötzlich, was nun kommen würde.

Ich verrate euch etwas, sagte er. Zum *Lernen* ist man nie zu alt.

Er hat es von mir.
Nachdem mein Vater sich am späten Abend schlafen gelegt hatte – in das schmale Bett gestiegen war, das er fünfzig Jahre zuvor für mich gebaut hatte, und noch einen tiefen Seufzer ausgestoßen hatte, was er oft tat, wenn er nach langer Zeit in Gesellschaft wieder allein war, als wäre das Zusammensein mit anderen eine körperliche Last, die nun endlich von ihm genommen war – und ich daranging, die Büchertasche auf dem Tisch in meinem Arbeitszimmer auszupacken, musste ich daran denken, wie er gesagt hatte: *Er hat es von mir.* Vielleicht, dachte ich, aber es gab noch andere.

Vorsichtig entnahm ich der Tasche die Bücher, die ich für das Seminar eingepackt und auf dem Tisch vor mir aufgebaut hatte, nicht so sehr, weil ich glaubte, ich würde am ersten Seminartag auf sie zurückgreifen müssen, sondern weil ich es beruhigend fand, sie in meiner Nähe zu wissen. Diese Bücher hatte ich bei meiner ersten ernsthaften Lektüre der *Odyssee* verwendet.

Da waren zunächst einmal die beiden Ausgaben des Epos aus der Reihe Oxford Classical Texts, erschienen bei Oxford University Press. Die OCTs werden vorwiegend von englischen und amerikanischen Gelehrten verwendet. In dieser Reihe gibt es vier Homer-Bände, zwei für jedes Epos: Band 1 und 2 für die *Ilias*, Band 3 und 4 für die *Odyssee*. Die OCTs enthalten die Klassiker in der Originalsprache – ohne Kommentar, ohne Übersetzung. Der blassblaue Einband der griechischen Werke, der dunkelblaue Titel, der in dieser Reihe durchweg auf Latein angegeben wird (*Homeri opera, Tomus III, Odysseae libros I-XII continens*, »Die Werke Homers, Band 3, enthaltend die Gesänge 1-12 der Odyssee«), und der Verzicht auf Illustrationen vermitteln den Eindruck großer Strenge. Nach einer Einführung des Herausgebers, ebenfalls auf Latein, folgt der eigentliche Text, Seite um Seite griechische Verse auf elfenbeinfarbenem Papier, versehen mit Girlanden aus Akut, Gravis und Zirkumflex, die wie Wolken wütender Stechmücken über den Worten hängen. Und ganz unten, in kleinerer Schrift, der sogenannte *apparatus criticus*, der all die Streichungen, Änderungen und Korrekturen auflistet, die im Laufe der Jahrhunderte von Gelehrten vorgeschlagen wurden, denen ein Wort, eine Formulierung oder ein Vers des Originals nicht authentisch erschien, oder wenn irgendetwas im Original offenbar abhandengekommen war.

An diesem Abend schlug ich den ersten Band der OCT-Ausgabe der *Odyssee* auf, überging die lateinische Einführung, bis ich den Beginn des ersten Gesangs vor mir hatte, der so aussieht:

ΟΔΥΣΣΕΙΑΣ Α

Ἄνδρα μοι ἔννεπε, Μοῦσα, πολύτροπον, ὃς μάλα πολλὰ
πλάγχθη, ἐπεὶ Τροίης ἱερὸν πτολίεθρον ἔπερσε·
πολλῶν δ' ἀνθρώπων ἴδεν ἄστεα καὶ νόον ἔγνω,
πολλὰ δ' ὅ γ' ἐν πόντῳ πάθεν ἄλγεα ὃν κατὰ θυμόν,
ἀρνύμενος ἥν τε ψυχὴν καὶ νόστον ἑταίρων.   5
ἀλλ' οὐδ' ὣς ἑτάρους ἐρρύσατο, ἱέμενός περ·
αὐτῶν γὰρ σφετέρῃσιν ἀτασθαλίῃσιν ὄλοντο,
νήπιοι, οἳ κατὰ βοῦς Ὑπερίονος Ἠελίοιο
ἤσθιον· αὐτὰρ ὁ τοῖσιν ἀφείλετο νόστιμον ἦμαρ.
τῶν ἁμόθεν γε, θεά, θύγατερ Διός, εἰπὲ καὶ ἡμῖν.   10
Ἔνθ' ἄλλοι μὲν πάντες, ὅσοι φύγον αἰπὺν ὄλεθρον,
οἴκοι ἔσαν, πόλεμόν τε πεφευγότες ἠδὲ θάλασσαν·
τὸν δ' οἶον, νόστου κεχρημένον ἠδὲ γυναικός,
νύμφη πότνι' ἔρυκε Καλυψώ, δῖα θεάων,
ἐν σπέσσι γλαφυροῖσι, λιλαιομένη πόσιν εἶναι.   15
ἀλλ' ὅτε δὴ ἔτος ἦλθε περιπλομένων ἐνιαυτῶν,
τῷ οἱ ἐπεκλώσαντο θεοὶ οἶκόνδε νέεσθαι
εἰς Ἰθάκην, οὐδ' ἔνθα πεφυγμένος ἦεν ἀέθλων,
καὶ μετὰ οἷσι φίλοισι.   θεοὶ δ' ἐλέαιρον ἅπαντες
νόσφι Ποσειδάωνος· ὁ δ' ἀσπερχὲς μενέαινεν   20
ἀντιθέῳ Ὀδυσῆϊ πάρος ἣν γαῖαν ἱκέσθαι.
Ἀλλ' ὁ μὲν Αἰθίοπας μετεκίαθε τηλόθ' ἐόντας,
Αἰθίοπας, τοὶ διχθὰ δεδαίαται, ἔσχατοι ἀνδρῶν,
οἱ μὲν δυσομένου Ὑπερίονος, οἱ δ' ἀνιόντος,

1 πολύκροτον quidam ap. schol. Ar. Nub. 260, Eust.; υἱὸς Λαέρταο
πολύκροτα μήδεα εἰδώς Hes. fr. 94. 22   πολλὰ πάντων ο   3 νόμον
Zen.   7 αὐτοὶ a Eus Praep. Ev. vi. 8. 3, Porph. qu. Od. 5. 9
12 ἴσαν a (ἐπορεύθησαν gl. H³)   19 σὺν ἑοῖσι a : οἷς ἑτάροισι b e
21 ἰδέσθαι e, cf. β 152 e 408 κ 175 p 448, Batr. 72   23 Αἰθίοπες
Strab. 6, 30, Apoll. Dysc. synt. 93. 10. Steph. Byz. in v., schol Z 154.
coni. Bentley coll. Z 396   24 ἡμὲν ... ἠδ' Crates ap. Strab. 30,
103 (ex Posid. fr. 68)

Beim Anblick dieser Seite erinnerte ich mich plötzlich lebhaft an den ersten Tag des *Odyssee*-Seminars, das ich im zweiten Jahr meines Magister-Studiums belegt hatte, gehalten von Froma Zeitlin, die später eine gute Freundin wurde und mich drängte, die *Odyssee*-Kreuzfahrt zu unternehmen. Das war im Herbst 1987, und an diesem ersten Tag stand Froma an der Stirnseite eines langen Seminartisches, der nicht viel anders aussah als der Tisch in meinem Seminar. Mit der einen Hand hielt sie *Homeri opera, Tomus III, Odysseae libros I-XII continens* in die Höhe, während sie einige der wichtigeren Titel nannte, die auf ihrer Bücherliste für dieses Semester standen, acht Seiten, einzeilig beschrieben. Dies ist der Text, den wir verwenden werden, sagte sie, schwenkte dabei das OCT-Exemplar, dass ihre schweren wuchtigen Ringe funkelten, und über den Rand einer kobaltblauen halbmondförmigen Lesebrille sah sie uns aufmerksam an. Froma war damals bekannt als Pionierin einer feministischen Interpretation der Klassiker, besonders der griechischen Tragödien, die ihr Spezialgebiet waren. Als ich das erste Mal ihr Büro betrat, das so erfüllt war von den Rauchschwaden ihrer geliebten schlanken braunen Zigaretten, dass sie kaum zu erkennen war an ihrem gigantischen Schreibtisch, auf dem sich Bücher stapelten wie Stalagmiten, und die weiche Kontur ihrer Gestalt, das runde Gesicht mit den wachen haselnussbraunen Augen tauchte allmählich aus dem Schatten und dem Rauch auf, wie eine mythische Gottheit einem Sterblichen erscheinen mochte, und die Schmuckstücke, die sie gern als ihre »Objekte« bezeichnete (*Wie gefällt Ihnen mein neues Objekt?*, fragte sie manchmal, wenn sie einem auf dem Flur des Altphilologischen Instituts mit einem auffälligen Brustschild aus Messing entgegenkam oder einer Emailbrosche in Form eines Narren oder silbernen Armreifen, die sich wie Schlangen um ihren Arm wanden), funkelten inmitten der Rauchkringel wie der Schmuck einer Kultstatue – als ich das erste Mal ihr Büro betrat, entging mir nicht, dass viele der zahllosen Bücher, unter denen sich die Regale bogen, die Wörter »Frauen« und »Weiblich« im Titel trugen. Feminismus und Tragödie – das war ihr Spezialgebiet, aber im Laufe ihrer langen Karriere kehrte sie immer wieder zur *Odyssee* zurück, als sei es ihr unmöglich, aus dem Magnetfeld dieses Epos auszubrechen. Meine stärkste Erinnerung an mein Studium ist denn auch jenes *Odyssee*-Seminar, drei Wochenstunden in einem vierzehnwöchigen Semester, und jedes Mal waren wir Studenten wie benommen, kamen erschöpft, aber begeistert aus dem Seminarraum, so *hochinteressant*, wie Froma gern rief (ein Ausdruck, den ich von ihr übernommen habe und inzwischen so oft verwende, dass meine Studenten ihn für meine eigene Erfindung halten), so *hochinteressant* waren die Diskussionen mit ihr, mit den anderen, über einzelne Aspekte der Interpretation, die Erkenntnisse, die sie uns vermittelte.

Sieben faszinierende Jahre studierte ich bei Froma, eine schöne und frustrierende Zeit, in der ich bleiben und zugleich gehen wollte, eine Phase, in der jene merkwürdige Entwicklung stattfindet, die der Student durchmacht, bis er als *Doktor* (»Lehrer«) die Universität verlässt, so ungewohnt für einen selbst wie für den Schmetterling die Raupe, die er einmal war.

Ich strich mit der Hand über den blassblauen Einband und lächelte bei dem Gedanken an Froma, an ihr *hochinteressant*, an die vielen anderen Dinge, die ich in all den Jahren bei ihr gelernt hatte. Wer von den jungen Leuten, die an diesem Tag in meinem Seminarraum gesessen hatten, würde alles absorbieren, verarbeiten und am Ende selbst Seminare halten? Oder würden sie, wie mein Vater und seine Freunde in der Bronx, damals vor vielen Jahren, schon vorher aufgeben? Würden sie, aus welchen Gründen auch immer, den Stab nicht weitergeben?

Vorsichtig holte ich zwei weitere Bücher aus der Tasche, auch sie Teil einer zweibändigen Ausgabe der *Odyssee*. Der »rote Macmillan«, eine Edition, die durch ihren leuchtend roten Einband hervorsticht, ist für den Gebrauch von Oberschülern und Studenten gedacht, denn im hinteren Teil eines jeden Bandes findet man nach dem griechischen Text einen Anhang mit ausführlichen Anmerkungen zu Grammatik und Stilistik nahezu sämtlicher Verse. Mein Exemplar des roten Macmillan war erheblich zerschlissener als die blaue Oxford-Ausgabe, denn ich besaß die beiden Bände sehr viel länger. Der dunkelrote Leineneinband war ausgeblichen, die Bindung eingerissen und mit Tesafilm geflickt, der längst nicht mehr klebte und inzwischen so spröde war wie altes Zellophan, die Buchdeckel so locker, dass sie bedenklich schief hingen, wenn ich das Buch aufschlug. Und wenn das geschah, stieß ich jedes Mal auf meine Initialen und eine Jahreszahl: »D.A.M. 1979.«

Im Herbst meines zweiten Studienjahrs las ich zum ersten Mal Teile der *Odyssee* auf Griechisch. Seit dem ersten Semester studierte ich Griechisch, und ein Jahr später bekamen wir eine neue Lehrkraft, die erste Frau am Institut, von der alle sagten, dass sie eine große *Odyssee*-Koryphäe sei. Ihr Name ist Clay, sagte jemand, und etwas an diesem erdbetonten Einsilber machte, dass ich mir eine etwas ältere Frau vorstellte, füllig, vielleicht mit einem grauen Dutt. Zwei Kommilitonen und ich meldeten uns sofort zu ihrem Seminar an, in dem es ausschließlich um die *Odyssee* gehen würde, und eines heißen Augusttages betraten wir den kleinen Seminarraum. Dort stand, an den Tisch gelehnt, die Andeutung eines Lächelns in ihrem katzenartigen Gesicht, eine Zigarette im Mundwinkel, die berühmte Homer-Spezialistin.

Jenny Strauss Clay. Sie war damals noch in den Dreißigern. Weil sich inzwischen so viele andere Erinnerungen über diesen ersten Eindruck gelegt haben, ist die Überraschung, die wir beim Betreten des Seminarraums empfanden, heute kaum noch zu vermitteln: ihre schlanke Erscheinung, ihre Lässigkeit, die Louise-Brooks-Frisur, die Zigaretten. Die nächsten anderthalb Jahre studierte ich bei Jenny, natürlich Griechisch und Latein, Homer und Herodot, Horaz und Catull, doch allmählich wurde unser Verhältnis enger, und nachdem sie mich und ein paar andere Studenten einmal zum Abendessen bei sich zu Hause eingeladen hatte, machte sie mich mit anderen Dingen bekannt, führte sie mich in eine andere Welt ein. Proust zum Beispiel, dessen ersten Band wir eines glühend heißen Sommers laut lasen, ich war einundzwanzig, wir saßen auf den Dielen ihres Wohnzimmers, und es war so warm, dass man kaum ein Wort herausbrachte. Moderne griechische Lyrik, vor allem ein Gedicht von Giorgos Seferis, das die Zeile »Als erstes schuf Gott die Liebe« enthält. Monteverdis Oper *Il ritorno d'Ulisse in patria*, die oft lief, wenn wir ihr Haus betraten, eigentümlich zarte und melancholische Klänge, die in die tabakgeschwängerte Luft aufstiegen, aus einer modernen schwedischen Stereoanlage kommend, die wie ein Gemälde an der Wand hing (was auf die fantastische Möglichkeit hinwies, dass eine Altphilologin, eine Homer-Koryphäe, cool sein konnte), während sie in der Küche Limetten in Scheiben schnitt. Tatsächlich habe ich bei ihr auch Kochen gelernt. Einmal starrte ich auf eine Schüssel mit Linguine, darauf eine Sauce, die – ein Wunder für mich, der ich bislang nur Pasta gegessen hatte, die aus einer Konservendose kam – nicht rot, sondern grün war, irgendetwas mit einem italienischen Namen, zubereitet aus Blättern, die sie frisch in ihrem Garten gepflückt hatte, einem kleinen Stückchen Land hinter dem Haus, wo sie manchmal umherstreifte, Kräuter zupfte und dabei summte wie eine Zauberin in einer alten Legende.

Doch unter all der Großzügigkeit und exotischen Kultiviertheit, erworben in vielen Jahren des Reisens – und wie ich später erfuhr, von Vertreibung –, war eine gewisse Strenge zu spüren, kantig und kompromisslos wie eine Konjugationstabelle. Als ich einmal Jennys Büro betrat, gegen Ende des *Odyssee*-Seminars, um mich nach Sekundärliteratur für eine Semesterarbeit zu erkundigen, die ich über eine bestimmte Stelle im vierten Gesang schreiben wollte, wo ein Ehepaar heftig miteinander streitet, erklärte sie wie beiläufig: *Du kannst nur über etwas schreiben, wenn du <u>alles</u> gelesen hast.* Dieser Satz mit seinem Versprechen von wissenschaftlicher Strenge und Mühsal faszinierte mich. Ich ahnte, dass mein Vater, wenn ich mich für einen Beruf mit einer anspruchsvollen Ausbildung entschied, vermutlich einverstanden wäre. Währenddessen sah ich mich in ihrem Büro um: Holzregale voller Bücher in Griechisch und Latein und Französisch und Deutsch und Italienisch und Englisch, die schwere Gipsbüste einer strengen Athene oben auf einem hohen Bücherschrank und als humorvolle Zutat die vielen Darstellungen und Figuren von Eulen, dem Vogel der Athene, die Jenny liebte. *Du kannst nur über etwas schreiben, wenn du alles gelesen hast.* Ich hörte diesen Satz, während ich mich im Zimmer umsah, schluckte heftig und dachte: Okay.

Was ich damals nicht wissen konnte, weil ich wenig von Jennys Familie oder ihrer privaten Geschichte wusste: Dieser Satz verwies auf ein intellektuelles Erbe, so wie eine hakenförmige Augenbraue oder ein markantes Kinn auf Gene verweist, die über Generationen vererbt wurden. In Jennys Fall ging die intellektuelle DNS, die Neigung zu Strenge, auf ihren Vater Leo Strauss zurück, der in einem bestimmten Lebensabschnitt auch ihr Lehrer gewesen war, Altphilologe und Professor für Politische Philosophie, in Deutschland geboren und herangewachsen, Produkt jener strengen klassischen Ausbildung, für die Deutschland berühmt war, auf Strauss' Lehrer und die Lehrer vor ihm, bis hin zu Friedrich August Wolf, dem Begründer der Altphilologie. Diese engen Beziehungen zwischen Studenten und Professoren – die Deutschen, sentimental und ehrerbietig gegenüber intellektuellen Autoritäten, bezeichnen solche Mentoren zu Recht als »Doktorvater« – reichen weit zurück, wie die immer verzweigteren Äste eines Stammbaums, eine Erblinie von Gelehrsamkeit, von intellektuellen Vorlieben und Idiosynkrasien, die sich, genau wie reale Abstammungslinien, in Ähnlichkeiten ausdrücken, die über Generationen weitergegeben werden.

Als ich an jenem Abend den roten Macmillan an seinen Platz in meinem Bücherregal stellte, dachte ich, dass man diese intellektuellen Genealogien in mehr oder weniger ununterbrochener Linie bis in die Antike zurückverfolgen könnte. In meinem Fall von Jenny über ihren Vater und seine Lehrer und Friedrich A.

Wolf bis zu den Humanisten der italienischen Renaissance, die eifrig die Pergamenthandschriften der antiken Texte sammelten, die über tausend Jahre immer wieder kopiert worden waren, und erstmals im Buchdruck herausgaben und auf diese Weise die antiken Klassiker einer viel größeren Öffentlichkeit zugänglich machten, als das bislang möglich gewesen war. Und von diesen Humanisten weiter zurück in Raum und Zeit bis zu den griechischsprachigen Gelehrten von Byzanz, die im östlichen Mittelmeerraum zwischen dem 7. und dem 15. Jahrhundert die Kenntnis des Griechischen bewahrten, das in Europa nach dem Untergang des Weströmischen Reichs längst in Vergessenheit geraten war, und sorgfältig Texte kopierten, wie etwa jenes mit zahlreichen Anmerkungen versehene Manuskript der *Ilias,* das Villoison in der Biblioteca Marciana entdeckt hatte; weiter zurück zu den Gelehrten der Spätantike im 5. und 6. Jahrhundert und noch weiter zu den Freunden der griechischen Literatur in der Frühzeit des Römischen Reichs, einem Mischmasch aus seriösen Kritikern und mittelseriösen Popularisierern (berüchtigt war ein Mann mit dem Beinamen Bibliolathos, »der Buchvergesser«, weil er so viele Abhandlungen geschrieben hatte, dass er die Übersicht verlor), und schließlich zu den frühesten maßgeblichen Homer-Forschern, die ab dem 3. Jahrhundert v. Chr. als Vorsteher der großen Bibliothek von Alexandria dienten und sich vor allem dem Studium von *Ilias* und *Odyssee* widmeten, die ersten professionellen Gelehrten, die sich mit den Fragen beschäftigten, die der *apparatus criticus* unten auf jeder Seite der Oxford Classical Texts zu beantworten sucht: Welche Wörter hat »Homer« tatsächlich gesungen?

Als Altphilologe muss man nur ein Exemplar der *Ilias* oder der *Odyssee* aufschlagen, um daran erinnert zu werden, auf wie vielen Schultern man steht, welch unvorstellbar bienenfleißige Forschungsarbeit im Laufe von zweieinhalb Jahrtausenden unsere Kenntnis der Epen geprägt hat.

All das, dachte ich, als ich das Licht in meinem Arbeitszimmer löschte, nachdem ich die Bücher weggestellt hatte, die blassblauen, die ausgeblichenen roten, all das hatte Jenny mit ihrer beiläufigen Bemerkung an jenem Tag vor dreißig Jahren gemeint: *Du kannst erst über etwas schreiben, wenn du alles gelesen hast.* Wie viel Glück hatte ich mit meinen Lehrern gehabt, die mich eingeladen hatten, Teil jener Kette zu werden, die die Gegenwart mit der Vergangenheit verbindet. Und erst jetzt begriff ich, wie viel meinem Vater entgangen war, der diese Einladung ausgeschlagen hatte.

Wie der Vater, so der Sohn. Nicht immer, dachte ich. Nicht alle Genealogien, dachte ich an jenem späten Januarabend nach dem ersten Seminar, gründen auf Blutsverwandtschaft.

Mit seinem sprunghaften Hin und Her zwischen rührender Kraftmeierei und äußerster Ratlosigkeit erinnert der Telemachos der ersten Gesänge der *Odyssee* an einen Studienanfänger. Im ersten Gesang etwa begegnet er seiner Mutter ausgesprochen rüde. Vielleicht aus Betroffenheit über die Worte der verkleideten Athene (»Empören müsste ein Mann sich, all diese Schande zu sehn, der dazukäm' verständigen Sinnes«, ruft die Göttin beim Anblick der lärmenden Freier, die sich über Odysseus' Vorräte an Wein und Essen hermachen) attackiert er nicht die Freier, sondern seine Mutter Penelope, die die Treppe von ihrem Schlafgemach herunterkommt und den Palastbarden, der einen Gesang über die Heimkehr der griechischen Helden aus dem Trojanischen Krieg darbietet, auffordert, ein weniger schmerzhaftes Thema zu wählen. (Dies ist der Moment, da sie zum ersten Mal neben dem Pfeiler steht, später ihre übliche Position, und sich, eingerahmt von zwei Dienerinnen, den Schleier vors Gesicht zieht.)

Doch geh ins Frauengemach und besorge die eignen Geschäfte,
Webstuhl und Spindel, und gib den dienenden Mägden den Auftrag,

*an ihre Arbeit zu gehen; die Rede ist Sache der Männer,
aller, besonders die meine, hab' ich doch die Macht hier im Hause.*

Penelope zieht sich bekümmert nach oben zurück und wird von Athene zum ersten Mal in Schlaf versetzt – was dann noch so oft passiert, dass einige Studenten fragten, ob Penelope vielleicht unter Depressionen leidet, ein Gedanke, der mir während meines Studiums nie gekommen war. Gewiss, wir begegnen hier einer Figur, deren Verhalten ihrem Epitheton »die Kluge« widerspricht. Erschöpft und unruhig, wie sie ist, lässt sie sich einschüchtern, bricht in Tränen aus und wird schließlich in Schlaf versetzt. Aber das könnte sehr wohl Teil einer raffinierten Erzählstrategie sein. Führt man die starke und kluge Gattin des Helden als furchtsame und hilflose Person ein, als problematische Figur, so können die Zuhörer nur angenehm überrascht sein angesichts der positiven Eigenschaften, die Penelope im weiteren Verlauf der Handlung offenbart.

Weniger leicht zu beeindrucken sind die Freier. Als Telemachos erklärt, dass er am nächsten Tag eine Versammlung der Bürger von Ithaka einberufen werde, staunen sie zwar über seine ungewohnte Entschlossenheit, behandeln ihn aber weiterhin arrogant und herablassend. »Die Götter lehren dich, große Töne zu spucken!«, ruft Antinoos, der Anführer der Freier und widerwärtigste von allen. (Sein Name bedeutet »feindseliges Sinnen«: Von Anfang an ist er nicht nur ein Erzschurke, sondern der Feind vor allem von Odysseus, der wiederholt Geistesstärke demonstriert.) »Dies, Telemachos, liegt noch ganz im Schoße der Götter«, flötet Eurymachos, der zweitwichtigste Freier, der nicht ganz so unangenehm wie Antinoos, hinter der glatten Fassade aber genauso abscheulich ist.

Telemachos' jugendliches Schwanken zwischen Unsicherheit und auftrumpfendem Selbstbewusstsein zeigt sich abermals in der Versammlungsszene im zweiten Gesang. Sobald sich die Ithaker eingefunden haben, reicht der Herold, der die Zeremonie leitet, Telemachos ein Szepter und gibt ihm damit das Recht, das Wort zu ergreifen – und der junge Prinz, erfahren wir von Homer, »brannte darauf nun zu sprechen«. Er antwortet zunächst auf die Frage eines älteren Bürgers, der wissen möchte, warum die Versammlung einberufen wurde. Könnte es sein, fragt er, dass die Männer, die vor so langer Zeit nach Troja gesegelt sind, schließlich doch noch heimkehren? Leider nein, antwortet Telemachos: Er hat die Versammlung wegen einer persönlichen Angelegenheit einberufen. Odysseus – der, wie er treffend bemerkt, »einst als König hier herrschte und gütig war wie ein Vater« – ist lange tot. Telemachos, für den der verschollene Vater im Grunde immer nur eine Abstraktion war, erklärt, dass er nun mit einem »weitaus schlimmeren Übel« konfrontiert ist: Sein Haushalt wurde von den Freiern überrannt, die aggressiv um seine widerspenstige Mutter buhlen, traditionelle Rituale der Brautwerbung missachten, sich in ihrem Palast breitmachen und alle Vorräte verzehren. Und bald verliert Telemachos die Kontrolle. Unklugerweise weist er auf den peinlichen Umstand hin, dass er nicht in der Lage ist, den Palast vor den Freiern zu schützen (»es fehlt ja der Mann uns, wie es Odysseus war, das Haus vor Verderben zu schützen«), er deckt seine Karten auf, indem er das schändliche Verhalten der Freier und die mangelnde Reaktion der Bevölkerung anprangert (»schämt euch vor den anderen Menschen«), er ergeht sich in Selbstmitleid (»Haltet ein, ihr Freunde, und lasst mich allein mich verzehren in tiefer Trauer«), bricht am Ende in Tränen aus und wirft das Szepter auf die Erde. Zwar reißt er sich dann zusammen und erklärt, er werde die Reise nach Pylos und Sparta unternehmen, zu der ihm die verkleidete Athene geraten hat, aber er bleibt untätig: Es ist Athene, die das Schiff und eine zuverlässige Mannschaft organisiert. Telemachos muss sich nur noch um den Proviant kümmern. Auf neuerliches Drängen der Göttin plündert er mithilfe der treuen alten Dienerin Eurykleia die väterlichen Vorratskammern.

Sie war, wie wir erfahren, einst Odysseus' Amme und wird eine wichtige Rolle spielen, wenn der Held schließlich heimkehrt.

Gegen Ende des zweiten Gesangs kehrt Athene zurück, um Telemachos ein wenig aufzumuntern, vielleicht weil sie erlebt hat, wie schlecht die Versammlung gelaufen ist. Wieder erscheint sie verkleidet als einer von Odysseus' alten Freunden, diesmal als ein Mann namens Mentor. (Diese Szene in der *Odyssee* hat dem Wort »Mentor« zu seiner langen Karriere als Synonym für »erfahrener, treuer Berater« verholfen.) Mentor versichert jedenfalls dem jungen Mann, dass seine Reise erfolgreich verlaufen werde, und zwar nur deswegen, weil er der Sohn seines Vaters ist: »Doch bist du nicht jenes Spross und nicht Penelopeias, dann, so befürchte ich, vollbringst du nicht, was du anstrebst ... Aber [es] besteht für dich Hoffnung, dass du diese Werke verwirklichst.«

Warum werden diese Szenen, in denen Telemachos als Redner versagt, er privat und öffentlich verwechselt, er sich selbst und die Situation nicht mehr im Griff hat, vom Dichter so ausführlich geschildert? Mehrere Gründe sind denkbar. Die Versammlungsszene etwa macht deutlich, wie instabil die politische Situation auf Ithaka ist – was der Leser vernachlässigen kann, da sie vom Familiendrama in den Schatten gestellt wird. Dass wir Telemachos als schlechten öffentlichen Redner erleben, weist jedoch darauf hin, wie wichtig sprachliche Ausdrucksfähigkeit ist, die zu Odysseus' größten Stärken gehört.

Aber es gibt noch einen anderen Grund, der mir bei erneuter Lektüre des Epos besonders auffällt. Indem der Dichter die Unzulänglichkeiten des Sohns zeigt, erreicht er, dass wir umso mehr den Vater herbeisehnen, dessen Autorität und Kompetenz außer Frage stehen. Auf diese Weise bezeugt die *Odyssee* die Wahrheit eines ihrer berühmtesten und irritierendsten Verse, den der Dichter Athene am Ende der Versammlung in den Mund legt: »Denn nur wenige Söhne sind wahrlich gleich ihrem Vater, meistens sind sie schlechter und nur wenige besser.«

Die zweite Sitzung des *Odyssee*-Seminars fand am Freitag, den 4. Februar, statt. Ein paar Tage zuvor hatte mein Vater angerufen, um zu sagen, dass er lieber am Donnerstagnachmittag kommen wolle als am Freitagmorgen, wie noch in der Woche zuvor.

So vermeide ich den Freitagsverkehr, krächzte er ins Telefon. Es ist furchtbar, am Vormittag in die Stadt zu fahren! Ich bin am späten Donnerstagnachmittag bei dir, wir könnten irgendwo etwas essen, dann fahren wir wieder zurück und machen es uns bequem, und ich lege mich schlafen. So habe ich am Freitag mehr Energie für das Seminar. Und am frühen Nachmittag fahre ich wieder nach Hause.

Okay, sagte ich, das können wir so machen. Dann dachte ich an die schmale Liege im Arbeitszimmer, das als Gästezimmer fungierte, wenn ich Besuch bekam. Bist du sicher, dass es dir nichts ausmacht, wenn du auf dem schmalen Bett schläfst?

Warum sollte es mir etwas ausmachen?, rief er munter. Ich spürte durchs Telefon, wie sich seine Laune verbesserte. Ich habe das Bett schließlich gebaut!

Als meine Eltern mich zum ersten Mal in meinem Haus auf dem Campus besuchten, konnte mein Vater seine Freude nicht verbergen, als er sah, dass die Liege in meinem Arbeitszimmer, unter dem Überwurf und den vielen Kissen, ebenjenes Bett war, das er in meiner Kindheit aus einem Türblatt für mich gebaut hatte. *Es ist noch immer ziemlich stabil!*, hatte er gesagt, während er sich hinunterbeugte und das Bett ein wenig anstieß. *Als Tischler war ich gar nicht so übel.* Woraufhin meine Mutter theatralisch seufzte und sagte: *Ach Jay, ich habe noch immer eine Kiste voller Dinge, die du in vierzig Jahren nicht repariert hast.*

Und so war er für den Rest des Semesters jede Woche am Abend vor dem Seminar gekommen und hatte in dem Bett geschlafen, das er gebaut hatte. Überleg dir etwas Nettes, wo wir etwas essen können, sagte er gegen Ende des Telefonats, in dem er mir erklärte, dass er lieber donnerstags als freitags kommen wolle, und so saßen wir am Abend vor dem zweiten Seminar in einem Steakhouse namens Flatiron und sprachen über den zweiten Gesang – über die Versammlungsszene und Telemachos' merkwürdiges Verhalten.

Unwirsch wies er die Vorstellung zurück, dass Telemachos in den ersten Gesängen der *Odyssee* reifer werde, wirklich etwas lerne.

Ich bitte dich, sagte er in dem Moment, als die Kellnerin mit unserem Essen erschien. Telemachos kriegt *ständig* Hilfe. Ständig macht Athene sich auf den Weg, um ihn zu retten. Im ersten Gesang sagt sie, er soll sich auf die Suche nach seinem Vater machen. Von ihr bekommt er diesen Rat. Im zweiten Gesang sagt sie, er soll die Versammlung einberufen, und als er dann ins Schwimmen kommt, muntert sie ihn auf. Sie sagt, er soll nach Pylos und Sparta gehen, was er erst macht, nachdem sie alles für ihn organisiert hat.

Wenig später fügte er stirnrunzelnd hinzu: Ihm wird alles so leicht gemacht.

Und?, sagte ich, obwohl ich wusste, was er darauf antworten würde. Was ist daran so schlecht?

Weil es im wahren Leben anders zugeht.

Dass mein Vater Anstrengungen und Widrigkeiten so viel abgewinnen konnte, hatte vermutlich mit den Verhältnissen zu tun, in denen er aufwuchs, obwohl mir natürlich bewusst ist, dass die Gründe in seiner Psyche zu suchen sind. Seine früheste Kindheit fiel in die Jahre der Weltwirtschaftskrise. Für seinen Vater, einen gewerkschaftlich organisierten Elektriker, war es eine besonders schwere Zeit. *Wir wussten nie, wie wir die Miete bezahlen sollten*, erzählte Daddy einmal, halb amüsiert, halb bitter, und dass sie damals oft umgezogen waren. Für ihn war die Welt ein Ort, der es einfachen Leuten schwer machte. Es war nicht leicht für *die kleinen Leute*, wie er gern sagte. Dieser Satz, immer in einer Weise ausgesprochen, in der sich Solidarität und Resignation verbanden, fiel oft, wenn man sich mit ihm über Politik unterhielt, die er, wie die meisten Dinge, mit wenigen Ausnahmen, als Spiel sah, in dem sich Reich und Arm gegenüberstanden. Diese Einstellung färbte auf seine Kommentare zu allen möglichen Dingen ab – von Präsidentschaftswahlen bis Baseball, der Sportart, die er ganz besonders liebte. Ihm gefielen die »Geometrie« des Spiels, die langen Pausen des Nachdenkens zwischen kurzen Momenten des Handelns. *Baseball ist der Sport des denkenden Mannes.* Weil er in der Bronx aufgewachsen war, glaubten alle, er sei ein Fan der Yankees, denn die Yankees sind ein Team aus der Bronx. Aber er hasste die Yankees, weil sie aus seiner Sicht der Verein eines reichen Mannes waren. *Sie kaufen ihren Erfolg,* sagte er geringschätzig. In meiner ganzen Kindheit begeisterte er sich vielmehr für die Mets, und dass sie in den 1960ern und 1970ern oft verloren, in deutlichem Kontrast zu den homerisch unbezwingbaren Yankees, gefiel ihm, wie ich heute glaube, denn sosehr er bei einem vermasselten Spiel oder einer falschen Schiedsrichterentscheidung den kahlen Schädel schüttelte, die Niederlagen des Teams, das er zu seiner Lieblingsmannschaft auserkoren hatte, bestätigten ihm, dass die Welt gegen ihn und die anderen kleinen Leute war. (Er war erstaunt, als sich meine Söhne als Fans der Yankees erwiesen; einmal bot er Peter, wohl nur halb im Scherz, hundert Dollar, sollte er sich für eine andere Mannschaft entscheiden. Als Peter, damals ungefähr vierzehn, den Kopf schüttelte und grinsend erklärte: *Keine Chance,* sagte mein Vater: *Was dir an Geschmack abgeht, das machst du durch Charakter wett, mein Junge!* Dann wandte er sich an Lily und sagte: *Etwas musst du richtig gemacht haben.*)

Telemachos wird alles viel zu leicht gemacht, sagte er an jenem Abend im Flatiron. Er muss nur Athenes Anweisungen befolgen.

Ich sagte: Warum kannst du sie nicht als Lehrerin sehen? Sie unterweist ihn.

Mein Vater sagte: Weil ein guter Lehrer nicht einfach sagt, was man zu tun oder was man zu denken hat. Ein guter Lehrer zeigt einem, wie es geht, erklärt alles. Ein Lehrer erteilt keine Befehle, sondern hilft einem, selbständig Entscheidungen zu treffen.

Ich erinnerte mich, wie ich als Zwölfjähriger vor dem Schreibtisch in seinem Schlafzimmer stand, eine Matheaufgabe in der ausgestreckten Hand wie etwas Lebendiges, das mir Angst machte.

Nun war es an mir, erstaunt zu sein.

Ich sah ihn an und sagte: Ach?

Am darauffolgenden Freitag, den 11. Februar, behandelten wir den dritten und vierten Gesang, in denen Telemachos die alten Freunde seines Vaters besucht, um Erkundigungen über ihn einzuholen. Im dritten Gesang begegnet er Nestor, der längst aus dem Trojanischen Krieg zurückgekehrt ist und wieder seine Herrschaft in der Hafenstadt Pylos auf der südwestlichen Peloponnes ausübt. Gealtert, aber noch immer mächtig, begleitet von seinen vielen gutaussehenden Söhnen, ist er nur zu gern bereit, sich an die alten Zeiten zu erinnern, als Männer tapferer und Helden größer waren (darauf laufen viele seiner Erzählungen hinaus und vermutlich viele Geschichten, die alte Männer ihren Söhnen erzählen). Kein Wunder, dass die Griechen, die so oft derartige Geschichten hörten, von der Sorge erfüllt waren, dass nur wenige Söhne ihren Vätern gleichkommen.

Nach einem herzlichen Empfang durch den traditionsbewussten alten König – als Telemachos eintrifft, wird an der Küste im Beisein Tausender Bürger ein großes Opfer dargebracht – lauscht Telemachos seinen Kriegserzählungen. Nestor erinnert sich zunächst bestimmter Ereignisse, die sich am Ende des Trojanischen Krieges zutrugen. Dann berichtet er, was er von der Heimkehr diverser Griechen weiß, die Homers Publikum von der *Ilias* her vermutlich bekannt waren. Einer der interessantesten Heimkehrer ist Agamemnon, der griechische Feldherr, dessen Streit mit

Achilleus die *Ilias* in Gang setzt. Telemachos erfährt von Nestor, dass Agamemnon, aus dem Krieg zurückgekehrt, von seiner untreuen Frau Klytaimnestra und ihrem Liebhaber Aigistos ermordet wurde, welches Verbrechen von Orest, Agamemnons pflichtbewusstem Sohn, gerächt wurde. Nestors eigene Rückkehr indes verlief eher undramatisch. Er erinnert sich, dass die Fahrt von Troja nach Pylos nur wenige Tage dauerte. Jedoch muss er Telemachos erklären, dass er bedauerlicherweise keine zuverlässigen Nachrichten von seinem Vater hat.

Die Geschichten, die Nestor berichtet, sind Beispiele sogenannter Nostos-Erzählungen. *Nostos* ist das griechische Wort für »Rückkehr«, der Plural (*nostoi*) war tatsächlich der Titel eines verschollenen Epos, das die Heimkehr der griechischen Könige und Heerführer schildert, die im Trojanischen Krieg gekämpft haben. Auch die *Odyssee* ist ein Nostos-Narrativ, das von der Erzählung der Irrfahrt des Odysseus jedoch oft abschweift, um, genau wie Nestor, in gedrängter Form von den *nostoi* anderer Personen zu erzählen – fast so, als könnten diese anderen *Nostoi*-Geschichten bald in Vergessenheit geraten. Dieses wehmütige Wort *nostos*, das in den Geschichten der *Odyssee* eine so wichtige Rolle spielt, wurde später mit einem anderen Wort aus dem umfangreichen griechischen Schmerzvokabular (*algos*) verknüpft, um uns eine elegant einfache Möglichkeit zu geben, über jene bittersüße Wehmut zu sprechen, die uns bei dem Gedanken an manche Dinge manchmal erfasst. Wörtlich bedeutet dieses Wort »Heimweh«, aber wir wissen ja, zumal die Älteren unter uns, dass man sehnsüchtige Erinnerungen nicht nur an einen Ort, sondern auch an vergangene Zeiten haben kann. Gemeint ist das Wort »Nostalgie«.

Im vierten Gesang trifft Telemachos, begleitet von Peisistratos, dem jungen Sohn Nestors, am Hof von Menelaos und Helena in Sparta ein. Der gutmütige König und seine schöne Gattin haben sich längst wieder versöhnt. Als wollte Homer damit sagen, dass in diesem einst problembeladenen Haushalt wieder geheiratet werden könne, findet am Tag der Ankunft von Telemachos und Peisistratos eine Doppelhochzeit statt, und zwar heiraten zwei Kinder von Menelaos. Telemachos und Peisistratos, von deren Identität die Gastgeber nichts wissen, werden zu den Feierlichkeiten eingeladen. Als Menelaos mitanhört, wie die beiden die Pracht des Königspalastes bewundern, erklärt er, dass er seine Besitztümer auf seiner langen, beschwerlichen Heimreise von Troja zusammengetragen habe, auf der Fahrt von Zypern nach Phönikien und Ägypten. (Menelaos erzählt seinen *nostos* sehr ausführlich, seine Irrfahrt ist fast so ereignisreich wie diejenige des Odysseus.) Aber er hat keine Freude an seinen Reichtümern, sagt er düster, denn er weiß, dass sein armer Bruder Agamemnon durch die Arglist seiner treulosen Gattin zu Tode kam. Und dann kommt er auf seinen innig geliebten Gefährten Odysseus zu sprechen ... Da bricht Telemachos in Tränen aus, womit er sich zu erkennen gibt. Menelaos und seine Frau erzählen daraufhin, offenbar ihm zuliebe, mehrere Geschichten über Odysseus aus der Zeit des Trojanischen Kriegs, die ein Licht auf den Charakter und Listenreichtum seines Vaters werfen.

Doch meinen Vater hat all das nicht sonderlich interessiert. Ihn beschäftigte, dass die Reisen des Telemachos nach Pylos und Sparta keinerlei brauchbare Informationen über Odysseus liefern.

An diesem Februarvormittag war es ungewöhnlich mild. Als wir in Richtung Seminarraum aufbrachen, zeigte das Thermometer bereits knapp über fünfzehn Grad. Gutgelaunt trank Daddy seinen Morgenkaffee. In der vorangegangenen Woche hatte er meine funkelnde Nespresso-Maschine misstrauisch gemustert. Du weißt, dass ich diese winzigen Portionen nicht mag! Gibt es keinen normalen Kaffee bei dir? Nun war alles bereit. Ein paar Tage zuvor hatte ich in einem Bed Bath & Beyond-Laden in der Mall auf der anderen Seite des Flusses eine Mr. Coffee-Maschine gekauft. Den gigantischen Porzellanbecher mit der Aufschrift WHO'S YOUR DADDY?, den ich während des Anstehens vor der Kasse sah, packte ich dazu. Dann fuhr ich zum Supermarkt und kaufte dort eine große Dose Maxwell House Kaffee, gemahlen. Und nun, am Morgen vor dem Seminar, bei dem es um die Bildungsreisen des Telemachos gehen würde, kam mein Vater in die Küche. Ich zeigte wie der Moderator einer Spielshow auf die Mr. Coffee-Maschine und überreichte ihm mit einer angedeuteten Verbeugung den Becher. Das dünne braune Zeug dampfte.

Mensch, *Daaaaaan!*, rief er. Die Art, wie er diese eine Silbe betonte, hatte, wie so oft, etwas Parodistisches. Bist ein guter Junge! Er betrachtete die Kaffeemaschine und fragte: Wo hast du die denn her?

Deathbed and Beyond, sagte ich.

Wir lachten nicht einmal, so vertraut war uns dieser Scherz. Meine Mutter war berüchtigt für ihre Wortverwechslungen, von denen viele längst in das Privatvokabular der Mendelsohns eingegangen waren. Einige waren wohl authentisch. Ich war dabei, als sie in der Bäckerei ein Dutzend Lafayettes verlangte, woraufhin der Bäcker sie verständnislos anstarrte, bis er plötzlich strahlte und fragte: *Sie meinen »Napoleons«?* Aber andere waren vermutlich kalkuliert, um meinen Vater zum Lachen zu bringen, der, genau wie sie, Vergnügen an Wortspielen und Kreuzworträtseln hatte und Nachlässigkeit im Ausdruck hasste, als wäre auch die Sprache eine Art Mathematik, die nichts Ungefähres duldete. (»*Whooooom would you like to speak to?*«, sagte meine Mutter, wenn sie mitbekam, wie wir uns am Telefon meldeten. »Nicht *who!*«) Jeden Sonntag saß Daddy über dem großen Kreuzworträtsel der *New York Times*, funkelte die Stichwörter an, als könne er sie auf diese Weise dazu bringen, ihre Geheimnisse preiszugeben, bis sich schließlich meine Mutter herüberbeugte und *Jay, lass mal sehen* sagte und das gesuchte Wort mit ihrem roten Flair-Stift schrieb, in feinen Buchstaben über dem wütenden blauen Klecks, der von seinem Scheitern zeugte.

Mein Vater grunzte unverbindlich, während er von dem Kaffee trank, und machte dann ein übertriebenes *Mmmmmmmhhhhh*, wie ein Schauspieler in einem Werbefilm. Ah, das ist eine *gute* Tasse Kaffee!

Wir tranken in entspanntem Schweigen. Nach einer Weile schaute er auf sein iPad. Fünfzehn Grad!, rief er. Er sah aus dem Fenster und schüttelte den Kopf.

Es kann nicht lange halten, sagte er düster. Mein Gott, wie ich den Winter hasse. Ich wünschte, deine Mutter würde mich in Florida eine Wohnung kaufen lassen.

Er schien fast mit sich selbst zu sprechen.

Dich »lassen«?

Bitte, ich kann nicht näher darauf eingehen.

Ich wartete einen Moment. Wie geht es ihr so im Allgemeinen?

Gut, sagte mein Vater. Sie schläft *die ganze Zeit*. Sie schläft bis in den Vormittag, und am Nachmittag legt sie sich zwei Stunden hin.

Er schloss die Augen. Nach einer Weile öffnete er sie wieder und trank einen Schluck Kaffee. Echt guter Kaffee, Dan. Danke.

Doch sobald wir den Seminarraum betreten und uns gesetzt hatten, war er in Kämpferlaune. Kopfschüttelnd sagte er: Mir ist einfach nicht klar, was für eine Erziehung er in diesen Gesängen angeblich bekommt. Er erfährt nichts Brauchbares über seinen Vater. Was lernt er denn eigentlich?

Zustimmendes Gemurmel. Und dann sagte ein sehr adretter Junge namens Brendan: Bevor wir darüber diskutieren, ich habe ein ganz anderes Problem mit Telemachos.

Am Bard College, wie an vielen anderen kleinen Liberal Arts Colleges auch, laufen etliche Studenten möglichst abgerissen herum. Dieser Brendan dagegen sah immer aus, als würde er für Arrow-Hemden Werbung machen. Er hatte etwas Präzises, fast Geometrisches an sich: die kreisrunden Brillengläser, der perfekt gezogene Scheitel, die Bügelfalten seiner Hose.

Nämlich?, fragte ich.

In den ersten Gesängen ist mir aufgefallen, sagte Brendan ruhig, dass Telemachos in seiner Haltung zu seinem Vater schwankt. Im ersten Gesang ist er überzeugt, dass Odysseus tot ist – er erklärt Athene, er sei vor langer Zeit gestorben. Im zweiten Gesang, auf der Versammlung, erklärt er den Freiern, dass er sich auf die Suche nach Informationen über seinen Vater machen wird, um herauszufinden, ob er noch lebt oder tot ist. Und dann, im dritten Gesang, weist Athene, verkleidet als Mentor, ihn darauf hin, dass Odysseus jeden Augenblick eintreffen kann, was er nicht glaubt. Das ist interessant, weil es keine Entwicklung ist, die ihn aus seiner Hoffnungslosigkeit herausführt. Telemachos ist zunächst ohne Hoffnung, dann scheint er Hoffnung zu haben, und dann ist er wieder hoffnungslos. Warum diese Umkehr?

Ich nehme an, Sie werden uns das erklären.

Einige lachten, aber Brendan blieb ernst.

Psychologisch ist das überzeugend, sagte er. Ich frage mich, ob Mentes oder Mentor oder andere ihm näher sind als der eigene Vater. Vielleicht ist ihm die Vaterfigur lieber als der reale Vater.

Ich schwieg. Das hatte ich mir noch nie überlegt.

Was ich sagen will, fuhr Brendan fort, ist dies: Könnte es sein, dass Telemachos unbewusst hofft, dass Odysseus tot ist?

Die anderen Studenten hatten aufgehört herumzukritzeln und waren ganz bei der Sache.

Fahren Sie fort, sagte ich.

Na ja, sagte Brendan, für einen Jungen, der seinen Vater nie kennengelernt hat, stellt sich die Frage: Was ist schwieriger – ohne Vater zu leben oder ihm zwanzig Jahre später zum ersten Mal zu begegnen und ihn dann kennenlernen zu müssen?

Das ist wirklich hochinteressant, sagte ich.

An diesem Punkt meldete sich mein Vater. Ich verstehe einfach nicht, wieso es heißt, dass Telemachos eine »Erziehung« bekommt. Er folgt Befehlen, mehr nicht. Im Grunde denkt er überhaupt nicht selbständig.

Ich blickte ermunternd in die Runde, doch alle schwiegen.

Aber gibt es hier nicht bestimmte erzieherische Werte?, fragte ich schließlich. Telemachos reist und sieht neue Kulturen und lernt fremde Menschen kennen, und daraus lernt er. Und auch wir lernen schließlich – wir hören Geschichten, die einige Leerstellen füllen, was am Ende des Trojanischen Kriegs passiert ist. Was lernen wir in diesen Gesängen?

Nina erwiderte meinen Blick. Ich finde interessant, dass im dritten Gesang, wenn Telemachos und Athene in Pylos eintreffen, ein große Zeremonie stattfindet. Telemachos und Athene sind Fremde, werden aber mit größtem Respekt behandelt. Das unterscheidet sich deutlich von Ithaka, wo gigantische Festgelage stattfinden, aber in dem Fall handelt es sich einfach um Selbstbedienung. Es wird nicht davon berichtet, dass auf Ithaka den Göttern ein Opfer gebracht wird.

Sehr gut, sagte ich. Ja. In Nestors Königreich wird den Göttern der gebotene Respekt entgegengebracht, auf Ithaka kann davon keine Rede sein.

Trisha sah zu mir hoch.

Auch die Beschreibung des Palastes von Menelaos und Helena, sagte sie, unterscheidet sich deutlich von der des Palastes von Odysseus.

Im Gegensatz zu einigen Studenten, deren Ausführungen regelmäßig von »ähm« und »like« und anderen Verlegenheitswörtern unterbrochen wurden, wie sie im Teenagerjargon üblich sind, und meist in einem fragenden Tonfall endeten, sprach Trisha in normalen, vollständigen Sätzen.

Als Telemachos in Sparta eintrifft, feiert die Königsfamilie zwei Hochzeiten. Wir erleben ein fröhliches Beisammensein, das so ganz anders ist als das Gelage der Freier auf Ithaka. Dort feiern alle, ohne auf die Gastgeberin Rücksicht zu nehmen, sie verletzen die Gebote von Höflichkeit und Gastfreundschaft und machen sich über die Vorräte des abwesenden Königs her.

Sehr schön, sagte ich. Die Anfänge des dritten und vierten

Gesangs sind Modelle einer Gastfreundschaft, die sich vollkommen von dem unterscheiden, was er in seinem Leben bislang kennengelernt hat. Man könnte also sagen, dass er von Nestor und Menelaos tatsächlich ein paar Dinge lernt.

Ich widerstand der Versuchung, mich nach meinem Vater umzusehen. Dann sagte ich: Und wir erfahren in diesen Gesängen auch etwas über jemand anderen, nicht wahr?

Trishas eine Hand flog hoch, während sie mit der anderen Hand eine Notiz zu Ende schrieb.

Ja, sagte sie. Die interessanteste Information, die wir in diesen beiden Gesängen bekommen, hat nichts mit Nestor oder Menelaos zu tun. Es geht um Agamemnon.

Genau, sagte ich. Nestor und Menelaos erwähnen ihn, als sie von ihrer Heimkehr erzählen. Warum taucht sein Name immer wieder auf?

Madeline wedelte mit ihrer Hand. Weil wir hören, dass er bei dem feierlichen Empfang aus Anlass seiner Rückkehr aus dem Trojanischen Krieg getötet wird?

Ja, und?

Trisha richtete ihre grauen Augen auf mich und sagte: Eine *solche* Heimkehrergeschichte will kein Mensch hören.

Die Geschichte von Agamemnons verhängnisvoller Heimkehr, gewissermaßen eine negative *Odyssee*, ist von Anfang bis Ende in das Epos eingewebt – vom ersten Gesang, als Zeus, über die Torheit der Sterblichen den Kopf schüttelnd, wehmütig davon spricht, wie dumm es von Klytaimnestras Liebhaber war, sein schändliches Vorhaben unter Missachtung des Willens der Götter durchzuziehen, bis zum vierundzwanzigsten, dem letzten Gesang, als Agamemnons Seele in der Unterwelt bei der Nachricht von Odysseus' Triumph über die Freier den »seligen Odysseus« preist und Penelope feiert, ein »tugendreiches Weib, deren sittsamen Wesens Ruhm nie vergehen wird«. (Kein Vergleich zu Klytaimnestra, wie er maliziös hinzufügt.)

Homers kunstvolle Gestaltung der beiden parallelen Heimkehrergeschichten verweist auf eine bekannte psychologische Wahrheit: Wie es in unserer eigenen Familie aussieht, was ihre Schwächen und Stärken sind, inwieweit sie zu konventionellem oder exzentrischem, zu normalem oder pathologischem Verhalten neigt, erkennen wir meist erst dann, wenn wir alt genug sind, um sie realistisch mit anderen Familien vergleichen zu können, und dieser Prozess beginnt, wenn wir am Ende der Kindheit allmählich erkennen, dass unsere Familie nicht der Mittelpunkt der Welt ist.

Die meisten Leute, mit denen wir in meiner Kindheit Umgang pflegten, waren die vielen Freundinnen meiner Mutter mit ihren Familien. Für uns war das nicht weiter überraschend. Meine Mutter war schließlich die »Extrovertierte« – mit ihrem Filmstarlächeln und den komischen Geschichten, den lauten Telefongesprächen, die sie am Küchentisch führte und dabei die Nägel maniküre und das Haar mit Wasserstoffsuperoxyd färbte, während sie mit einer aus der Viererbande plauderte, wie wir Kinder die Kerntruppe von Freundinnen nannten, die sie seit der Collegezeit kannte. Alle diese Frauen bekamen den Ehrentitel »Tante«, Tante Alice und Tante Mimi, Tante Marcia und Tante Irma, und mit den Jahren erweiterte sich der Kreis um Freundinnen der ursprünglichen Gruppe, sodass es bald auch eine Tante Zita und eine Tante Iris gab. Die Barbecues und Abendessen und Silvesterpartys fanden abwechselnd bei einer von ihnen statt, die alten Witze und die ausgeleierten Sticheleien, die Diaabende, bei denen Urlaubsfotos an die Wohnzimmerwand projiziert wurden, die Männer diskutierten in einem mit weichen Teppichen ausgelegten Zimmer über Sport oder Politik, während die Frauen in der Küche abwuschen und einander in Geheimnisse einweihten. Es waren die Gottesdienste in den Synagogen, deren Mitglieder diese Frauen und ihre Familien waren, die Bar-Mizwas und Bat-Mizwas ihrer Kinder, zu denen mein Vater in den 1960ern und 1970ern so spät wie möglich erschien, was er stets auf den Verkehr schob.

Aber zu bestimmten Anlässen versuchte er stets, pünktlich zu erscheinen, und das waren Veranstaltungen, bei denen wir einen »seiner« Leute besuchten.

Pünktlich waren wir beispielsweise, wenn wir seinen ältesten Bruder Howard besuchten. Das war nicht besonders schwer, denn Onkel Howard wohnte im Nachbarort, höchstens zehn Minuten mit dem Auto von uns entfernt. Als ich fünfzehn oder sechzehn war, fuhr ich an Sommertagen mit dem Fahrrad die Haypath Road hinauf, um ein paar Stunden mit Howard im Wohnzimmer des Split-Level-House zu verbringen, in dem er mit Tante Claire und Cousin Michael und Cousine Lorri wohnte. Hin und wieder lud er mich ein, mit ihm Musik zu hören, wenn Claire auf der Arbeit war und Michael und Lorri nach der Schule jobbten. Dann lag eine eigentümlich melancholische Atmosphäre über dem Haus. Ich saß auf dem Plüschsofa in dem abgedunkelten Wohnzimmer und starrte auf die große gerahmte Reproduktion von Gainsboroughs *Knaben in Blau*, die gegenüber an der Wand hing, und wir hörten Platten mit klassischer Gitarrenmusik – Andrés Segovia, Julian Bream, ich sehe noch immer die Namen auf den Plattenhüllen. Als meine vier Geschwister und ich fünf wurden, bekamen wir Musikunterricht. Dies, erklärte mein Vater, gehört zu einer *richtigen* Erziehung, wobei abgemacht war, dass wir mit dem Unterricht aufhören konnten, sobald wir auf der Highschool waren (*Was ihr dann macht, müsst ihr schon allein wissen*) – wenngleich wir ahnten, dass das, nämlich etwas aufzugeben, ein furchtbares Versagen wäre, ein Verrat an den Prinzipien von Ausdauer und Hingabe, die uns nahezubringen mein Vater bemüht war, ein besonders schwerer Fall von Pflichtvergessenheit, da mein Vater nie etwas aufgegeben hatte. Die einzig nennenswerte Ausnahme, von der wir wussten (dass er Latein auf der Highschool vorzeitig aufgegeben hatte, zählte irgendwie nicht), war die Dissertation, die er nicht fertiggestellt hatte, weshalb er sein Mathematikstudium mit einem Magister und nicht mit einer Promotion abgeschlossen hatte. Dieses eine Versäumnis schien ihn aber nicht groß zu belasten, da er seine Dissertation quasi unseretwegen nicht beendet hatte. In meiner Jugend erwähnte er manchmal, dass er die für seine Promotion notwendigen Scheine alle beisammenhatte, die Dissertation aber nicht schreiben konnte, weil Mutter gerade in dem Moment mit Andrew schwanger geworden war, als er mit der Dissertation anfangen wollte, und weil er Geld verdienen musste, um die Familie ernähren zu können, musste er das Studium sausen lassen und wieder arbeiten, weshalb die unfertige Dissertation, soweit ich informiert bin, das Einzige war, was mein gewissenhafter Vater nie zu Ende gebracht hat.

Und so besuchten wir weiter den Musikunterricht, lernten die Instrumente, die er für uns ausgewählt hatte.

In meinem Fall war es die klassische Gitarre, die er für geeignet hielt. Vielleicht sah er mich, den Fünfjährigen, schon als Einzelgänger, als jemanden, der sich nicht leicht in eine Gruppe würde einfügen können. Obwohl ich höchstens mittelmäßig war, die wöchentlichen Stunden nie richtig Spaß machten, zu denen er mich in den 1970ern fuhr, meistens schweigsam, im Radio kamen die grauenhaften Nachrichten aus dem Vietnamkrieg, die endlosen Berichte von den »Pariser Friedensgesprächen«, während ich elend aus dem Fenster rechts neben mir schaute und mir wünschte, ich würde anderswohin fahren, so gefielen mir doch die stillen Stunden mit dem Bruder meines Vaters auf dem Samtsofa, gegenüber dem *Knaben in Blau*, auch deswegen, weil ich die – damals für mich neue – Vorstellung schön fand, dass ich mit einem Verwandten eine Beziehung haben konnte, die nicht auf Verpflichtungen beruhte.

Onkel Howard war fast zehn Jahre älter als mein Vater. Ein

wenig gebeugt, wie hochgewachsene, eher introvertierte Leute das oft sind, bewegte er sich vorsichtig in seinem Haus, als wäre er nur zu Besuch und die Gastgeberin nach oben gegangen, um ein Nickerchen zu halten. Auch in seinem Gesicht lag, wie in dem meines Vaters, eine leise Melancholie, als sei er eingeweiht in eine Ironie des Lebens, die nur er würdigen könne. Er hatte, wie mein Vater, eng zusammenstehende braune Augen, und unter der markanten Hakennase, die er von seinem Vater hatte, dem stillen Al, saß ein gepflegter Schnauzer, der diesem bescheidenen Mann etwas unpassend Draufgängerisches gab. Er hatte tatsächlich etwas von einen RAF-Piloten in einem Kriegsfilm. Und warum auch nicht. Wir wussten, dass er 1938 mit achtzehn zur Luftwaffe gegangen war und den ganzen Krieg hindurch Einsätze geflogen hatte. Vielleicht war es also das – vielleicht hatte er Dinge gesehen und getan, die ihm dieses leicht Verwegene gaben, das ich hin und wieder an ihm bemerkte. Dieses Gesicht, das ich verstohlen betrachtete, wenn wir unter dem schimmernden, mädchenhaften Blick des *Knaben in Blau* Segovia hörten, wies kaum noch erkennbare Narben auf, Spuren jener Akne, die sein Gesicht im Teenageralter verunstaltet hatten.

Howard war ein ruhiger Mensch, der Ruhe offenbar genoss. So ganz anders als die lärmende Tante Claire. So wie mein Vater ganz anders als meine Mutter war.

Claire. *Clairesie!*, wie sie sich manchmal nannte, dabei den Kopf in den Nacken warf und ihr kehliges, dröhnendes Lachen ausstieß, ein Lachen, das vielleicht natürlich war, vielleicht aber auch das Resultat der unzähligen Zigaretten, die sie täglich rauchte, die unwahrscheinlich langen »Damen«-Filterzigaretten der 1960er und 1970er. Claire war keine dieser Frauen, die die Augen schlossen, wenn sie den ersten Zug machten. Eher schaute sie einem direkt ins Gesicht, fuchtelte mit der Zigarette herum, während sie von einer Meinungsverschiedenheit im Schönheitssalon erzählte (die sie natürlich für sich entschieden hatte), oder sie sprach über einen ihrer Pläne, eine Investitionsmöglichkeit, von der ihr jemand auf der Arbeit erzählt hatte, über die Toaster und Mixgeräte, die man gratis bekam, wenn man ein Bankkonto eröffnete, über eine todsichere Gewinnchance im Lotto. Mein Vater, der generell jede Form von Extravaganz ablehnte, schien dennoch Gefallen an Claire zu finden und begegnete ihr, als Einziger von all den Frauen, die er kannte, mit einer speziellen Nachsicht. Manchmal fragte ich mich, ob sie ein Geheimnis hatten, das sie seit langer Zeit miteinander verband.

In meinem Elternhaus war alles picobello organisiert, Kleiderschränke und Bücherschränke, Kühlschrank und Tiefkühltruhe waren sinnvoll eingerichtet, bestückt, gefüllt. In Tante Claires Haus war alles so aufregend und unvorhersehbar wie ihre Vorhaben und Unternehmungen. Das Souterrain, vollgestopft mit den Hinterlassenschaften vieler längst verstorbener Verwandten, war ein Paradies für mich, die dünnen Lampenständer und alten Messingleuchter und die Modelleisenbahn, die in der Dunkelheit so verheißungsvoll schimmerte und funkelte wie der Inhalt von Tutenchamuns Grabkammer. Es gab viele laute Haustiere, darunter drei leicht erregbare Hunde, von denen einer ein hyperaktiver Chihuahua mit Namen Benny B. Boychikl war. Dieser Hund war ein Albtraum für meinen armen Vater, der, wie wir alle wussten, in seiner Kindheit von einem tollwütigen Hund gebissen worden war und daraufhin zwei Wochen lang furchtbare Spritzen in den Bauch bekommen hatte. Wegen dieses Kindheitstraumas war ihm nicht einmal der sanfteste Hund geheuer. Er wechselte auf die andere Straßenseite, um dem süßen Pudel unseres Nachbarn aus dem Weg zu gehen. Ein Besuch bei Tante Claire und Onkel Howard war eine Tortur für ihn. Elend saß er auf dem Sofa unter dem *Knaben in Blau*, während die Hunde um seine Beine tollten und schnappten und knurrten, streckte den Kopf hoch und nach hinten wie ein Ertrinkender, der sich kaum noch über Wasser halten kann, der Mund eine dünne waagerechte Linie, die Augen schmale Schlitze, die hohlen Wangen tief eingefallen unter den markanten Wangenknochen. Dann betrat Claire das Zimmer, einen Becher Kaffee in der Hand, eine lange weiße Zigarette zwischen rotgeschminkten Lippen, auf einmal gaben die Hunde Ruhe, und nach einem Moment, in dem ihr Blick neugierig zwischen meinem Vater und ihr hin- und herging, tappten sie brav in ihre Richtung, als hätte sie sie verzaubert, anmutig wie Ballerinen, und leckten ihr die ausgestreckte Hand. Keiner war anmutiger als Benny B. Boychikl... *Boychikl!* (jiddisch für »Jungchen«), so nannte Claire auch mich. *Boychikl!*, rief sie, wenn ich ein Zimmer betrat, stieß dabei ein kehliges Lachen aus, während sie eine frische Kanne Kaffee machte, mit der besonderen »spanischen« Sorte (wie wir sagten), die sie liebte – so pechschwarz und stark, dass es wie eine Droge wirkte. Beide Hände hochgeworfen, wie eine Karikatur von Erstaunen, die schwarz geschminkten Augen weit aufgerissen und die makellos geschwungenen Brauen grotesk in die Höhe gezogen, rief sie *Boychik!*, warf dann den kleinen Kopf mit der roten Mähne in den Nacken und lachte schallend. Kürzlich habe ich spaßeshalber das Wort *boychik* gegoogelt. Wenn man das Wort eingibt, findet man bei Wiktionary einen Eintrag mit Definition (»Kosename für einen Knaben oder einen jungen Mann«), gefolgt von einem Beispielsatz: »Boychik, dein Daddy wäre stolz auf dich, wenn er noch lebte.«

Auch bei Onkel Nino war mein Vater immer bemüht, möglichst pünktlich zu erscheinen. Nino, der weiter östlich auf Long Island wohnte (etwa eine Stunde entfernt, nun ja, wenn der Verkehr es zuließ), war kein »echter« Onkel. Er war Italiener und Katholik, aber ein so enger Freund meines Vaters, dass er in den Kreis der vielen Onkel und Tanten ehrenhalber aufgenommen wurde, was bei den Freundinnen meiner Mutter viel öfter vorkam. Aber wir wussten, dass meine Mutter ein Einzelkind war und dass sie, anders als mein Vater, dieser Pseudogeschwister »bedurfte«. Nino war, wie mein Vater, Mathematiker, und meine

Geschwister und ich hatten insgeheim immer angenommen, dass die Mathematik sie verband, weil jeder auch nur oberflächliche Anschein gemeinsamer Interessen oder Vorlieben dort endete. Weil wir in dem Wissen aufwuchsen, dass mein Vater Mathematiker war, glaubten wir, dass er der Inbegriff des Mathematikers sein müsse: die grauen Kapuzenshirts, die kurzärmeligen Polyesterhemden, die zu breiten oder zu schmalen oder einfach falschen Krawatten, die peinlichen, »bequemen« Schuhe mit Gummisohle, die hoffnungslosen Autos, die, kaum gekauft, allmählich auseinanderfielen, was bei den Autos der Väter unserer Freunde nie passierte. Und dann Nino mit seinen schnittigen Cabrios und den eleganten italienischen Hosen und Sakkos, den schönen weichen Slippern, seinem gigantischen Weinkeller und seinem kennerhaften Umgang mit Essen, und Tante Irene, seine attraktive langhaarige griechische Frau, deren fremdartige Vorspeisen uns schon erwarteten, wenn wir schließlich ankamen, gefüllte Weinblätter und »frische« Anchovis – unfassbar für uns, die wir Konservendosen für das natürliche Habitat der meisten Fische hielten. Nino, der gute Freund meines Vaters, ein Mann, von dem wir wussten, dass er vor allem ein großer Reisender war, der so selbstverständlich nach Europa fuhr, wie wir zu einer Bar-Mizwa nach New Jersey fuhren, der im Ausland gelebt hatte und mit der langhaarigen Frau und den dunkeläugigen Kindern nach Italien gefahren war, wo er an irgendeiner Universität ein Jahr lang unterrichtete, und zurückkehrte mit Geschenken und Esssachen und Geschichten, Erzählungen von Kathedralen und Weinbergen und endlosen Mahlzeiten, Anekdoten, die er mit einem Leuchten in den blauen Augen erzählte, das kluge, rosawangige, humorvolle Gesicht voller Lachfalten, der lebhafte Mund, aus dem ein abgehacktes Ah kam, stets begleitet von einem Kopfnicken und einer kleinen Geste, die Hände flach ausgestreckt, die er dann sinken ließ, als wäre alles vergeblich: sein charakteristischer Ausdruck von Freude über ein erinnertes Vergnügen, zu groß und zu kompliziert, als dass es sich beschreiben ließe. *Jay, Jay, du solltest auf Reisen gehen!*, sagte Nino, wenn er von einer seiner Reisen zurückkehrte, und dann schaute mein Vater zu Boden, schüttelte den Kopf und sagte: *Das verstehst du nicht.* Und wir wussten, was Nino nicht verstand: dass Mutter nicht reisen wollte, nur ungern bereit war, unsere Gegend zu verlassen, wenn Daddy nicht fuhr. Und so unternahm auch mein Vater keine Reisen mehr.

Aber so verschieden die beiden Männer waren, mein Vater war Nino innig zugetan. *Euer Vater liebt euren Onkel Nino abgöttisch!*, sagte meine Mutter jedes Jahr, an niemand Spezielles gerichtet, wenn unser Besuch bevorstand und sie sorgfältig die Geschenke einpackte, die sie mit Bedacht ausgesucht hatte: ganz besondere, exquisite Dinge, die wir anderen Freunden nicht im Traum geschenkt hätten, goldgesprenkelte italienische Schwanenhalskaraffen und Orrefors Kristallgläser in kühlen Farben, rauchgrau, kobaltblau; *euer Vater liebt Nino abgöttisch*, verkündete meine Mutter kurz vor dem Aufbruch, als stünde uns eine so exotische und beschwerliche Fahrt bevor, dass sie eine derart dramatische, hochtrabende Rechtfertigung benötigte, wenngleich in unseren Ohren nicht die Aussage an sich merkwürdig klang, sondern die Verknüpfung von »euer Vater« und »abgöttisch lieben«. Wir konnten uns unseren Vater nicht als einen Menschen von großen Leidenschaften vorstellen, auch nur von starker Zuneigung. Er hatte, wenn es hochkam, eine Handvoll guter Freunde, deren relativ überschaubare Zahl vorwurfsvoll mit dem unüberschaubaren Freundeskreis meiner Mutter kontrastierte, der womöglich auf ihre emotionalen Extravaganzen zurückzuführen war, sie, die so unterhaltsam und spaßig war, die den Kassiererinnen im Supermarkt und den Rezeptionistinnen diverser Arztpraxen Blumen aus dem Garten mitbrachte, die so viele Freundinnen hatte. In meiner Kindheit schien dieser Kontrast meinen Eindruck zu bestätigen, dass mein Vater in allem das Gegenteil meiner Mutter war... Ja, einige seiner wenigen Freunde kannte er schon sehr viel länger als Nino. Eugene

Miller etwa, ein schlaksiger, freundlicher, hakennasiger Buchhalter, der bei großen Familienfeiern auftauchte, den Bar-Mizwas und Hochzeiten, bei denen die ganze Bronx zusammenkam, und steif wie ein langbeiniger Vogel im Raum herumlief, jemand, der nicht recht zu den Arbeitskollegen meines Vaters passte, zu dem mein Vater aber doch ein erstaunlich enges Verhältnis hatte. Immer wieder legte er ihm wortlos einen Arm um die hohe, gebeugte Schulter oder drückte ihn ein wenig von der Seite, und wir stellten uns vor, dass in dieser ungewöhnlichen körperlichen Nähe Eugenes besonderer Platz in Daddys kleinem Freundeskreis zum Ausdruck kam, denn *Daddy kennt Eugene schon aus Kindheitstagen!*, wie anerkennend geflüstert wurde.

Mein Vater hatte also durchaus ein paar Menschen, denen er nahestand. Aber »abgöttisch lieben«? Er selbst hat das Wort »abgöttisch« jedenfalls nie in den Mund genommen, »ich liebe« meines Wissens auch nicht.

Der vierte Gesang ist der längste Gesang der *Odyssee* – doppelt so lang wie die meisten anderen. Das liegt teilweise daran, dass er einige längere Geschichten enthält, mit deren Hilfe Homer sehr geschickt dem jungen Helden eine wichtige Lehre erteilt.

Zu Beginn des Gesangs, nachdem Menelaos mit seinen Erinnerungen an den geliebten Gefährten Odysseus den jungen Telemachos zu verräterischen Tränen gerührt hat, betritt wenig später Helena die Szene, um ihren Platz an der Hochzeitstafel einzunehmen. Anders als ihr Gatte erkennt sie den jugendlichen Besucher sofort:

Denn noch nie, meine ich, hab' ich irgendeinen so ähnlich,
weder Mann noch Frau, gesehn – Scheu packt mich beim Anblick –,
wie dieser gleicht dem Sohn des hochbeherzten Odysseus,
dem Telemachos, den als Säugling jener zu Hause

*ließ, als wegen mir, der Frau mit dem Hundsblick, nach Troja
ihr Achaier zogt, den verwegenen Krieg zu beginnen.*

Indem Helena die Ähnlichkeit zwischen dem fremden Burschen und dem Mann anspricht, den sie einst kannte, eine Ähnlichkeit, die sie allein bemerken kann, schenkt sie Telemachos die Bestätigung seiner Identität, die er seit seinem ersten Auftritt im ersten Gesang ersehnt. Sie scheint noch immer eine Frau zu sein, die es versteht, Männern zu geben, was sie sich wünschen.

Menelaos, Helena und Telemachos erinnern sich nun des abwesenden Odysseus, worauf alle in Tränen ausbrechen. Selbst der junge Peisistratos, Nestors Sohn, ringt sich ein, zwei Tränen ab – natürlich nicht wegen Odysseus, den er nicht kennt, sondern bei dem Gedanken an seinen Bruder, der in Troja getötet wurde. Weinen, das wussten die Griechen, kann so etwas wie Lust bereiten. Weil diese ganze Rührseligkeit aber überhandzunehmen droht, beschließt Helena, bevor sie sich ihren Erinnerungen an Odysseus hingibt, dem Wein eine starke Droge zuzusetzen. Dieser Zaubertrank – den sie aus Ägypten mitgebracht hat, dem Land der größten Weisen und Heiler der Welt – kappt die Verbindung zwischen Gefühlen und ihrem Ausdruck: Wer davon trinkt, kann nicht mehr weinen, kann keine Träne mehr vergießen, selbst wenn die eigenen Eltern sterben sollten, selbst wenn der Bruder oder der innig geliebte Sohn vor den eigenen Augen im Kampf getötet werden sollte. Dieser Trank heißt *nepenthe*, wörtlich »kein Kummer« – das *penthe* in *nepenthe* geht auf das Substantiv *penthos* (Kummer) zurück. Das Wort wird ähnlich gebildet wie *anodyne* (ohne Schmerz), ein Wort, das auf den Ursprung des Namens Odysseus verweist.

Helenas bemerkenswerte Fähigkeit, Menschen zu erkennen, ist das Thema der Geschichte, die sie nun erzählt, offenbar Telemachos zuliebe, der mehr über den unbekannten Vater erfahren will. Sie berichtet, wie Odysseus gegen Ende des Krieges, als

Bettler verkleidet, dreckig und zerlumpt, in das Innere von Troja gelangt, vor allem aber hat er sich, um möglichst echt zu wirken, zuvor mit einer Peitsche die Haut in Fetzen geschlagen. Sie allein, erklärt Helena ihrem benebelten Mann und den benebelten Gästen, habe ihn erkannt, dann gebadet und angekleidet und ihn die ganze Zeit nach den Plänen der Griechen ausgehorcht. Und schließlich habe sie Odysseus schwören müssen, seine Identität erst dann preiszugeben, wenn er Troja verlassen habe und sicher in das Lager der Griechen zurückgekehrt sei. Vielleicht hat er ihr ja nicht völlig vertraut, doch nun deutet sie an, dass der Eid unnötig war. Denn sie habe inzwischen bereut, wie sie ihren narkotisierten Zuhörern versicherte, mit Paris nach Troja entflohen zu sein, und nur den einen Wunsch gehabt, mit der siegreichen griechischen Armee heimzukehren. Abschließend spricht sie von Menelaos' Geist und Schönheit und beklagt die Blindheit, ihn verlassen zu haben.

Menelaos reagiert freundlich auf Helenas ausführlichen Bericht – »Ja, Frau, da hast du in allem angemessen gesprochen« – und erzählt nun seinerseits eine Geschichte aus dem Krieg. In der Nacht, als er und die anderen griechischen Soldaten sich in dem Trojanischen Pferd versteckten, beginnt er, verließ Helena den Königspalast und begab sich in die Stadt, wohin man das Pferd gezogen hatte. Dreimal, erinnert sich Menelaos, umrundete sie die große hölzerne Konstruktion und rief die Namen der Krieger, die sich darin verbargen, um herauszufinden, ob sich jemand im Innern aufhielt. Dabei verstellte sie ihre Stimme und ahmte die Stimmen der Frauen der Krieger nach. Etliche griechische Soldaten (erinnert sich Menelaos) wollten schon antworten, da sie die Stimmen ihrer Frauen zu hören glaubten. Sie waren schließlich seit zehn Jahren im Krieg und ganz krank vor Heimweh. Doch der listenreiche Odysseus ließ sich nichts vormachen: Er verschloss mit der Hand den Mund dieser schwachen Männer, die sich von Helenas List hatten täuschen lassen. Und so, sagt Menelaos, hat

Odysseus uns alle gerettet – mit ein wenig Hilfe von Athene, die Helena schließlich wieder in den Palast lockte.

In der zweiten Hälfte dieser Seminarsitzung, in der wir über den dritten und vierten Gesang sprachen, während es an diesem erstaunlich warmen Tag noch wärmer wurde, fasste ich kurz die beiden Geschichten zusammen und fragte dann: Also, worum geht es hier?

Zu den Seminarteilnehmern gehörte auch ein junger belgischer Student, der im Vorjahr an meiner Lehrveranstaltung zum Thema Literaturkanon teilgenommen und dem ich den Namen Damien Half-Beard gegeben hatte. Wie aus einem irrwitzigen Maskierungsbedürfnis heraus verwandelte er regelmäßig sein marmornes, ovales, ernstes Gesicht, das an das Porträt eines Diplomaten des 19. Jahrhunderts erinnerte. Bisweilen ließ er sich einen gigantischen Schnurrbart wachsen, aber nur auf einer Seite, entweder links oder rechts, was zur Folge hatte, dass er dann aussah wie die beiden Gesichtshälften einer Vorher-Nachher-Illustration: *Der Knabe – Der Mann*.

Und während wir nun über den vierten Gesang sprachen, hob Damien die Hand.

Lustig finde ich, dass Helena einen Zaubertrank in den Wein gemischt hat.

Warum ist das lustig?, fragte ich.

Die Griechen standen auf Drogen!, rief Jack fröhlich.

Weil sie traurige Geschichten über den Trojanischen Krieg erzählen?, sagte Madeline.

Hinter mir murmelte mein Vater: Alle Kriegsgeschichten sind traurig.

Damien sagte: Es ist komisch! Menelaos' Reaktion auf Helena – »Da hast du in allem angemessen gesprochen« – ist sarkastisch.

Ja, sagte ich, stimmt. Aber wie erklärt sich sein Sarkasmus?

Es ist einfach ... komisch, sagte Damien. Als würde er ihr nicht glauben.

Und warum glaubt er ihr nicht?

Alle schwiegen.

Sie haben nicht genau genug gelesen, wenn Ihnen entgeht, was zwischen Menelaos und Helena in dieser Szene wirklich passiert, sagte ich. Sie dürfen nicht einfach für bare Münze nehmen, was die Figuren sagen. Lesen Sie zwischen den Zeilen! Sie müssen den Text auseinandernehmen! Was passiert denn hier – der Zaubertrank, die Erzählungen, der Sarkasmus?

Aber meine wissende Art war aufgesetzt. Ich hatte es auch nicht sofort erkannt.

Diese Stelle im vierten Gesang der *Odyssee* auf Griechisch hatte ich zum ersten Mal im Homer-Seminar gelesen, das Jenny in meinem dritten Studienjahr in Virginia gehalten hatte. Eines Tages, nachdem wir uns durch die Berichte von Helena und Menelaos gearbeitet hatten, fragte Jenny, an ihrer Zigarette ziehend, genau das Gleiche: Was lernt Telemachos hier?

Außer mir nahmen noch zwei Studenten an diesem Seminar teil: David, der seine Abschlussarbeit über römische Dichtung schreiben wollte, für das Examen aber sein Griechisch verbessern musste, und ein verschüchterter Junge, der eines Tages nicht mehr erschien und, soweit ich weiß, überhaupt nicht mehr gesehen wurde. An jenem Tag meldeten sich die beiden vor mir zu Wort. David, der in der Nähe von Boston aufgewachsen war und auf cool und abgebrüht machte, was ich irgendwie rührend fand, sagte: Er lernt, dass sein Vater sich raffiniert verkleiden konnte und bereit war, sich Verletzungen zuzufügen, wenn das seinen Erfolg garantierte.

Der verschüchterte Junge sagte: Er lernt, dass sein Vater alle Griechen in dem hölzernen Pferd rettete, dass er ein Held war.

Jenny musterte uns, wie sie das manchmal tat, wenn sie auf eine Übersetzung oder einen Kommentar wartete, und fragte schließlich, wobei sie meinen Spitznamen verwendete, den sonst nur mein Vater verwendete: *Dan?*

Ich weiß nicht, in welchen Familien die beiden anderen Studenten aufgewachsen waren, aber heute glaube ich, dass ich Jennys Frage an jenem Tag korrekt beantworten konnte, weil ich im Haus meiner Mutter und meines Vaters aufgewachsen war, jeden Abend ihren heftigen Diskussionen gelauscht hatte, beim Abendessen und danach, den knappen Anspielungen auf bestimmte Ereignisse und Menschen (*ach, dein Vater, dein Vater war kein so großer Held, glaub mir*), und weil ich als Teenager gelernt hatte, auch das lastende Schweigen zwischen ihnen zu interpretieren, wenn sich mein Vater nach dem Abendessen in sein Zimmer zurückzog und an dem kleinen Schreibtisch saß, den Kopf in die Hände gestützt, während meine Mutter auf Händen und Knien den Fußboden schrubbte und dabei leise mit sich selbst sprach, und wir Kinder uns in unsere Zimmer verzogen, um Hausaufgaben zu machen. In jener Zeit schien es, als könne man Ozon in der Atmosphäre des Hauses riechen, als würde immer ein furchtbarer Orkan losbrechen. Man wollte auf Zehenspitzen gehen.

Also antwortete ich: Es scheint, als erzählten sie einander ihre glücklichen Erinnerungen an Odysseus, aber in Wahrheit ist die Situation ziemlich angespannt.

Jenny lächelte und machte eine knappe Bewegung mit ihrem schmalen braunen Kopf. Am Zeigefinger trug sie einen Silberring, der aus einer alten athenischen Münze gemacht und so gearbeitet war, dass man entweder die Vorderseite oder die Rückseite sah, das Profil der Athene oder die Eule, ihr Wahrzeichen.

Fahren Sie fort, Dan, sagte sie.

Also, sagte ich, die Pointe von Helenas Geschichte ist, dass sie inzwischen bedauert, mit Paris durchgebrannt zu sein. Alle sollen glauben, dass sie nun für die Sache der Griechen eintritt, dass sie Odysseus bei seiner Spionagemission helfen will.

Jenny nickte.

Aber Menelaos' Geschichte soll deutlich machen, dass Helena lügt.

Inwiefern?

Weil sie die Griechen, die sich in dem Pferd versteckt haben, dazu bringen wollte, sich zu verraten. Das heißt, tatsächlich war sie noch auf der Seite der Troer.

Jenny schaute zufrieden. Und jetzt verraten Sie mir, warum sie das Zeug in den Wein getan hat.

Ich setzte mich plötzlich kerzengerade hin. Es scheint, als hätten sie und Menelaos diese Geschichten schon öfters erzählt, und sie weiß, dass sie in seiner Geschichte als Verräterin bloßgestellt wird. Also tut sie den Zaubertrank in den Wein, weil niemand, der *nepenthe* konsumiert hat, reagieren kann, niemand kann sich empören, jeder muss das, was diese Geschichten verraten, einfach hinnehmen ... man isst und trinkt, und alles sieht wie ein unbeschwertes Fest aus, aber unter der Fassade brodelt es.

Jenny blies den Rauch aus und musterte uns. Ich wiederhole also noch einmal meine ursprüngliche Frage: Was lernt Telemachos im vierten Gesang?

In das Schweigen hinein sagte sie schließlich: Vergessen Sie nicht, dies ist das erste erwachsene Paar, dem er begegnet.

Da fiel es mir wie Schuppen von den Augen. Er lernt etwas über die Ehe, sagte ich.

Mein Vater war nicht der Einzige, der den erzieherischen Wert von Telemachos' Reisen nach Pylos und Sparta infrage stellte. Auch einige antike Kommentatoren waren nicht überzeugt. »Absurd«, polterte ein Gelehrter in seiner Randbemerkung zu Vers 284 des ersten Gesangs, der Stelle, wo Athene den Prinzen auffordert: »Gehe zuerst nach Pylos und frage den göttlichen Nestor.« Indem Telemachos sich auf Reisen begibt, so der Kommentator, lässt er den Palast ungeschützt und seine Mutter gefährdeter denn je zurück. Überdies seien die Fact-Finding-Missionen ergebnislos gewesen, da Telemachos ohne zuverlässige Informationen über den Aufenthaltsort seines Vaters heimgekehrt sei. Unter Berufung auf diese skeptischen Kommentare erklärten wieder andere antike Gelehrte, dass der Zweck der Telemachie und anderer Abschweifungen darin bestehe, die Handlung der *Odyssee* interessanter zu machen, zu verhindern, dass sie allzu gleichförmig daherkommt – allzu *monotropos* (um einen Begriff dieser Kommentatoren zu verwenden), also das Gegenteil von *polytropos*.

Solche Einwände werden uns vermutlich seltsam erscheinen, denn für uns ist es inzwischen alltäglich geworden, dass junge Leute auf Reisen viel lernen können. Insofern ziehen wir die Weisheit der Empfehlung Athenes im ersten Gesang nicht in Zweifel. Die meisten Leser gehen davon aus, dass sich der erzieherische Wert von Telemachos' Reisen nach Pylos und Sparta schon herausstellen wird – dass schon die Tatsache, dass er sein Zuhause verlässt und allein in die Welt hinausgeht (so wie junge Leute zum Studium in eine andere Stadt ziehen, vielleicht sogar ein Jahr an einer ausländischen Universität studieren), seinen Reifungsprozess wesentlich prägen wird. Und tatsächlich betrachten viele Gelehrte und einfache Leser seit der Antike die ersten vier Gesänge der *Odyssee* als frühes, wenn nicht wegweisendes Beispiel eines Bildungsromans, als eine Erzählung also, die die moralische Entwicklung eines jungen Menschen nachzeichnet. Der Begriff »Bildungsroman« geht auf Johann Karl Simon Morgenstern zurück, der ein Lieblingsschüler von Friedrich August Wolf war, dem Begründer der Philologie, bis es in späteren Jahren zu einem tiefen Zerwürfnis zwischen den beiden kam. Wolf schrieb enttäuscht über Morgenstern, der den praktischen Nutzen von Literatur als ein ethisches Modell betonte, er gefalle sich »in der Bewunderung edler und großer Männer«, werde aber »immer eitler, eleganter und fader«, während dieser der Ansicht war, dass sein Doktorvater, der auf wissenschaftlichen Methoden bestand, die breite humanistische Aufgabe der Romanliteratur verkenne, deren Ziel die »harmonische Formung des Charakters« junger Menschen sein müsse.

All jene, die in der Telemachie eine Urform des Bildungsromans sehen, verweisen auf einen anderen antiken Kommentator, der zu Vers 284 des ersten Gesangs bemerkt, Athene habe Telemachos nach Pylos geschickt, damit er erzogen wird, (denn [Nestor] hatte die Erfahrung des Alters), und anschließend nach Sparta, zu Menelaos (der kurz zuvor von einer achtjährigen Reise zurückgekehrt ist), ganz allgemein, um durch seine Suche nach dem Vater zu Ruhm zu kommen.

Auch der griechische Philosoph Porphyrios, der mehrere Abhandlungen über Homer schrieb, sah in der Telemachie eine Erzählung über den Reifungsprozess eines jungen Mannes. In einer dieser Abhandlungen weist er darauf hin, dass in den ersten Gesängen der *Odyssee* die Geschichte der Erziehung (*paideusis*) eines jungen Mannes erzählt werde. In *paideusis* steckt das Wort *pais* (Kind), das seinerseits die Wurzel des Verbs *paideuo* (erziehen) ist. Erziehung ist also das, was man für Kinder tut.

Übrigens diente *paideuo* (vermutlich, weil es in allen Konjugationsformen absolut regelmäßig ist) als Beispielverb in *A New Introduction to Greek*, einem schmalen Griechisch-Lehrbuch, das in meinem ersten Studienjahr an der University of Virginia verwendet wurde. Ursprünglich hatte ich anderswo studieren wollen, am College of William and Mary, ebenfalls in Virginia, das für meine Begriffe charmanter war und mir durch den Bezug auf das englische Königshaus irgendwie interessanter erschien. Mensch, Daaan!, rief mein Vater, als wir im Frühjahr 1978 hinunter nach Virginia fuhren, um uns die beiden Colleges anzusehen. Komm schon, die U. Va. wurde von einem amerikanischen Präsidenten gegründet! Schau dir die Architektur an, hier hast du alles, was du liebst – klassizistisch, toskanisch, dorisch, das war sein Projekt. Das Zeitalter der Aufklärung!

Doch die klassizistischen Pavillons, angeordnet um ein Gebäude, das dem Pantheon in Rom nachempfunden war, ließen mich kalt. Während der Heimfahrt erklärte ich mich zu einem

Bewunderer Christopher Wrens und legte eine Kassette von Purcells *Funeral Music for Queen Mary* ein. Es gab noch andere Dinge, von denen ich meinem Vater nichts erzählte. Die geschniegelten Kids in Button-Down-Hemd und khakifarbener Hose und gestreifter Krawatte, die in den stuckverzierten Arkadengängen herumstanden und auf den fischgrätgepflasterten Wegen schlenderten, als würde ihnen das alles gehören, strahlten ein Selbstbewusstsein aus, das mir immer fremd bleiben würde. Ich hatte dort nichts verloren.

Doch mein Vater ließ nicht locker.

Du willst auf das andere College, weil es charmant ist, sagte er, während wir auf der I-95 heimwärts fuhren, und immer wieder zog er krampfartig die linke Schulter hoch. Mit Verwunderung bemerkte ich, dass er bemüht war, nicht allzu viel Schärfe in seine Worte zu legen. Aber Charme ist nicht alles, fuhr er fort. Die U. Va. ist eine hervorragende Uni, sie hat eine große altsprachliche Abteilung, in der alles angeboten wird, was du dir nur wünschen kannst. Und Charlottesville ist eine richtige Universitätsstadt, weißt du.

(Er hatte grimmig dreingeschaut während der Rundfahrt durch das herausgeputzte koloniale Williamsburg, wo alles an das achtzehnte Jahrhundert erinnern sollte, inklusive der fröhlichen, reifrocktragenden Mädchen beim Buttern. *So eine Show*, hatte er gemurmelt, als ein junger Student mit weißgepuderter Perücke uns durch eine niedrige Stube führte und über Bienenwachskerzen sprach.)

Du wirst dort Dinge finden, die du in einem Nest wie *Williamsburg* nicht finden wirst. Den Namen der Stadt hatte er diesmal mit sarkastischen Anführungszeichen versehen.

Hör zu, sagte er ein paar Stunden später, als wir in der grauenhaften Cafeteria der WELCOME TO MARYLAND-Raststätte saßen und Crab-Cake-Sandwiches verschlangen. Hör zu, geh ein Jahr lang auf die U. Va., und wenn es dir nicht gefällt, kannst du an die William and Mary wechseln. Und wenn es dir gefällt, kannst du dich bei mir bedanken. Was hältst du davon?

Mich überraschte, wie viel ihm die ganze Sache bedeutete. Der Widerstand, den ich in all den Jahren aufgebaut hatte, geriet durch seine Überzeugungskraft ins Wanken. Ein paar Tage nach unserer Heimkehr ging ich in sein Zimmer und sagte: Okay.

Misstrauisch schaute er von seinem Teakschreibtisch hoch.

Okay, wiederholte ich. Ich akzeptiere deinen Vorschlag. Ich versuche es ein Jahr lang.

Und er hatte recht. Ich fand alles an der Virginia, was ich mir wünschte: Sie war so groß und, wie er geahnt hatte, ihr Angebot so breitgefächert, dass all meine intellektuellen und anderen Interessen befriedigt wurden. Dort lernte ich Jenny und andere kennen. Ich blieb.

In meinem ersten Jahr meldete ich mich, nach Jahren erwartungsvoller Vorfreude, sofort zur Lehrveranstaltung Griechisch 101-102 an. Auf der Junior High und auf der Highschool waren nur Spanisch und Französisch angeboten worden, und obwohl ich schon eifrig Bücher über griechische Mythologie und Archäologie und Geschichte las, blieb mir nur, Französisch zu wählen und auf das Studium zu warten. Als ich eines Nachmittags Ende August 1978 aus der Universitätsbuchhandlung in mein Zimmer zurückkehrte und *A New Introduction to Greek* aufschlug, der dunkle Leineneinband ein wenig rau in meinen Händen, die Seiten kühl wie Apfelschnitze, empfand ich daher jene besondere Freude, die man nur verspürt, wenn man als junger Student im Begriff ist, einen Kurs zu beginnen, auf den man sich schon lange gefreut hat, eine Erregung, in der Befriedigung und Sehnsucht, Fülle und Mangel eigentümlich vermischt sind. Hungrig flogen meine verständnislosen Augen über Tabellen mit Deklinationen und Konjugationen und die schwarzen griechischen Buchstaben, die insektengleich über die Seite marschierten. Da wir aber ein straffes Tempo vorlegten – pro Sitzung wurde ein Kapitel durchgenommen, das einem einzigen grammatikalischen Prinzip gewidmet war; unterrichtet wurde fünfmal in der Woche, von 9 Uhr bis 9.50 Uhr –, verbanden sich diese fremden Zeichen bald zu Wörtern, Substantiven, Adjektiven, Verben in allen möglichen Formen.

Ganz besonders gefiel mir die Komplexität der Verbformen. Das hatte zum Teil mit den erweiterten Formen zu tun, die ein reizvolles Präzisionsbedürfnis verrieten. Beispielsweise gibt es im Griechischen den Dual, der nur für Dinge verwendet wird, die normalerweise als Paar daherkommen – Ochsen, Augen, Hände –, sodass die aus der Highschool vertrauten Paradigmen im Französischen (ich, du, er/sie/es, wir, ihr, sie) ungenau und unzureichend erschienen. Und zum Teil hatte es mit jenem merkwürdigen »Mediopassiv« zu tun, einem dritten Genus, das weder Aktiv noch Passiv ist, wie ich das aus dem Englisch-Unterricht kannte, sondern beides, ein Verbalmodus, wo das Subjekt auch Objekt ist, eine Gleichzeitigkeit, die das Griechische elegant in einem einzigen Wort hinbekommt, die im Englischen aber ein umständliches Reflexivpronomen verlangt.

Vor allem faszinierten mich die unglaublich ausufernden Zeitformen, signalisiert durch Präfixe, die sich wie Kristalle anhäuften, und Suffixe, die sich am Wortende wie Honig ansammelten, der vom Löffel auf den Teller getropft ist:

paideuo	ich erziehe
epaideuon	ich erzog (Imperfekt)
paideuso	ich werde erziehen
epaideusa	ich erzog (Aorist)
pepaideuka	ich habe erzogen
epepaideuka	ich hatte erzogen

Ich fand es wunderbar, dass sich durch so winzige Hinzufügungen am Anfang oder Ende des Stammes -*paideu* derart bemerkenswerte Zeitunterschiede ausdrücken ließen: Die Gegenwart verwandelte sich durch ein vorangestelltes *e* in eine vage Vergangenheit oder schlüpfte durch Einfügung eines *s* zwischen Wortstamm und Personalendung in die Zukunft; oder sie betrat den Spiegelsaal des Perfekts durch eine zweifache Erweiterung, erst die gestotterte Reduplikation des Anfangskonsonanten (*p-p*), dann die Annexion des harten Konsonanten *k* am Ende: *pepaideuka*, »ich habe erzogen«. Fast könnte man sagen, dass das Voranschreiten vom zögernden Präfix zum selbstbewussten Suffix den Weg andeutet, den Erziehung in Gang zu setzen hat.

Die erste Begegnung mit der Konjugation von *paideuo* war für mich also sehr aufregend, aber nicht für alle meine Mitstudenten. Als wir Ende August 1978 zur ersten Lehrveranstaltung Griechisch 101 zusammenkamen, nahm auf der anderen Seite des Raums ein Junge mit ernstem Gesichtsausdruck und leuchtend rotem Haar Platz – offensichtlich jemand, der auf eine Privatschule gegangen ist, dachte ich neidisch, mit seinem blauen Blazer, dem hellblauen zerknitterten Oxford-Hemd mit Button-Down-Kragen und der blau-orange-gestreiften Krawatte, einer Uniform, die er mit so lässiger Selbstverständlichkeit trug, dass es überhaupt nicht auffiel. Einige Tage später sprach ich ihn an und wechselte ein paar Worte mit ihm. *Ich hatte Griechisch auf der Highschool, da habe ich mir überlegt, es noch einmal zu probieren*, erzählte dieser Junge, und auf seinen blassen Wangen zeichneten sich so tiefrote Flecken ab, dass sie wie aufgemalt aussahen, wie die roten Kreise auf den Wangen einer Puppe, *aber ich bin mir nicht so sicher ...* Seine Stimme verlor sich, während ich ihn fassungslos anstarrte. Auf seiner Schule konnte man Griechisch lernen!

Ich schaute noch verblüfft, während sein Blick schon zum anderen Ende des Korridors wanderte, wo ein paar Jungs in blauem Blazer, Krawatte und Button-Down-Hemd herumstanden und ihm zuwinkten. *Ah, da sind meine Freunde*, sagte er und ging federnden Schritts in ihre Richtung, und ein paar Tage später erschien er nicht mehr in der Griechisch-Lehrveranstaltung...

Wie gesagt, die erste Begegnung mit der Konjugation von *paideuo* war aufregend.

Und das war nur das Aktiv im Indikativ! Daneben gab es noch den Konjunktiv, der, laut Wörterbuch, »etwas als möglich vorstellt beziehungsweise als irreal darstellt«, und den Optativ, der einen Wunsch bezeichnet. Von diesen Modi haben sich im Englischen und Deutschen nur noch Spuren erhalten, etwa in »Wie dem auch sei« oder »Gott helfe uns«, aber im Altgriechischen sind sie unverzichtbar und allgegenwärtig.

Und so weiter. In meinem ersten Studienjahr lernte ich, dass im Griechischen jedes Verb, wie *paideuo*, in all diesen Modi, Zeiten und Formen existierte, perfekt darauf zugeschnitten, die bezeichnete Handlung mit fanatischer Präzision auszudrücken: Wer handelt wie, unter welchen Bedingungen und mit welcher Absicht. Da ich in einem Elternhaus aufgewachsen bin, in dem, entsprechend den Vorstellungen meiner Mutter, größte Ordnung herrschte, erschien mir das alles ganz selbstverständlich, und ich nahm es begierig auf. Diese Präzision war beruhigend. Die unnachsichtige grammatikalische Strenge, die implizierte, dass es für alles einen Ort und eine Funktion gab, sofern man das System beherrschte, erschien mir wie eine Rüstung, die mich vor Dingen schützen konnte, die weniger eindeutig und weniger geordnet waren.

Die Wurzel des Verbs *paideuo* (erziehen) und des dazugehörigen Substantivs *paideusis* (Erziehung), mit dem der Philosoph Porphyrios im dritten nachchristlichen Jahrhundert das Thema der ersten vier Gesänge der *Odyssee* beschrieb, ist das Wort *pais* (Kind oder Knabe). In der Zusammensetzung mit anderen Wörtern verwandelt sich *pais* in *paed*, wie etwa in Wörtern wie »Pädagogik« (das Hinführen des Kindes zum Wissen) und »Päderastie« (das erotische Interesse an *paides*, jungen Knaben – das Knabenalter endet aus griechischer Sicht mit dem ersten Bartwuchs). Die Knabenliebe stellte, wie Platon in einem seiner Dialoge ausführte, nur die unterste Stufe der geistigen Bildung dar, konnte mit ein wenig Glück aber zu einer Liebe für erhabenere Dinge führen.

Als im neunzehnten Jahrhundert, anderthalbtausend Jahre nach Porphyrios, wie ich meinen Studenten in der Einführung erklärt hatte, plötzlich die Mode aufkam, die *Ilias* und die *Odyssee* in separate Abschnitte zu zerlegen, waren einige Altphilologen der Ansicht, dass die ersten vier Gesänge der *Odyssee* einst ein eigenständiges Mini-Epos bildeten, das erst später in die *Odyssee* integriert wurde. So überzeugend erschien ihnen der Handlungsbogen in der Entwicklung des jungen Telemachos von passivem Beobachter hin zu aktivem Suchenden, so stark die erzählerische Kraft der Telemachie, jenes Mini-Bildungsromans, dessen Protagonist im Rahmen seiner Suche nach dem Vater seine charakterliche Prägung, seine Erziehung erfährt.

2. HOMOPHROSYNE
(Szenen einer Ehe)

*A*uch dass Odysseus weint, gefiel meinem Vater nicht.

Dauernd weint er!, rief er, als wir am dritten Freitag im Februar zum Campus fuhren. An diesem Tag standen der fünfte und sechste Gesang auf dem Seminarplan. *Er weint!* Verständnislos schüttelte mein Vater den Kopf. Was ist daran so heldenhaft?

Es war sehr kalt an diesem Morgen, minus 7 Grad zeigte das Thermometer an der hinteren Tür, als wir das Haus verließen. Mein Vater kämpfte leise fluchend mit den Knöpfen seines übergroßen Mantels.

Dad, sagte ich, vielleicht ist es sinnvoller, die Handschuhe erst anzuziehen, wenn du den Mantel zugeknöpft hast.

Sag mir nicht, was ich zu tun habe, antwortete er, auch das ein vertrauter Refrain aus meiner Kindheit. Ich weiß, was ich tue. Ohne von den Knöpfen aufzusehen, sagte er dann: Manchmal klingst du wie deine Mutter.

Im fünften Gesang wendet sich der Dichter endlich der Hauptfigur zu (Telemachos wird erst im fünfzehnten Gesang wieder auftauchen), konzentriert sich ganz auf den verschollenen Vater. Wie wir aus dem ersten Gesang wissen, ist Odysseus auf der Insel der Kalypso gestrandet. Nun erfahren wir, dass er jeden Tag Kummertränen vergießt beim Anblick des endlos weiten Meeres, das zwischen ihm und der Heimat liegt, und klagt, weil er sein geliebtes Ithaka nicht sehen kann. Höhepunkt dieses Abbilds von Verzweiflung ist der Hinweis, dass Odysseus den Lebenswillen verloren hat: Er will sterben.

Ich fragte meine Studenten, was sie von diesem reichlich späten Auftritt der Hauptfigur des Epos hielten.

Nina hob die Hand.

Es ist noch überraschender als im ersten Gesang, sagte sie. Er ist total passiv und deprimiert. Er ist lebensmüde.

Jack lachte laut. Nicht sehr heldenhaft!

In diesem Moment schaltete sich mein Vater ein.

Ich bin ihrer Meinung, sagte er und nickte mit dem Kopf in Ninas Richtung. (Kannte er eigentlich ihre Namen?, fragte ich mich. Würde er auch nur eine winzige Anstrengung unternehmen, die Studenten kennenzulernen?) Er jammert dauernd herum, sagt, dass er sterben will. Ich verstehe einfach nicht, warum er ein so großer Held sein soll.

Er sprach das Wort »hero« irgendwie verächtlich aus, das »i« der ersten Silbe klang wie ein langgezogenes *eeih*: *heeihro*. So verfuhr er auch mit anderen Wörtern. Beispielsweise »beer«, das dann wie *beeihr* klang. Ich erinnere mich, kurz nachdem sein Vater gestorben war, nachdem sie den Leichnam nach Miami geflogen hatten, damit er dort an der Seite meiner Großmutter und ihrer Schwestern und deren Ehemännern bestattet würde, nach der erbärmlichen Trauerfeier, bei der mein Vater, wie er uns erzählte, es nicht fertigbrachte, in den offenen Sarg zu schauen, weil sie auf die Wangen seines Vaters Rouge aufgetragen hatten, und so, wie er das Wort »Rouge« aussprach, wurde mir klar, wie schockiert und empört er war – jedenfalls wandte sich mein Vater eines Tages an mich und meine Brüder und sagte: Wenn ich sterbe, dann möchte ich, dass ihr mich einäschert, und dann sollt ihr in die nächste Kneipe gehen und ein Bier auf mich trinken, und das war's dann.

A round of *beeihrs*.

Ich weiß nicht, warum er ein so großer *heeihro* sein soll, sagte er nun. Er betrügt seine Frau, er schläft mit Kalypso. Er verliert sämtliche Gefährten, das heißt, er ist ein miserabler Feldherr. Er ist deprimiert, er jammert. Er sitzt da und will sterben.

Mein Vater schüttelte den Kopf. Warum finden eigentlich alle, dass er ein Held ist? Er soll sich wie ein Soldat benehmen. Wie ein Vater! Wie ein Heerführer! Wie ein König!

Nun ja, sagte ich nach einer Weile, er ist ein Held. In der *Ilias* gibt es viele Szenen, die Odysseus als hervorragenden Heerführer und als ehrenvollen Kämpfer zeigen.

Also, ich war in der Armee, und da bin ich Jungs begegnet, die richtige Helden waren. Und ich kann euch sagen, keiner von ihnen hat geweint.

Einige Studenten schauten amüsiert.

Ich räusperte mich. Ich bin froh, dass mein Vater auf diesen Punkt zu sprechen kommt, denn in der *Odyssee* geht es ja auch um die Frage, was einen Helden ausmacht, wie wir im Laufe des Semesters noch sehen werden. In der *Ilias*, also einem Kriegsepos, sterben andauernd Helden, aber sie sind bereit zu sterben, wenn ihr Heroismus auf dem Schlachtfeld ihnen zu Ruhm und Ehre verhilft, was die Griechen mit dem Wort *kleos* bezeichneten. Der bekannteste Fall ist Achilleus, der allergrößte Held, der ein kurzes, ruhmreiches Leben einem langen, ereignislosen Leben vorzieht.

Einige nickten.

Die *Odyssee,* fuhr ich fort, ist jedoch ein Gedicht über eine Nachkriegswelt. Die Handlung spielt nach einem Krieg, und auch deswegen wird die Frage behandelt, was aus einem Helden wird, wenn kein Krieg mehr zu führen ist. Achilleus ist berühmt für seine Tapferkeit, Schnelligkeit und Stärke. Odysseus ist zwar ein hervorragender Kämpfer, aber berühmt ist er vor allem für seinen Listenreichtum, für seinen scharfen Verstand. Achilleus stirbt, Odysseus überlebt. Eine Frage, die die *Odyssee* aufwirft, lautet: Worin könnte der Heldenmut eines Überlebenden bestehen?

Die Studenten hatten sich nach ihrer amüsierten Reaktion auf die Bemerkung meines Vaters, *ich war in der Armee, und niemand hat geweint*, wieder beruhigt. Ich nutzte die nachdenkliche Stimmung, um noch etwas deutlich zu machen. Ja, sagte ich, Odysseus weint. Aber für die homerischen Figuren der Bronzezeit war Weinen nichts Peinliches. In *Ilias* und *Odyssee* fließen reichlich Tränen.

Nach einer Pause sagte ich: Und niemand findet die Figuren unmännlich, weil sie weinen.

Ich warf meinem Vater einen Blick zu.

Ich habe ihn nie weinen sehen. In meiner ganzen Jugend war ich immer bemüht, keine Gefühle zu zeigen. Mein Vater verabscheute jedes Anzeichen von Schwäche, sogar von Krankheit, auf die er fast verächtlich reagierte, als wäre Kranksein ein moralischer und kein körperlicher Defekt. Wenn wir krankheitsbedingt nicht in die Schule gingen, steckte er den Kopf durch die Tür, bevor er zur Arbeit fuhr, machte ein mürrisches Gesicht und seufzte leise, als wäre Grippe oder Windpocken der Beginn eines unaufhaltsamen moralischen Verfalls. Wir ahnten dunkel, dass diese Einstellung mit seiner Kindheit und Onkel Bobbys Kinderlähmung zu tun hatte. In unserer kindlichen Fantasie war Daddys Konflikt mit Bobby, dem älteren Bruder, mit dem er aus irgendeinem Grund nicht mehr sprach, nicht von der Krankheit zu trennen, die ihn zum Krüppel gemacht hatte. Krank sein hieß, wie Onkel Bobby zu sein. Erst viel später erfuhr ich die ganze Story: dass sie als Kinder ein sehr enges Verhältnis gehabt hatten, dass mein Vater, damals ein kleiner Steppke, ihn per Bus und U-Bahn zu sämtlichen Arztterminen gebracht, in Sprechstunden und Krankenhäusern gewartet hatte. All das, der ganze Aufwand und die Ärzte und die Enttäuschung, als klar war, dass Bobby nie wieder richtig gesund werden würde, lag seinem Horror vor Krankheit zugrunde... Man durfte also nicht krank sein. In seiner Gegenwart irgendein Zeichen von Verwundbarkeit zu zeigen, war riskant, denn es führte unweigerlich zu Vorwürfen. Einmal, an einem glühend heißen Sommernachmittag, ich war ungefähr dreizehn, wurde ich nach draußen geschickt, mit der elektrischen Heckenschere die Hecke zu schneiden, aber als mein Vater herauskam, um zu sehen, wie weit ich schon war, saß ich im Schatten und machte gerade Pause. Bei der Hitze kann man unmöglich arbeiten, sagte ich, ein wenig trotzig, worauf mein Vater nur antwortete: Sei nicht so ein Waschlappen! Daraufhin zog ich das Hemd aus und bearbeitete den Buchsbaum mit der elektrischen Heckenschere, bis ich ohnmächtig umkippte. Ich lag auf dem Rasen, die Heckenschere brummte noch immer, als meine Mutter mich fand. Aus irgendeinem absurden Grund suchte ich die väterliche Anerkennung nun umso mehr. Einmal, ich war etwa fünfzehn und hatte heimlich angefangen, schwülstige Kurzgeschichten über leidenschaftliche, aber aussichtslose Freundschaften zwischen Teenagern zu schreiben, von denen einer am Ende natürlich starb, machte ich mir ein gewisses Nachlassen der väterlichen Strenge mir gegenüber zunutze, um ihm scheu mein neuestes Werk zu zeigen. Ich legte es auf seinen Schreibtisch, damit er es finden würde, wenn er von der Arbeit nach Hause kam. Nach dem Abendessen, mein Vater hatte sich an seinen Schreibtisch zurückgezogen, rief er mich zu sich und sagte: *Das ist schön, Dan.*

Vor lauter Überraschung wusste ich nicht, was ich darauf sagen sollte.

Da verzog er plötzlich das Gesicht und sagte, wie zu sich selbst: *Aber die Vorstellung von absoluter Liebe ist Quatsch*, und drückte mir den Papierstapel wieder in die Hand.

Also habe ich in Gegenwart meines Vaters nie geweint.

Selbst an dem Tag, als sein Arbeitskollege Bob McGill starb, hat mein Vater nicht geweint. Bob und Daddy hatten jeden Dienstagabend nach der Arbeit Tennis gespielt. Soviel ich weiß, hat sich mein Vater, abgesehen von diesem wöchentlichen Tennistermin, außerhalb der Arbeit kaum mit Bob getroffen. Die unüberwindliche Mauer, die sein Arbeitsleben abschirmte, verbarg auch seine Kollegen, weshalb ich im Grunde nicht wusste, wie seine Beziehung zu Bob McGill aussah.

Wir wussten, dass es in Bobs Leben einen furchtbaren Schmerz gab, und dieser dunkle Kummer isolierte ihn noch mehr von uns, sodass er in unserer Vorstellung ein ganz besonderer Mensch war, der uns irgendwie Angst machte. Bob war mit einer kleinen Frau namens Anne verheiratet, die rheumatische Arthritis hatte. Als Teenager schaute ich bei den seltenen Partys, die meine Eltern gaben, verstohlen und von heißer Scham erfüllt auf Annes Finger, die krumm wie Wurzeln waren. Ihre Füße waren natürlich nicht zu sehen, aber angesichts ihrer quälend langsamen und humpelnden Bewegungen konnte man sich leicht vorstellen, wie furchtbar verkrüppelt auch sie waren. An dieses Humpeln dachten wir alle sofort an jenem Tag des Jahres 1975, als Bob plötzlich starb, nachdem er im Anschluss an ein spontanes morgendliches Tennismatch mit meinem Vater nach Hause zurückgekehrt war. Bob hatte das Haus betreten, erzählte Anne meinen Eltern später, und war dann einfach umgekippt. *Ein massiver Infarkt*, wurde später gemunkelt. Aber Anne brauchte viel zu lange, bis sie am Telefon war, und in ihrer Hektik konnte sie die spezielle Wählvorrichtung nicht bedienen, die Bob am Telefon angebracht hatte, und dann vergingen noch einmal mehrere Minuten, bevor sie nach draußen gehen und um Hilfe rufen konnte. Und so starb Bob.

Ich ging zu der Zeit in die zehnte Klasse. Am Abend jenes Tages sollte ich in die National Honor Society aufgenommen werden. Die Zeremonie war schon seit Wochen geplant, hinterher würden sich alle bei Friendly's treffen und Eis essen. Doch als ich an dem Tag aus der Schule kam, ging ich nervös in das Zimmer meiner Eltern, wo mein Vater, der vorzeitig von der Arbeit nach Hause gekommen war, an seinem Schreibtisch saß, den Kopf gesenkt, beide Hände auf dem Schädel, und auf einen Stapel Rechnungen und Papiere starrte. Zaghaft sagte ich, dass es okay wäre, wenn wir nicht zu der Zeremonie oder zu dem anschließenden Beisammensein gingen. Aber er schüttelte nur den Kopf und sagte, ohne aufzublicken: *Sie haben dich aufgenommen, wir gehen.*

Ehre ist Ehre. Er weinte nicht und auch später nicht, weder in der Aula während der Feier noch später bei Friendly's, wo meine Schulfreunde und ich an den Resopaltischen saßen und Milchshakes und Root Beer Floats tranken. Etwa eine Stunde verbrachten wir dort, ein Trupp lärmender und lachender Zehntklässler, und hin und wieder warf ich verstohlen einen Blick hinüber zu meinen Eltern, die an der Wand standen und kein Wort sagten. Sein Gesicht verriet keine Gefühlsregung, von Tränen ganz zu schweigen.

Das war der Moment, der mir in den Sinn kam an jenem kalten Februarvormittag vor ein paar Jahren, als wir über den fünften Gesang der *Odyssee* diskutierten und mein Vater sagte, dass er nicht verstehe, warum Odysseus ein großer Held sei, weil er andauernd weine.

Ich wandte mich wieder an die Studenten. In griechischen Epen weinen Helden, sagte ich. Sie müssen das einfach akzeptieren. Vergessen Sie nicht, dieses Buch ist das Produkt einer anderen Kultur.

Der Mund meines Vater bildete eine waagerechte Linie. Also, in *meinem* Buch, sagte er schließlich, ist er kein Held. Als ich in der Armee war, bin ich ein paar ziemlich heldenhaften Jungs begegnet, und die haben nie geweint.

Als ich am Abend die Notizen in meinen Computer tippte, die ich während des Seminars gemacht hatte, überlegte ich, ob mein Vater vor den Studenten angegeben hatte. Helden, denen er in der Armee begegnet war? Seine seltenen Erzählungen vom Militärdienst hatten wie lustige Anekdoten geklungen. Ich erinnerte mich an seine Bemerkung: *Ich habe in Petersburg, Virginia, Kartoffeln geschält, so sah meine Zeit in der Armee aus.* Wenn mein Vater über die Armee sprach, dann entweder über Onkel Howards lange Dienstzeit oder darüber, dass Bobby wegen seiner Kinderlähmung nicht am Zweiten Weltkrieg hatte teilnehmen können. *Es hat euren Onkel Bobby umgebracht, dass er nicht kämpfen konnte,* sagte mein Vater einmal in den 1990ern, nachdem er und Bobby sich ausgesöhnt hatten ... und er nun nicht mehr mit Howard sprach. Angesichts der Tragödie des einen und des Heldentums des anderen, muss ihm seine eigene langweilige Zeit in der Armee peinlich gewesen sein. Andererseits wussten wir, dass er sich nur wegen der GI Bill gemeldet hatte: Als Gegenleistung für das Kartoffelschälen hatten sie ihm ein Studium ermöglicht.

Als ich mich kürzlich bei meinen Geschwistern erkundigte, was Daddy ihnen von seinem Militärdienst erzählt hatte, kam heraus, dass er jedem etwas anderes erzählt hatte. »Ich dachte, er war in Fort Hamilton, unten an der Verrazano Bridge«, schrieb Jennifer, und dann in einer zweiten E-Mail: »Ach ja, und er hat mir erzählt, dass er eine Art Schreibkraft war. Jeder, der was auf dem Kasten hatte, sei aussortiert worden, und deshalb sei die Wahl auf ihn gefallen.« Matt schrieb, er sei ziemlich sicher, dass Daddy auf dem Forschungsgelände Aberdeen in Maryland stationiert gewesen sei. Andrew, der von uns Kindern die engste Beziehung zu Daddy hatte (weshalb Daddy, wie ich insgeheim immer vermutet hatte, ihm auch vergeben konnte, dass er seinetwegen seine Dissertation nicht beenden konnte), antwortete am ausführlichsten:

Ich habe ihn mal gefragt, was er in der Armee gelernt hat, und darauf antwortete er, gelernt habe er, dass er »das schlaueste Kerlchen in der Armee« war.

Einmal soll er wohl als Treiber abkommandiert worden sein, weil die Offiziere Wild für das Abendessen erlegen wollten, aber an die Details erinnere ich mich nicht mehr.

Die Vorstellung, dass mein Vater an einer tatsächlich sehr homerischen Szene mitgewirkt hat, fand ich irgendwie amüsant. Wenn Odysseus und seine Gefährten eine unbekannte Insel erreichen, gehen sie meist zuerst auf die Jagd oder machen sich auf die Suche nach essbaren Dingen. Im zehnten Gesang etwa, wenn sie auf Aiaia landen, der unheimlichen Insel, auf der die Nymphe Kirke wohnt, erblickt Odysseus – für einen kurzen Moment hin und her gerissen zwischen dem Wunsch, seiner Neugier nachzugeben und das Terrain zu erkunden, und der Notwendigkeit, für sich und seine Gefährten Nahrung aufzutreiben – einen mächtigen Hirsch. Er tötet ihn mit einem einzigen Speerwurf und schafft ihn in das Lager seiner Gefährten. Diese lange und ungewöhnlich detailliert geschilderte Szene, die der Begegnung mit Kirke vorangeht, soll vermutlich zeigen, dass sich der Held zunächst um die Versorgung seiner Männer kümmert, bevor er die eigenen Bedürfnisse befriedigt, und damit eine Priorität setzt, die er, worauf mein Vater immer aufmerksam machte, nicht durchgängig einhält.

Deshalb musste ich schmunzeln, als ich in Andrews E-Mail las, mein Vater habe den Jägern Wild vor die Flinte treiben müssen. Auch Andrews zweite Bemerkung fand ich amüsant: »Er habe gelernt, dass er das schlaueste Kerlchen in der Armee war.« Soll Daddy seinen Militärdienst ruhig als eine Geschichte über Klugheit verkaufen.

Wenn der vierte Gesang mit dem Besuch bei Helena und Menelaos eine verwirrende Begegnung mit einer der berühmtesten Problemehen in der abendländischen Literatur ermöglicht, so sollen der fünfte und sechste Gesang offenbar zu Fragen über die Ehe generell anregen – warum manche Paare besser zueinanderpassen als andere und was eine gelungene Partnerschaft ausmacht.

Der fünfte Gesang beginnt mit dem zweiten Teil des göttlichen Plans zur Rettung des Odysseus: Kalypsos Gefangener soll befreit werden. Also wird Hermes, der Götterbote, auf ihre Insel entsandt, wo er die Nymphe in ihrer dunklen, von dichtem Wald umgebenen Höhle antrifft, die vom Duft wohlriechender Kräuter erfüllt ist. Er übermittelt den Wunsch der Götter, woraufhin

Kalypso empört deren schändliche Doppelmoral kritisiert. Die Götter, sagt sie, nehmen sterbliche Frauen als Geliebte, verwehren aber den Göttinnen, bei ihren sterblichen Geliebten zu bleiben – ja, oft genug töten sie die armen jungen Männer. Doch sie beugt sich dem Wunsch der Götter und verspricht Hermes, Odysseus die Freiheit zu schenken. Sie geht, um ihrem Geliebten diese Nachricht zu überbringen, und findet ihn weinend am Strand. Er weint, weil er keinen Gefallen mehr an ihr findet. (Studenten finden diese Stelle immer amüsant; aber Homer weist ausdrücklich darauf hin, dass Kalypso den Sterblichen »gezwungen« habe, jede Nacht mit ihr zu schlafen, ein Detail, das womöglich dem Zweck diente, Odysseus von jenem Vorwurf zu entlasten, den mein Vater ihm wiederholt machte: *Er betrügt seine Frau, er schläft mit Kalypso.*) In dieser Szene erfahren wir etwas sehr Wichtiges: Kalypso hatte Odysseus einst Unsterblichkeit und ewige Jugend versprochen, wenn er bei ihr bleibt, doch er hatte abgelehnt, weil er zu Penelope, der Sterblichen, zurückkehren und »sein hoch bedachtes Haus sehen« will.

Als wir an diesem Freitagvormittag Ende Februar wieder in unserem Seminarraum saßen, fragte ich in die Runde: Warum bleibt Odysseus nicht bei Kalypso? Sie ist eine Göttin, sie ist schöner, als Penelope je sein kann, sie bietet ihm Unsterblichkeit. Wir müssen also überlegen, warum er Nein sagt.

Es ist verrückt!, rief Jack. Sie hatten bestimmt fantastischen Sex!

Alle lachten. Aber er hatte recht. Selbst in der Nacht vor seiner Abreise »genossen sie die Liebe, beieinander verweilend« – diesmal ganz ohne Zwang.

Mein Vater schien irritiert.

Das ganze Epos, begann er, läuft bekanntlich auf das Wiedersehen mit seiner Frau hinaus. Gut, das wissen wir. Aber er betrügt sie in einem fort! Was ist denn daran heldenhaft?

In meinen Teenagerjahren hatte er mich einmal beiseitegenommen und erzählt, dass mein Großvater mütterlicherseits irgendwann in den 1940ern eine Geliebte hatte. *Ach, dein Großvater, dein Großvater,* sagte er eines Sonntagnachmittags geringschätzig, nach einem Streit mit meiner Mutter, die ihren Vater damals gern als Muster an Kultiviertheit und treuer Ergebenheit hinstellte, Qualitäten, die meinem Vater, wie sie fand, abgingen. *Dein Großvater ist nicht so ein Held, glaub mir.* Und dann machte er das gleiche Gesicht, das er vierzig Jahre später in meinem *Odyssee*-Seminar machte, als wir über die eheliche Untreue des Odysseus sprachen, und sagte mit versteckter Bissigkeit: *Als ich in deinem Alter war, hat meine Mutter mir erzählt, sie habe gehört, dass der Vater deiner Mutter eine »Freundin« hat.*

Ich war verwirrt. Wirklich? Aber woher willst du wissen, dass es stimmte?

Er sah mich an. *Weil ich deinen Großvater gekannt habe.*

Und du?, dachte ich. Ich kannte meinen Vater und war mir sicher, dass er nie untreu gewesen war, nie andere Frauen gesucht hat, die seine Eitelkeit befriedigen sollten (was höchstwahrscheinlich das Motiv von Großvaters Affäre war) – weil er nicht sonderlich eitel war, vor allem aber, weil eheliche Untreue für ihn gleichbedeutend gewesen wäre mit Verrat an einer viel größeren Sache – jener rigorosen Welt, in der es keine Grauzonen gab, in der x immer und ausschließlich x war, Ehe immer Ehe, Ehefrau immer Ehefrau war, wie schwierig die Beziehung manchmal auch sein mochte, wie oft man sich nach dem Abendessen in das eigene kleine Zimmer zurückzog, während sie weinend in der Küche aufräumte. Wir wussten, dass Männer oft versuchten, mit unserer Mutter anzubandeln, waren aber ziemlich sicher, dass sie es nicht einmal registrierte, die Bemerkungen, die Blicke, die sie ihr im Supermarkt und beim Zahnarzt und (einmal) nach einem Gottesdienst an Jom Kippur zuwarfen und die sich im hohen theatralischen Nebel ihres Gelächters und ihrer Erzählungen verflüchtigten. Stellt euch vor, sagte sie ein wenig atemlos, als sie vom

Supermarkt zurückkehrte, ein furchtbar netter Mann hat mir die Tüten getragen, und ach, er war so nett, er hat gefragt, ob ich Lust hätte, ihn auf eine Tasse Kaffee zu besuchen, aber ich habe natürlich gesagt, dass das nicht geht, dass ich nach Hause und Flugblätter schreiben muss (das war in der Zeit, als sie in einer Bürgerinitiative engagiert war, die sich für die Schließung einer nahegelegenen Giftmüllkippe einsetzte) und Matthew zu dem neuen Friseur bringen muss, na ja, er nennt sich nicht Friseur, sondern Coiffeursalon... Solche Geschichten erzählte sie, und wir saßen alle da und grinsten, selbst mein Vater, in dessen dunklen Augen die Andeutung einer Urempfindung (Besitzerstolz?) schimmerte.

Das Verhältnis zwischen Odysseus und Kalypso beschäftigte auch einige Studenten. Jack missfiel die »Beiläufigkeit«, mit der Odysseus während eines delikaten Wortwechsels mit Kalypso von Penelope spricht, nachdem er gerade erfahren hat, dass die Götter beschlossen haben, ihn auf den Heimweg zu schicken. Um die in ihrer Eitelkeit getroffene Nymphe zu trösten, erklärt er, dass Penelope »minder an Aussehn und Größe erscheint für den, der sie ansieht«, weist aber gleichzeitig darauf hin, dass er lieber mit einer Sterblichen zusammen sein will.

Es ist schon komisch, sagte Jack, dass Odysseus darauf hinweist, dass Penelope sich nicht mit Kalypso messen könne. Das ist nicht besonders loyal.

Aber ist es denn verwerflich, die Wahrheit zu sagen – also anzuerkennen, dass die eigene Ehefrau nicht mehr das schöne Mädchen ist, das man zwanzig Jahre zuvor geheiratet hat? Der springende Punkt ist doch, dass seine Entscheidung für Penelope, die nie so schön sein kann wie eine Göttin und ohnehin älter geworden ist, dass seine Entscheidung also etwas bedeutet. Und zwar was?

Madeline meldete sich, ihr rotes Haar schimmerte. Dass körperliche Schönheit und guter Sex nicht das Fundament einer Ehe sind?

Genau, sagte ich. Erinnern Sie sich an letzte Woche? Erinnern Sie sich an Menelaos und Helena, dass wir gesagt haben, Telemachos bekommt vorgeführt, wie eine schwierige Ehe aussieht, und dass das Teil seiner Erziehung ist? Jetzt, im anschließenden Gesang, zeigt sich, dass auch Odysseus in einer schlechten, einseitigen Beziehung gefangen ist. Die Frage ist: Wie sieht für denjenigen, der die *Odyssee* verfasst hat, eine gute Ehe aus?

Die Antwort wird im sechsten Gesang gegeben. Nachdem Odysseus schließlich die Insel der Kalypso verlässt, fährt er hinaus auf das offene Meer und wird an eine märchenhaft fruchtbare Insel namens Scheria angespült, die von den Phaiaken bewohnt wird – einem Volk erfahrener Seefahrer, die Odysseus letzten Endes wieder nach Ithaka bringen werden. Zu diesem Zweck denkt sich Athene einen Plan aus, wie sie Odysseus ein vorteilhaftes Entree am Königshof der Phaiaken verschaffen kann. Sie erscheint der Tochter des Hauses im Traum, einer charmanten jungen Prinzessin namens Nausikaa, der sie den Vorschlag macht, sie solle am nächsten Morgen an den Strand gehen und dort Wäsche waschen – wie es sich für eine heiratsfähige junge Frau gehört. Nausikaa gehorcht. Begleitet von ihren Dienerinnen, begibt sie sich an die Küste und stößt dort auf Odysseus, den gestrandeten Schiffbrüchigen, der den salzverkrusteten, nackten Leib nur mit dem Zweig eines Olivenbaums bedeckt. Er beginnt, Nausikaa zu beruhigen und ihr zugleich zu schmeicheln. Er sagt, dass er nicht erkennen könne, ob sie eine Sterbliche ist oder Artemis höchstpersönlich, ein Kompliment, dem kaum ein Mädchen widerstehen kann, und dann deutet er an, dass er keineswegs ein armer Niemand ist, sondern ein bedeutender Mann, ein Soldat mit glorreicher Vergangenheit – genau der Typ, von dem Nausikaa womöglich träumt... Nausikaa schmilzt natürlich dahin und verspricht ihm, ihn in die Stadt zu bringen und ihren Eltern vorzustellen.

Am Ende von Odysseus' raffiniertem Appell an Nausikaa zeigt

Homer, was eine gute Ehe ausmacht: jener Gleichklang, der das genaue Gegenteil dessen ist, was wir bislang in der *Odyssee* erlebt haben. Odysseus fleht Nausikaa an:

> *Aber, Herrin, erbarm dich! Denn du bist die erste, zu der ich*
> *kam nach unendlichen Plagen; jedoch von den anderen Menschen,*
> *welche hier Stadt und Land bewohnen, kenne ich keinen.*
> *Zeig mir den Weg zur Stadt, einen Lumpen gib mir, mich zu decken,*
> *wenn du vielleicht, als du herkamst, ein Wäschewickeltuch hattest.*
> *Dir aber mögen die Götter schenken, soviel du erträumst dir,*
> *Mann und Heim, und verleihen dazu noch treffliche Eintracht;*
> *denn nichts Besseres und nichts höher zu Schätzendes gibt es,*
> *als wenn im Hause walten im Einklang ihrer Gedanken*
> *Mann und Frau, gar sehr zum Schmerz von Übelgesinnten,*
> *Wohlgesinnten zur Freud'; doch ihr eigener Ruhm strahlt am hellsten.*

Das Wort, das hier mit »Einklang« übersetzt wird, ist das griechische *homophrosyne*. Das Wortelement *homo-* geht auf das Adjektiv *homoios* (das gleiche) zurück, dem wir in Wörtern wie »Homöopathie« (eine Krankheit, *pathos*, wird mit dem Gleichen, *homoios*, behandelt, das sie verursacht) oder »homosexuell« begegnen. Die Wurzel *phron-* bezieht sich auf »Geist, Gemüt«, unser Begriff »Phrenologie« kommt daher. Was hier mit »im Einklang ihrer Gedanken« übersetzt wird, ist im griechischen Original eine Form des Verbs *homophronein* (in gleicher Weise denken). *Homophrosyne* ist, nicht zuletzt wegen der zentralen Rolle der *Odyssee* in der griechischen Überlieferung, der kanonische Begriff in der griechischen Literaturgeschichte für jene Eigenschaft, die für eine gelingende Beziehung zwischen zwei Menschen unabdingbar ist.

Im Rahmen der Diskussion über den fünften und sechsten Gesang und die problematischen Beziehungen des Odysseus sprachen wir auch über *homophrosyne*.

Überlegen Sie, sagte ich. Warum ist, laut Odysseus im sechsten

Gesang, vollkommener Einklang im Denken das Wichtigste in einer Paarbeziehung?

Mein Vater schaltete sich ein. Es ist wie in *»That Old Black Magic«*, rief er. Und zum allgemeinen Erstaunen fing er an zu singen, sein rauer Bariton erhob sich in den grauen Freitagvormittag. *For you're the lover I have waited for! You're the mate that fate had me created for...*

Seine Stimme verlor sich. Er nickte zufrieden. Johnny Mercer hat anscheinend seinen Homer gelesen. Es gibt diesen einen Menschen, den das Schicksal für einen bestimmt hat, kein anderer wird genügen.

Die Studenten starrten ihn verständnislos an.

»That Old Black Magic!«, rief er. Komponiert von Harold Arlen, Text von Johnny Mercer?! Er machte eine geringschätzige Handbewegung und sagte: Ihr wisst aber überhaupt nichts von der amerikanischen Kultur!

Mit flötender Radiosprecherstimme sagte ich: Vielen Dank für das musikalische Intermezzo, Jay Mendelsohn. Und nun zurück zu unserem regulären Programm.

Ich wandte mich wieder an die Studenten. Noch einmal meine Frage: Warum, glauben Sie, ist Einklang laut Odysseus im sechsten Gesang so wichtig? Zumal im Lichte dessen, was wir über die Beziehung zwischen Kalypso und Odysseus wissen, dass sie ihn nach einer gewissen Zeit zwingen musste, mit ihr zu schlafen, und dass Begehren mit der Zeit schwinden kann, selbst wenn man mit der allerschönsten Frau zusammen ist?

Madeline schüttelte ihre Hand. Weil das Körperliche nicht genug ist? Odysseus und Penelope werden deutlich älter sein, wenn sie einander endlich wiedersehen. Die Frage ist vermutlich die: Wie werden sie einander körperlich erkennen, wenn er zurückkehrt?

Ja, sagte ich. Und, was glauben Sie? Wie werden sie einander tatsächlich erkennen?

Nicht das Ende vorwegnehmen!, sagte Jack.

Alle lachten. Ich kann mir nicht vorstellen, sagte ich, dass irgendjemand von Ihnen den Ausgang der Geschichte nicht kennt.

Trisha schaute ernst von ihrem Notizheft hoch und sagte: Jedenfalls nicht körperlich, sondern seelisch.

Jack sagte: *Homo ...?*

Homophrosyne, sagte ich. Verstehen Sie, wie es angelegt ist? Verstehen Sie, wie es ausgehen muss? Die äußere Erscheinung kann sich mit der Zeit verändern, aber etwas kann einem niemand nehmen. Nämlich was?

Brendans Hand schoss in die Höhe. Was man weiß, sagte er.

Mein Vater, links in seiner Ecke, war nachdenklich geworden. *Die eigenen Erinnerungen*, sagte er.

Die Studenten beugten sich über ihre Hefte und machten eifrig Notizen.

Es gab noch etwas anderes, worüber sich mein Vater im Seminar gern beschwerte, eine »wirkliche Schwäche« in der *Odyssee*, wie er sagte. Ich wusste sofort, worauf er hinauswollte, kaum dass er das Wort ausgesprochen hatte, und war von daher auch nicht überrascht, dass er sich an jenem letzten Freitag im Februar, als wir über den siebten und achten Gesang sprachen, plötzlich zu Wort meldete. Diese beiden Gesänge vermitteln ein überaus detailliertes Bild von Scheria und den Phaiaken, dem letzten Ort und den letzten Menschen, denen Odysseus begegnet, bevor er schließlich Ithaka erreicht. Es ist, einmal abgesehen von Ithaka, die längste und ausführlichste Schilderung eines Ortes in der *Odyssee*, sodass die Details und Besonderheiten ihre Wirkung entfalten können.

Im siebten Gesang wird geschildert, unter welch kuriosen Umständen Odysseus den Weg zum phaiakischen Königshof findet. Nachdem er Nausikaa umschmeichelt hat, steigt er in den Fluss unweit der Küste, um »das Meersalz von den Schultern zu spülen« und sich präsentabel zu machen; die Prinzessin leiht ihm Kleidungsstücke, die einem ihrer Brüder gehören. Dann, nicht zum letzten Mal, tritt Athene auf, um ihrem Protégé eine himmlische Schönheitsbehandlung angedeihen zu lassen:

[...]
machte Athene ihn, die zeusentsprossene, größer
anzusehen und strammer und ließ herab ihm vom Haupte
lockig wallen das Haar, Hyazinthenblüten vergleichbar.
Wie wenn ein kundiger Mann eine Goldschicht um Silber
herumgießt,
einer, den Hephaistos gelehrt hat und Pallas Athene
mancherlei Kunst, und er vollendet Werke voll Anmut,
so übergoss ihm die Göttin mit Anmut das Haupt und die Schultern.

Alsbald kehrt Nausikaa mit ihren Dienerinnen in die Stadt zurück. Odysseus folgt ihr erst viel später, nachdem die hilfreiche Athene ihn in einen Nebel gehüllt und damit unsichtbar gemacht hat. Wie er von Nausikaa erfahren hat, sind die Phaiaken Fremden gegenüber reserviert. Odysseus nähert sich der Stadt, und wieder schaltet sich Athene ein, diesmal verkleidet als junges Mädchen mit Zöpfen – für die Göttin des Krieges eine widersinnige Verkleidung, gelinde gesagt, aber die *Odyssee* kann ja durchaus humorvoll sein –, und weist ihm den Weg zum Königspalast, der inmitten eines märchenhaft üppigen Gartens liegt, dessen Blumen und Bäume das ganze Jahr blühen und Früchte tragen. Dieses Detail ist wichtig: Auf Scheria gibt es keine Jahreszeiten – als habe die Zeit beschlossen, ein wenig zu relaxen, um diesem müßiggängerischen und verspielten Volk ein sorgenfreies Leben zu ermöglichen.

In dieser paradiesischen Umgebung wird Odysseus freundlich von der Herrscherfamilie begrüßt – von König Alkinoos und Königin Arete (ihr Name erinnert an das griechische Wort für »Tugend«), deren Gunst er, wie von Nausikaa empfohlen, zu gewinnen sucht. (Die Königin ist nicht dumm: Sie bemerkt natürlich, dass der Fremde, der als Bittsteller vor ihr niederkniet, frisch gewaschene Sachen trägt, die einem ihrer Söhne gehören.) Im Palast wird für Odysseus ein großes Festmahl veranstaltet, bei dem unter anderem ein Hofbarde, der blinde Demodokos, dreimal zu einer Darbietung auftritt. Zweimal singt er vom Trojanischen Krieg, woraufhin Odysseus in Tränen ausbricht – genau wie Telemachos im vierten Gesang bei den Worten Menelaos' über seinen abwesenden Vater in Tränen ausgebrochen war.

Wie der Vater, so der Sohn.

An diesem Tag wollte ich auf wichtige Aspekte im siebten und achten Gesang hinweisen, nicht zuletzt auf die zweite Darbietung des Demodokos, das Lied von Ares und Aphrodite, ein reizvolles Mini-Epos, das ganze hundert Verse des achten Gesangs umfasst. Auf den ersten Blick ist es eine amüsante Nichtigkeit: Erzählt wird die Geschichte, wie Hephaistos (Gott der Schmiede und hinkender Gatte von Aphrodite, der Göttin der Liebe) seiner Frau und ihrem Geliebten, dem Kriegsgott Ares, eine raffinierte Falle stellt: ein feines goldenes Netz, mit dem bloßen Auge nicht zu erkennen, aber nicht einmal von den Göttern zu knacken, in dem sich das Liebespaar hoffnungslos verheddert. Hephaistos ruft die Götter herbei, diesen schändlichen Ehebruch zu bezeugen. Sosehr diese schlüpfrige Story die Phaiaken (und uns) amüsieren mag, sie weist Parallelen zu zentralen Elementen der *Odyssee* auf: missbrauchte Gastfreundschaft, Besorgnis wegen möglicher Untreue, List, die schierer Körperkraft überlegen ist, die Befriedigung, die aus Vergeltung erwächst. Das Lied von Ares und Aphrodite zeigt daher sehr schön, welche Rolle vermeintliche Abschweifungen in der *Odyssee* spielen, Geschichten, die zwar nicht zur »Handlung« gehören, die wesentlichen Themen aber hervorheben.

Doch an diesem regnerischen letzten Freitag im Februar kam ich nicht dazu, über Odysseus zu sprechen, der inkognito im Palast eintrifft, oder über die üppige, fruchtbare Landschaft von

Scheria – eine abermalige verführerische Ablenkung für den Helden, der doch heimkehren will, eine reizvolle Alternative zu Ithaka – oder über den Gesang des Demodokos, denn sobald die Studenten Platz genommen hatten und ich mein Exemplar der *Odyssee* beim siebten Gesang aufschlug, hob mein Vater die Hand.

Odysseus ist auch deswegen kein Held für mich, sagte er, weil er andauernd Hilfe von den Göttern bekommt! Tom Blondschopf sah zu ihm hinüber und nickte. Was immer er tut, noch den kleinsten Erfolg verdankt er in Wahrheit den Göttern.

Da bin ich mir nicht so sicher, sagte ich. Das Epos macht deutlich, dass er auch ohne göttliche Hilfe sehr clever ist ...

Nein, sagte mein Vater, und zwar mit einem solchen Nachdruck, dass einige Studenten von ihren Notizen aufschauten. *Nein.* Ohne die Götter, die ihm dauernd helfen, gäbe es das Gedicht überhaupt nicht. Es fängt damit an, dass Athena findet, es sei an der Zeit, ihn nach Hause zu führen, richtig? Und aus Kalypsos Gefangenschaft kann er sich nur befreien, weil Zeus Hermes schickt, der sie beauftragen soll, ihn freizugeben ...

Ja, sagte ich, aber ...

Lass mich ausreden, sagte er in einem Ton, den ich von früher her kannte, aber die Studenten fanden es einfach amüsant. Er holte Luft, und in dem Moment bemerkte ich, dass neben Tom Blondschopf und Jack nun auch Trisha nickte.

In Wahrheit sind es einfach die Götter, fuhr mein Vater fort, in jener barschen Art, bestimmte Wörter wie mit einem Vorschlaghammer zu betonen, die mir aus viel älteren Diskussionen mit ihm vertraut war, an deren scharfe Argumente, die keinen Widerspruch duldeten, ich mich noch Jahre später erinnern konnte. *Ach, du hast keine Ahnung, das ist ein typisches Studentenargument* oder *Glaub mir, ich weiß, wovon ich rede, Zahlen sind nicht deine Stärke.* Und jetzt: *In Wahrheit sind es einfach die Götter.*

Und Athene, setzte er hinzu, beschließt, ihn für seinen Besuch im Palast aufzubrezeln.

Beim Wort »aufbrezeln« verzog er das Gesicht. Die Studenten schmunzelten.

Schon komisch, sagte Damien. Jetzt hat er Locken wie ein Blütenblatt?

Ich musterte ihn. Heute war er rasiert. Ich widerstand der Versuchung, ihn darauf hinzuweisen, dass er sich jede Woche ein anderes Aussehen verpasse.

Hyazinthen!, schnaubte Jack. Nicht sehr männlich!

Diese totale Verschönerung ist wirklich ein bisschen unglaubwürdig, sagte Trisha. Warum reicht es nicht, dass er sich wäscht und saubere Sachen anzieht?

Eine schwierige Frage. Mich hatte diese Transformation des Helden nie restlos überzeugt. Mehrmals gibt Athene ihm ein schöneres Aussehen – beispielsweise vor der Wiederbegegnung mit Telemachos und Penelope –, oder sie macht ihn hässlich und runzelig, als er, endlich wieder auf Ithaka, sich unerkannt in den eigenen Palast einschleichen muss. Im vierten Gesang erzählt Helena ihren benebelten Gästen, dass Odysseus in der Verkleidung eines abgerissenen Bettlers nach Troja eingedrungen sei. Doch das war etwas anderes: ein Beispiel seiner List, sich zu tarnen, und seiner Bereitschaft, Leiden auf sich zu nehmen, um bestimmte Ziele zu erreichen. Aber von einer Göttin durch einen Zauber verwandelt zu werden, fand auch ich etwas zu einfach.

Mein Vater war mit seiner Aufzählung von Fällen, wo Odysseus Hilfe von den Göttern bekommen hatte, noch nicht fertig.

Athene macht ihn schön und hüllt ihn in einen Zaubernebel, damit er die Stadt betreten kann, und weist ihm dann den Weg zum Palast, richtig? Dass er direkte Hilfe von den Göttern bekommt, ist also offensichtlich.

Seine Vehemenz erstaunte einige Studenten. Mich überraschte sie nicht. Die Sache mit der Religion, dachte ich. Da haben wir's.

Er verabscheute Religion – deshalb waren ihm Rituale und Zeremonien zuwider. Wenn er an irgendeiner Zeremonie teilnehmen musste, saß er schmollend wie ein pubertierender Teenager da. Bei Hochzeiten oder Bar-Mizwas oder Konfirmationen, zu denen er stets sehr spät erschien, saß er zusammengesunken auf seinem Platz, hielt die linke Hand mit den schlanken Fingern vor die Augen, wie man bei einem Horrorfilm die Hand vor die Augen hält, stöhnte wie jemand, der von Kopfschmerzen geplagt wird, legte die sonnenverbrannte Stirn in waagerechte Falten und flüsterte die ganze Zeit mir oder meinen Geschwistern, manchmal auch niemand Besonderem, seine atheistischen Schmähtiraden zu, während der Rabbi oder Priester oder Kantor die üblichen Worte herunterleierte. *Nichts können sie beweisen! Das ist Voodoo! Diese Burschen sind genauso übel wie Wunderheiler!* Fauchend und mit angewiderter Miene blätterte er in den Gebetbüchern, als fänden sich darin Beweise eines Verbrechens, stieß mit dem Finger auf diese oder jene Stelle in der Bibel oder in einem Gesang, schüttelte ungläubig den Kopf, während meine Mutter versuchte, ihn zu beruhigen. *Jayyy!!!*, zischte sie – etwas halbherzig, zugegeben, denn hatte sie ihn insgeheim nicht auch deswegen geheiratet, um ihrer tyrannischen, exaltierten orthodoxen Familie zu entfliehen? *Jayy! Sei still!*

Er bekommt jede Menge Hilfe von den Göttern, wiederholte mein Vater noch einmal und lehnte sich dann mit triumphierender Miene zurück.

Tom Blondschopf sagte: Also, ich kann mich den Worten von, ähm, Mr. Mendelsohn nur anschließen.

Wie schon zuvor, wenn eine direkte Bezugnahme auf meinen Vater nicht zu umgehen war, breitete sich Heiterkeit im Seminarraum aus.

Tom warf meinem Vater einen Blick zu, als wollte er sich seines Beistands versichern, und fuhr dann fort: Meine Frage ist die, ist der ganze Hype um Odysseus begründet? Hat er wirklich so viel geleistet, dass er als Held betrachtet werden sollte? Ich meine, Ihr Vater hat recht. In dieser Woche ist mir aufgefallen, wie oft

Athene interveniert, als müsse sie Odysseus die Hand halten, selbst in Situationen, wo das völlig unnötig ist. Wenn er, wie Helena berichtet, sich mit einer List zu den Troern einschleichen kann, warum schafft er es dann nicht aus eigener Kraft nach Hause? Wenn alles zu seinen Gunsten vorherbestimmt ist, warum sollte ich dann von seinem Listenreichtum beeindruckt sein oder von seinen körperlichen Fähigkeiten?

Wieder warf er meinem Vater einen Blick zu.

Wenn ich von den Taten großer Männer lese, fuhr er fort, dann will ich erfahren, dass sie stärker sind als die Götter, und nicht, dass die Götter ihnen alle Schwierigkeiten aus dem Weg räumen. An diesem Punkt stellt sich die Frage, ob Odysseus bislang aus eigener Kraft überlebt hat oder ob die Götter sich um alles gekümmert haben und Odysseus genauso hilflos ist wie wir.

Mein Vater strahlte. Ganz genau! Ohne Götter ist er hilflos.

Beim Wort »hilflos« fiel es mir plötzlich wie Schuppen von den Augen. Seit Semesterbeginn hatte ich mich gefragt, ob sein Widerstand gegen die Rolle der Götter in der *Odyssee* nicht mit seiner Abscheu vor Religionen generell zu tun hatte – die sich, wie ich im Laufe des Seminars verstanden hatte, auch auf untergegangene Religionen erstreckte. Als er aber an jenem Vormittag des letzten Freitags im Februar 2011 während der Diskussion des siebten und achten Gesangs das Wort »hilflos« aussprach, wurde mir klar, dass für ihn das Problem darin bestand, dass Odysseus, indem er bereit war, Hilfe von den Göttern anzunehmen, sich als schwach, als unfähig erwies. Ich stand vor meiner aufgeschlagenen *Odyssee* und dachte an seinen Lieblingsspruch *Mit dem richtigen Buch kann man alles lernen*. Ich dachte an die Sessel, die er in der Garage aus Bausätzen zusammengebaut hatte, auf mehreren ausgebreiteten Zeitungsschichten, um zu verhindern, dass sich Beizflecken auf dem Betonboden abzeichneten (*was soll's, ist doch bloß eine Garage*), dachte daran, wie er in seine weiße Plastikblockflöte gepustet und mürrisch auf die Noten gestarrt hatte, die auf dem wackeligen Notenständer lagen. Und an die vielen Nachmittage, an denen ich in den Semesterferien nach Hause kam und ihn in *Latina pro populo* vertieft fand, das Lateinbuch für den Selbstunterricht, das er gekauft hatte, nachdem ich beschlossen hatte, Altphilologie zu studieren, wie er stumm Deklinationsformen von Substantiven und Adjektiven übte, die Konjugationen, die er einst so gut beherrscht hatte. Und ich erinnerte mich auch an die Leute, von denen er offensichtlich annahm, dass sie ohne fremde Hilfe nichts auf die Reihe kriegen, Leute, von denen die meisten, wie ich im Laufe der Jahre verstanden hatte, dem mütterlichen Zweig der Familie angehörten, nicht zuletzt sein Schwiegervater, dieser Hypochonder mit seinen Ärzten und Pillen und Diäten, seinen Ängsten und Befürchtungen und Zusammenbrüchen, den drei Frauen, die er nach dem Tod meiner Großmutter in rascher Folge geheiratet hatte, *weil er jemand war, der einfach nicht allein sein konnte*, wie meine Mutter einmal sagte.

An all das dachte ich, an all die Dinge, die er *ohne fremde Hilfe* geschafft hatte, ausgenommen die Dissertation, das Einzige, was er aus eigener Kraft nicht zu Ende gebracht hatte, aber das war schließlich nicht seine Schuld, denn *inzwischen war deine Mutter schwanger, und ich musste Geld verdienen*. Kein Wunder, dachte ich, dass er es nicht erträgt, dass die Götter Odysseus zuliebe intervenieren. Wer Götter braucht, kann nicht sagen, dass er etwas ganz allein geschafft hat. Wer Götter braucht, ist ein Betrüger.

Und mein Vater hat nie betrogen und nie gelogen – diese Eigenschaft hat ihn mehr als alles andere charakterisiert.

APOLOGOI
(Abenteuer)

März / Juni

Die Irrfahrten des Odysseus sind bei näherer Betrachtung Allegorien.

Pseudo-Heraklit, *Quaestiones Homericae*
(1. Jahrhundert n. Chr.)

Wenige Monate später waren wir an Bord eines Kreuzfahrtschiffs, fuhren auf den Spuren der *Odyssee* durch die Ägäis, erzählten Geschichten, sangen Lieder.

Manchmal kam mir mein Vater auf dieser Reise wie verwandelt vor. Je weiter wir uns von zu Hause entfernten – erst der lange Flug von New York nach Athen, dann die Busfahrt zum Hafen, dann mit dem Schiff durch die Ägäis in Richtung Dardanellen und Kleinasien, dann wieder zurück durch die Ägäis, das Tyrrhenische Meer und zurück durch das Ionische Meer, die Küste von fünf Ländern entlang, kreuz und quer zwischen kleinen Inseln, besonders unvergesslich Malta, wie verloren in der Weite des Meeres, eine Traumwelt mit seiner mittelalterlichen Festung und der fremden Sprache, in der es von X'en nur so wimmelt –, desto mehr schien mein Vater ein wenig von seiner harten Schale abzustreifen und weicher zu werden.

Zu Beginn unserer Reise war er angespannt gewesen. Er war gereizt, als er mich in New York abholte und wir zum Flughafen fuhren. Es war Mitte Juni, fünf Wochen nach unserem *Odyssee*-Seminar, ein heißer und schwüler Tag. Ich hatte vorgeschlagen, ihn von einem Taxi in Long Island abholen zu lassen, mit dem er mich in Manhattan abholen könne, dann müsse er nicht den Zug in die Stadt nehmen. Nein, ist schon okay, sagte er, ich kenne hier einen Taxiunternehmer, ich werde ihn beauftragen. Die Fenster des alten klapprigen Taxis, in dem er schließlich vorfuhr, waren weit geöffnet. Gibt's hier keine Klimaanlage?, fragte ich stöhnend, als ich zu meinem Vater einstieg. Er musterte mich von der Seite und sagte: Du bist genau wie deine Mutter, und schaute wieder weg.

Am nächsten Vormittag landeten wir in Athen. Wir streckten die Glieder, gähnten und sammelten unser Handgepäck ein. Ich schaute auf mein iPhone. Sonntag, 19. Juni. Heute ist Vatertag, rief ich. Er lächelte: Tatsache? Doch nachdem wir unser Gepäck in Empfang genommen hatten und in dem klimatisierten Bus saßen, der uns nach Piräus bringen sollte, sah er quicklebendig aus. Aufgrund von Demonstrationen gegen die katastrophale wirtschaftliche Lage in Griechenland kamen wir nur langsam voran. Ein Vertreter der Reederei nutzte die Gelegenheit, um uns ein paar Informationen zu geben. Am frühen Nachmittag würden wir an Bord gehen, am späten Nachmittag würde es einen kleinen Begrüßungsempfang geben, anschließend ein kurzer Vortrag über die Epen Homers, gehalten von einem der Professoren, die uns auf der Kreuzfahrt begleiteten. Nach dem Abendessen würden wir ablegen und am nächsten Morgen in Çanakkale anlegen, dem Ort, wo sich die Ruinen von Troja befinden. Der ganze Tag würde uns zu Besichtigungen zur Verfügung stehen.

Schließlich hielt der Bus am Kai. *CORINTHIAN II* hieß unser Schiff, weiße Lettern auf blauem Grund, kaum zu erkennen unter dem schaukelnden weißen Aufbau, drei Decks, jede Menge Radar- und Funkantennen und orange verpackte Rettungsboote. Es ist kleiner, als ich gedacht hatte, sagte mein Vater.

Als wir ein paar Wochen zuvor unsere Reise buchten, hatte er zu meiner Überraschung darauf bestanden, eine der teuren Kabinen mit eigenem Balkon zu nehmen. Nun betraten wir die Kabine zum ersten Mal, er schaute sich um, prüfte die Ausstattung, ging dann hinaus auf den Balkon und zog die mediterrane Luft ein. Den Hauch von Luxus schien er zwar zu billigen, die Orchideen und Cocktails, die auf einem spiegelblanken Tisch bereitstanden, aber ich registrierte einen gewissen Widerstand in ihm, als wollte er mir im Laufe unserer zehntägigen Kreuzfahrt beweisen, dass die *Odyssee* diesen Aufwand, diesen Luxus nicht wert sei.

Diese versteckte Aggressivität, die mich an einige Bemerkungen erinnerte, die er während des Seminars gemacht hatte, war in den ersten Tagen deutlich zu spüren. Als die *Corinthian II* am nächsten Morgen in Çanakkale anlegte, standen wir am Frühstücksbuffet, das auf dem offenen Achterdeck aufgebaut war. Neugierig studierte ich die anwesenden Passagiere. Wer mochte an einer *Odyssee*-Kreuzfahrt teilnehmen? Neben einer Reihe gutsituierter Ehepaare im Rentenalter – in Alumni-Zeitschriften wird regelmäßig Werbung für solche Kreuzfahrten gemacht – bemerkte ich zu meinem Erstaunen auch viele Passagiere wie meinen Vater und mich: Frauen und Männer mittleren Alters, die offenbar einen Elternteil begleiteten. Ich machte meinen Vater auf ein solches Paar aufmerksam: eine attraktive blonde Frau, die mit ihrem eleganten weißhaarigen Vater plauderte. Ist das jetzt Mode?, scherzte ich. Was meinst du?, fragte mein Vater. Erwachsene, sagte ich, die mit ihren Eltern eine *Odyssee*-Kreuzfahrt unternehmen. Er machte ein nachdenkliches Gesicht. Vielleicht, sagte er tonlos.

Hellblaue Markisen knatterten im Morgenwind. Mir fiel ein blonder Junge auf, etwa neun Jahre alt, ordentlicher Scheitel, gebügeltes Polohemd, der neben meinem Vater am Frühstücksbuffet stand und sich im gleichen Tempo wie wir voranbewegte. Auf seinem Tablett lag eine dicke Taschenbuchausgabe der *Odyssee*, einer der vielen Titel auf der langen Liste mit Übersetzungen und Sekundärliteratur, die der Reiseveranstalter zusammengestellt hatte. Mein Vater hatte mich sofort angerufen, als er einige Wochen zuvor die Briefsendung mit den Unterlagen in Empfang genommen hatte. Das ist ein seriöses Unternehmen, hatte er anerkennend gesagt.

Die *Odyssee* auf dem Tablett des Jungen wies eindrucksvolle Eselsohren auf.

Ich lächelte. Du hast das Ding also schon gelesen?

Der Junge richtete seine blauen Augen auf mich. Ich bin mit meinen Eltern hier, wir sind aus New Orleans. Jeden Sommer fahren wir woandershin. Natürlich haben wir die *Odyssee* vorher gelesen. Ich find's nicht schlecht, aber Homer hätte einen Lektor gut gebrauchen können. So viele Wiederholungen!

Bravo!, sagte mein Vater.

Sein Lob galt offenbar der Tatsache, dass der Junge schon Homer gelesen hatte, doch dann wandte er sich an mich.

Er ist ein Kind, aber er lässt sich von Homer nicht einschüchtern. Er hat seinen eigenen Kopf.

Langsam, fast unmerklich, gewöhnte sich mein Vater an das Bordleben. Vormittags wurden Landausflüge zu den in der *Odyssee* erwähnten Orten unternommen, die zu erreichen oft etwas mühsam war. Man hatte das Gefühl, dass wir immer einen Bergpfad hinaufstiegen oder an einer Felsenküste vorsichtig hinunterstiegen oder auf Pisten dahintrotteten, die eine glühende Sonne zu Beton gebacken hatte. Erschöpft und staubbedeckt kehrten wir von diesen Exkursionen zurück, dankbar für die hohen Gläser mit Limonade oder Eistee, die uns auf dem Schiff erwarteten. Am frühen Abend konnte man duschen und sich umziehen, dann wurde das Abendessen serviert. Nach ein, zwei Tagen auf See traf sich im Anschluss an das Essen, gegen neun Uhr, eine kleine Gruppe in der Bar, wo wir die Sessel in einem Halbkreis vor dem Flügel arrangierten und Cocktails bestellten.

Inspiriert wurden diese abendlichen Sitzungen von zwei Angehörigen des Schiffsteams, die wir »König und Königin der Kreuzfahrt« nannten: Brendan, Professor für Altphilologie, war der Experte für Archäologie, und Xenia, eine schlanke blonde Ukrainerin, die viel lachte, war die Kreuzfahrtmanagerin. Brendan, obschon bestimmt in den Vierzigern, hatte etwas sehr Jungenhaftes. Mit seiner lässigen Art, dem sauber gescheitelten Haar und seiner adretten Erscheinung hätte er der ältere Bruder jenes

Brendan sein können, der an meinem Seminar teilgenommen hatte. Manchmal spielte er Gitarre, Xenia sang Folksongs, und alle stimmten ein. Aber meistens hörten wir dem Pianisten zu, der ein Glasauge hatte. Er ging bereitwillig auf Wünsche ein. Mein Vater bat ihn jedes Mal, einen Klassiker aus dem Great American Songbook zu spielen. Es waren wohl diese Songs, die mit dazu beitrugen, dass er allmählich seine Strenge ablegte. So fern wir von zu Hause waren, so fremdartig die Orte, die wir besuchten, so unverständlich die Sprachen, die wir hörten (*Noch nie habe ich außerhalb einer quadratischen Gleichung so viele X'e gesehen*, rief er, als wir auf Malta an einer Bushaltestelle standen und ein Plakat studierten), diese Erinnerungen an die Heimat, die vertrauten Texte, die Echos aus seiner Vergangenheit schenkten ihm Sicherheit. Sobald er mit einem Martini dasaß und, begleitet von dem einäugigen Barpianisten, in heiserem Sprechgesang einfiel, schien er wie verwandelt.

Schon am ersten Abend sang er leise zu »My Funny Valentine« mit.

Is your figure less than Greek?
Is your mouth a little weak?
When you open it to speak,
Are you smaaaart?

Ah, was für ein großartiger Song! Er trank von seinem Martini und schnalzte mit den Lippen.

Brendan lächelte. Was finden Sie daran so großartig?

Der Text, sagte mein Vater. Er hat genau das, was uns an der Mathematik so gefällt: Einfachheit und Eleganz. Er bringt mit minimalem Aufwand das Maximum zum Ausdruck.

Das Maximum wovon?, fragte Brendan.

Mein Vater schüttelte den Kopf. Vom Rätsel der Liebe, sagte er schließlich und schaute dabei in sein Glas. Ein Mensch kann unvollkommen sein, man kennt all seine Mängel, und trotzdem liebt man ihn.

Your looks are laughable
Unphotographable
Yet you're my favorite work of aaart ...

So schön, sagte er nach einer Weile. Der Song enthält alles, was man über wahre Liebe wissen muss. Nicht das, was man in den Filmen zu sehen bekommt.

Zu meiner Überraschung zeigte sich bald, dass er der Kreuzfahrt – dem Ritual des gepflegten Abendessens, den spätabendlichen Cocktails und dem Barpianisten, den zwanglosen Gesprächen mit Unbekannten abends oder morgens beim Frühstück – sehr viel mehr abgewinnen konnte als den Exkursionen. Ich hatte mir anfangs Sorgen gemacht, dass ihm die körperlichen Strapazen zu viel sein könnten, immerhin wurde er in drei Monaten zweiundachtzig, und wir mussten viele Strecken zu Fuß zurücklegen, was in Griechenland meistens bergauf hieß. Doch das störte ihn nicht. Schon okay, sagte er, wenn ich ihm bei steilen Wegen meinen Arm anbot. Aber manche Orte, angefangen mit Troja, ließen ihn kalt. *Es sieht wirklich nicht sehr doll aus!*, murmelte er, als wir durch Çanakkale streiften und Brendan zuhörten, der uns etwas über die Geschichte der Ausgrabungsstätte erzählte. Im Laufe der Jahrtausende, sagte er, soll es mehrere Trojas gegeben haben, das eine auf den Trümmern des anderen errichtet. In diesen Ruinen hätten sich Hinweise auf eine »große Katastrophe« gefunden, die um 1180 vor Chr. stattgefunden haben soll – das Jahr, auf das traditionell die Zerstörung Trojas datiert wird. Die Umstehenden murmelten wissend und notierten irgendwelche Dinge.

Mein Vater hörte aufmerksam zu, schaute aber skeptisch, während wir auf staubigen Wegen entlanggingen, vorbei an den riesigen schrägen Mauern, an grauen Steinhaufen, die sich aus verdorrtem Gras erhoben. Im gleißenden Sonnenlicht sahen die Steine erschöpft und porös aus, substanzlos wie Zuckerwürfel.

Mein Vater schaute sich um. Schon interessant, sagte er. Aber ...
Seine Stimme verlor sich. Er schüttelte den Kopf.
Aber was?, fragte ich.

Er sah mich an und legte mir dann überraschenderweise einen Arm um die Schulter, tätschelte mich und grinste schief. Aber das Gedicht ist realer als die Ruinen, Dan!

Das war dann sein Refrain in den nächsten Tagen. *Das Gedicht ist realer!*, sagte er jeden Abend, wenn wir in der Bar den Tag Revue passieren ließen. Dabei warf er mir einen raschen Blick zu, denn er wusste, wie sehr mir dieser Gedanke gefiel. Er sagte es, als wir an der Südwestspitze der Peloponnes durch Ruinen stapften, die Touristenführer als »Nestors Palast« bezeichnen. (Die Episode mit Nestor kommt im dritten Gesang, sagte Robert, der Junge, den wir am ersten Morgen beim Frühstück kennengelernt hatten. Und von Odysseus in Troja hören wir im vierten Gesang. Wir halten uns nicht an die Abfolge im Gedicht! Brendan lachte. Wenn wir uns an die Reihenfolge hielten, in der diese Orte im Gedicht vorkommen, hätten wir bald keinen Treibstoff mehr!) Draußen waren es siebenunddreißig Grad. Die Luft war so heiß, dass sie sich wie schwerer Stoff anfühlte. Jemand meinte, er würde am liebsten in die tiefe steinerne Wanne springen, auf die Brendan uns aufmerksam machte. Manche Guides, sagte er, erzählen den Besuchern, dass Telemachos darin gebadet habe, als er Nestors Gast war, wie im dritten Gesang geschildert. Mein Vater schaute in das Becken und sagte in das Dunkel hinein: Das bezweifle ich. Er richtete sich wieder auf und sagte: Telemachos ist mir nicht sonderlich sympathisch, aber so klein war er bestimmt nicht.

Als sich unsere kleine Gruppe am Abend in der Bar traf, fing der Pianist an, »Where or When« zu spielen. Daddy hob sein Martiniglas und sang leise mit. *It seems we stood and talked like this before ... But I can't remember where or when ... Some things that happen for the first time seem to be happening again ...*

Ich freue mich natürlich, sagte er, dass ich die Gelegenheit habe, all die Orte zu sehen, die bei Homer vorkommen.

Hier und da Kopfnicken.

Wenn ich beispielsweise den dritten Gesang jetzt lesen würde, fuhr er fort, wüsste ich genau, wie die Küste am »sandigen Strand« von Pylos aussieht – er malte zwei Anführungszeichen in die Luft –, wo Telemachos an Land gegangen ist. Und wir alle haben jetzt eine Vorstellung davon, wie die Umgebung von Troja aussieht, wo die Stadt liegt, wie das Meer in der Ferne aussieht. Das ist sehr schön. Aber für mich ist es, verglichen mit dem Gedicht, ein bisschen leer. Oder vielleicht halbleer. Diese Orte, die wir besichtigen, kommen mir wie eine Bühnenkulisse vor, aber Homers Epos ist das Stück, das aufgeführt wird. Was zählt, ist das Gedicht.

Ich strahlte. Wir haben uns, sagte ich, auf die Spuren der *Odyssee* begeben, und jetzt willst du mir erzählen, dass wir genauso gut hätten zu Hause bleiben können?

Xenia lachte. Erzählen Sie das vor allem nicht mir!, rief sie. Meine Aufgabe ist es, dafür zu sorgen, dass Sie alle glücklich und zufrieden sind!

Vielleicht ist es wie im *Zauberer von Oz*, sagte mein Vater leichthin. »Am schönsten ist es zu Hause.«

Nach einem Moment des Schweigens wandte Brendan sich an mich. Wird denn in diesem Film eine Geschichte erzählt, der die *Odyssee* zugrunde liegt?

Das Buch war zuerst da, warf mein Vater ein. Von L. Frank Baum!

Ich dachte kurz nach. Absolut, sagte ich. Die Protagonistin erlebt unglaubliche Abenteuer in exotischen, fernen Gegenden, begegnet allen möglichen Monstern und Fabelwesen. Aber die ganze Zeit sehnt sie sich nach Hause, will heimkehren. Es ist schon bemerkenswert, wie ähnlich diese Geschichte angelegt ist.

Die etwa vierzigjährige blonde Frau, die ich mehrere Male in Begleitung des eleganten Herrn gesehen hatte, der bestimmt ihr Vater war, sagte: Ja, aber im Film stellt sich alles als Traum heraus. Alles spielt sich in ihrem Kopf ab. Die Leute, denen sie begegnet, sind einfach Fantasien, orientiert an den Leuten, die sie von ihrem langweiligen Farmleben her kennt, nicht? Die Abenteuer des Odysseus sind dagegen alle wahr. Das ist doch ein kleiner Unterschied, finden Sie nicht? Er hat wirklich Probleme, nach Hause zurückzukehren, bei ihr ist es einfach ein Traum.

Ich warf meinem Vater einen amüsierten Blick zu, aber er starrte nur versonnen in seinen Martini. Der Film kam kurz vor dem Krieg in die Kinos, sagte er. Nur wenige Wochen vorher, wenn ich mich recht erinnere. Mein Vater arbeitete in dem Sommer fern von New York an einem Projekt, aber er war gerade zu Hause, er ging mit mir und Onkel Bobby in das Loew's Theater, wo der Film lief. Kino war ja wirklich eine große Sache damals. Es gab eine Bühnenshow mit Judy Garland und Mickey Rooney! Eine Orgel wurde aus dem Boden hochgefahren! Und dann der Film – also, so etwas hatte man noch nie gesehen.

Alle saßen ruhig da und hörten meinem Vater zu. Hin und wieder hatte er mir und meinen Geschwistern eine solche Geschichte erzählt, eine Anekdote aus seiner Kindheit, in der es nicht um den Daseinskampf ging oder darum, wie leicht wir es heutzutage hatten, verglichen mit den Jahren der Wirtschaftskrise – sondern eine Geschichte über die kartenspielenden Freundinnen seiner Mutter oder über seinen Vater, der gern am Radio saß und Jack Benny hörte, oder über Thanksgiving im Haus einer Tante auf dem Land. Für mich waren diese Erzählungen umso schöner, weil sie so selten waren. Aber die Passagiere in der Schiffsbar nahmen bestimmt an, dass er nur solche Geschichten zu erzählen hatte.

Für sie war er ein liebenswürdiger alter Herr, der reizende Geschichten über die Dreißiger und Vierziger erzählte, jene Zeit, aus der die Songs stammten, die der Barpianist spielte, eine Zeit, in der Cleverness, Selbstbewusstsein und Frechheit hoch im Kurs standen. Er verkörperte gewissermaßen das Great American Songbook. Ein dunkles, primitives, kindisches Gefühl stieg in mir auf. Wenn sie wüssten, wer er wirklich war, dachte ich. Ich schaute mich in der Runde um, Brendan und Xenia hörten ihm lächelnd zu, und sah sein entspanntes, offenes Gesicht, weich und versonnen, ein ganz anderes Gesicht als das, welches er sonst so oft zeigte, jedenfalls im Familienkreis, und fragte mich plötzlich, ob es Menschen gab, Unbekannte, denen er auf Geschäftsreisen begegnet war, Hotelpagen oder Stewardessen oder Konferenzteilnehmer, denen er sich nur von seiner freundlichen Seite gezeigt hatte und die beim Anblick seines verächtlichen Gesichtsausdrucks, den wir so gut kannten, daher genauso erstaunt wären wie wir, wenn wir seine andere, freundlichere Seite erlebten. Wie viele Seiten mochte mein Vater haben, und welche war die »wahre« Seite? Vielleicht war dieser aufgeschlossene und charmante Mensch, so ganz anders als der mürrische und zugeknöpfte Mensch, den meine *Odyssee*-Studenten kennengelernt hatten, dieser singende alte Herr, der in Gesellschaft wildfremder Menschen an Bord eines Kreuzfahrtschiffes so liebenswürdig und unterhaltsam sein konnte, genau derjenige, der mein Vater immer hatte sein wollen. Oder vielleicht immer gewesen war, wenn auch nur im Beisein anderer, der Hotelpagen und Stewardessen. Kinder stellen sich ihre Eltern immer nur als Eltern vor. Warum eigentlich? »Seine Abkunft kennt ja keiner ganz sicher«, sagt Telemachos bitter in der *Odyssee*. Niemand, in der Tat. Unsere Eltern sind rätselhaft für uns, aber wir nicht für sie.

Vielleicht war Daddy ja beides, dachte ich dann. Vielleicht war auch er *polytropos*. Vielleicht ist Identität, worauf das Adjektiv *polytropos* in der *Odyssee* so überzeugend hinweist, nicht so sehr eine Frage von Entweder-oder, barsch oder freundlich, Vater oder Ehemann, Vater oder Sohn, sondern eine Frage der Perspektive.

Vielleicht ist die Frage nur die, welchen Ausschnitt eines sich bewegenden Kreises man gerade sieht.

Mein Vater wandte sich dem Pianisten zu.

Wie wär's mit »Over the Rainbow«?, sagte er. Der Einäugige grinste, nickte und wechselte elegant in die ersten Takte des berühmten Songs. Mein Vater drehte sich wieder um. Harold Arlen! Und Yip Harburg! Was für ein toller amerikanischer Songschreiber! Halb summte, halb sang er mit geschlossenen Augen. *There's a land that I heard of once in a lullaby ...*

Und dann sah er mich an. Dan und ich kennen die ganzen alten Songs, nicht wahr? Alle meine Kinder, wir haben sie alle gesungen, Andrew hat uns am Klavier begleitet. Rodgers und Hart, Harold Arlen, George und Ira – all die großen Namen! Damals waren Songs noch Songs!

Er trank wieder von seinem Martini und seufzte leise.

Er ist glücklich, dachte ich.

Durch die großen Fenster hinter ihm war das Meer zu sehen. Der Himmel war violett, das Wasser schwarz.

Die blonde Frau wies auf die Aussicht und sagte: Die Tage ziehen vorbei, wie das Meer an uns vorbeizieht. Was werden wir morgen sehen? Ich weiß überhaupt nicht, welcher Tag heute ist!

Ich wusste, was nun kommen würde. Mein Vater stimmte »I Didn't Know What Time It Was« an, den Song von Rodgers und Hart. *I didn't know what day it was*, sang er, *youuuu held my haaaand ...* Einige Gäste klatschten entzückt.

Jemand sagte: Wir sind auf See, trinken Wein und hören Musik. Wen interessiert es, welcher Tag heute ist.

Ja, sagte Daddy. Wir haben es nicht eilig, nach Hause zurückzukehren.

Während des großen Festmahls am Hof der Phaiaken-Könige hat Odysseus schließlich die Gelegenheit, seinen faszinierten Gastgebern von all seinen Abenteuern zu erzählen, von all den Prüfungen, die ihm abverlangt wurden, angefangen bei dem Tag, als er mit seinen Gefährten aus Troja abreiste, bis zu dem Tag, als er von Prinzessin Nausikaa am Strand von Scheria entdeckt wurde. Diese Erzählungen erstrecken sich über fast vier Gesänge der *Odyssee* (neunter bis zwölfter Gesang).

Dieser Teil des Epos – die lang erwartete Erzählung der Abenteuer des Odysseus, die für viele Leser der interessanteste Teil der *Odyssee* ist – wird traditionell als Apologoi (»Erzählungen«) bezeichnet. Dieser Titel bringt etwas Wesentliches zum Ausdruck: Der Erzähler ist kein anderer als Odysseus. Was wir bislang über ihn wissen – dass Kalypso ihn gefangenhält, dass er von dort abreist und als Schiffbrüchiger von Nausikaa entdeckt wird und schließlich den Palast der Phaiaken-Könige betritt –, wird vom Dichter der *Odyssee* erzählt. Dagegen werden die Abenteuer, die so berühmt geworden sind, dass selbst jene sie kennen, die das Epos nicht gelesen haben – seine Begegnung mit den Lotos-Essern, die sich von einer süchtig machenden Frucht ernähren, nach deren Genuss man nicht mehr heimkehren will, die furchterregenden Ungeheuer Skylla und Charybdis, die an einer Meerenge hausen und sich auf die Besatzungen von Schiffen stürzen, die dort vorbeikommen, die Begegnung mit Kirke, die seine Gefährten in Schweine verwandelt, der einäugige Kyklop –, von Odysseus persönlich erzählt. Dies erklärt den Titel »Apologoi«, der abermals unterstreicht, dass Odysseus ein fabelhafter, raffinierter Erzähler ist.

Als sollte dies eigens betont werden, gibt Odysseus sich in dem Moment zu erkennen, als er beginnt, den Phaiaken seine Geschichten zu erzählen. Odysseus ist Ehrengast am Königshof, aber gemäß den Traditionen dieser Gesellschaft kommt niemand auf die Idee, ihn nach seinem Namen zu fragen. Gegen Ende des achten Gesangs, als Demodokos während des Festmahls von Ares und Aphrodite singt, bittet Odysseus ihn, vom Ausgang des Trojanischen Krieges zu singen, speziell vom Trojanischen Pferd. Demodokos kommt dieser Aufforderung nach und stimmt sein Lied an. Bei der Erinnerung an diese Ereignisse bricht Odysseus in Tränen aus, von denen Homer sagt, sie seien wie die Tränen einer Frau, die sich über ihren toten Mann wirft, der im Kampf um seine Stadt gefallen ist. (In der *Ilias* begegnen wir solchen Frauen, die um ihre Männer trauern. Aber es sind Troerinnen, deren Männer im Kampf gegen die Griechen getötet wurden – Griechen wie Odysseus.) Alkinoos, der König der Phaiaken, erkundigt sich daraufhin bei Odysseus, warum ihn diese Geschichte so bewegt, ob vielleicht ein Bruder oder Freund in Troja den Tod gefunden hat.

Nun erst, als Reaktion auf die Anteilnahme des Königs, gibt Odysseus sich zu erkennen:

Jetzt will zuerst meinen Namen ich nennen, damit denn auch ihr ihn
wisst und ich selber alsdann, entronnen dem grausamen Tage,
euch ein Gastfreund sei, und bewohn' ich auch fernab die Häuser.
Ich bin Odysseus, Laertes' Sohn, der durch all seine Listen
zieht die Menschen in Bann, und es reicht mein Ruhm bis zum
Himmel.

Als wir am ersten Freitag im März über die Apologoi sprachen, wies ich darauf hin, dass die berühmten Abenteuer des Odysseus von ihm selbst erzählt werden. Warum, fragte ich in die Runde, werden sie nicht vom Dichter erzählt? Was will der Dichter damit erreichen?

Mein Vater hob die Hand.

Bin ich der Einzige, der seine Angeberei etwas seltsam findet?

Mir war aufgefallen, dass mein Vater dazu übergegangen war, seine Kommentare mit dieser Formel einzuleiten: *Bin ich der Einzige, der...?* Zuerst hatte ich darin ein Zeichen von Unsicherheit gesehen, doch dann bemerkte ich, dass einige Studenten, Tom

Blondschopf etwa, oft auch Jack, ihm eifrig zunickten, als fühlten sie sich durch diese Formel ermuntert.

In diesem Moment nickte Tom schon und sagte: Ja, es ist komisch, was für eine Show er hier abzieht – eben war er noch ein Niemand, hat die ganze Zeit mit keinem Wort erwähnt, wer er ist, und auf einmal erklärt er: »Das ist mein Name, und übrigens, ich bin so unglaublich berühmt, dass selbst die Götter wissen, wer ich bin.«

Einige Studenten lachten.

Einverstanden, sagte ich. Es ist seltsam. Haben Sie eine Erklärung dafür?

Mein Vater sagte: Mir gefällt das nicht. Warum muss er damit angeben, wie toll er ist? Wenn seine Erzählungen demonstrieren, dass er so wahnsinnig clever ist, dann sollte er die Geschichten einfach erzählen und auf seine Zuhörer wirken lassen.

In diesem Moment stieg in mir ein deutliches Bild von ihm auf, wie ich ihn in den 1960ern erlebt hatte. Ich muss sieben oder acht Jahre alt gewesen sein, von den Geschwistern meines Großvaters mütterlicherseits waren noch einige am Leben, die ihn begleiteten, wenn er uns besuchte. Höhepunkt war jedes Mal, dass wir alle am Esstisch saßen, Grandpa erzählte eine seiner Geschichten, bei denen es immer darum ging, dass er hin und wieder ein bisschen geschwindelt, sich über Vorschriften hinweggesetzt hatte, um ein bestimmtes Ziel zu erreichen oder um einfach zu überleben. Wie er sich als Achtzehnjähriger auf ein Schiff nach Amerika geschmuggelt hatte, indem er *Feuer! Feuer!* brüllte und in dem anschließenden Chaos die Gangway hinaufrannte; wie er und seine Familie sich während des Ersten Weltkriegs eine Woche lang in den Wäldern versteckt hatten, weil die Stadt, in der sie lebten, bombardiert wurde, und dass er in dieser Zeit ein Stück Wild geschossen hatte, das sie dann verspeisten, obwohl alle wussten, dass das Fleisch eines auf diese Weise erlegten Tiers nicht koscher war. *Aber Gott drückt ein Auge zu, wenn man die Vorschriften nicht einhält*, sagte er zum Schluss. Wir nahmen natürlich an, dass diese Geschichten ausgeschmückt waren, dass mein Großvater ein reales, aber banales Ereignis – das Versehen eines Passbeamten, sporadischen Artilleriebeschuss und vielleicht ein paar Stunden in den Wäldern, die seine lebhafte Fantasie mit allen möglichen Tieren bevölkerte – herangezogen und dramatisch zugespitzt hatte. Die Geschichten waren aber so gut, dass niemand auf den Gedanken gekommen wäre, ihren Wahrheitsgehalt anzuzweifeln, niemand wollte nachhaken, um festzustellen, wie viel Fiktion in ihnen steckte ... Niemand, ausgenommen mein Vater. Ich erinnere mich an seine skeptische Miene, wie er in einiger Entfernung vom Tisch auf seinem Stuhl saß, das Gesicht verschlossen, steinern und bewegungslos, als wäre es eine Niederlage, ein Versagen, wenn er auf die Geschichten meines Großvaters mit Freude oder Entzücken reagieren würde.

Und nun, während wir darüber sprachen, wie Odysseus mit der Erzählung seiner erstaunlichen Abenteuer beginnt, sagte mein Vater: *Warum muss er denn so angeben, was für ein schlaues Kerlchen er ist?*

Es ist genau diese Angeberei, derentwegen seine Heimkehr so lange dauert, wie der Erzählung seines größten Abenteuers zu entnehmen ist, der Begegnung mit den Kyklopen.

Im neunten und zehnten Gesang, über die wir an jenem Tag sprachen, gibt es natürlich noch andere wichtige Abenteuer. Nachdem Odysseus und seine Gefährten Troja verlassen haben, gelangen sie in das Land der Kikonen. Was dann folgt, wird jedem Leser der *Ilias* vertraut sein: Die Griechen erstürmen die Stadt, töten die Männer, versklaven die Frauen und Kinder und kehren mit ihrer Beute auf ihre Schiffe zurück. Die überlebenden Kikonen fliehen in das Landesinnere, um Verstärkung zu holen, die dann auch eintrifft, während die Männer des Odysseus seine Ermahnung in den Wind schlagen und nach ihrem Sieg am Strand ein Festgelage feiern. (»Narren!«, ruft Odysseus, als er den Phaiaken davon erzählt – dasselbe Wort, das der Dichter im Proömium verwendet, wenn er erwähnt, dass die Gefährten des Odysseus das verbotene Fleisch der Rinder des Sonnengottes verzehren.) Die nichtsahnenden Griechen werden überwältigt, viele werden getötet, die Überlebenden retten sich auf ihre Schiffe.

Die Ähnlichkeit zwischen diesem ersten Abenteuer und dem Kampf der Griechen in Troja ist kein Zufall. Es scheint, als wäre Odysseus zu Beginn seiner Irrfahrt noch immer der Anziehungskraft von Troja und der *Ilias* erlegen. Doch im Laufe der Zeit werden seine Abenteuer zunehmend fantastischer, übernatürlicher, surrealer. Das nächste Abenteuer etwa ist die Begegnung mit den Lotos-Essern, einem friedfertigen Volk, das sich von Pflanzen ernährt, die für sie selbst harmlos, für Odysseus und seine Gefährten aber sehr gefährlich sind, denn jeder, der Lotosblüten isst, vergisst seinen Wunsch nach Heimkehr. Die Gefahren, derer Odysseus und seine Gefährten sich während ihrer jahrelangen Irrfahrt erwehren müssen, sind nicht immer gewaltsamer Natur.

Im zehnten Gesang dominiert das Element des Übernatürlichen. Erst gelangt Odysseus zur schwimmenden Insel des Aiolos, des Herrschers der Winde, der ihm einen Schlauch voller Winde schenkt, die ihn nach Hause bringen sollen; doch die misstrauischen Gefährten sind überzeugt, dass in diesem Schlauch Schätze sind, die Odysseus ihnen verheimlicht, weshalb sie, während Odysseus schläft, den Schlauch öffnen, sodass die Winde entweichen. Dies ist einer von vielen Zwischenfällen (der Höhepunkt ist, dass die Männer vom verbotenen Fleisch der Rinder des Sonnengottes essen), die vermuten lassen, dass zwischen Odysseus und seinen Gefährten ziemliche Spannungen bestehen. Als wir darüber im Seminar sprachen, sagte mein Vater: Bin ich der Einzige, dem aufgefallen ist, dass er Probleme mit seinen Leuten hat?

Als Nächstes erreichen Odysseus und seine Männer das Land der Laistrygonen, eines Volks von Riesen. Wie das Land der

Phaiaken, wo seltsamerweise das ganze Jahr über Blumen und Bäume blühen, so zeichnet sich das Land der Laistrygonen durch eine seltsame Zeitverschiebung aus: Es gibt hier keine Nacht, nach der Abenddämmerung bricht gleich ein neuer Tag an. Andere, bedrohlichere Vorkommnisse erinnern an die Episode mit den Phaiaken. Nachdem die Schiffe angelegt haben, schickt Odysseus drei Kundschafter los, die von der Herrscherfamilie ähnlich freundlich empfangen werden wie Odysseus von Nausikaa und ihren Eltern: Auf dem Weg in die Stadt begegnen sie einer Prinzessin, anschließend treffen sie auf den König und die Königin, die jedoch eine furchteinflößende Erscheinung ist, »eine Frau, so groß wie das Haupt eines Bergs«, und der König will die Griechen verspeisen. Es kommt zum Kampf, die Laistrygonen zerstören die Schiffe der Griechen, bis auf eines, und töten die meisten Gefährten des Odysseus.

Odysseus flieht mit den wenigen Männern, die überlebt haben, und gelangt nach Aiaia, der bewaldeten Insel, auf der Kirke wohnt, außerdem Löwen und Wölfe, die sie mit ihrem Zaubertrank gezähmt hat. Kirke verwandelt die Gefährten des Odysseus in Schweine und steckt sie in Koben. Odysseus kann sie mithilfe des Zauberkrauts Moly retten, das Hermes ihm mitgegeben hat. Kirke weiß nun, dass Odysseus sich der Gunst der Götter erfreut, und bietet ihm ihren Palast und ihr Bett an. Er und seine Gefährten bleiben ein Jahr.

Die ersten Abenteuer, die Odysseus in den Apologoi schildert, lassen eine fortschreitende Entwicklung erkennen – von brutaler Gewalt zu Verzauberung, vom Natürlichen zum Übernatürlichen. Gemeinsam ist ihnen auch eine Auflösung der Grenzen zwischen Mensch und Tier, zwischen Mensch und Gott, das Thema der missbrauchten Gastfreundschaft und die selbstzerstörerische Torheit der Gefährten, die nicht imstande sind, ihre Impulse, ihre Bedürfnisse im Interesse des gemeinsamen Wohls zu zügeln.

Doch am wichtigsten ist womöglich das Abenteuer mit den Kyklopen, weil es am deutlichsten den Charakter des Helden offenbart, seine Stärken und Schwächen.

Auch meinem Vater gefiel diese Episode am besten.

Nachdem Odysseus und seine Gefährten den Lotos-Essern entkommen sind, gelangen sie in das Land der Kyklopen,

> *frecher, gesetzloser Männer,*
> *[...] die, verlassend sich auf die ewigen Götter,*
> *weder Pflänzlinge pflanzen mit ihren Händen noch pflügen,*
> *sondern ungesät und ungepflügt reift dies alles:*
> *Weizen und Gerste und Reben, die Wein aus fülligen Trauben*
> *spenden, und denen lässt es der Regen des Zeus üppig wachsen.*
> *Weder Ratsversammlungen kennen sie noch Gesetze,*
> *sondern sie wohnen auf Gipfeln hochaufragender Berge*
> *in gewölbten Höhlen, und jeder setzt Satzungen fest für*
> *seine Kinder und Frauen und kümmert sich nicht um die andern.*

Diese Barbaren stehen am untersten Ende einer Skala zivilisierten Verhaltens, ganz oben stehen die Phaiaken (denen, wie erinnerlich, diese Abenteuer erzählt werden), dieses liebenswürdige Volk, das sich an Tanz und Spiel, Dichtung und rauschenden Festen erfreut. Die Kyklopen dagegen, gewalttätig und gesetzlos, die nichts vom Ackerbau verstehen, die keine Bürgerversammlung kennen (die eminente politische Institution der Griechen, wie sie etwa Telemachos im zweiten Gesang einberuft), sind im wahrsten Sinne des Wortes Höhlenbewohner.

Die Begegnung mit einem dieser Monster, dem Kyklopen Polyphem, übersteht Odysseus dank seines Scharfsinns, aber sein Mund bringt ihn am Ende doch noch in die Bredouille.

Nachdem die Griechen das Land der Kyklopen erreicht haben, geht Odysseus mit einem Dutzend Gefährten los, um eine Höhle zu erkunden, in der ein »riesenhafter Mann« wohnt. Aufgrund einer »Ahnung«, wie er später den Phaiaken berichtet, nimmt er einen Schlauch mit starkem, süßem Wein mit, das Geschenk der Familie eines Priesters, den er einst verschont hatte. (Wieder das Thema Gastfreundschaft!) Alsbald betreten sie Polyphems Höhle, die gerade leer ist. Die Gefährten drängen Odysseus, mit den Schafen, die sie dort vorfinden, rasch zu den Schiffen zurückzukehren, doch diesmal ist es Odysseus, dessen Gier sich als fatal herausstellen wird: Er will auf die Heimkehr des Kyklopen warten, um zu sehen, wie er sie bewirten und beschenken werde. Seine Hoffnungen, der Kyklop werde sich an die üblichen Gesetze der Gastfreundschaft halten, werden aber sogleich enttäuscht. Polyphem kehrt zurück, versperrt den Höhleneingang mit einem riesigen Felsblock (»den zweiundzwanzig Wagen nicht hätten wegwuchten können«) und frisst zwei von Odysseus' Gefährten – eine groteske Verkehrung von Gastfreundschaft: Der Gastgeber isst seine Gäste, statt ihnen Essen anzubieten.

In der *Ilias* gibt es eine Stelle, wo ein älterer Mann, der einst Lehrer von Achilleus gewesen war, erklärt, seine pädagogische Aufgabe sei es gewesen, aus dem Jungen einen »Redner von Worten und Vollbringer von Taten« zu machen. In der Kyklopen-Episode wird Odysseus als eine solche Figur porträtiert. Sobald er erkennt, dass er, um seine Gefährten zu rächen, den Riesen nicht töten kann (weil nur der Kyklop den Felsbrocken fortbewegen kann, der den Höhleneingang versperrt), fordert er den Gegner durch Worte und Taten heraus. Als Polyphem die Höhle verlässt, um sein Vieh auf die Weide zu treiben, schneidet Odysseus ein Stück von einer riesigen Keule ab, die in der Höhle liegt – es handelt sich um den Stamm eines Olivenbaums, den Polyphem als Stock benutzt –, und spitzt ihn zu. Kaum ist Polyphem zurückgekehrt, nötigt Odysseus ihn, von dem Wein zu trinken, den er mitgebracht hat. Es kommt zu einem folgenschweren Wortwechsel. Der betrunkene Polyphem will in Erfahrung bringen, wer die Leute in seiner Höhle sind und wo ihre Schiffe liegen. Odysseus antwortet, dass es Schiffbrüchige sind und dass sein Name »Niemand« ist. Der Kyklop, der Alkohol nicht gewöhnt ist – er gehört einem Volk an, das weder Ackerbau noch Weinbau kennt –, sinkt ermattet zu Boden, wird von Schlaf überwältigt und spuckt das Menschenfleisch wieder aus.

Dies ist die Situation, in der die Falle mit ihrer Kombination aus brutalen Taten und cleveren Worten zuschnappt. Odysseus und seine Gefährten nehmen den angespitzten Pfahl und rammen ihn in das Auge des Kyklopen, der vor Schmerzen aufheult, woraufhin die Nachbarn vor der Höhle zusammenkommen und ihn fragen, was los ist. »Treibt ein Sterblicher deine Schafe fort?«, rufen sie, »will dich jemand morden, listig oder gewaltsam?« Doch Polyphem antwortet: »Niemand will mich morden.« Da kehren die Nachbarn wieder um und empfehlen ihm noch, sich an seinen Vater Poseidon zu wenden, falls er Hilfe benötige. Anderntags gelingt es Odysseus und seinen Gefährten, aus der Höhle zu entkommen, indem sie sich am wolligen Bauch der Schafe festhalten, während die Tiere ins Freie streben. Der verwundete und gedemütigte Riese muss erkennen, dass er sich von diesem »Niemand«, einem kleinen Sterblichen, hat überlisten lassen.

Nach diesem Triumph macht Odysseus einen fatalen Fehler. Die Griechen entfernen sich schon von der Insel der Kyklopen, doch da wendet Odysseus sich um und ruft dem besiegten Monster zu:

Nicht eines Schwächlings Gefährten wolltest, Kyklop, du verzehren
in der gewölbten Höhle mit roher Gewalt und mit Stärke!
So sollten freilich bald deine Frevel über mich kommen,
Schnöder, der sich nicht scheute, in seiner Behausung die Gäste
aufzufressen; drum straften dich Zeus und die anderen Götter.

Darauf explodiert der Riese vor Zorn. Er reißt eine Bergkuppe ab und schleudert sie dem davonsegelnden Schiff hinterher, die aufbrandenden Wogen könnten es wieder an Land treiben. Aber trotz der Warnungen seiner entsetzten Gefährten fährt Odysseus fort, den Kyklopen zu verspotten:

Falls dich irgendeiner, Kyklop, der sterblichen Menschen
fragen sollte nach deines Auges schmählicher Blendung,
sag ihm, Odysseus, der Städtezerstörer, hab' es geblendet,
des Laertes Sohn, der auf Ithaka hat sein Zuhause.

Dies ist das einzige Mal, dass Odysseus während seiner Irrfahrt seinen Namen und seine Herkunft verrät, was katastrophale Folgen hat. Denn so kann der Kyklop, der nun weiß, wie sein Feind wirklich heißt, einen furchtbaren Fluch über ihn bringen. Er streckt die Hand zum Himmel und ruft seinen Vater Poseidon an:

Höre, Poseidon, Erdenbeweger, mit schwarzblauer Mähne!
Bin ich denn wirklich dein und rühmst du mein Vater zu sein dich,
gib, dass Odysseus, der Städtezerstörer, sein Haus nicht erreiche,
des Laertes Sohn, der auf Ithaka hat sein Zuhause.
Aber ist es sein Los, die Seinen zu sehn und zu kommen
in sein trefflich gebautes Haus und ins Land seiner Heimat,
spät komm' er heim erst und qualvoll, verlustig aller Gefährten,
auf einem fremden Schiff, und finde zu Hause noch Leiden.

Dies erklärt, weshalb Odysseus zehn Jahre braucht, bis er endlich wieder zu Hause ist.

Die Mischung aus Scharfsinn, kühner Improvisation und unerhörtem Wagemut, die Odysseus in der Höhle des Kyklopen demonstriert, löst immer große Begeisterung im Publikum aus.

Er ist echt cool!, erklärte Jack. Er ist Hercule Poirot und James Bond in einem!

Selbst mein Vater hatte etwas Gutes über Odysseus zu sagen. Er überlistet ihn mit einem Wortspiel!, rief er zufrieden.

Ich wies darauf hin, dass das Wortspiel in dieser bemerkenswerten Passage jedoch vielschichtiger sei, als es Übersetzungen vermitteln können. Odysseus erklärt dem Kyklopen, dass er »Niemand« heißt. Das griechische Wort für »Niemand« ist *outis*, wobei *ou* »nicht« heißt und *tis* das unbestimmte Fürwort »einer« ist. *Outis, Odysseus*. Der Name, den Odysseus verwendet, ist faktisch eine verballhornte Version seines tatsächlichen Namens.

Nina sagte: Es ist ein Deckname, aber in gewisser Weise auch sein richtiger Name. Er lügt und sagt zugleich die Wahrheit.

Ja, sagte ich, gut beobachtet. Aber die Sache ist noch interessanter. Denken Sie an das englische Wort »nobody«. Wenn man im Englischen etwas fragt, worauf die Antwort »niemand« lautet, verwendet man das Pronomen *anybody* – wie etwa in der Frage »Is *anybody* home?« »No, *nobody's* home.« Das Griechische hat mehr oder weniger die gleiche Satzstruktur. Im Griechischen drückt man das »Is anybody« auch durch zwei Wörter aus, nämlich *me tis*. Genau das rufen die herbeieilenden Nachbarn des Kyklopen, als sie ihn fragen, ob jemand seine Schafe stehle oder ihn ermorden wolle. »Will irgendjemand [*me tis*] dich morden?« Worauf er antwortet: »Nein, niemand [*outis*] will mich morden.«

Ich holte tief Luft und stellte erfreut fest, dass meine Studenten ebenfalls ein wenig atemlos warteten, wie es weitergehen würde.

Ich bat sie, über Ninas Bemerkung nachzudenken, dass Odysseus, indem er sich als »Niemand« ausgibt, die Wahrheit und zugleich die Unwahrheit sagt. Nicht nur, weil *outis* und *Odysseus* ähnlich klingen, sondern weil Odysseus in dieser Situation ein »Jemand« und ein »Niemand« ist; er ist Odysseus, aber auch ein Niemand, der seine Identität wiederherstellen muss.

Die Studenten nickten. Gut, dachte ich, das haben sie also kapiert. Den gleichen Doppelsinn, fuhr ich fort, haben wir bei *me tis*, der Frage der Nachbarn, die sich bei Polyphem erkundigen, ob jemand ihn töten will. *Me tis* (irgendjemand) klingt ausgesprochen wie das Substantiv *metis* (Scharfsinn, listiger Verstand). In dieser

Szene haben wir also einen doppelten Fall von Doppelsinn. Polyphem wird einerseits durch *outis* (niemand/Odysseus) ausgetrickst, andererseits durch *metis* (irgendjemand, List). Und wie wir wissen, zeichnet sich Odysseus vor allem durch seinen Listenreichtum aus. Auch hier ist er also Niemand und zugleich ganz er selbst, der für seine Listigkeit berühmt ist.

Brendan pfiff durch die Zähne. Wow, das ist cool!

Ich wandte mich an die Studenten. Möchten Sie etwas dazu sagen, warum Odysseus die Schilderung seiner Abenteuer damit beginnt, dass er mit seinem Listenreichtum angibt?

Madeline zögerte, doch nur kurz. Weil es bei dem Abenteuer selbst um eine List geht? Es ist eine in Sprache verkleidete List. Es geht also um Listenreichtum und Wörter.

Genau!, sagte ich. Wörter! Was das Schicksal des Kyklopen letztlich besiegelt, ist seine Unfähigkeit, zwischen zwei gleichklingenden Wörtern zu unterscheiden. Das ist komisch und auch ziemlich brillant.

Brendan meldete sich. Vielleicht könnte man ja sagen, dass dies eine Geschichte über das Zuhören ist. Darüber, wie die eigene Sichtweise die Wahrnehmung beeinflusst. Tatsächlich ist es doch so, dass Polyphem von vornherein nur hört, was er hören will. Wenn ein Fremder zu mir sagt: »Ich heiße Niemand«, dann würde ich doch genauer hinschauen, oder? Es ist offensichtlich verrückt. Polyphem nimmt die Griechen aber nicht ernst, weil er so riesengroß ist und viel stärker als sie, und deshalb hört er auch nicht, was Odysseus sagt.

Daran hatte ich noch nie gedacht. Ich wollte schon antworten, doch in dem Moment schaltete sich mein Vater ein: Ich muss schon sagen, diese Episode ist wirklich großartig. Grips schlägt Körperkraft! Der Kleine besiegt den Großen, weil er schlau ist.

Es war kurz vor halb eins, und wir hatten noch immer nicht über das Ende dieser Episode gesprochen – über Odysseus' törichten Anfall von Überheblichkeit.

Dieses Abenteuer, sagte ich, zeigt Odysseus von seiner besten Seite. Aber bevor wir weitermachen, möchte jemand etwas zum Ende der Geschichte sagen?

Er baut Scheiße, sagte Jack.

Pardon?

Er verbockt alles.

Ja, sagte ich. Und wie kommt es dazu?

Bevor einer der Studenten antworten konnte, sagte mein Vater: Sein Einfallsreichtum und sein Verstand retten ihn, aber mit seiner Angeberei, wie toll er ist, bringt er sich in die allergrößten Schwierigkeiten. Bevor er seine Geschichten erzählt, prahlt er damit, wie schlau er ist, und genau damit schneidet er sich ins eigene Fleisch. Er ist ein Aufschneider. So listig er sein mag und so amüsant seine Geschichten sein mögen, sein Charakter ist wirklich problematisch.

Er nickte ein wenig selbstzufrieden, wie mir schien, und ich wusste, dass er nicht an Odysseus dachte.

Nur ein einziges Mal verzichtete mein Vater während des abendlichen Beisammenseins an Bord der *CORINTHIAN II* auf seine Bemerkung *Das Gedicht ist realer*. Das war, nachdem wir auf Gozo die Grotte von Kalypso besichtigt hatten. An dem Abend, als er in der Bar bei dem Song »Over the Rainbow« leise mitgesungen hatte, waren wir bereits auf dem Weg dorthin.

An jenem Tag waren wir darauf hingewiesen worden, dass der Abstieg in die Grotte steil und schwierig sei und dass wegen der beengten Verhältnisse immer nur eine Handvoll Besucher gleichzeitig eingelassen würde. Älteren Personen und solchen mit Gehproblemen wurde empfohlen, von einem Besuch der Grotte abzusehen.

Als ich das hörte, war ich sofort entschlossen, nicht mitzukommen. Ich leide an ausgeprägter Klaustrophobie. Schon bei der

Vorstellung, in einem Aufzug zu sein, erfasst mich Panik. Lily und ich waren mit den Jungs einmal in Disneyland, wo sie unbedingt einen simulierten Raumflug unternehmen wollten. Viel zu spät wurde mir klar, dass man in einer Kapsel eingesperrt sein würde, die, um ein Gefühl von Schwerelosigkeit zu vermitteln, in einer Zentrifuge herumgewirbelt würde. Als wir schließlich aus der winzigen Kabine stiegen, brach ich, zerrieben zwischen Panik und dem Kraftakt, so tun zu müssen, als würde mir das Ganze Spaß machen, in Tränen aus. Mein Sohn Thomas, sechs Jahre alt und schon furchtlos, nahm mich in den Arm und beruhigte mich.

Eine Besichtigung der Grotte kam also nicht infrage.

Was redest du da?, sagte mein Vater, als ich ihm von meinem Entschluss berichtete. Du musst mitkommen! Sieben Zehntel der *Odyssee* spielen dort!

Sieben Zehntel? Mir war schleierhaft, wovon er sprach. Das Epos hat vierundzwanzig Gesänge, begann ich ...

Mathematik, Dan! Mathematik! Die Irrfahrt des Odysseus dauert zehn Jahre, richtig?

Ich nickte.

Und sieben Jahre ist er bei Kalypso, richtig?

Wieder nickte ich.

Theoretisch spielen also sieben Zehntel der *Odyssee* dort! Du musst dir die Grotte ansehen! Du kannst das unmöglich auslassen!

Stimmt nicht, protestierte ich schwach. Das Epos ist nicht identisch mit seinem Leben. Das sind zwei völlig verschiedene Dinge.

Doch mein Vater ließ nicht locker. Über Zahlen kann man nicht diskutieren.

Wir stiegen in den Bus und fuhren los. Ich spürte, dass mein Vater bemüht war, mich während der Fahrt abzulenken. Schau, die schönen blauen Blumen!, sagte er. Die Fenster waren so verschmutzt, dass man kaum etwas sehen konnte. Und schau, diese purpurfarbenen Büsche, wie heißen die? Schau mal, das Meer, spiegelglatt! Ich schaute, ohne etwas zu sehen, denn ich musste die ganze Zeit an die Grotte denken. Schon machte sich die altbekannte Panik bemerkbar. Ich konzentrierte mich darauf, dieses unangenehme Gefühl abzuwehren, so wie ich das praktiziere, wenn ich in einem Fahrstuhl darauf warte, dass sich die Türen öffnen, oder wenn ich in einem kleinen Flugzeug sitze und mich angeschnallt habe. Es war eine körperliche Anstrengung. Ich schwitzte.

Wir erreichten die Grotte, alle stiegen aus. Wir standen auf einem sandfarbenen Felshügel, hier und da Gestrüpp, das den Boden wie Schorf bedeckte. Eine schmale, steile Treppe führte fünf Meter hinunter zu einer unebenen Felsplatte, davor eine kahle steinerne Wand mit einem dunklen Spalt in der Mitte. Man würde sich bücken müssen, um ins Innere zu gelangen. Einige Mitreisende waren schon unten und zwängten sich hinein. Der Junge, der mir am ersten Tag am Frühstücksbuffet erklärt hatte, dass Homer einen Lektor gut gebrauchen könne, war gerade mit einem etwas größeren Jungen, vermutlich seinem Bruder, im Innern verschwunden.

Kalte Angst packte mich. Nein, sagte ich. Das schaffe ich nicht, unmöglich, tut mir leid. Du gehst und erzählst mir dann, wie es war.

Komm schon, Dan, sagte mein Vater. Ich bin bei dir, sei unbesorgt.

Ich kam mir vor wie ein kleines Kind. Nein, sagte ich noch einmal. Du gehst, ich bleibe hier oben.

Dann passierte etwas Erstaunliches: Mein Vater nahm meine Hand. Ich musste laut lachen. *Daddy!*

Du wirst sehen, es wird alles gut, sagte er und hielt meine Hand, was seit meiner Kindheit nicht mehr passiert war. Seine Hand war leicht und trocken und schmal. Ich betrachtete sie hilflos.

Ich werde bei dir sein, sagte mein Vater. Und wenn dir unwohl ist, kehren wir um.

Beim Anblick unserer Hände stellte ich zu meiner Überraschung fest, dass es mir besser ging. Ich schaute mich um, ob uns jemand beobachtete, und dachte dann mit einem komplizierten Gefühl von Erleichterung, dass es jedenfalls so aussehen würde, als habe ich meinen Vater bei der Hand genommen. Er war schließlich derjenige, der gefährdet war, er hatte schließlich Angst hinzufallen.

Und so kam es, dass ich die Grotte der Kalypso an der Hand meines Vaters besichtigte. Er hielt meine Hand, als wir vorsichtig die Stufen hinunterstiegen. Er hielt meine Hand, als wir uns, tief gebückt, durch die schmale Öffnung zwängten. Er hielt meine Hand, während wir uns im Innern voranbewegten, wobei mein Herz so heftig klopfte, dass ich erstaunt war, dass die anderen es nicht hörten. Er hielt meine Hand, als ich mich weigerte, einen Felssims in der Mitte der Grotte zu betreten, von wo man einen spektakulären Blick auf die Meeresbucht hatte. Er hielt meine Hand, als ich endlich wieder ins Freie kam, ohne meine panikerfüllte Eile zu verbergen. Erst als wir wieder hinaufgestiegen waren und auf den wartenden Bus zugingen, ließ er meine Hand los.

Alles okay, Dan?

Ich grinste ein wenig zittrig. In diesem Fall könnte man vermutlich sagen, dass das Gedicht nicht realer ist, sagte ich.

Ha!, sagte mein Vater. Dann sah er mich an und sagte: Gut gemacht, Dan.

An diesem Abend war die Grotte der Kalypso das Thema der Gesprächsrunde in der Bar.

Na, wie geht's?, fragte Xenia, an mich gewandt. Am Morgen, kurz vor unserer Exkursion, hatte ich ihr von meiner Klaustrophobie erzählt. Sie müssen wirklich nicht mitkommen, hatte sie gesagt. Viele Gäste bleiben an Bord, weil es zu schwierig für sie ist.

Die Erleichterung, die ich in diesem Moment empfand, war so enorm, dass ich mich fast schämte. Dunkel erinnerte ich mich an eine Sportlehrerin an der Grundschule, die gesagt hatte: *Du musst das Seil nicht ganz hinaufklettern, wenn du nicht willst.* Aber aus irgendeinem Grund hatte ich Xenias Angebot abgelehnt, und ich wusste sofort, warum: Mein Vater sollte mich nicht als ängstlich erleben. Später, als wir von der Exkursion zurückgekehrt waren, lief ich Xenia über den Weg und erzählte ihr, was passiert war: meine Panikattacke, dass mein Vater meine Hand gehalten hatte.

Sehr schön!, hatte sie gesagt.

Und nun, in der Lounge, beim abendlichen Cocktail, warf sie uns beiden einen warmherzigen Blick zu. Na bitte! Sie haben es überlebt!

Einige Passagiere guckten neugierig. Einer fragte: Überlebt?

Ich überlegte mir gerade eine witzige Antwort, doch mein Vater kam mir zuvor. Es war ganz wunderbar, sagte er laut.

Er saß vornübergebeugt in seinem Sessel, schaute in die Runde wie ein Dozent, der sich an eine Studiengruppe wendet.

Ich wollte nicht mitkommen, sagte er. Die Stufen waren zu kompliziert für mich. Ich dachte, ich pack das nicht. Aber Dan hat mir geholfen, und ich bin froh, dass ich mitgekommen bin. Schließlich hat Odysseus sieben Zehntel seiner Irrfahrt dort in der Grotte verbracht!

Nach einer Pause sagte er, ohne mich anzusehen: Es war sehr eindrucksvoll.

Der Pianist spielte den Song, den er schon am Abend zuvor gespielt hatte: »I Didn't Know What Time It Was.« Daddy schloss die Augen und summte mit. *I didn't know what year it was/Life was no prize...*

Xenia lächelte. Ihr Vater ist so sympathisch, sagte sie leise.

Der letzte Seminartermin vor einer zweiwöchigen Pause fiel auf den 11. März. In der darauffolgenden Woche standen Prüfungen an, und die anschließende Woche war unterrichtsfrei. Wir würden uns erst am 1. April wiedersehen, dann würden wir uns dem dreizehnten Gesang und der zweiten Hälfte der *Odyssee* zuwenden – Odysseus kehrt endlich nach Ithaka zurück, plant die Bestrafung der Freier, nimmt Rache, und schließlich das Wiedersehen mit seinem Sohn, seiner Frau und dem Vater. All das würden wir in sechs Sitzungen behandeln, vom ersten Freitag im April bis zum ersten Freitag im Mai – und ich wusste aus Erfahrung, dass diese Zeit viel schneller vergehen würde als die ersten sechs Wochen des Seminars.

Das fiel auch den Studenten auf. Gegen Ende des Semesters bemerkte einer von ihnen – ich glaube, es war Tom, Don Quijote Tom –, dass die erste Hälfte der *Odyssee* doppelt so lang sei wie die zweite. Ich wusste, was er meinte. Der Racheplan verleiht den letzten zwölf Gesängen einen starken Drive, während die verschachtelte Erzählung der ersten zwölf Gesänge, voller Erinnerungen und Flashbacks, Abschweifungen, Abschweifungen innerhalb von Abschweifungen, zu einem gemächlicheren Tempo beiträgt, zu einer dichteren Struktur. Andererseits wären die Höhepunkte des zweiten Teils, die lang erwartete Gewaltorgie, die emotionsgeladenen Wiedersehensmomente nicht befriedigend, wenn sie nicht im ersten Teil so sorgfältig vorbereitet worden wären.

Am zweiten Freitag im März würden wir die erste Hälfte des Epos abschließen, die mit einem zweifachen Höhepunkt endet. Im elften Gesang erzählt Odysseus den faszinierten Phaiaken von seinem erschütterndsten Abenteuer – dem Besuch in der Unterwelt, im Reich der Toten, wo er, wie Kirke ihm aufgetragen hat, mit der Seele des Sehers Teiresias sprechen muss, der ihm wichtige Informationen über seine Heimreise geben wird. Und im zwölften Gesang besteigt er ein Schiff der Phaiaken, das ihn nun endlich nach Ithaka zurückbringen soll. Mit anderen Worten: Dieser doppelte Höhepunkt weist voraus in die Zukunft und ist zugleich ein dramatischer Blick zurück in die Vergangenheit.

Die zweite Märzwoche war mild, und mein Vater war bester Laune, als ich ihn am Bahnhof abholte.

Inzwischen nahm er den Zug. Ich war ein wenig überrascht, weil ich von seiner heimlichen Schwäche für schwierige Verkehrsverhältnisse wusste, aber seit Anfang März kam er überhaupt nicht mehr mit dem Auto. Vermutlich wollte er nicht zugeben, dass ihn das Wetter überforderte.

Im Zug kann ich ganz entspannt reisen und auf meinem iPad lesen, sagte er nur, als er mir am Telefon erklärte, dass er mit der Bahn kommen werde. Er sprach oft davon, dass er die *Odyssee* auf seinem iPad las. Wer liest denn heute noch Bücher!, sagte er. Man muss mit der Zeit gehen. Homer auf dem iPad, das nenn ich Abenteuer.

Also achtete ich am Donnerstagnachmittag nicht mehr auf das Geräusch seiner Reifen auf dem Kiesweg vor meinem Haus, sondern holte ihn am frühen Abend am Bahnhof ab, und dann fuhren wir in das Flatiron, um dort zu Abend zu essen. Ich wartete bei laufendem Motor vor dem Eingang des alten Bahnhofs, damit es im Auto schön warm war, weil mein Vater mit zunehmendem Alter ständig fror und sich darüber beschwerte, dass es in den Coffee Shops, in der örtlichen Bibliothek und in den Zügen immer kalt war, vor allem aber zu Hause, in dem Haus, das er mit meiner Mutter bewohnte, die – in perfekter, katastrophaler Symmetrie – darüber klagte, dass ihr zu warm sei, und immer ein Fenster aufreißen wollte, um selbst im Winter frische Luft hereinzulassen, in den Monaten, in denen mein Vater im Kapuzenshirt, eine Wollmütze mit einem komischen kleinen Schirm auf dem kahlen Schädel, vor dem Fernseher saß und den Giants zusah. Er kam aus dem Bahnhof, trat hinaus in die Kälte, die ihm so unangenehm war, unwahrscheinlich klein in dem riesigen gesteppten Mantel, den meine Mutter für ihn gekauft hatte, wie ein Kind in einem Schneeanzug, und dann fuhren wir direkt zum Flatiron, wo er sein Filet bestellte und dazu ein Glas Rotwein.

An dem Abend vor dem Freitag, an dem wir über den elften und zwölften Gesang sprechen würden, war mein Vater sehr gesprächig.

Mir gefällt die Unterwelt!, rief er.

Ich lachte. Was gefällt dir denn so?

Mir gefällt, dass sie nicht unter der Erde liegt. Ich hatte mir diesen Ort immer wie die Hölle vorgestellt, du weißt schon, tief in der Erde. Aber diese Burschen segeln einfach dorthin, als wäre es ein gewöhnlicher Punkt auf der Landkarte. Man braucht keine Götter, um dorthin zu gelangen. Es ist eine ganz normale Reise, die jeder machen kann. Das gefällt mir wirklich gut, Dan.

Unterwelt, sagte ich, ist ja nur ein konventioneller Begriff, wenn man von seinem Ziel im elften Gesang spricht. Aber du hast recht, die Unterwelt liegt nicht in der Tiefe der Erde. Schließlich sollte man es den Verstorbenen nicht allzu schwer machen, dorthin zu gelangen. Diese Reise muss am Ende schließlich jeder machen.

Ha, sagte mein Vater tonlos. Genau so ist es.

Odysseus' Reise zum Hades, dem Land der Toten, von der im elften Gesang die Rede ist, wird üblicherweise mit dem Begriff Nekyia bezeichnet. Dieser Ausdruck, der auf das griechische Wort *nekys* (Leichnam) zurückgeht (der Begriff »Nekropolis« ist damit verwandt), bezieht sich streng genommen auf die rituelle Anrufung der Toten, mit denen die Lebenden sprechen wollen. Homers Beschreibung dieses mysteriösen Rituals ist so atemberaubend und schockierend wie ein Horrorfilm. Nachdem Odysseus an dem von Kirke genannten Ort eingetroffen ist – ein flacher Küstenstrich mit einem Felsen am Zusammenfluss zweier Ströme –, gräbt er zunächst eine Grube, jeweils eine Elle lang und breit, gießt eine Mischung aus Milch, Honig, Wein und Wasser um den Rand, streut Gerste darüber und opfert schließlich ein männliches und ein schwarzes weibliches Schaf, deren Blut in die Grube rinnt. Er legt sie mit dem Kopf in eine Richtung, schaut selbst in die entgegengesetzte Richtung. Die Seelen können erst sprechen, wenn sie von diesem Blut getrunken haben.

Nekiya, dieses Wort für die rituelle Kontaktaufnahme mit stummen Zombies, steht inzwischen für die gesamte Episode, die sich kurz vor der Halbzeit von Odysseus' Irrfahrt ereignet. Diese strategische Positionierung spielt auf eine wichtige Lektion an: Der Zukunft können wir uns nur zuwenden, wenn wir uns mit unserer Vergangenheit versöhnt haben.

In diesem »Haus des Hades und der Persephone«, wie dieser düstere Ort bei Homer heißt, hat Odysseus, der ja Teiresias erwartet, eine überraschende Begegnung. Er trifft auf die Seele von Elpenor, einem seiner Gefährten, der, unbemerkt von den anderen, auf Kirkes Insel volltrunken von einem Dach fiel und sich das Genick brach. Elpenors Seele nähert sich nun und bittet Odysseus, nach beendeter Mission im Hades auf Kirkes Insel zurückzukehren und ihn dort zu begraben:

Lasse mich nicht zurück ohne Tränen und Grab bei der Heimkehr,
wend dich nicht ab, dass nicht Grund ich dir werde für
göttliches Zürnen,
sondern verbrenne mich samt den Waffen, so viele ich habe,
schütte ein Grabmal mir auf an des grauen Meeres Gestade,
eines unseligen Mannes Mal, auch der Nachwelt zur Kunde.
Dieses erfülle du mir und steck in den Hügel das Ruder,
das ich, solange ich lebte, bedient unter meinen Gefährten.

Bewegt von diesen Worten, erfüllt Odysseus schließlich Elpenors Wunsch.

Im Laufe der Jahrhunderte sind viele interessante Interpretationen hinsichtlich der Rolle Elpenors in der *Odyssee* vorgebracht worden. Immerhin wird er erst im zehnten Gesang erwähnt, am Ende der Episode mit Kirke, und sein fataler Unfall, von dem wir dann erfahren, dient offenbar dem Zweck, dass wir ihm im elften

Gesang begegnen können. Die plausibelste Erklärung ist die, dass Elpenor als eine Art emotionales und narratives Opfer fungiert: Er ist eine Figur, deren Tod dem Publikum nicht viel bedeutet, weil wir ihn überhaupt nicht kennenlernen, die aber als Brücke zwischen der Welt der Lebenden und dem Totenreich dient und insofern Odysseus (und dem Gedicht) den Weg von der bekannten Welt der Erzählung in die geschichts- und tragödienschwere Welt der Toten ebnet, denen er im Hades begegnet: nicht nur den herandrängenden Seelen, von denen wir sofort hören, sondern etwas später auch seiner eigenen Mutter, den toten Gefährten aus dem Trojanischen Krieg, einer ganzen Galerie berühmter Heldinnen und mythischer Übeltäter, die ihre ewige Strafe verbüßen. Dass sich unter all diesen Gestalten auch der farblose Elpenor befindet, macht diesen verstörenden Gesang erträglicher. Der Tod einer Nebenfigur macht auch den Gedanken an den Tod der Hauptfigur erträglich, der in dieser Episode tatsächlich vorhergesagt wird.

Im elften Gesang gibt es eine wunderbare Szene. Kirke hat Odysseus eingeschärft, zuallererst mit Teiresias zu sprechen. Und während er also auf das Erscheinen der Seele des Sehers wartet, bemerkt er fassungslos den Seelenschatten seiner Mutter Antikleia – fassungslos, denn sie war bei seinem Aufbruch nach Troja noch am Leben. Quasi in aller Öffentlichkeit (Odysseus wird von seinen Gefährten begleitet und ist umringt von den Seelen der Toten) erfährt er, dass seine Mutter gestorben ist. Eine unstillbare Sehnsucht erfüllt die Begegnung zwischen den beiden. Als Odysseus seine Mutter sieht, erhebt er sich und will sie umarmen, muss aber feststellen, dass er sie nicht zu greifen bekommt. Sie ist ein Schatten. Dreimal versucht er, sie zu umarmen, und jedes Mal hält er nichts in den Händen.

Auf meine Frage, über welchen Aspekt des elften Gesangs sie gern sprechen wollten, meldete sich Madeline.

Der Schmerz, den Odysseus in der Unterwelt empfindet, ist

unglaublich stark, sagte sie. Die Passage, wo er erfolglos versucht, seine tote Mutter zu umarmen, zerreißt einem schier das Herz.

Ich fragte mich, wie viele von ihnen bereits einen Verlust erlebt hatten, um nachvollziehen zu können, mit welch treffendem Symbol Homer die Kluft zwischen Lebenden und Toten beschreibt: der Armvoll Luft, die aussichtslose Umarmung.

Warum dreimal?, fragte Don Quijote Tom plötzlich.

Drei, sagte ich, ist eine magische Zahl in Märchen und Sagen. Überlegen Sie nur, wie oft es in Witzen um drei Figuren geht – ein Priester, ein Pfarrer, ein Rabbiner, a, b, c, und c ist immer die Pointe. Die Dreierstruktur ist offenbar besonders wirkungsvoll. Hätte Odysseus nur einmal versucht, seine Mutter zu umarmen, würde die Szene nicht funktionieren.

Mein Vater sagte: Ja, diese Szene ist wirklich großartig.

Ich fragte mich, ob er an seine Mutter dachte, meine clevere kartenspielende Großmutter Kay, die in den 1970ern an Alzheimer gestorben war, geistig abwesend, körperlich hinfällig. Sie sieht schon wie ein Geist aus, sagte mein Vater eines Abends zu meiner Mutter, als er aus Miami von einem Besuch bei ihr zurückgekehrt war. Sie wiegt nur noch fünfunddreißig Kilo, man hat das Gefühl, sie ist aus Papier. Sie besteht aus Luft. Es war denn auch der schreckliche Tod meiner Großmutter, der ihn zu einem jener Aussprüche inspirierte, über die wir uns amüsierten. *Bei mir soll es nicht so weit kommen! Zieht einfach den Stecker und geht anschließend ein Bier trinken!*

Ich schaute in die Runde. Noch jemand? Welche anderen Begegnungen sind bemerkenswert?

Nina sagte: Ich fand interessant, dass er der Seele von Agamemnon begegnet. Seine Geschichte wurde immer wieder erwähnt, aber jetzt hören wir von ihm selbst, was bei seiner Heimkehr geschah. Das ist sozusagen der Beweis. Seine Geschichte zeigt Odysseus, was er vermeiden muss.

Sie hatte recht. Im Hades hören wir die bislang umfassendste

Darstellung von Agamemnons Heimkehr – diesmal von ihm selbst erzählt. Wir dürfen nicht vergessen, dass Odysseus in der Situation, in der sich die beiden begegnen, keine Kenntnis von Agamemnons Schicksal hat; wir, die Zuhörer, haben davon gehört, und Telemachos erfährt davon im dritten und vierten Gesang, aber Odysseus weiß nichts. Bei dieser Begegnung im Hades hört Odysseus zum ersten Mal die Geschichte, die wir schon lange kennen: die Geschichte von Agamemnons Heimkehr aus Troja, diese umgekehrte *Odyssee*: Die Ehefrau hat den Freier erhört und betrügt ihren heimgekehrten Ehemann. Agamemnons bittere Schilderung des hinterhältigen Gemetzels beim Begrüßungsmahl – die Gefährten getötet, er selbst abgeschlachtet »wie ein Rind an der Krippe« (wie er Odysseus im elften Gesang erzählt) – ist die bislang detaillierteste Schilderung dieser schrecklichen Umstände, die für Odysseus ähnlich informativ sein muss wie die Weissagungen des Teiresias. Und tatsächlich schließt Agamemnon seinen Bericht mit der doppelten Warnung, nicht die gleichen Fehler zu machen wie er: Er dürfe seiner Frau nicht trauen, und er solle heimlich heimkehren. Odysseus beherzigt diesen Rat.

Wem begegnet er sonst noch in der Unterwelt?, fragte ich.

Jack sagte: Dem Betrunkenen, der vom Dach fiel.

Ja, sagte ich, gut. Der Betrunkene hat übrigens einen Namen. Elpenor. Sollten Sie sich merken.

Wir sprachen noch eine Weile darüber, welche Rolle Elpenor spielt. Dann fragte ich: Aber wer noch?

Bei der Lektüre der Beiträge im Diskussionsforum am Abend zuvor hatte ich mit Erstaunen festgestellt, dass niemand die bemerkenswerteste Begegnung erwähnt hatte, die Odysseus im Land der Toten hat: die mit der Seele des Achilleus, des Helden der *Ilias*. Es ist das letzte Gespräch, das Odysseus mit jemandem führt, den er persönlich kannte.

Die enorme Bedeutung dieser Begegnung wird durch ein erstaunliches Bekenntnis des Achilleus noch unterstrichen. In der

Ilias erinnert er sich daran, dass er die Aussicht auf ein langes Leben bereitwillig gegen ein kurzes Leben mit ewigem Ruhm (*kleos*) eingetauscht hat, dem entscheidenden Motiv für heldenhaftes Verhalten. Als Odysseus im Hades seinem einstigen Gefährten begegnet, will er dem toten Helden unbedingt versichern, dass er sich richtig entschieden habe:

> *Glücklicher als du, Achilleus, war keiner vordem, wird sein künftig*
> *keiner; denn wir Argeier ehrten zuvor dich im Leben*
> *gleich den Göttern; nun aber herrschst du hier wiederum machtvoll*
> *unter den Toten; drum sei, dass du tot bist, nicht*
> *traurig, Achilleus!*

Achilleus widerspricht:

> *Such mir den Tod doch nicht schönzureden, erlauchter Odysseus!*
> *Lieber möchte auf Erden um Lohn ich bei einem andern*
> *dienen, einem Mann ohne Erbgut mit wenig Vermögen,*
> *als über alle dahingeschwundenen Toten der Herr sein.*

Achilleus will die von ihm verkörperten Wertvorstellungen, die in der gesamten *Ilias* hochgehalten werden, also nicht mehr akzeptieren. Dass der Held der *Ilias*, die den düsteren Ruhm eines frühen Todes feiert, dem Helden der *Odyssee*, die den unbedingten Überlebenswillen feiert, erklärt, dass das Leben, selbst das Leben eines einfachen Tagelöhners, in jedem Fall wertvoller ist als Ruhm und Ansehen unter den Toten, ist eine niederschmetternde Ironie. So, als würde die *Ilias* zur *Odyssee* sagen: Okay, du hast gewonnen.

Aber kein einziger Student hatte im Diskussionsforum etwas zur Begegnung zwischen Odysseus und Achilleus angemerkt. Deshalb hakte ich noch einmal nach.

Wem begegnet Odysseus in der Unterwelt sonst noch?, fragte ich.

Jack sagte: Ganz vielen Leuten. Es ist praktisch eine Party.

Kommt schon, Leute, sagte ich. Es gibt eine zentrale Begegnung in der Unterwelt. Eine zentrale Begegnung. Das kann Ihnen nicht entgangen sein.

Doch sie starrten mich nur ausdruckslos an.

Strengen Sie sich an, sagte ich. Mit wem kommt Odysseus im Land der Toten sonst noch zusammen, und warum ist diese Begegnung wichtig?

Schließlich gab mein Vater einen Laut von sich und wedelte mit der Hand. Er begegnet Achilleus, murmelte er.

Alle Studenten wandten sich ihm zu.

Okay, sagte ich, und weiter?

Ich hatte geahnt, dass meinem Vater diese wichtige Szene nicht entgehen würde. Beim Abendessen im Flatiron hatte er davon gesprochen, dass er nach dem Seminar gern die *Ilias* lesen würde, genauer gesagt erneut lesen, zum ersten Mal seit der Highschool. Ich bin ein Kriegskind. Ich bin während des Kriegs aufgewachsen. Ich weiß, was Krieg bedeutet. Dein Onkel Howie war im Krieg. Als Kind habe ich Soldaten auf der Straße gesehen. Man wusste, wer die Guten und wer die Bösen waren. Vielleicht ist die *Ilias* also geeigneter für mich.

Mein Vater hob die Hand und sagte: Er begegnet Achilleus.

Um ihn ganz sachte in die von mir beabsichtigte Richtung zu dirigieren, fragte ich: Und worum geht es bei ihrer Begegnung? Was erfahren wir in dieser Situation?

Es ist ein eindrucksvoller Moment, sagte mein Vater. Man erfährt viel über Achilleus.

Gut. Und zwar was?

Doch das, was mir interessant schien, fand mein Vater offenbar nicht interessant. Den literarischen Implikationen der Begegnung zwischen Odysseus und Achilleus, diesem symbolischen Aufeinandertreffen zwischen *Odyssee* und *Ilias* wollte er nicht weiter nachgehen.

Düster sagte er: Man lernt, dass man sein ganzes Leben lang an etwas glauben kann, und dann kommt man an einen Punkt, wo man erkennt, dass man sich etwas vorgemacht hat.

Drei Monate später standen mein Vater und ich am Eingang zur Unterwelt – zum Hades, dem Reich der Toten.

Mir gefällt, dass man nicht hinabsteigen muss unter die Erde, sagte er, während er vorsichtig aus dem Bus stieg. Es war der fünfte Tag unserer Kreuzfahrt, und er hatte noch immer Angst hinzufallen.

Wir befanden uns auf den Campi Flegrei, den Phlegräischen Feldern, jenem Ort, der nach antiker Vorstellung der Eingang zum Hades war. Am Morgen hatte das Schiff in Neapel angelegt. Nach dem Frühstück waren alle in den klimatisierten Bus gestiegen. Trotz der frühen Stunde war unsere Gruppe ungewöhnlich munter. Die betonte Ausgelassenheit war vermutlich eine Reaktion auf die Unheimlichkeit unseres Exkursionsziels. Brendan plauderte angeregt mit dem jungen italienischen Archäologen, der uns auf den Campi herumführen würde. Hinter uns saßen der elegante alte Herr und seine blonde Reisebegleiterin, die auf eine Bemerkung von ihm in schallendes Lachen ausbrach und etwas sagte, das wie Niederländisch oder Flämisch klang. Auf der anderen Seite des Gangs saßen die beiden Brüder aus New Orleans, die verschwörerisch die Köpfe zusammensteckten und feixten, woraufhin die Eltern sie baten, etwas ruhiger zu sein. Ich beugte mich zu ihrer Mutter hinüber. Alle sind so gut drauf heute Morgen!, sagte ich.

Ein wenig gequält erwiderte sie mein Lächeln. Ich weiß nicht, was in die Leute gefahren ist, sagte sie. Man könnte fast glauben, jemand hätte was in den Kaffee getan.

Eine halbe Stunde später hielt der Bus, und wir stiegen aus.

Alle sahen sich schweigend um, dachten offenbar das Gleiche: Kein Wunder, dass die Griechen und Römer diesen Ort für den Eingang zum Reich der Toten hielten. Wir standen am Rand eines großen flachen Kraters, die Gegend ringsum sah wie eine Mondlandschaft aus, der Boden übersät mit vulkanischem Geröll. Im Hintergrund, vor einer sanft ansteigenden Hügelkette, lagen mächtige safrangelbe Felsbrocken. Kaum vorstellbar, dass hier jemals etwas gewachsen war. Weißer Rauch stieg aus Erdspalten, und da es an diesem Morgen bedeckt war, schien es, als speisten sich die Wolken aus diesem weißen Rauch. Ein übler Gestank lag in der Luft.

Schwefel, sagte einer der beiden Brüder.

Mein Vater nickte beifällig. Schlaues Kerlchen, flüsterte er.

Ganz genau, sagte der junge Archäologe, das ist Schwefel. Deswegen trägt dieser Ort den Namen Solfarata. Die Schwefelquelle.

Alle rümpften die Nase.

Es ist eine Art Todesgeruch, sagte der Archäologe.

Die Niederländerin mit dem eleganten Vater stöhnte.

Ich sah mich nach ihrem Vater um. Wo ist denn Ihr Dad?, fragte ich sie.

Er ist im Bus geblieben, antwortete sie. Er hat ein schlimmes Bein, deshalb will er nicht so viel herumlaufen.

Das hätte ich nicht gedacht, sagte ich. Er ist so unternehmungslustig!

Sie lächelte. Das ist Ihr Vater aber auch!

Ich drehte mich und sah, wie sich mein Vater herunterbeugte und an einer Handvoll Erde roch.

Ja, sagte ich, da haben Sie wohl recht.

Wissen Sie was, fuhr die Frau fort, Sie sollten sich mal mit meinem Vater unterhalten. Er hat eine interessante Geschichte über sein Leben und die *Odyssee* zu erzählen. Ich habe gehört, dass Sie Altphilologe sind, die Geschichte wird Sie bestimmt interessieren. Sie ist auch der Grund, weshalb wir an der Kreuzfahrt teilnehmen!

Bevor ich nachhaken konnte, forderten Brendan und der italienische Archäologe uns auf, ihnen zu folgen. Wir trotteten hinter den beiden her, den Todesgeruch in der Nase, und besichtigten die Unterwelt.

Später, als wir wieder auf dem Schiff waren, machte ich mich auf die Suche nach dem Vater der Frau. Er ist auf dem Sonnendeck, hatte sie gesagt, als wir im Empfangssalon Eistee und Limonade tranken. Sie können ihn nicht verfehlen. Er hat eine auffällige Narbe am Bein.

Ich musste laut lachen. Sie machen Witze! Ich dachte an die Stelle im neunzehnten Gesang, wo es um die verräterische Narbe an Odysseus' Bein geht und wie er sie bekommen hat.

Sie lachte. Nein, nein. Es ist wirklich wie in der Dichtung.

Ich stieg hinauf und fand ihren Vater, der mir dann seine Geschichte erzählte.

Am ersten Abend auf See hatten Daddy und ich auf unserem kleinen Balkon gesessen, vor uns die Cocktailgläser, und uns gefragt, wer an einer *Odyssee*-Kreuzfahrt teilnimmt. Im Laufe der nächsten Tage hatte sich ein Bild ergeben. Die Familie aus New Orleans fuhr jeden Sommer gemeinsam in die Ferien, wie der frühreife Junge erzählt hatte, der beim Frühstück festgestellt hatte, dass Homer einen Lektor vertragen könne, wenngleich dieses Jahr etwas Besonderes sei, wie seine Mutter später erzählte, denn es war der erste Sommer nach dem Tod ihrer Schwester, der Tante des Jungen. Wir wollten etwas Besonderes unternehmen, sagte sie eines Abends, und Homer sei eben etwas ganz Besonderes. Manche hatten Homer auf der Highschool oder auf dem College gelesen und wollten die historischen Orte besuchen. Doch die allerbeste Geschichte hatte der Vater der blonden Frau.

Sie wollen wahrscheinlich wissen, woher ich die Narbe am Bein habe, sagte er sofort, nachdem ich ihn auf dem Sonnendeck gefunden hatte, in einem Liegestuhl, nur mit Shorts bekleidet. Die Narbe war deutlich zu sehen: eine Linie, die sich von oberhalb des Schienbeins bis zum Knöchel zog.

Ich habe sie während des Krieges bekommen, sagte er.

Ich machte ein erstauntes Gesicht, denn er sah nicht älter aus als mein Vater.

Oh, ich war kein Soldat. Er lachte. Ich war zu der Zeit ein Teenager. Ich bin Belgier. Waren Sie schon mal in Belgien?

Ich nickte. In Antwerpen, sagte ich. Und in Brüssel.

Aha, Sie waren also in meiner Heimatstadt. Wir haben in Brüssel gelebt, in der Nähe des Museums. Sie kennen es?

Ja, ganz gut. Ich erzählte, dass dort eines meiner Lieblingsgemälde hängt, Brueghels *Landschaft mit dem Sturz des Ikarus*.

Ah ja. Ein sehr berühmtes Gemälde, für Sie als Altphilologe bestimmt sehr interessant.

Ja, sagte ich. Es geht um den Menschen, der in seiner Hybris die Götter herausfordert.

Er warf mir einen amüsierten Blick zu. Ich denke, es geht darum, dass es unklug ist, den Vater herauszufordern!

Wir plauderten über Brüssel. Dann sagte er: Die Geschichte meiner Narbe hat mit dem Altgriechischen zu tun. Der letzte Kriegswinter war sehr hart, es war unglaublich kalt. Es gab kaum etwas zu essen. Mein Cousin in Amsterdam hat erzählt, dass sich die Leute im Hungerwinter von Tulpenzwiebeln ernährt haben. Meine Eltern waren relativ wohlhabend, wir hatten ein großes Haus, während des Kriegs waren mehrere Leute bei uns einquartiert, die kein Dach mehr über dem Kopf hatten oder sich verstecken mussten.

Ja, sagte ich, ich weiß, was Sie meinen. Erzählen Sie weiter.

Ich war ein junger Kerl. Meine Brüder und ich hatten einen brillanten Lateinlehrer. Er war ein bisschen exzentrisch. Ein Einzelgänger, Junggeselle, glaube ich, aber er war ein fabelhafter Pädagoge, trotz seiner merkwürdigen Spleens. Er war ein wenig ungepflegt. Einer meiner Brüder hat erzählt, dass er, wenn er vor dem Krieg bei ihm zu Hause Privatstunden hatte, nur von der in Stanniolpapier eingewickelten Schokolade aß, weil er nichts essen wollte, was unser Lehrer berührt hatte.

Er lachte leise.

Er kannte die ganze antike Literatur. Wenn alle Werke, über die wir heute verfügen, morgen vernichtet wären, hätte er vermutlich achtzig Prozent aus dem Gedächtnis niederschreiben können. Jedenfalls lebte er während der Besatzungszeit bei uns, in einer kleinen Mansarde. Er bekam zu essen, er bekam Kleidung, und er hatte es warm. Dafür gab er uns Privatunterricht. Ich weiß noch, dass er lateinische Wörter für moderne Sachen erfand – »Luftangriff« und »Flügelsprengbombe« und so weiter. Ziemlich witzig. Das letzte Kriegsjahr, wie gesagt, herrschte großer Hunger. Und es war kalt. Ohne Brennholz fror man einfach. Also lernten alle Holzhacken. Eines Tages bin ich losgezogen, um Holz zu organisieren. Ich dachte, dass ich das schaffe, obwohl ich erst vierzehn war. Aber ich war sehr dünn und schwach vor Hunger. Statt das Holz traf ich mit der Axt mein Bein. Es war eine tiefe Wunde, nicht bis auf den Knochen, aber doch sehr tief. Wie Sie sehen können!

Ich nickte.

Sie fragen sich bestimmt, was das mit unserer Kreuzfahrt zu tun hat. Ich werd Ihnen erzählen, was passiert ist. Die Wunde entzündete sich. Wir waren ja alle unterernährt. Ich hatte nicht die Kraft, die Infektion abzuwehren. Es war eine ziemlich böse Sache, ich musste tagelang im Bett liegen, hatte hohes Fieber. Und mein Hauslehrer saß Tag und Nacht an meinem Bett. Er war die ganze Zeit an meiner Seite. Und was glauben Sie, was er gemacht hat?

Ich habe keine Ahnung, sagte ich.

Er hat mir die *Odyssee* auf Griechisch vorgelesen! Er hat Latein mit mir gesprochen. Er hat die ganzen Klassiker rezitiert, nur damit ich den Klang im Kopf hatte. Ich habe einiges verstanden, denn ich hatte ja schon zwei Jahre bei ihm gelernt. Und ich glaube, dieser Klang, der Klang einer Stimme, die Dichtung rezitiert, half mir, wieder gesund zu werden. Ja, ich glaube wirklich, dass es so war. In gewisser Weise hat die *Odyssee* mir also das Leben gerettet.

Er hielt einen Moment inne und sah mich dann direkt an. Und ich kann Ihnen sagen, sie hat sich mir eingeprägt.

In makellosem rhythmischen Altgriechisch begann er nun, Athenes Worte an Zeus aus dem ersten Gesang zu rezitieren:

Aber mir zerreißt es das Herz um Odysseus, den klugen,
schicksalgeschlagnen, welcher nun lange schon fern von den Lieben
leidet auf flutumschlossener Insel ...

Also deshalb machen Sie die Kreuzfahrt – weil Ihnen die *Odyssee* so viel bedeutet?

Der Mann mit der Narbe am Bein sagte: Weil mir mein Lehrer so viel bedeutet hat. Ich habe mir immer vorgestellt, dass ich eines Tages eine Gelegenheit finden werde, ihn zu ehren, und dies schien mir der beste Weg zu sein: sich auf die Spuren von Odysseus zu begeben. Mein Lehrer ist schon lange tot, aber ich kann nur hoffen, dass er damit einverstanden wäre.

Als ich in unsere Kabine zurückkehrte, lag mein Vater auf dem Bett und las die *Ilias* auf seinem iPad. Ich muss dir etwas erzählen, sagte ich. Er legte sein Gerät beiseite, und dann erzählte ich ihm die Geschichte des Belgiers.

Das kann man sich doch unmöglich ausdenken, sagte ich.

Daddy schwieg.

Komm schon, Dad, du musst zugeben, es ist unheimlich – diese Narbe am Bein. Die *Odyssee*!

Ja, sagte er schließlich. Schon erstaunlich. Niemand wird dir glauben.

Wir schwiegen eine Weile.

Der Hungerwinter, sagte er dann in dem anerkennenden Ton,

den er immer anschlug, wenn er vom Zweiten Weltkrieg sprach, diese schwere Zeit, als die Guten gut waren und die Bösen böse und man einfach wusste, worum es ging.

Ich kannte einen jungen Holländer, sagte er, als ich auf der Highschool war.

Er starrte auf seinen dunklen Bildschirm.

Joop hieß er. Ich habe Joopy zu ihm gesagt. Er war kurz vor Kriegsausbruch mit seinen Eltern aus Holland gekommen.

Er war mit dir befreundet?, fragte ich. Was mochte das für eine Geschichte sein. Von einem holländischen Freund hatte ich noch nie gehört.

Nein, sagte mein Vater. Er gehörte nicht zu unserer Clique, Walter, Eugene Miller und so weiter. Aber in unserer Gegend lebten viele Flüchtlingskinder. Du weißt ja, Wolfgang Grajonca war ein Kumpel von mir – der spätere Rock-Promoter Bill Graham. Er hat sich einen anderen Namen zugelegt. Aber er war ein Flüchtling, er wohnte in unserem Haus.

Ich nickte. Diese Geschichte erzählte er gern.

Wir waren viel zusammen, aber Joop gehörte irgendwie nicht zu uns.

Etwas kribbelte in mir.

Du meinst ...

Aber er hatte mich gern, sagte mein Vater.

Was meinst du, er »hatte dich gern«?

Er hatte mich, du weißt schon, auf diese besondere Weise gern.

Ich starrte meinen Vater an.

Soll das heißen, er war schwul?

Ja, das war er wohl. Ja.

Und du warst das Objekt seiner Zuneigung? Ich versuchte, einen etwas unbeschwerteren Ton anzuschlagen, aber mein Vater blieb ernst.

Er hatte mich gern. Er hielt sich in meiner Nähe auf, aber bei unseren Sachen hat er nicht mitgemacht, Baseball und so weiter.

Aber er war immer da, und er hatte was auf dem Kasten, das fand ich toll. Er hat viel gelesen, wir haben dann darüber gesprochen.

Versonnen schaute mein Vater auf sein iPad. Ich habe Joopy zu ihm gesagt, und er hat Loopy zu mir gesagt. Aber nur er, nie jemand anders. Natürlich.

Natürlich, wiederholte ich. *Daddy Loopy*, dachte ich.

Also daher hast du das?

Jedenfalls, sagte mein Vater, ohne auf meine Frage einzugehen, am Ende wurde mir klar, was er ... wie er zu mir stand.

Ich konnte nicht glauben, dass er mir noch nie davon erzählt hatte. Und, was ist dann passiert?

Was dann passiert ist? Vergiss nicht, das war in der Bronx. Damals ist nie etwas »passiert«.

Ich lachte. Aha, verstehe.

Jedenfalls nicht in meinem Freundeskreis. Das war ohnehin nicht mein Ding, wie du weißt.

Er schüttelte den Kopf.

Aber wie hast du reagiert?, fragte ich.

Oh, ich war freundlich zu ihm. Was denn sonst? Es hat mich nicht gestört. Man hat davon gehört, dass es das gab, man hat wohl darüber gelacht, aber was soll's. Zuerst habe ich mich wohl ein bisschen zurückgezogen, als mir klar wurde, worum es ihm ging, aber für mich war das kein Problem, und ich habe mich daran gewöhnt. Jedenfalls hat er dann irgendwann einen Freund gefunden.

Einen Freund. Ich erinnerte mich, wie er und meine Mutter über meine Highschool-Lehrer sprachen. *Er hat einen »Freund«, nicht wahr?*

Daddy, sagte ich. War es das, woran du gedacht hast, als ich mich dir und Mutter gegenüber geoutet habe und du gesagt hast: »Lass mich mit ihm reden, ich verstehe etwas davon«?

Er nickte. Ich erinnerte mich auch, wie unangenehm mir die Situation war. Es wäre leichter gewesen, wenn ich gewusst hätte, dass ihm meine Erfahrung ganz fremd gewesen wäre. Die Vorstellung, dass mein Coming-out zu einer Nähe zwischen uns führt, hatte mich verwirrt und mir Angst gemacht. Ich war an dem Tag rasch aus dem Zimmer gelaufen, und dann hatte sich die Sache erledigt. Es ist okay, erklärte ich meinen Eltern später, wir müssen nicht darüber reden.

Daddy, sagte ich wieder. Nur damit ich das richtig verstehe: Es gab damals in der Bronx einen jungen schwulen Holländer, der in dich verliebt war, auf den dein Name Loopy höchstwahrscheinlich zurückgeht, und du bist nie auf die Idee gekommen, mir davon zu erzählen?

Mein Vater blickte zu Boden. Ach, Dan. Ich wusste einfach nicht, wie ich es anfangen sollte.

Mir fiel nichts ein, was ich dazu sagen konnte. Am Ende hielt ich es wie mein Vater: Ich war nett zu ihm.

Okay, sagte ich. Aber jetzt weißt du es. Menschenskind, Dad.

Er drückte einen Knopf auf seinem iPad, woraufhin die *Ilias* in der dunklen Kabine bläulich leuchtete. Ja, hast recht. Dann schaute er auf. Es ist eine *Odyssee*-Kreuzfahrt, sagte er. Jeder hat eine Geschichte zu erzählen. Und jeder ... jeder hat eine Schwäche.

Ja, sagte ich. Stimmt.

Und dann fügte er leichthin hinzu: Manche Geschichten brauchen einfach ihre Zeit.

Odysseus' Besuch bei den Toten hat zwar die Aura von Endgültigkeit, aber es ist nicht das letzte Abenteuer, von dem er den fasziniert lauschenden Phaiaken in den Apologoi erzählt. Das letzte Abenteuer ist tatsächlich das erste, von dem wir in der *Odyssee* hören: die Episode mit den Rindern des Sonnengottes, Höhepunkt des zwölften Gesangs und das einzige seiner denkwürdigen Erlebnisse, das im Proömium erwähnt wird.

Über diese entscheidende Episode wollte ich mit meinen Studenten möglichst ausführlich sprechen. Nachdem wir unsere

Diskussion über den elften Gesang und das Land der Toten beendet hatten, bat ich sie, eine kurze Pause einzulegen, dann wäre genug Zeit, uns anschließend den Rindern des Sonnengottes zuzuwenden.

Als Odysseus mit seinen Gefährten zur Insel Thrinakia gelangt, wissen alle, entsprechend gewarnt von Teiresias und Kirke, dass die dort weidenden Rinder und Schafe, die dem Sonnengott Hyperion gehören, nicht angerührt werden dürfen. Jede Herde zählt genau dreihundertfünfzig Tiere. Zunächst halten sich die Gefährten an das Verbot, doch nach einer Weile übermannt sie der Hunger. Als Odysseus sich entfernt, um die Götter um Hilfe zu bitten, nutzen sie die Gelegenheit und schlachten einige Tiere, rösten sie auf Spießen und verzehren sie. Hyperion, der alles sieht, fordert die Götter auf, die Männer zu bestrafen; wenn nicht, werde er in den Hades gehen und den Toten scheinen – eine groteske, furchtbare Umkehrung der natürlichen Ordnung. Die Götter erhören ihn und schicken, als die Griechen von Thrinakia abreisen, einen furchtbaren Orkan über das Meer. Odysseus überlebt als Einziger diese letzte Katastrophe. So kommt es, dass er seinen *nostos* allein unternimmt und sich als Held seines Epos erweist.

Über diese Episode, die, wie sein Besuch in der Unterwelt, einige der gespenstischsten Momente des gesamten Epos enthält (die geschlachteten Tiere bewegen sich, das gebratene Fleisch brüllt und muht), wollte ich diskutieren. Vor allem sollten die Studenten erkennen, wie sie sich in die Gesamtstruktur des Epos einfügt. Denn die Geschichte mit den Rindern des Sonnengottes, die erklärt, warum Odysseus auf Kalypsos Insel landet, bringt uns zurück zur Einleitung, zum ersten Gesang, wo wir Odysseus am Ende seines siebenjährigen Aufenthalts bei Kirke vorfinden, klagend und weinend, fest entschlossen, nach Hause zurückzukehren.

Exakt in der Mitte vollzieht die *Odyssee* also eine gigantische 360-Grad-Wende: Nach all den Irrfahrten sind wir wieder dort, wo alles angefangen hat. *Wie kann man große Entfernungen zurücklegen, ohne irgendwo anzukommen? Indem man sich im Kreis bewegt.*

Doch sosehr ich mich auch bemühte, es gelang mir nicht, die Studenten für die Rinder des Sonnengottes zu interessieren – jedenfalls nicht für das, was ich interessant fand, für das, was ich einst gelernt hatte. (*Denkt mal nach*, hatte Jenny vor dreißig Jahren gesagt, *sie gehören der Sonne, sie können nicht sterben. Es gibt dreihundertfünfzig Stück, was ziemlich genau der Anzahl von was entspricht?* Und ich hatte gesagt: *der Zahl der Tage im Jahr.* Ich war verwirrt, aber Jenny lächelte. *Wird aber auch Zeit.*)

Wie sich zeigte, waren die Überlegungen der Studenten viel interessanter als meine.

Brendan sagte: Ich will noch einmal zurückkommen auf Kirke im elften Gesang. Ich finde interessant, wie viele Ähnlichkeiten es zwischen ihr und Kalypso gibt.

Jack sagte: Genau. Ich verwechsle die beiden immer. Beide sind ganz verknallt in Odysseus.

Einige Studenten äußerten sich zustimmend. Als fühlte er sich dadurch bestärkt, fuhr Brendan dort.

Ich habe eine Liste der Ähnlichkeiten und der Unterschiede zwischen den beiden zusammengestellt, sagte er, griff nach seinem gelben Notizblock und begann vorzulesen. Also, die Ähnlichkeiten:

Beide leben auf einsamen Inseln mit Tieren und üppiger Flora.
Beide sind die Geliebte von Odysseus.
Beide geben ihm wertvolle Hinweise für die Zeit nach
seiner Abreise.
Beide sind Nymphen, also Halbgöttinnen.
Beide besitzen übernatürliche Kräfte.
Beide sind Töchter von Titanen (Kirke von Helios, Kalypso
von Atlas).
Beide Namen beginnen mit K.

Kalypso bedeutet »die Versteckerin«, Kirke bedeutet »die Einkreisende«. Beide Namen verweisen also auf Gefangenschaft.

Hermes spielt in beiden Episoden eine Rolle. Im fünften Gesang taucht er auf, um Kalypso aufzufordern, Odysseus freizugeben. Und im zehnten Gesang taucht er auf, um Odysseus vor Kirke zu beschützen, die mit ihrer Zauberkraft Menschen in Tiere verwandeln kann.

Brendan holte tief Luft.

Ich sagte: Okay. Und worauf wollen Sie hinaus?

Also, wir wissen, dass Odysseus auf Kalypsos Insel war, weil Homer uns das berichtet. Das ist der Teil des Gedichts, den er von der Muse erhält, richtig? Aber er erzählt uns von Kirke im Zusammenhang mit den Abenteuergeschichten, die er den Phaiaken erzählt, und sie ist Kalypso wirklich sehr ähnlich. Und es gibt noch andere erstaunliche Parallelen. Ich weiß, es klingt vielleicht weit hergeholt, aber mir ist im zehnten Gesang aufgefallen, wie sehr die Laistrygonen den Phaiaken ähneln. Odysseus gelangt zu ihrer Insel, begegnet der Prinzessin, der Königin, dem König, aber die Laistrygonen erweisen sich als albtraumartige Version der Phaiaken.

Richtig, sagte ich. Wir haben in der letzten Woche darüber gesprochen.

Tom Blondschopf nickte. Es stimmt. Viele Geschichten, die Odysseus den Phaiaken erzählt, erinnern dunkel an Dinge, von denen wir wissen, dass er sie in den vorangegangenen Gesängen erlebt hat.

Nina schaute auf. So ziemlich alles, was er in seinen Abenteuergeschichten erzählt, wirkt wie ein unheimlicher Traum. Es ist vertraut und zugleich bizarr.

Ich weiß nicht, sagte Brendan. Mir scheint fast – also gut, ich versuch's mal so: Halten Sie es für möglich, dass die Geschichten, die er den Phaiaken erzählt, frei erfunden sind? Ich habe das Gefühl, dass er sich das ganze Zeug ausdenkt, ausgehend von dem, was er tatsächlich erlebt hat.

Ich ahne, worauf Sie hinauswollen, sagte ich. Das sind wirklich interessante Überlegungen. Sie müssen Ihre Interpretation aber begründen. Angenommen, Homer will uns glauben machen, dass die Apologoi total erfunden sind, dass es wilde Storys sind, ausgehend von Erlebnissen, die Odysseus tatsächlich gehabt hat, aber grandios übertrieben und dramatisiert – dass Odysseus, genau wie Homer, beim Erzählen improvisiert, weil er sein Publikum fesseln will. Die Frage wäre dann: Warum? Warum würde er andeuten, dass die Apologoi erfunden sind?

Die Studenten saßen nachdenklich da.

Da platzte es aus Jack heraus: Tut mir leid, Herr Professor, ich möchte Ihnen nicht zu nahe treten, wirklich nicht. Aber manchmal habe ich den Eindruck, dass Sie Ihre Interpretation für die einzig richtige halten und dass wir die Dinge genau so sehen sollen wie Sie, und was nicht in Ihre Interpretation passt, lassen Sie nicht gelten. Ich finde Brendans Überlegung ziemlich cool. Vielleicht denkt sich Odysseus vieles tatsächlich einfach aus. Warum muss denn alles eine »Bedeutung« haben?

Es wurde still im Raum.

Mein erster Impuls war natürlich, mich zu verteidigen. Dass ausgerechnet Jack, der Spaßvogel, so heftig reagiert hatte, überraschte mich.

Ich wusste, dass mein Vater mich beobachtete.

Betont ruhig sagte ich: Sie müssen sich nicht entschuldigen. Dies ist ein Seminar, Sie können Ihre Meinung frei äußern. Sie alle. Tut mir leid, wenn Sie glauben, dass ich Ihnen meine Sichtweise aufzwingen will – das ist jedenfalls nicht meine Absicht.

Im selben Moment fragte ich mich, ob das wirklich so war.

Jack setzte schon zu einer kleinlauten Erklärung an, doch ich hielt die Hand hoch. Ich habe kein Problem damit, wirklich. Wenn Sie dieser Ansicht sind, sollten wir darüber diskutieren. Ich glaube, es gibt bestimmte Elemente in der *Odyssee*, die erläutert werden sollten, bestimmte Interpretationen, die über die Jahrhunderte, über Jahrtausende vorgebracht und weitergegeben wurden. Und ich bin der Ansicht, dass Sie sich in diesem Seminar, wenn irgend möglich, mit diesen Interpretationen auseinandergesetzt haben sollten. Beispielsweise mit der Frage, welche Rolle die Rinder des Sonnengottes spielen, zu der wir noch immer nicht gekommen sind.

Einige Studenten kicherten nervös.

Und obwohl ich es gut finde, wenn Ihnen an einem Text bestimmte Dinge auffallen, so haben Sie als Leser doch die Aufgabe, sie zu interpretieren, sich zu fragen, wie sie in das Gesamtbild passen. Das habe ich in meinem Studium gelernt, und das haben meine Lehrer ihrerseits in ihrem Studium gelernt. Wenn das Werk eine innere Logik aufweist, werden sich diese Details zusammenfügen, selbst wenn sie zunächst ganz unscheinbar sind und selbst wenn das Gesamtbild nicht klar ist. Erst durch genaue Lektüre zeigt sich, wie dieses Gesamtbild aussieht und aus welchen Puzzleteilen es sich zusammensetzt. Das nennt man Textinterpretation, und darum geht es in der Philologie. Interpretation ist keine nebulöse subjektive Angelegenheit, sie gründet auf akribischem Textstudium.

Ich sah mich nach meinem Vater um. Er nickte, runzelte aber die Stirn.

Dann wandte ich mich den Studenten zu. Mir schien, als hielten alle den Atem an. Ich warf Jack einen fragenden Blick zu. Er nickte.

Aber wie gesagt, fuhr ich fort, ich finde diesen Gedanken faszinierend. Ich werde Ihnen weiterhin unvoreingenommen begegnen. So wie Sie sich hoffentlich anhören werden, was ich zu sagen habe. Einverstanden?

Sie nickten. Plötzlich fragte Jack verschmitzt: Haben wir jetzt einen Konflikt?

Großes Gelächter.

Alles okay, sagte ich, doch mir fiel auf, dass ich heftig mit dem Knie wippte. Schwierige Diskussionen mit Studenten waren mir nicht neu. Warum hatte ich diesmal so empfindlich reagiert? Und dann begriff ich: Mein Vater saß da und schaute zu.

Ich bin froh, dass wir darüber gesprochen haben, sagte ich schließlich. Will noch jemand etwas zu diesem Thema sagen? Ich bin ganz Ohr.

Tom Blondschopf sagte: Ich finde, diese Überlegung hat was für sich, im Grunde ist es eine philosophische Frage. Wir sprechen immer vom Geschichtenerzählen und davon, wie wichtig das in der *Odyssee* ist und dass man zwischen den Zeilen lesen muss, wie beispielsweise in der Episode mit Helena und Menelaos im vierten Gesang. Wenn Homer die Apologoi also präsentiert als etwas, das auf Wahrheit beruht, aber nicht die ganze Wahrheit zum Ausdruck bringt, dann fragt man sich natürlich, was »Wahrheit« überhaupt ist.

Madeline sagte langsam: Es ist komisch, dass wir darüber diskutieren, welche Abenteuer real und welche fiktiv sind, schließlich ist das ganze Epos Fiktion.

Tom nickte. Das, sagte er, ist der springende Punkt bei dem ganzen Thema Geschichtenerzählen, das wir so ausführlich diskutieren. Wenn man so an die Sache herangeht, muss man sich am Ende des zwölften Buchs doch fragen, woher man weiß, was wahr ist.

Es war halb eins, und ich hatte keine Antwort darauf. Die Studenten fingen an, ihre Sachen einzupacken. Ich nahm mir vor, am Abend Jenny anzurufen und sie zu fragen, was sie von dieser Diskussion hielt.

Auch nachdem ich meinen Vater zum Bahnhof gebracht hatte, dachte ich weiter darüber nach. Als Autor konnte ich verstehen, was an dieser Interpretation der Apologoi so reizvoll war, was den Studenten an einer spielerischen Erzählhaltung so vorteilhaft erschien, die sie Homer zuschreiben wollten. Als Autor konnte ich verstehen, was an einem Homer so attraktiv war, der grundsätzliche Fragen über die unscharfe Grenze zwischen Fakten und Fiktion stellt, der die Erzählungen des Odysseus als Meditation über das Geschichtenerzählen betrachtet, der findet, dass ein guter Erzähler sich nicht an konkrete Begebenheiten halten muss, die sich ja oft der Bedeutung entziehen, die wir ihnen überstülpen wollen, sondern reale Begebenheiten nimmt, die er dann – weil er seine Zuhörer zum Nachdenken über dieses oder jenes Thema anstiften will, über das Unterwegssein oder Lernen oder Erziehung, über Ehe oder Väter und Söhne – großzügig ausschmückt, um seine Überlegungen noch deutlicher zu machen.

Doch als ich Jenny am Abend schließlich anrief und ihr die Überlegungen meiner Studenten schilderte, reagierte sie skeptisch.

Ich fasste zusammen: Letztlich sagen meine Studenten, dass Odysseus seine Geschichten erfunden hat, allerdings auf der Grundlage von Begebenheiten, von denen wir wissen, dass er sie erlebt hat, weil sie uns vom Dichter berichtet werden. Die Annahme ist, dass ein guter Erzähler einem guten Lügner gleicht: In der Erzählung steckt immer ein Körnchen Wahrheit.

Jenny blies hörbar Rauch aus.

Ja, sagte sie. Das ist eine hübsche Idee. Aber wie willst du es letztlich beweisen?

Ich hatte vor dreißig Jahren bei ihr studiert, aber sie war, zumal in puncto *Odyssee*, noch immer ein Fixstern für mich. Ich wollte die Sache schon auf sich beruhen lassen, als mir ein Gedanke kam.

Dieses Argument, sagte ich, gilt doch auch umgekehrt. Wie kann man beweisen, dass er *nichts* erfunden hat?

Eine Weile war ich sehr zufrieden mit mir. Eine Woche später rief Jenny an.

Also, das offensichtliche Gegenargument ist mir natürlich nicht eingefallen, sagte sie.

Gegen was?, fragte ich.

Dass die Apologoi erfunden sind, dass Kirke eine Erfindung ist, angelehnt an Kalypso, und so weiter.

Ja, die Studenten sind ganz begeistert von ihrer kleinen Theorie, sagte ich.

(Das galt auch für mich.)

Mmmmh. Aber wenn sie stimmt, was fängst du dann mit 8.447 an?

8.447?, wiederholte ich verständnislos.

Ja, sagte Jenny. Achter Gesang, Vers 447. Bevor die Phaiaken Odysseus auf den Heimweg schicken, überreichen sie ihm Abschiedsgaben, und laut Homer packt er sie in eine prächtige Truhe, die er mit einem komplizierten Knoten verschnürt, den er von Kirke gelernt hat. Und das erfahren wir von Homer, nicht von Odysseus.

Oh, sagte ich. So viel also zu der interessanten Idee.

Der Text ist der Text, sagte sie, es steht alles da, was wir wissen müssen. Auch die Antworten. Man muss nur ein bisschen genauer lesen.

Klar, sagte ich.

Aber ich ließ mir noch ein wenig Zeit, bevor ich den Studenten davon berichtete. Sie hatten sich so gefreut über ihre Entdeckung.

An einem glühend heißen Juninachmittag befand sich die *Corinthian II* auf dem Weg von Neapel zur Straße von Messina, jener Meerenge, die Süditalien von Sizilien trennt. Dort ereignete sich der Legende nach Odysseus' Begegnung mit Skylla und Charybdis, den abscheulichsten, schrecklichsten Ungeheuern, denen er und seine Gefährten auf ihrer Irrfahrt begegnen – sozusagen der Endpunkt des Spektrums, das im neunten Gesang mit dem Überfall auf die Kikonen begann. Die beiden Monster sollen an jeweils einem Ufer gehaust haben. Skylla ist auf den ersten Blick das groteskere Ungetüm, von der Gestalt eines Hundes, mit zwölf Beinen, sechs Hälsen, darauf grässliche Häupter, in den Mäulern drei Reihen von messerscharfen Zähnen; Charybdis jedoch, ein gigantisches Becken, das dreimal täglich das Wasser der Meerenge schluckt und dann wieder ausspuckt, ist letztlich die größere Bedrohung. Kirke warnt Odysseus im zwölften Gesang vor dieser gefährlichen Meerenge und rät ihm, sich näher an Skylla zu halten, da sie höchstens sechs Männer packen könne, während Charybdis das ganze Schiff in die Tiefe reißen werde; und es sei »schließlich viel besser, sechs Gefährten im Schiff zu vermissen als alle zusammen«. Odysseus befolgt Kirkes Rat, verheimlicht seinen Gefährten aber, was ihnen bevorsteht.

Am vorletzten Tag der Kreuzfahrt – tags darauf würden wir Ithaka sehen, und am nächsten Morgen würden wir wieder in Athen sein und nach Hause zurückfliegen – war die Straße von Messina so glasklar und ruhig wie eine Eisbahn. Mein Vater, der den zwölften Gesang zum Anlass genommen hatte, Zweifel an den Führungsqualitäten unseres Helden anzumelden (*Bin ich der Einzige hier, der der Ansicht ist, dass das keine Art ist, wie man mit seiner Crew umgeht – ihnen Geheimnisse vorzuenthalten, sie nicht vor einer bevorstehenden Gefahr zu warnen?*), schaute sich skeptisch um.

Kaum zu glauben, dass in diesen Gewässern irgendetwas sinken könnte, stellte er zufrieden fest. Ich schwieg. Auf einer Landzunge waren Ruinen zu sehen, vermutlich einer alten Festung. Mein Vater schaute hinüber und sagte: Immer geht es um Krieg.

Als wir, zurückgekehrt von unserer Exkursion, an Bord herumstanden und Eistee tranken, meldete sich der Kapitän über Lautsprecher.

Wegen der Wirtschaftskrise in Griechenland finden in dieser Woche landesweite Streikaktionen statt. Ich habe soeben erfahren, dass der Kanal von Korinth geschlossen wurde.

Die Passagiere reagierten unruhig. Korinth? Korinth steht doch gar nicht auf dem Programm. Wie ...?

Wieder krächzte es aus dem Lautsprecher. Der Kanal von

Korinth stellt eine bequeme Verbindung zwischen West- und Ostgriechenland dar. Ithaka liegt an der Westküste, wir sind nicht weit entfernt. Aber Athen liegt an der Ostküste. Die Fahrt in west-östlicher Richtung ist ein Kinderspiel, wenn man den Kanal benutzt, da der aber momentan geschlossen ist, müssen wir nun einen großen Umweg machen – die ganze Westküste hinunter, um die Südspitze der Peloponnes herum und dann wieder die Ostküste hinauf. Stellen Sie sich vor, der Panamakanal wäre geschlossen: Um vom Pazifik zum Atlantik zu kommen, müsste man ganz Südamerika umfahren. Das ist ein ziemlicher Umweg.

Ach du liebes bisschen, sagte jemand.

Mein Vater sah mich fragend an.

Plötzlich begriff ich. Uns bleibt keine Zeit für Ithaka, sagte ich. Wir werden den ganzen morgigen Tag für den Umweg nach Athen brauchen.

Das bedeutet leider, meldete sich der Kapitän wieder, dass wir heute Abend mit der Rückfahrt nach Athen beginnen müssen. Morgen werden wir den ganzen Tag auf See sein. Der Zwischenstop auf Ithaka muss bedauerlicherweise entfallen.

Enttäuschung machte sich breit. Echt jetzt? ... Nicht Ithaka? Ithaka gestrichen? Aber das ist das große Finale der ganzen Reise! Unmöglich ...!

Etwas abseits sah ich den alten Belgier im Gespräch mit seiner Tochter. Wie durch Gedankenübertragung schauten sie in diesem Moment herüber und bemerkten mich. Ich zupfte meinen Vater am Arm, dann schlenderten wir hinüber zu den beiden. Mein moderner Odysseus, die Narbe unter einem weißen Hosenbein verborgen, guckte amüsiert.

Na?, sagte er und strich sich über seinen gepunkteten Ascot-Schal. Für Sie als Altphilologe muss das doch eine Riesenenttäuschung sein, dass Sie Ithaka nicht zu sehen bekommen!

Ich freute mich sehr, mit ihm reden zu können. Angesichts seiner eigenen Leidensgeschichte erschien die Neuigkeit, von der wir gerade gehört hatten, in einem ganz anderen Licht. Seinetwegen nahm ich mir vor, gelassen zu reagieren.

Ja, durchaus. Aber irgendwie finde ich es gut, dass wir Ithaka nicht sehen werden. Sie wissen schon, der unendliche Horizont.

Mein Vater sagte mürrisch: Bei Homer ist der Horizont aber nicht unendlich.

Ich befürchtete schon, er werde mir einen Vortrag über mathematische Unendlichkeit halten, doch er fuhr ungeduldig fort: Im Gedicht erreicht er Ithaka. Das ist einfach eine blöde Sache.

Während Daddy und ich am nächsten Morgen auf unserem Balkon saßen, schweigend unseren Kaffee tranken und auf die unruhige See schauten, klopfte ein Steward an die Tür, um eine Mitteilung des Kapitäns zu übergeben. Ihm sei bekannt, stand da, dass ich unlängst eine Übersetzung der Werke des griechischen Dichters Konstantinos Kavafis veröffentlicht hätte. Kavafis' Gedicht »Ithaka« habe, wie ich bestimmt wisse, in Amerika ein großes Echo gefunden, seit es bei der Beerdigung von Jacqueline Kennedy Onassis im Jahr 1994 verlesen worden war. Da unser Ziel uns plötzlich »abhandengekommen« sei (wie der Kapitän schrieb) und wir nun einen ganzen Tag ohne Programm vor uns hätten, wolle er anfragen, ob ich mir vorstellen könne, Kavafis' Gedicht zu lesen und vielleicht einen kleinen Vortrag darüber zu halten. Das reale Ithaka würden wir zwar nicht sehen, aber so könnten wir es zumindest im übertragenen Sinn besichtigen.

Natürlich sagte ich zu. Und so kam es, dass ich an dem Nachmittag, als wir eigentlich in Ithaka sein sollten, einer kleinen Schar von Passagieren einen Vortrag über »Ithaka« hielt.

Der Kapitän ist schlau, hatte ich gedacht, als ich den Steward mit meiner Antwort zurückschickte. Denn Kavafis' Gedicht trägt zwar den Namen des berühmtesten Ziels der Welt im Titel, aber es geht darin um die Vorzüge des Nicht-Ankommens.

Schon lange vor Kavafis, begann ich, hatten Dichter Odysseus für ihre eigenen Zwecke herangezogen und ihn mit einer eigenen

Geschichte ausgestattet. In Dantes *Inferno* etwa ist Odysseus (der hier seinen lateinischen Namen Ulysses trägt) einer der falschen Ratgeber, die wegen ihrer Falschheit in der Hölle büßen. Am Ende seines Lebens segelt er mit seinen Gefährten über den Rand der Welt hinaus. Doch im neunzehnten Jahrhundert war aus Strafe Belohnung geworden. Für die Romantiker war es die Rastlosigkeit, die Odysseus zum Helden machte. 1833 schrieb der vierundzwanzigjährige Alfred Tennyson, der später zum Poeta Laureatus ernannt und von Königin Victoria besonders geschätzt wurde, ein Gedicht mit dem Titel »Ulysses«, einen aus siebzig Versen bestehenden dramatischen Monolog des Odysseus. Tennysons Gedicht beginnt – ein wenig verblüffend für diejenigen, die das Werk Homers kennen und denen die Themen *nostos* und *homophrosyne* vertraut sind – mit einem alternden Ulysses, der über eine bittere Ironie nachsinnt: Das Leben auf Ithaka ist nicht so, wie er es sich in all den Jahren seiner Irrfahrt erhofft hatte. Der große Abenteurer ist nur mehr ein »untätiger König«, gelangweilt von seinen Pflichten und enttäuscht von seinem Volk (»ungleiche Gesetze teile ich aus und messe sie einem unzivilisierten Volk zu«). Penelope bezeichnet er brutal als »alternde Frau«, Telemachos ist pflichtbewusst, aber auch ein wenig langweilig (»makellos, anständig ... macht er seine Arbeit«). Das ersehnte Ziel erweist sich als große Enttäuschung – beziehungsweise seine Heimkehr als Problem, da sie das Ende seiner Irrfahrt darstellt, die, wie er nun erkennt, seinem Leben einen Sinn gegeben hatte. »Wie fade ist es haltzumachen, aufzuhören.« Tennysons Ulysses entsinnt sich seiner Abenteuer, die er in Worten resümiert, die bewusst an die Anfangsverse der *Odyssee* erinnern:

Viel habe ich gesehen und kennengelernt – Städte der Menschen
Und Gebräuche, Klimazonen, Ratschlüsse, Regierungen,
Mich selbst nicht am wenigsten, doch von allen geehrt,
Und die Freuden der Schlacht mit meinesgleichen genossen,

Fern auf den hallenden Ebenen des stürmischen Troja.
Ich bin Teil von allem, dem ich begegnet ...

Aber jetzt sagt er zu seinen Männern: »Alt seid ihr und ich.« Dies deutet darauf hin, dass all die wilden Abenteuer nur jenes Ereignis hinauszögern, das uns alle erwartet: »Der Tod schließt alles ab. Doch etwas, vor dem Ende, ein Werk von edlem Ruf, kann man noch tun.« Und so hat dieser Odysseus am Ende des Gedichts beschlossen, auf das von Homer ihm zugedachte Ende zu verzichten und wieder loszusegeln, dem Versprechen von Leben entgegen:

... denn mein Entschluss steht fest,
hinauszusegeln über den Sonnenuntergang und das Bad
aller Sterne des Westens, bis ich sterbe.

In der vielzitierten Schlusszeile bringt »Ulysses« den wahren Geist des Unterwegsseins, des Abenteuers auf den Punkt: »Streben, suchen, finden und nicht aufgeben.« T. S. Eliot bezeichnete Tennysons Gedicht hundert Jahre nach seiner Veröffentlichung als »vollkommen«.

Kavafis kannte das Gedicht sehr gut – er zitiert es als Motto einer älteren Fassung von »Ithaka«, die er 1894 als Dreißigjähriger veröffentlichte und in der es auch um das Thema des alternden Odysseus geht, der der so heftig ersehnten Heimkehr nichts abgewinnen kann. (»Er hasste die Luft an Land ... die Zuneigung des Telemach, die Treue der Penelope ... bedrückten ihn.«) Immer wieder kehrte Kavafis im Lauf der nächsten fünfzehn Jahre zu diesem Werk zurück, arbeitete es um, strich Material, das allzu offenkundig Tennyson verriet, und kam zu etwas erstaunlich Eigenem. In der endgültigen Fassung, die 1911 erschien, als er auf die fünfzig zuging, erscheint das Thema völlig losgelöst von der Person. Nirgends wird der Namen Odysseus erwähnt, aber indirekt deutet er Elemente der *Odyssee* an, wenn er den Helden offenbar direkt anspricht:

> *Wenn du deine Reise nach Ithaka antrittst,*
> *So hoffe, dass der Weg lang sei,*
> *Reich an Entdeckungen und Erlebnissen ...*

Tennysons Gedicht gewinnt an Dramatik, weil wir den inneren Monolog des Helden verfolgen können, von seinem enttäuschten Blick über sein Königreich bis hin zum Entschluss, wieder hinauszusegeln in die Welt. Doch in Kavafis' Gedicht – wir wissen nicht, wer mit Odysseus spricht – sind wir auf Augenhöhe mit Helden (jeder fühlt sich von dem »du« angesprochen). So entsteht der gespenstische Eindruck, dass jeder von uns Odysseus sein könnte, der Held seiner eigenen Reise. Die zweite Strophe wiederholt die Aufforderung »Hoffe, dass der Weg lang sei«, und es werden die Reichtümer aufgezählt, die man nur durch Reisen gewinnt: unbekannte Häfen, fabelhafte Waren in phönizischen Handelsplätzen, Bernstein und Ebenholz und Korallen und exotische Essenzen und, vor allem, Begegnungen mit weisen Fremden:

> *Besuche viele ägyptische Städte,*
> *Und lerne mehr und mehr von den Gelehrten.*

Natürlich dürfen wir unser Ziel nicht vergessen, ermahnt uns die ungenannte Person, was auch passieren mag. Aber es wird klar, dass der Sinn des Lebens im Leben selbst besteht und in dem, was wir daraus machen:

> *Bewahre stets Ithaka in deinen Gedanken.*
> *Dort anzukommen ist dein Ziel.*
> *Aber beeile dich auf der Reise nicht.*
> *Besser, dass sie Jahre dauert,*

Dass du als alter Mann erst vor der Insel ankerst,
Reich an allem, was du auf diesem Weg erworben hast,
Ohne die Erwartung, dass Ithaka dir Reichtum schenkt.

Hier spüren wir den Atem des Tennyson'schen Helden im Nacken. Kavafis weiß, wie sein englischer Kollege, dass der ersehnte Ort – wie so vieles, dem wir allzu lange mit großer Vorfreude entgegenblicken – nicht unbedingt dem entspricht, was wir uns erhofft haben.

Und auch wenn du es arm findest, hat Ithaka
Dich nicht enttäuscht. Weise geworden, mit solcher Erfahrung
Begreifst du ja bereits, was Ithakas bedeuten.

Kavafis formuliert hier auf sehr hohem Niveau einen Gedanken, der heutzutage ein oft bemühtes Klischee ist: dass der Weg wichtiger ist als das Ziel.

Nach dem Vortrag standen einige Passagiere noch ein wenig herum und plauderten. Ich freute mich, dass alle Teilnehmer unserer abendlichen Runde gekommen waren, auch der Belgier und seine Tochter.

Sehr raffiniert!, erklärte er mit einem Leuchten in den Augen. Nicht Ithaka, sondern »Ithaka«!

Nach dem Abendessen packten mein Vater und ich unsere Sachen. Am nächsten Morgen würden wir in Athen von Bord gehen.

Nun ja, sagte mein Vater, Klischees sind nicht umsonst Klischees. Am Nachmittag hatte er auf seinem iPad die beiden Gedichte von Tennyson und Kavafis gelesen.

Findest du?, fragte ich. Würdest du sagen, dass der Weg wichtiger ist als das Ziel?

Wahrscheinlich ist beides wichtig, erwiderte er. Ich meine, ich glaube natürlich an Resultate, an das Erreichen von Zielen.

Ich warf ihm einen amüsierten Blick zu, den er aber ignorierte.

Wahrscheinlich verstehen die meisten Leute unter »Ziel« genau das: dort anzukommen, wo man sein möchte, das zu erreichen, was man anstrebt. Das ist bestimmt nicht unwichtig im Leben. Man wird ja danach beurteilt, was man erreicht. Allein für die Bemühung gibt es keine guten Noten.

Das kam mir bekannt vor.

Ich sehe aber auch die andere Seite, sagte er schließlich. Man muss neugierig sein, neue Wege erkunden...

Ich musste an unsere Besuche bei Nino in all den Jahren denken, wie Nino von seiner letzten Reise nach Italien erzählt und gesagt hatte: *Jay, Jay, du solltest auf Reisen gehen!*, und mein Vater gesagt hatte: *Das verstehst du nicht.* Ich fragte mich, wie viele Dinge mein Vater hatte ausprobieren wollen und es dann aus irgendeinem Grund nicht getan hatte. Weil meine Mutter nicht gern reiste, unseretwegen.

Na, zumindest erkundest du jetzt etwas Neues! Meine Stimme klang etwas scharf.

Ja, sagte er. Dan, diese Reise ist wunderbar...

Er schien noch etwas sagen zu wollen, doch es kam nichts.

Und dann sagte er: Als alter Mann kann ich inzwischen verstehen, dass es wichtig ist, neue Wege zu gehen und Neues auszuprobieren, selbst wenn man scheitert. Man muss sich bewegen. Das Schlimmste ist, wenn man einrostet. Dann kann man gleich einpacken.

Gedankenverloren stand er vor dem Bett, auf dem sein geöffneter Koffer lag, hing irgendwelchen Gedanken nach. Ich erinnerte mich plötzlich an Ralph, einen seiner Kumpel vom Town Bagel, der mir im vorangegangenen Sommer etwas erzählt hatte, als ich zu Besuch bei meinen Eltern war. Er und Daddy hatten Golf gespielt, er hatte Daddy zu Hause abgesetzt und war noch einen Moment geblieben. (Nach all den Jahren Tennis hatte Daddys Ellbogen schließlich kapituliert, woraufhin er, mit Ende sechzig, beschlossen hatte, es mit Golf zu versuchen.) Ralph nahm mich beiseite. *Dein Vater ist ein grauenhafter Golfspieler!*, sagte er. *Sein Schwung ist schrecklich, seine Sachen sind dreckig! Aber ich muss sagen: Nicht viele Leute seines Alters fangen mit Golf an. Oder bleiben so hartnäckig dabei.* Nachdenklich schüttelte er den Kopf und lächelte. *Ich weiß, dass er manchmal allein spielt. Einmal bin ich am Golfplatz vorbeigefahren und habe ihn im Regen spielen sehen, ganz allein.*

Bei diesen Worten hatte ich mir Daddy vorgestellt, allein auf einem grünen Rasen, das graue Kapuzenshirt durchnässt, wie er zu einem Schlag ausholt. Ich konnte sein Gesicht sehen, wie er sich vor Konzentration auf die Unterlippe beißt und die Augen zusammenkneift. Es war der Ausdruck, den er so oft angenommen hatte, wenn er sich irgendwelche Dinge beibrachte.

In gewissem Sinne würde ich also zustimmen, dass auch der Weg wichtig ist, sagte er am letzten Tag unserer Kreuzfahrt. Wenn man unter »Weg« versteht, dass man sein Leben gestaltet. Das ist doch etwas.

Nach einer Weile sagte ich: Dann würdest du also Tennyson und Kavafis zustimmen, dass das Erreichen des Ziels bedeutet, dass alles vorbei ist, dass man ... am Ende ist.

Ich merkte, dass ich mich nicht dazu bringen konnte, das Wort »Tod« auszusprechen.

Aber er wusste, was ich sagen wollte.

Beide sagen, dass die Heimkehr in gewisser Weise ein Tod ist. Wenn man nicht mehr reist und keine Abenteuer mehr unternimmt, beraubt man sich der Möglichkeit, noch etwas zu erleben. Zu Hause sein, in vertrauter Umgebung, das heißt, dass bestimmte Dinge im Leben nicht mehr vorkommen.

Er schaute auf das Bett.

Es gibt ... keine Ungewissheit mehr, sagte er wie zu sich selbst. Es gibt nichts mehr, was man herausfinden möchte.

Ungewissheit, wiederholte ich. In seiner Stimme lag eine Bewunderung, die mich überraschte. Das hätte ich nicht für möglich gehalten. Schließlich war es in seinem Leben immer um Gewissheit gegangen – um Gleichungen, Formeln, Quantifizierungsmethoden.

Ungewissheit. Ich dachte an die gesundheitlichen Probleme, die ihm in den letzten Jahren zu schaffen gemacht hatten: Prostatakrebs, Gürtelrose, eine Blinddarmoperation mitten in der Nacht (*dein Vater hat gesagt, es ist nur eine Magenverstimmung, aber ich wusste, dass etwas nicht in Ordnung war, und habe ihn gedrängt, in die Notaufnahme zu fahren*, hatte Mutter erzählt, und sie hatte recht gehabt), Beschwerden, die er so gleichmütig ertrug, dass ich mich nie gefragt hatte, ob er Angst vor der Ungewissheit hatte, vor dem, was als Nächstes kommen mochte. Lag er nachts schlaflos im Bett und dachte sich einen Algorithmus aus, ein Verfahren, wie man die eigenen Chancen berechnen konnte?

Daddy, sagte ich.

Ja?

Ich holte Luft. Hast du Angst vor dem Sterben?

Seine Antwort kam überraschend schnell. Er legte die Stirn ein wenig in Falten – wie immer, wenn er es mit einem schwierigen Problem zu tun hatte, einem Kreuzworträtsel oder der Steuererklärung oder einer unverständlichen Gebrauchsanweisung für den Zusammenbau eines Möbelstücks.

Vor dem Tod habe ich keine Angst, sagte er. Wenn man tot ist, hat man ja kein Bewusstsein mehr. Das Schlimmste hat man schon hinter sich.

Ich grinste.

Aber er blieb ernst. Es ist eher das, was davor kommt, was ...

Seine Stimme verlor sich. Vermutlich scheute er sich, das Wort »Angst« auszusprechen.

Das macht mir Sorge, sagte er schließlich. Der körperliche Verfall, die schwindenden Kräfte. Überhaupt nicht mehr da zu sein. Du weißt ja, wie es mit meiner Mutter am Ende war.

Ich erinnerte mich. Nanny Kay hatte Alzheimer, auch wenn

dieser Begriff in den Siebzigern noch nicht verwendet wurde. Aber mein Vater wusste, dass sie nicht einfach an »Arterienverkalkung« litt, wie man damals sagte, wenn Eltern vergesslich wurden. Ich erinnere mich noch an seinen Gesichtsausdruck, als sie sich bei ihrem letzten Besuch an ihn wandte und ihn fragte: Und wer sind Ihre Eltern?

Ich möchte nicht so enden, sagte er. Tot sein an sich kann nicht so schlecht sein. Man existiert einfach nicht mehr. Null. Aber was mit deiner Großmutter passierte, ist viel schlimmer, wenn du mich fragst. Schlimmer als null.

Eine negative Zahl?, fragte ich scherzhaft.

Ja, sagte er, aber er lächelte nicht. Dann sagte er: Man will weiterhin aktiv sein, Dinge tun. Aber man will sie als man selbst tun, nicht wie ein Zombie.

Er schaute wieder zu Boden. Ich wusste, dass er an seine Mutter dachte, daran, was die Leute sagten, als ihre Krankheit ihren Tribut forderte. *Kay war so klug gewesen, so schlau! Das ist sie nicht mehr. Sie ist jemand anders. Sie ist nicht mehr sie selbst.*

Wir standen noch eine Weile schweigend da. Schließlich räusperte ich mich. Das hatte ich gemeint, als der Kapitän heute die Nachricht bekanntgab und ich sagte, dass mir die Vorstellung ganz gut gefällt, dass wir Ithaka nicht sehen werden – das mit dem unendlichen Horizont. Das ist buchstäblich poetisch – genau das meinen Tennyson und Kavafis. Indem wir Ithaka nicht sehen, schieben wir das Ende auf. Die Geschichte kann immer weitergehen. Und dass wir das reale Ithaka durch das Gedicht »Ithaka« ersetzt haben, ist absolut perfekt. Nichts anderes sagt Kavafis.

Nach einer Pause sagte er: Ich hatte also recht.

Er klang selbstbewusst, nicht mehr nachdenklich.

Recht womit?

Das Gedicht ist realer als der Ort!

Am nächsten Tag flogen wir nach Hause.

NOSTOS
(Heimkehr)

April

νόστος, ὁ [nostos] 1. *Rückkehr*; οἱ νόστοι [nostoi], *die Rückkehr der Helden aus Troja, Titel mehrerer verschollener Gedichte*

νόστιμος [*nostimos*, das von *nostos* abgeleitete Adjektiv: »nostosartig«]: *wesentlich, wertvoll, vollkommen, das Beste an einer Sache*
      E. A. SOPHOCLES, *Greek Lexicon of the Roman and Byzantine Periods (from B.C. 146 to A.D. 1100)*

*I*n der zweiten Hälfte der *Odyssee*, die, wie Don Quijote Tom bemerkt hatte, viel kürzer erscheint als der erste Teil, so sehr wird man vom Sog der sich ankündigenden Racheaktion mitgerissen, kommt es zu einer Reihe von Wiedersehen, die eine immer stärkere emotionale Wirkung entfalten – Odysseus und Ithaka, Odysseus und seine treuen Diener, Odysseus und sein Sohn, seine Frau, sein Vater. Seit meiner Schulzeit, als ich die *Odyssee* zum ersten Mal las, finde ich das Wiedersehen zwischen Odysseus und Telemachos im sechzehnten Gesang besonders bewegend.

An diesem Punkt werden die beiden Erzählstränge, die Geschichte des Sohns und die des Vaters, schließlich zusammengeführt. Im dreizehnten und vierzehnten Gesang geht es um den Vater. Berichtet wird zunächst die lange ersehnte, aber eigentümlich antiklimaktische Heimkehr von Odysseus: Als die Phaiaken ihn mit seiner reich gefüllten, sorgfältig verschlossenen Schatztruhe am Strand von Ithaka absetzen, befindet er sich in tiefem Schlaf. Der Moment des Erwachens ist amüsant, denn Athene hat die Küste in Nebel gehüllt, sodass Odysseus die Heimat nicht wiedererkennt. »Weh mir«, ruft er, »ins Land welcher Menschen bin diesmal ich wieder gekommen?« Hier begegnen wir dem Thema Tarnung und Wiedererkennen, das in der zweiten Hälfte des Epos zunehmend komplexer wird. (Athene verwandelt Odysseus alsbald in einen runzeligen Alten, damit er, wie von Agamemnon empfohlen, unerkannt nach Hause zurückkehren kann.) Im vierzehnten Gesang begibt er sich auf Athenes Rat zur Hütte des Schweinehirten Eumaios, der, wie ihm die Göttin versichert, der treueste seiner Diener ist. In der Zwischenzeit will sie Telemachos aus Sparta heimholen.

Der fünfzehnte Gesang schließlich greift einen Faden auf, der seit dem vierten Gesang liegen gelassen wurde (Telemachos' Besuch bei Helena und Menelaos in Sparta), und verknüpft ihn mit der Geschichte von Odysseus' Heimkehr nach Ithaka. Athene erscheint dem jungen Prinzen, der nach dem Festmahl, bei dem Menelaos und Helena vom Trojanischen Krieg erzählt haben, »von Sorge um den Vater wachgehalten« wird. Athene tadelt ihn, weil er sich noch immer in Sparta aufhält (auch wenn sie es war, die ihn dorthin geschickt hat); die Nachricht, die sie überbringt, zeigt ihm, dass er schnellstens nach Hause zurückkehren muss. Die Situation mit den Freiern, sagt sie, sei immer dramatischer geworden. Penelopes Vater und Brüder, die überzeugt sind, dass Odysseus tot ist, drängen sie zur Ehe mit Eurymachos, dem erträglichsten der jungen Männer, die der Königin den Hof machen. Aufgeschreckt durch diese Nachricht, will Telemachos sofort aufbrechen. Menelaos besteht darauf, ein grandioses Festmahl zu veranstalten und anschließend üppige Abschiedsgeschenke zu überreichen, doch Telemachos lehnt höflich ab und verweist darauf, dass seine Heimkehr dringend geboten sei. (In dieser charmanten Szene gewinnt man den Eindruck, dass Menelaos' Wunsch, den Sohn seines alten Kampfgefährten nicht so schnell ziehen zu lassen, auf nostalgischen Erinnerungen an die alte Zeit beruht, vielleicht sogar darauf, dass er in seinem riesigen Palast ein wenig einsam ist.) Doch am Ende gelingt es ihm, seinem unruhigen Gast einige schöne Geschenke zu überreichen. Telemachos wird also, wie sein Vater, mit wertvollen Schätzen nach Ithaka heimkehren. Er begibt sich mit Peisistratos von Sparta nach Pylos, wo sie Abschied voneinander nehmen, und schifft sich anschließend nach Ithaka ein. Die Erzählung wendet sich nun wieder Odysseus und dem treuen Sauhirten Eumaios zu, die sich in der Hütte zum Nachtessen hinsetzen.

Im fünfzehnten Gesang springt die Handlung in raschen, fast filmischen Gegenschnitten zwischen Odysseus und Telemachos hin und her, als sollte die erwartungsvolle Spannung, wann die beiden endlich zusammenkommen, wann die beiden Erzählstränge endlich verknüpft werden, noch gesteigert werden. Odysseus, der offenbar niemandem mehr vertrauen kann, beschließt zunächst, die Loyalität des Sauhirten auf die Probe zu stellen. Er erklärt Eumaios, dass es Zeit sei aufzubrechen und er seine Gastfreundschaft nicht länger in Anspruch nehmen wolle. Er werde sich in der Stadt als Bettler durchschlagen oder im Palast um Arbeit nachsuchen (»wohl kein anderer Mensch kann mit mir sich messen im Dienen«). Eumaios will davon aber nichts wissen – nicht zuletzt wegen der angespannten Situation im Palast und der Brutalität der Freier. »Wünschst du denn sehnlich, dort ganz und gar zugrunde zu gehen«, ruft er erregt, »da in die Menge der Freier einzutauchen dein Wunsch ist,/deren Trotz und Gewalt zum eisernen Himmel hinaufdringt?« Odysseus bleibt also, die beiden Männer erzählen einander aus ihrem Leben – aber Odysseus' Geschichte ist natürlich erfunden: Noch immer gibt er seine wahre Identität nicht preis. Er sei aus Kreta, behauptet er, stamme aus reichem Haus, habe in Troja gekämpft, aber seine undisziplinierten Männer hätten ihn ruiniert, woraufhin er sich einem gnädigen König zu Füßen geworfen habe, entführt und ins Gefängnis gesteckt worden und schließlich als Schiffbrüchiger auf Ithaka gelandet sei. Dies ist nur eine von mehreren kunstvollen Lügengeschichten, die Odysseus nach seiner Rückkehr verschiedentlich auftischt, um bestimmte Dinge zu erreichen.

Der fünfzehnte Gesang endet damit, dass Telemachos schließlich nach Ithaka gelangt. Auch er macht sich auf den Weg zur Hütte des Sauhirten, der, wie wir von Homer erfahren, während Odysseus' langer Abwesenheit wie ein Vater für ihn war.

Im sechzehnten Gesang kommt es zum Wiedersehen zwischen leiblichem Vater und Sohn.

Als wir Mitte April den sechzehnten Gesang durchnahmen, meldete sich Don Quijote Tom, der mich zuvor gebeten hatte, Tommy zu ihm zu sagen (»so nennen mich auch meine Eltern«).

Mir gefällt an diesem Gesang, sagte er, wie ähnlich sich Vater und Sohn im Grunde sind. Telemachos und Odysseus tun nach ihrer Heimkehr die gleichen Dinge. Beide kommen mit Schätzen heim. Beide geben sich nicht zu erkennen. Beide gehen zur Hütte des Sauhirten. Es gibt wirklich interessante Parallelen. Ich würde also sagen, dass die Telemachie hier endet. Der junge Mann ist nun erwachsen. Er braucht den Vergleich mit seinem Vater nicht zu scheuen.

Das ist eine interessante Anmerkung, sagte ich.

Mir gefiel im sechzehnten Gesang besonders die Geschichte mit den Hunden, sagte Madeline.

Das bezog sich auf Folgendes: Zu Beginn des vierzehnten Gesangs, als Odysseus (den Athene in einen alten Bettler verwandelt hat) sich der Hütte von Eumaios nähert, wird er von den wütenden Wachhunden fast zerfleischt, er lässt sich zu Boden fallen, wirft seinen Bettlerstab fort und wird schließlich im letzten Moment von Eumaios gerettet. »Um Haaresbreite hätten die Hunde jetzt dich zerrissen im Nu!«, erklärt jener. Doch als Telemachos zu Beginn des sechzehnten Gesangs vor der Hütte auftaucht, wedeln die Hunde, die seinen Vater fast zerrissen hätten, mit dem Schwanz, »ohne zu bellen«. Der junge Mann ist eine bekannte, willkommene Erscheinung, im Gegensatz zu seinem Vater, der so viele Jahre abwesend war, dass diese neue Generation von Hunden ihn nicht erkennt.

Madeline sagte: Dieses Vorkommnis weist darauf hin, dass Odysseus in seinem eigenen Land ein Fremder geworden ist.

Bei der Diskussion dieser Szene ging mein Blick unwillkürlich zu meinem Vater, der, wie ich schon ahnte, ein wenig gequält dreinschaute. Meine Geschwister und ich wussten seit Langem, woher seine Angst vor Hunden rührte, wenngleich ich mich nicht entsinne, ihn jemals nach den Einzelheiten seiner berüchtigten Begegnung mit dem tollwütigen Hund gefragt zu haben. Es gehörte einfach zu seinem Leben, genau wie die Bronx oder die Mets oder seine Mutter, obwohl die Vorstellung, er könnte ein traumatisiertes Opfer gewesen sein oder auch nur ein verängstigtes Kind, für mich völlig abwegig, ja schockierend war. Erst in der jüngsten Zeit bin ich dieser Geschichte nachgegangen, habe meine Geschwister gefragt, was sie davon in Erinnerung hatten. Andrew, vielleicht weil er der Älteste war und damals mehr gehört hatte, erinnerte sich ganz deutlich: Daddy war von einem tollwütigen Hund gebissen worden und hatte mehrere Spritzen bekommen. Matt sagte, die ganze Sache sei wohl apokryph, Daddy habe schlicht und einfach Angst vor Hunden gehabt. (Hätten wir über Grandpa geredet, den Vater meiner Mutter, hätte ich diese Möglichkeit in Betracht gezogen, aber wir sprachen schließlich über Daddy, der sich nicht irgendwelche Erlebnisse ausdachte, um seine Zuhörer zu beeindrucken.) Jedenfalls denke ich immer an meinen Vater, wenn ich zu Eumaios' Hunden komme, die bei Odysseus anders reagieren als bei Telemachos, beim Vater ganz anders als beim Sohn.

Dass sie Odysseus nicht erkennen, weist voraus auf einen der bekanntesten Momente in der *Odyssee* und steht zugleich in scharfem Kontrast dazu. Im siebzehnten Gesang erscheint Odysseus, begleitet von seinem treuen Diener, vor den Toren seines Palasts, in den er unerkannt eindringen will. Ein räudiger Hund, der dort auf einem Misthaufen liegt, hebt den Kopf. Es ist der treue Hund Argos, der von Odysseus großgezogen wurde und nun, genau wie sein Herr, mit den Jahren nicht mehr zu erkennen ist – »doch jetzt, da sein Herr weit fort war, lag er verachtet in vielem Mist«. Aber wie durch ein Wunder erkennt er Odysseus:

Nun jedoch, als er Odysseus in seiner Nähe bemerkte,
wedelte er mit dem Schwanz und senkte die Ohren, gleich beide.
Doch ihm fehlte die Kraft, seinem Meister sich noch zu nähern.

Um seine Tarnung nicht zu riskieren, darf Odysseus nicht zeigen, dass er den Hund kennt: das einzige, unerträglich ergreifende Zeichen seiner unterdrückten Gefühle ist eine Träne, die ihm über das Gesicht läuft und die er sogleich vor Eumaios verbirgt. Und genau in diesem Moment, sagt Homer,

ergriff [Argos] das Verhängnis des finsteren Todes,
gleich, nachdem er Odysseus gesehen im zwanzigsten Jahre.

Dieser Moment des Wiedererkennens, der zugleich darauf hindeutet, dass Odysseus sich trotz der vielen Jahre und der großen Prüfungen eine innere Qualität bewahrt hat, weist seinerseits voraus auf die anschließende Begegnung mit Penelope, die an dem Bettler, der im Palast aufgetaucht ist, etwas Vertrautes spüren wird...

Die drei Szenen mit den Hunden – die Odysseus im vierzehnten Gesang fast zerfleischen und im sechzehnten Gesang beim Erscheinen von Telemachos freudig mit dem Schwanz wedeln, und die herzzerreißende Begegnung zwischen Odysseus und Argos im siebzehnten Gesang – rahmen das Wiedersehen von Odysseus und Telemachos im sechzehnten Gesang ein, sollen uns zum Nachdenken darüber veranlassen, wie wir jemanden wiedererkennen und was wahres Wiedererkennen heißt.

Die Begegnung zwischen Vater und Sohn wird von Athene sorgfältig eingefädelt. Sobald Eumaios verschwunden ist, gibt sie Odysseus in einem günstigen Moment ein Zeichen, dass sie mit ihm sprechen wolle. Odysseus tritt hinaus in den Hof, und dort erklärt sie ihm, dass die Zeit gekommen sei, sich seinem Sohn zu erkennen zu geben:

Zeus' Spross, Sohn des Laertes, erfindungsreicher Odysseus,
sage nun gleich deinem Sohn das Wort, verhehl's ihm nicht länger,
wie ihr beide Tod und Verhängnis den Freiern bereiten
und zur ringsum berühmten Stadt gehen wollt...

Athene verwandelt Odysseus mit ihrem goldenen Zauberstab in einen attraktiven, kräftigen jungen Mann – so, wie er ausgesehen haben muss, als er in den Trojanischen Krieg zog: bartlos, sonnengebräunt, sorgenfrei. Als er die Hütte wieder betritt, ist Telemachos bestürzt ob der Verwandlung. Offensichtlich ist der alte Bettler kein gewöhnlicher Sterblicher – vielleicht sogar ein verkleideter Gott. (»Sei uns gnädig... gewähre uns Schonung!«, ruft er.) Und dann gibt Odysseus sich zu erkennen. »Nein, ich bin dir kein Gott«, erklärt er,

> *Sondern ich bin dein Vater, um dessentwillen du seufzend*
> *viele Qualen erleidest und hinnimmst der Männer Gewalttat.*

Telemachos reagiert zunächst ungläubig. Das erinnert an die Heftigkeit, mit der er in den ersten Gesängen der *Odyssee* den Gedanken verworfen hatte, sein Vater könne noch am Leben sein:

> *Nein, du bist nicht Odysseus, mein Vater, sondern ein Daimon*
> *will mich irreführen, dass mehr noch ich jammre und stöhne.*
> *Nie und nimmer brächte ein sterblicher Mann dies zuwege*
> *mit seinem eignen Verstand, wo nicht ein Gott selber käme*
> *und ihn leicht, wie er will, zum Jüngling macht' oder Alten.*
> *Wahrlich, ein Greis warst du eben noch und lumpig gekleidet*
> *und gleichst jetzt den Göttern, des weiten Himmels Bewohnern.*

Odysseus gibt darauf eine eigentümlich unbefriedigende, geradezu formaljuristische Antwort. »Es wird dir hierher kein andrer Odysseus kommen.« Seine Verwandlung, sagt er, sei tatsächlich Athenes Werk. Die Götter sind schließlich Alleskönner. An diesem Punkt bricht Telemachos zusammen und umarmt seinen Vater, der daraufhin ebenfalls in Tränen ausbricht, beide »weinen schrill«, sagt Homer, noch hemmungsloser als Raubvögel, deren Nester von Bauern geplündert wurden. Das ist ein sonderbarer, ja befremdlicher Vergleich: Dass sie als Opfer und zugleich als Raubtiere charakterisiert werden, weist voraus auf die mörderische Racheaktion, die dieses anrührende Wiedersehen von Vater und Sohn in Gang setzt.

Diese eigentümliche Szene – der anfängliche Widerstand, dann die heißen Tränen und schließlich der unheilkündende Vergleich – kontrastiert deutlich mit dem Wiedersehen, mit dem der sechzehnte Gesang beginnt. Denn wir erfahren ja, dass Telemachos, als er sich der Hütte nähert, nicht nur von den Hunden, sondern auch von Eumaios freudig begrüßt wird.

Überrascht sprang da auf der Sauhirt;
Seinen Händen entglitt das Geschirr, mit dem er sich mühte,
funkelnden Wein zu mischen; er lief seinem Herrn stracks entgegen,
küsste ihm das Haupt und die schönen Lichter der Augen
und beide Hände; es stürzten heraus ihm reichliche Tränen.
So wie ein Vater herzlich willkommen heißt seinen Sprössling,
der aus fernem Land im zehnten Jahr zurückkehrt,
seinen einzigen, spätgebornen, den Grund vielen Kummers,
also küsste den hehren Telemachos, ganz ihn umschlingend,
jetzt der göttliche Sauhirt, als wär' er dem Tode entronnen.

Eumaios und Telemachos betreten nun die Hütte, der Jüngling wird dem vermeintlichen Bettler vorgestellt, der seelenruhig dasitzt, während die beiden lange miteinander reden. (Dass Odysseus sich beim Anblick des Sohns, den er zwanzig Jahre nicht gesehen hat, dermaßen beherrscht, ist ein weiteres Beispiel der irritierend übermenschlichen Willensstärke, über die er verfügt. Aus Erfahrung hat er gelernt, seine Karten nicht allzu früh auf den Tisch zu legen.) Erst als Eumaios aufbricht, um Penelope von der Rückkehr ihres Sohns zu informieren, tritt Athene auf, um den Vater zurückzuverwandeln und das Wiedererkennen von Vater und Sohn zu ermöglichen.

Ich hatte meine Studenten gebeten, sich Gedanken darüber zu machen, warum das Zusammentreffen von Vater und Sohn das erste jener Wiedersehen ist, die die zweite Hälfte der *Odyssee* strukturieren. Warum hat diese Szene nicht mehr Gewicht? Warum ereignet sich dieses Wiedersehen vor dem mit dem Hund (im anschließenden siebzehnten Gesang)? Kein einziger Student hatte im Diskussionsforum auf meine Frage reagiert. Doch als wir bei der nächsten Sitzung über diese beiden Passagen sprachen, war klar, dass ihnen einiges aufgefallen war.

Madeline sagte: Die Emotionen sind hier absolut echt. Wir erkennen, dass Eumaios die ganze Zeit eine Vaterfigur für Telemachos war. Er ist sein Mentor, noch bevor Athene im ersten Gesang als Mentes nach Ithaka kommt und später dann in der Gestalt des Mentor.

Brendan sagte: Homer zeigt uns, wie dieser Gesang zu interpretieren ist. Als Telemachos zu Eumaios kommt, ist das eine wirkliche Heimkehr, und Eumaios wird auch als tatsächlicher Vater charakterisiert, während Odysseus mit einem Raubvogel verglichen wird.

Trisha sagte: Die Szene zwischen leiblichem Vater und Sohn hat etwas Hysterisches. Man könnte fast glauben, dass die beiden etwas überkompensieren.

Ich war beeindruckt. Und zwar was?

Dass die Gefühle zwischen ihnen in gewisser Weise abstrakt sind. Sie entsprechen dem, was Väter und Söhne zu empfinden haben. Aber bei Eumaios sind es echte Gefühle.

Das ist eine gute Beobachtung, sagte ich. Gehen wir noch einen Schritt weiter, dann haben Sie die Antwort auf die Frage, die ich in der letzten Woche gestellt habe: Warum ist das Wiedersehen von Odysseus und Telemachos das erste Wiedersehen im Epos, also dasjenige, das am wenigsten Gewicht hat?

Jack meldete sich.

Keine Witze heute!, sagte ich.

Nein, versprochen, sagte er. Ich könnte mir vorstellen, dass es damit zu tun hat, dass sie einander glauben müssen. Sie kennen sich ja gar nicht. Telemachos war ein Baby, als Odysseus in den Krieg zog. Also ...

Unsicher hielt er inne.

Ja, und weiter?, sagte ich. Die Emotionen in dieser Szene sind tatsächlich abstrakt. Telemachos muss Odysseus bona fide annehmen. Aber was bedeutet das?

Ich sah mich in der Runde um.

Brendan brach das Schweigen mit einer Überlegung, bei der ich mich fragte – nicht zum ersten Mal, seit er während der Diskussion über den dritten Gesang davon gesprochen hatte, dass Telemachos sich vielleicht unbewusst wünscht, dass Odysseus tot ist –, welche Beziehung er wohl zu seinem Vater hatte. Er sagte: Wenn man seinen Vater überhaupt nicht kennt, kann man ihn auch nicht wiedererkennen.

Mein Vater war während dieser Diskussion eigentümlich still gewesen, und auch, als die Studenten ihre Sachen zusammenpackten und aufbrachen, blieb er weiter ruhig sitzen. Beim morgendlichen Kaffee hatte ich ihn gefragt, ob er bei mir übernachten wolle, aber er hatte sich schon ein Ticket für den 14-Uhr-Zug nach New York besorgt. Abermals wunderte ich mich darüber, dass er plötzlich unbedingt den Zug nehmen wollte. Inzwischen waren nur noch wenige Studenten im Raum, darunter auch Madeline, die zu warten schien, als wollte sie mich sprechen. Zu meiner Verblüffung stellte sich aber heraus, dass sie mit meinem Vater sprechen wollte.

Sie sah uns beide an und wandte sich dann an ihn: Ich hole Sie also um halb zwei bei Professor Mendelsohn ab?

Mir fiel auf, dass sie eine neue Frisur hatte. Aus dem schimmernden Vorhang war ein sportlicher Bob geworden. Sie sieht älter aus, dachte ich.

Ja, sagte mein Vater. Danke!

Mein Blick wanderte von ihm zu Madeline.

Sie errötete. Ich bin Ihrem Vater letzte Woche im Zug begegnet, sagte sie. Freitags fahre ich immer in die Stadt zum Cellounterricht. Ich habe vorgeschlagen, dass ich ihn zum Bahnhof mitnehmen kann, wenn er mag. Ich dachte mir, dann müssen Sie nicht extra hin- und wieder zurückfahren.

Mein Vater hatte mir nichts davon erzählt.

Kein Problem, sagte ich. Vielen Dank, Madeline. Sie wissen, wo ich wohne?

Ja, sagte sie. Ihr Dad hat es mir erzählt.

Also, bis später, sagte mein Vater munter.

Ich packte meine Bücher ein, und dann gingen wir hinaus zum Parkplatz.

Mein Vater hatte, wie schon erwähnt, an diesem Tag kaum etwas zum Wiedersehen zwischen Odysseus und Telemachos gesagt. Aber am Tag zuvor, beim Abendessen im Flatiron, hatten wir ausführlich darüber geredet.

Ich freue mich auf morgen, hatte ich gesagt. Der sechzehnte Gesang gehört zu meinen liebsten. Wie geht es dir damit? Die Wiedersehensszene?

In diesem Moment hatte er das Stückchen Steak, auf dem er gerade herumkaute, auf den Teller gespuckt.

Meine Güte, Dad, ich bitte dich!

Was ist?, hatte er gebellt, halb defensiv, halb gereizt. Das war ein Knorpel! Wütend hatte er mich angefunkelt.

Meiner Mutter und uns Geschwistern waren die eigenwilligen Tischmanieren meines Vaters schon immer peinlich gewesen. Aber was konnte man machen! Meine Mutter hatte schon vor Jahren aufgegeben, sich zu beschweren, während wir Kinder genervt stöhnten, wenn er seine Suppe oder den Kaffee schlürfte. Doch er reagierte nicht, zog nur den Kopf ein wie eine Schildkröte, sodass man sich irgendwie albern vorkam, auf Dinge wie

Tischmanieren zu achten. Später, als ich in Virginia studierte, war mir seine Art besonders unangenehm, wenn meine Eltern und ich mit Kommilitonen und deren Eltern in Country Clubs oder feinen Restaurants speisten, eingeladen von den Vätern, Anwälten aus Memphis, Kaufhausbesitzern aus Chattanooga, Geschäftsleuten aus Savannah, seit Generationen im »Reedereigeschäft« – wie aus dem Ei gepellten, weltgewandten, höflichen Männern, die meiner Mutter ausgesuchte Komplimente machten. Zu diesen Männern fühlte ich mich hingezogen, besonders zu einem, dem Vater eines Zimmergenossen aus Houston, einem erfolgreichen Architekten, der, sooft er und seine Frau ihren Sohn besuchten, acht oder zehn von uns Studenten zum Abendessen in das teuerste Restaurant von Charlottesville einlud und sich so scheinbar ehrfürchtig nach dem Fortgang unserer Studien erkundigte, als wollte er damit ausdrücken, dass ihm diese Dinge viel zu hoch seien. Er erzählte amüsante Geschichten aus seiner Kindheit in Mississippi, die vermuten ließen, dass er seine beruflichen Erfolge selbst erstaunlich fand, aber insgeheim beneidete ich ihn nicht um die Oper oder den Petroleum Club oder die Ozeandampfer, sondern um die unbeschwerte Beziehung, die er zu seinem gutaussehenden Sohn hatte, meinem Freund. Dieser Mann, der mir am Ende ein enger Vertrauter wurde, war der Letzte in einer ganzen Reihe von Mentoren, deren Nähe ich suchte, Männer, die für mich – mit meinen seltsamen Interessen und den exotischen Hobbys, den Fabergé-Eiern und den Hieroglyphen – viel bessere Väter waren als mein leiblicher Vater, der ständig an seinen defekten Autos herumschraubte und regelmäßig bei Radio Shack vorbeischaute, um den Radiowecker mit seinen Klappzahlen noch ein paar Monate am Leben zu erhalten.

Und so hatte ich immer wieder Alternativen zu meinem Vater gefunden, hatte Mentoren gefunden. Da war der Musiklehrer an der Highschool, der nichts dabei fand, mit mir, dem Vierzehnjährigen, eine dreistündige Autofahrt zu einem Konzert mit Alter

Musik zu unternehmen, für die ich damals schwärmte. Etwas später ein anderer Musiklehrer, der in seiner Freizeit einen Kirchenchor leitete, in dem ich auf sein Drängen dann mitsang. Nach den Proben nahm er mich manchmal mit in das vermutlich einzige französische Restaurant weit und breit und beeindruckte mich, weil er auf Französisch bestellte. Meine Eltern pflegten freundschaftliche Beziehungen zu ihm, wohl um zu demonstrieren, wie sehr sie ihm vertrauten, denn damals war es keineswegs üblich, dass Eltern ihre Kinder in die Obhut eines Musiklehrers gaben, von dem bekannt war, dass er mit einem Mann zusammenlebte. Wenn er uns besuchte, saß er meist im Wohnzimmer auf dem Fußboden, strich mit der Hand über den Teppich, der von Wand zu Wand reichte, und sagte anerkennend: *Es geht doch nichts über Wolle*, sodass meine Mutter strahlte, denn ihr Geschmack wurde sonst nie gewürdigt.

Am besten war der deutsche Lehrer, feingliedrig, mit olivefarbenem Teint und rauchiger Stimme, der mich unter seine Fittiche nahm, nachdem ich in die Oberstufe der Highschool versetzt worden war. *Fred*. Wenn wir am Wochenende segeln gingen, das große Boot lag in Huntington Harbor und wurde von seinem »Cousin« Horst gesteuert, reichte er mir zu Wagnerklängen aus der Bang & Olufsen-Anlage ein Glas Burgunder oder alten Cognac. Schmeckst du diese dunkle Süße, die sich am Ende offenbart?, sagte er und musterte mich aufmerksam. Verlegen sagte ich: »Wie eine Beere?«, und dann ging ein müdes Lächeln über sein Gesicht, er hob beide Hände in die Höhe, wie jemand, der sich bei den Göttern bedanken will, weil sie ihn vor einem grausamen Schicksal bewahrt haben, und sagte *Mr. Mendelsohn, noch besteht Hoffnung für Sie!* Vermutlich hatte er recht. Das Fundament all dessen, was ich über Oper, Musik, Ballett und Literatur weiß, wurde von ihm gelegt, zumal er, nachdem ich fünfzehn geworden und offenbar ein gelehriger Schüler war, mich umstandslos auf sein Abonnement für die New York City Opera, die Metropolitan

Opera, die New Yorker Philharmoniker, das New York City Ballet und das Lincoln Center Theater eintragen ließ. Mit stiller Erregung wartete ich an bestimmten Nachmittagen vor der Highschool auf Fred und Horst, die in ihrem bronzefarbenen Volvo-Cabrio angerauscht kamen. Wir fuhren nach Manhattan, vorbei an den Friedhöfen, die sich in Queens beiderseits des Long Island Expressway erstreckten, so weit das Auge reichte, donnerten über die Queensboro Bridge und kamen in der Tiefgarage unter dem Lincoln Center an, fuhren mit dem Aufzug hinauf, um eine Oper zu sehen oder ein Theaterstück, was wohl nicht zufällig zu den Dingen gehört, über die ich heutzutage schreibe.

Von Fred lernte ich, dass Erziehung mit Schönheit und Freude zu tun hat. Der beste Pädagoge ist derjenige, der einen für Dinge begeistern kann, die er schön findet, sodass das Gefühl für die Schönheit dieser Dinge ihn überdauern wird. Und weil dem ein Bewusstsein von der Endlichkeit des Lebens zugrunde liegt, sind gute Lehrer gute Vaterfiguren.

In meiner Jugend und auch später, noch mit Anfang dreißig, wäre ich nie auf den Gedanken gekommen, dass meine engen Beziehungen zu diesen kultivierten Vaterfiguren, das offenkundige Vergnügen, das mir der Umgang mit Fred und Horst und den anderen bereitete, und die ständigen Erzählungen von dem Architektenvater meines Studienfreunds eine emotionale Wirkung auf meinen Vater haben könnten – vielleicht weil ich davon ausging, dass mein Vater ohnehin kein sonderlich emotionaler Mensch war. Seine Distanziertheit, sagte ich mir damals, war in der Tat einer der vielen Gründe, weshalb ich diese wärmeren, gefühlsbetonteren Männer brauchte; ein anderer war seine wenig kultivierte Art, beispielsweise seine grauenhaften Tischmanieren, für die ich mich immer schämte.

An jenem Abend im Flatiron, bevor wir tags darauf über Telemachos' Wiedersehen mit Eumaios und Odysseus sprachen, bevor Brendan seine interessante Bemerkung machte, warum das

Wiedersehen mit einem Familienmitglied, das man faktisch nicht kennt, im Grunde kein Wiedererkennen sein kann – an jenem Abend schob sich mein Vater ein neues Stück Steak in den Mund und kaute hörbar. Schließlich überwand ich meine Gereiztheit und fragte noch einmal, wie er den sechzehnten Gesang fand.

Ach, du weißt ja, ich bin kein großer Fan von Odysseus. Aber ich muss gestehen, dass mich seine Selbstbeherrschung diesmal beeindruckt hat.

Selbstbeherrschung? Du meinst, in der Szene mit Telemachos?

Ich nahm an, dass er die Situation meinte, wo Odysseus ganz kühl bleibt, als Telemachos ihm zunächst nicht glaubt, nachdem er sich zu erkennen gegeben hat. Typisch, dachte ich, dass Daddy sich darauf konzentriert.

Nein, nein, sagte er. Vorher. Bevor er sich seinem Sohn zu erkennen gibt.

Ich wusste nicht, wovon er sprach.

Vorher, wiederholte mein Vater. Als er noch in Bettlergestalt ist und der Sohn eintritt und es zu dem Wiedersehen mit dem Bauern kommt.

Mit dem Schweinehirten, verbesserte ich reflexartig.

Schweinehirt. Wie auch immer. Er ist ein Bauer, du weißt, was ich meine.

Nach einer Pause sagte er langsam: Jedenfalls fand ich das bewundernswert.

Bewundernswert?

Mein Vater schaute auf seinen Teller. Er sagte: Es muss schwer für ihn gewesen sein, dazusitzen und zuzusehen, wie sein Sohn sich gegenüber diesem anderen Mann verhält, als wäre er sein leiblicher Vater.

Nach dem Wiedersehen mit Telemachos begeben sich Odysseus und der treue Sauhirt (der noch immer nicht weiß, wer sein Gast ist) in die Stadt, wo Odysseus sich zu Beginn des siebzehnten Gesangs anschickt, inkognito seinen eigenen Palast zu betreten. Indem er sich als Bettler ausgibt, verschafft er sich Zugang zur großen Halle und kann nun mit eigenen Augen sehen, welch empörende Verhältnisse in seinem Haus herrschen: die lärmenden Freier, die in seinem Palast Gelage veranstalten und seinen Sohn herablassend behandeln; seine bedrängte Frau, die sich in ihren Gemächern versteckt. Sobald er sich in die Festhalle eingeschlichen hat, soll er, so lautet Athenes Empfehlung, jeden Freier um ein Stückchen Brot bitten, um »zu erkennen, wer rechtlichen Sinns sei, wer zuchtlos«. Einige geben ihm aus Freundlichkeit tatsächlich etwas, doch Antinoos, der Anführer, reagiert auf die Anwesenheit des Bettlers, den Eumaios in den Festsaal gebracht hat, mit erschreckender Arroganz und Verachtung.

O du nur allzu bekannter Sauhirt, was führtest du den da
hin in die Stadt? Gibt's bei uns nicht genug schon andere Strolche,
lästiges Bettlerpack und gründliche Säubrer der Tafel?
Oder reicht's dir noch nicht, dass sie hier versammelt die Habe
deines Herrn verzehren, dass du jetzt auch den da noch einludst?

Antinoos, dessen Name die Bedeutung »feindseliges Sinnen« hat, erweist sich in seinen Handlungen tatsächlich als das Gegenteil eines gastfreundlichen Menschen: Er symbolisiert die ganze Verachtung, mit der die Freier die Gesetze der Gastfreundschaft missachten. Genau dies bringt die Antwort des Eumaios zum Ausdruck: »Was du, Antinoos, sagst, ist nicht schön, und bist doch ein Edler.« Er handelt auch nicht schön: Als Odysseus vor ihn tritt und ihn um ein Stück Brot bittet, wirft ihm der hochmütige Freier einen Schemel an die Schulter. (Homer berichtet uns, dass Odysseus »standhielt wie ein Felsen, festgewurzelt, der/Wurf des Antinoos ließ ihn nicht taumeln, sondern er wiegte/nur stumm das Haupt und brütete Schlimmes«.) Sogar einige Freier sind empört und rufen Antinoos in Erinnerung, dass die Götter bisweilen in Bettlergestalt auf der Erde erscheinen, um die Menschen zu prüfen.

Als wir Ende April, es war ungewöhnlich kalt an diesem Vormittag, über den siebzehnten und achtzehnten Gesang diskutierten, löste die Prüfung der Freier durch Odysseus eine lebhafte Debatte aus. Nach der Auseinandersetzung mit Antinoos wird Odysseus von einem Freier namens Amphinomos getröstet, dem freundlichsten der Männer, die Penelope den Hof machen, und derjenige, den Penelope noch halbwegs sympathisch findet, vielleicht weil er Odysseus in gewisser Hinsicht ähnelt (»Seine Reden gefielen Penelope besonders, denn rechtlicher Sinn war ihm eigen«). Odysseus nimmt Amphinomos beiseite und drängt ihn, den Palast zu verlassen und sich von den hochmütigen Männern zu trennen, die alle Vorräte plündern und die Gattin eines Helden beleidigen, der, wie er versichert, bald nach Hause zurückkehren werde:

Möge ein Daimon
weg dich nach Hause führen, dass du ihm ja nicht begegnest,
wenn er wieder zurückkehrt ins teure Land der Väter.
Denn nicht ohne dass Blut fließt, werden die Freier und jener
voneinander sich trennen, sobald er unter sein Dach kommt.

Für Odysseus ist es so wichtig, Amphinomos zu warnen, dass er fast seine Tarnung preisgibt. Er spricht den jungen Mann mit der Bemerkung an, dass er einen verständigen Eindruck mache, »genau wie dein Vater« – ein Lapsus, den er sofort ausbügelt (»ich hörte die treffliche Kunde«). Amphinomos ist von den Worten des alten Bettlers zutiefst verwirrt, kann sich aber nicht dazu durchringen, den Palast zu verlassen, denn Athene, so berichtet Homer, hat sein Schicksal bereits besiegelt: »dass ihn Telemachos' Hand mit der Lanze gewaltsam bezwänge.«

Brendan fand das alles rätselhaft.

Wir wissen, sagte er, dass Amphinomos der freundlichste der Freier ist, und selbst Odysseus will ihn retten. Aber wegen Athene kann er seinem Schicksal nicht entrinnen. Ohne sie wäre er geflohen und hätte überlebt. Warum hat sie seine Flucht verhindert? Sollen wir glauben, dass es für ihn, obwohl er doch offenbar ein netter Kerl ist, schlicht keine Rettung geben kann, weil er sich an der Plünderung des Palastes beteiligt hat?

Ich sah mich in der Runde um und sagte: Also, ich werde Ihnen meine Interpretation nicht aufzwingen, aber Brendan ist einer Sache auf der Spur, die mir wichtig erscheint. Darf ich Ihnen ein klein wenig auf die Sprünge helfen?

Einige Studenten kicherten. Gut, dachte ich, das zumindest haben wir hinter uns.

Also, sagte ich, Brendan fragt sich, warum Amphinomos, der ansonsten als »netter« Freier beschrieben wird, mit den anderen bestraft wird, nur weil er sich mit ihnen an der Plünderung des Palastes beteiligt hat. Ich möchte das Wörtchen »nur« infrage stellen. Tatsächlich ist von Anfang an klar, dass die Plünderung eine schlimme Sache ist.

Von Anfang an?, fragte Jack.

Ja, sagte ich. Denken Sie an das Proömium.

Madeline warf die Hand in die Luft. Ich hab's!

Bitte sehr!

Die Rinder des Sonnengottes!, rief sie. Sie reden doch immer davon, dass dies das einzige Abenteuer des Odysseus ist, das im Proömium erwähnt wird, dass die Gefährten sterben müssen, weil sie verbotenerweise die Rinder und Schafe verspeist haben. Wir wissen also, dass es wichtig ist – von Anfang an ist klar, dass es eine schlimme Sache ist, wenn man etwas Verbotenes isst, und dass man dafür hart bestraft wird. Genau das Gleiche passiert den Freiern. Dass sie alle getötet werden müssen, selbst die Netten, hat sich schon lange angekündigt.

Jack sagte: Ich finde es trotzdem ziemlich hart.

Plötzlich warf mein Vater ein: Nein! Verbrechen ist Verbrechen. Wer gegen das Gesetz verstößt, verstößt gegen das Gesetz. Da kann es keine Relativierung geben (beim Wort *Relativierung* klang er mürrisch, und ich wusste, was ihm durch den Kopf ging: Moralische Relativierungen waren wie schlampige Arithmetik – ein Widerspruch in sich). Gesetzesverstöße lassen sich nicht relativieren. Entweder-oder. Das nennt man Gerechtigkeit!

Jack warf meinem Vater einen Blick zu. Brutale Gerechtigkeit!

Mein Vater brummte: Die Welt ist nun mal brutal.

Einige Studenten lachten, aber mir fiel wieder auf, wie überzeugt er davon war, dass die Welt brutal ist, mit welch bitterer Genugtuung er von einem »einfachen Mann« erzählen konnte, der am Leben, an seinem Schicksal zerbrochen war oder schlicht Pech gehabt hatte. Die Brutalität der Welt rechtfertigte seinen Gerechtigkeitsbegriff: die gnadenlos strengen Maßstäbe, die er in puncto Ehrlichkeit und intellektueller Leistung an sich selbst, an seine Freunde, an uns anlegte. Man musste hart sein. Die Welt war schließlich nicht verständnisvoll, warum sollte man es also selbst sein?

All das kam unlängst zur Sprache, als ich mit Andrew, der mit Ginny und den Kids aus Kalifornien gekommen war, über unseren Vater redete. Es war Hochsommer, wir saßen draußen vor meinem Haus am Rande des Campus und tranken Weißwein. Irgendwann kamen wir auf unseren Bruder Matt zu sprechen, der über einen ebenso ausgeprägten Gerechtigkeitssinn verfügt wie mein Vater, viel mehr als wir anderen, als wäre es ein Charakterzug, der durch ein bestimmtes Gen weitergegeben wird. Wir ziehen Matt gern wegen seiner Facebook-Seite auf, wegen seiner empörten Kommentare über korrupte Politiker, Polizeigewalt oder desinteressierte Mitbürger, wegen der rührenden Geschichten von Herzeleid oder Gleichmut, von herrenlosen Haustieren und unglaublichen Rettungsaktionen, auf die er verlinkt. Wenn ich lese, was Matt zum Niedergang der amerikanischen Nation schreibt, habe ich die Stimme meines Vaters im Ohr.

Andrew und ich sprachen also über Matt, der unserem Vater in vielerlei Hinsicht so ähnlich ist, dass wir bald auch über Daddy sprachen.

Es ist komisch, sagte ich, Daddy hatte auch dieses Ding – Gerechtigkeit! Benachteiligung! Unterdrückung!

Ginny strich sich eine Haarsträhne aus dem Gesicht. Ja, das stimmt, sagte sie. Euer Vater hat sich über ungerechte Verhältnisse empört.

Ja, sagte Andrew ein wenig säuerlich. Na, kein Wunder.

Wie meinst du das?, fragte ich.

Kein Wunder, dass er immer so empört war, sagte Andrew. Das geht alles auf die Geschichte mit dem Hund zurück.

Die Geschichte mit dem Hund? Wovon redest du?

Du weißt schon, der tollwütige Hund. Du kennst die Geschichte.

Er hielt sein Glas mit anerkennender Miene hoch. Andrew versteht viel von Wein. Auch er hat, auf seine Weise, wie wir anderen, von der Überzeugung meines Vaters profitiert, dass die Welt jedem offensteht, der sich ernsthaft darum bemüht, sie zu verstehen – obwohl in der Kindheit meines Vaters nichts darauf hindeutete, dass er seinen Weg in der Welt machen und sie verstehen würde, und in seinem Fall war diese Überzeugung auch wenig mehr als blinde Hoffnung. Wenn ich an die Kindheit meines Vaters denke, an seine fanatische Lernbereitschaft, dann sehe ich einen Schiffbrüchigen vor mir, der unverdrossen schwimmt und schwimmt, weil er überzeugt ist, dass er irgendwann Land erreichen wird. Die Selbstverständlichkeit, mit der wir genießen können, was die Welt alles zu bieten hat, Country Music und Wein, Rhododendren und Shelley Sammeltassen, jüdische Genealogie und griechische Syntax, alte Plakate und Jacques Demy, geht, wie ich inzwischen weiß, komischerweise auf unseren Vater zurück, der, anders als sein eigener Vater, seinen Kindern gezeigt hat, dass das möglich ist.

Du weißt schon, sagte Andrew wieder. Der tollwütige Hund.

Ich habe immer nur gehört, sagte ich, dass Daddy als Kind von einem tollwütigen Hund gebissen wurde und deswegen diese schrecklichen Spritzen in den Bauch bekam. Und dass er deswegen Angst vor Hunden hatte. Aber was um Himmels willen hat das mit seinem Gerechtigkeitsempfinden zu tun?

Und nach einer Pause fügte ich hinzu: Matt glaubt ohnehin, dass es ein Mythos ist.

Andrew schüttelte den Kopf. Ich war mir nicht sicher, ob er sich über mich ärgerte, weil ich die Geschichte nicht glaubte, oder über Matt, der mich darin bestärkt hatte.

Nein, sagte er, es stimmt wirklich. Dad hat mir mal die ganze Geschichte erzählt. Er war klein, ein Nachbarshund hat ihn übel gebissen. Nanny Kay musste ihn mit dem Bus ins Krankenhaus bringen. Die Ärzte wollten wissen, ob sie den Hund kannten und wem er gehörte. Daddy sagte, klar wisse er, wem der Hund gehört. Daraufhin haben zwei Polizisten diese Nachbarin aufgesucht, aber sie hat gelogen und gesagt, sie habe überhaupt keinen Hund und wisse nicht, wovon sie reden. Weil Dad ein Knirps war, haben die Polizisten natürlich der Nachbarin geglaubt. Und weil die Identität des Hundes nicht zweifelsfrei zu ermitteln war, konnten die Ärzte nicht ausschließen, dass er Tollwut hatte. Deshalb bekam Daddy diese Spritzen, sicherheitshalber. Über zwei Wochen, jeden zweiten Tag, so ähnlich.

Es war später Nachmittag. Überall brummten und summten Insekten.

Dad hat erzählt, dass die Nadeln wirklich sehr lang waren, fuhr Andrew fort. Und dass er jedes Mal geweint hat. Nicht wegen der Schmerzen ... (als Andrew »nicht wegen der Schmerzen« sagte, wusste ich, dass er Daddy zitierte) ... sondern weil er wusste, wem der Hund gehörte. Die Frau hatte gelogen, deswegen hat ihm niemand geglaubt. Du kannst dir vorstellen, was für eine Wirkung das auf ihn hatte. Diese schreiende Ungerechtigkeit! Diese – na, du kennst Dad ja.

Ja, sagte ich. Ich kenne Dad.

Kanntest du diese Geschichte nicht?, fragte Andrew.

Nein. Ich habe sie gerade zum ersten Mal gehört.

Er sah mich ausdruckslos an. Hmmm, sagte er schließlich. Offenbar hat er sie also nur mir erzählt.

Ja, sagte ich. Offenbar.

Eine Woche, nachdem mein Vater, als Reaktion auf Jacks Einwand, das Massaker an den Freiern sei »brutale Gerechtigkeit«, festgestellt hatte, dass wir schließlich in einer brutalen Welt lebten, diskutierten wir über einen der Höhepunkte des Epos: die Szene im neunzehnten Gesang, als die treue alte Amme Eurykleia in dem Bettler Odysseus erkennt, weil sie die verräterische Narbe an seinem Bein gesehen hat. Es war der letzte Freitag im April, ein wunderschöner warmer Vormittag. Gutgelaunt betrat ich den Seminarraum. Endlich würden wir über diesen berühmten Moment sprechen, der auf eine Begebenheit in Odysseus' Jugend zurückverweist und damit eines der kunstvollsten und bedeutsamsten Beispiele der »Ringkomposition« des Epos ist.

Auslöser dieser grandiosen Szene ist Penelopes wachsende Sympathie für den Bettler, der im Palast aufgetaucht ist. Am Ende des siebzehnten Gesangs sind ihr Gerüchte über diesen ungewöhnlichen Vagabunden zu Ohren gekommen, aber auch Berichte über seine unwürdige Behandlung durch Antinoos. Sie lässt ihn in ihre Gemächer rufen, und zu Beginn des neunzehnten Gesangs kommen die beiden erstmals zusammen. (Im achtzehnten Gesang geht es hauptsächlich um Odysseus' Begegnungen mit diversen Freiern, mit dem Schurken Antinoos und mit dem todgeweihten Amphinomos. Die kluge Penelope trifft sich heimlich mit dem

Bettler am späten Abend, nachdem die Freier und ihre Helfer zu Bett gegangen sind.) Bis in die Nacht hinein dauert ihr Gespräch. Odysseus gibt sich erneut als Kreter aus, der nach dem Trojanischen Krieg viel Leid erfuhr – wieder eine seiner Lügengeschichten, in denen die Grenzen zwischen Fakt und Fiktion verschwimmen, denn wir wissen ja, dass Odysseus seit dem Trojanischen Krieg harte Prüfungen erdulden musste. Er versichert Penelope, dass er kürzlich ihren verschollenen Mann gesehen habe und dass dieser nicht nur am Leben sei, sondern bald nach Ithaka zurückkehren werde. Da im Laufe der Jahre viele Reisende durch Ithaka gekommen sind, die behauptet haben, Kenntnis von Odysseus zu haben, beschreibt er, zum Beweis seiner Glaubwürdigkeit, eine goldene Spange, die Odysseus bei ihrer Begegnung getragen habe. Natürlich stimmt diese Beschreibung, sodass Penelope bei diesen Worten in Tränen ausbricht. Schließlich sammelt sie sich wieder und bittet ihre Dienerinnen, den Bettler zu baden, ihn einzukleiden und ihm ein bequemes Bett herzurichten. Der lehnt das zunächst ab mit dem Hinweis, dass er solchen Luxus nicht mehr gewöhnt sei und lieber auf der Erde schlafe, doch am Ende lenkt er ein und lässt sich von der alten Eurykleia die Füße waschen. Eurykleia bemerkt die Ähnlichkeit zwischen dem Fremden und ihrem verschollenen Herrn – Homer zwinkert uns hier zu, denn wir wissen ja, dass die beiden Männer ein und dieselbe Person sind – und macht sich an die Arbeit. Dabei bemerkt sie die Narbe am Bein des Bettlers, die ihr verrät, dass er kein anderer als Odysseus sein kann.

Statt seinen Zuhörern nun eine rührselige Szene des Wiedererkennens zwischen Odysseus und Eurykleia zu bieten, die, wie wir sogleich erfahren, seine Amme gewesen war, hält der Dichter inne und wendet sich mithilfe mehrerer Flashbacks den frühen Jahren des Odysseus zu. Zunächst wird berichtet, wie Odysseus an die Narbe kam. Als junger Mann besuchte er den Vater seiner Mutter, einen notorischen Dieb und Betrüger namens Autolykos

(»einsamer Wolf«). Im Laufe dieses Besuchs nahm er an einer Eberjagd teil. Um den Grund dieses Besuchs zu erklären, geht der Dichter noch weiter zurück, nämlich bis zu Odysseus' Geburt. Autolykos hatte seiner Tochter kurz nach der Entbindung einen Besuch abgestattet, und in der Situation hatte die junge Amme – dieselbe Frau, die später den erwachsenen Mann erkennt, als sie ihm die Füße wäscht – ihn gedrängt, dem Neugeborenen einen Namen zu geben. So kam es, dass Autolykos, dieser listige Betrüger, dieser »Meister in der Diebeskunst und im trickreichen Schwören«, der anderen so viel Schmerz bereitet hatte, den ungewöhnlichen Namen Odysseus ersann. In einem Anfall narzisstischer Eitelkeit, zu der manche Großväter neigen, gab er seinem Enkel einen Namen, der ihm selbst am besten gestanden hätte: »Mann des Schmerzes«.

Von diesem narrativen Nullpunkt, dem entscheidenden Moment in der Vergangenheit, in dem Odysseus seinen Namen bekam, wendet sich die Erzählung allmählich wieder der Gegenwart zu, der Szene, als die Amme die Narbe am Bein des Bettlers erkennt. Doch zuvor hält der Dichter noch einmal inne, um detailliert von der Eberjagd zu erzählen. Erst danach kommt er auf den Moment zurück, in dem Eurykleia die Narbe erkennt. Diese Situation hat inzwischen eine ganz besondere Aura, denn nun haben wir die Geschichte der Narbe, des Mannes und seines Namens.

An dem warmen Freitag Ende April, an dem der neunzehnte und zwanzigste Gesang auf dem Programm stand, wollte ich unbedingt über die Narbe des Odysseus sprechen, die so viele Kernthemen der *Odyssee* miteinander verknüpft – Tarnung und Wiedererkennen, Identität und Leiden, Erzählen und Vergänglichkeit der Zeit. Doch abermals wurde mir klar, wie sehr sich die Interessen der Studenten von den meinen unterschieden. Nur Damien, der junge Belgier, hatte im Diskussionsforum etwas zum Thema

Narbe gepostet. Vielleicht fand ich als Schriftsteller die Szene faszinierender als sie. Die Ringkomposition war schließlich die elegante Lösung eines handwerklichen Problems, vor dem jeder steht, der die ferne Vergangenheit nahtlos in eine Erzählung über die Gegenwart einweben will. Sie waren so jung, dachte ich, ihre eigene Vergangenheit ihrer Gegenwart noch so nahe, dass sie sich nicht groß überlegen mussten, wie man beides verbinden kann.

Sie wollten über etwas sprechen, was mir, als ich in ihrem Alter war, nicht weiter aufgefallen war, vielleicht weil es einen Aspekt betraf, den ich damals als »romantisch« abgetan hatte. Sie wollten darüber sprechen, dass Odysseus, noch immer als Bettler getarnt, in dem langen Gespräch mit seiner Frau Penelope, die er zwanzig Jahre nicht gesehen hat, so wenig emotional reagiert.

Diese irritierende Kühle zeigt sich schon im achtzehnten Gesang. Unmittelbar nach dem Wortwechsel zwischen Odysseus und Amphinomos wird Penelope von Athene aufgefordert, sich den Freiern zu zeigen,

damit sie ganz weit deren Herzen
öffnete und zugleich vor dem Gatten und ihrem Sohne
noch geachteter würde, als sie zuvor schon gewesen.

Bevor sie hinuntersteigt, wird sie von Athene in tiefen Schlaf versetzt, aus dem sie schöner und jünger erwacht, »weißer auch als Elfenbein«. Prachtvoll gekleidet und geschmückt geht sie hinunter in die große Halle, um sich den Freiern in ihrer ganzen Schönheit zu zeigen. Die Freier, »berückt von Liebesverlangen«, fallen auf die Knie und überhäufen sie mit Geschenken und Schmeicheleien. Auf Eurymachos' Kompliment »Du bist die Erste unter den Frauen an Aussehen und Größe« reagiert sie abwehrend: »Meinen Wert, meinen Wuchs und mein Aussehn löschten die Götter/aus, als einst die Argeier nach Troja fuhren zu Schiff,/und mit ihnen ging mein Gatte Odysseus…« Bald darauf zieht sie sich, angetan mit den märchenhaften Juwelen und Gewändern, die ihr die Freier geschenkt haben, und gefolgt von ihren Dienerinnen, wieder in ihre Gemächer zurück.

Das alles beobachtet Odysseus. Was empfindet er dabei, was fühlt er, als er die Frau sieht, nach der er sich so lange gesehnt, um derentwillen er auf Unsterblichkeit verzichtet hat, die ihm von Kalypso angeboten wurde? Zerreißt es ihm das Herz, bricht er in Tränen aus?

Wir wissen es nicht.

Homer berichtet lediglich, dass Odysseus hocherfreut mitansieht, wie seine Frau die Freier dazu bringt, ihr Geschenke zu machen:

... da frohlockte der göttliche Dulder Odysseus,
weil sie ihnen Geschenke entzog und mit schmeichelnden Worten
ihre Gemüter betörte, doch ging ihr Trachten auf andres.

Vielleicht ist das nicht die Reaktion, die man erwartet, aber sie entspricht vollkommen jenem Charakterzug, der für die Handlung von größter Bedeutung ist: Odysseus kann im Interesse eines übergeordneten Ziels seine Gefühle zügeln. Wäre er in Tränen ausgebrochen, auf seine Frau zugelaufen, hätte er damit seine Tarnung preisgegeben und den Erfolg seines Vorhabens gefährdet. Auch auf das Thema *homophrosyne* weist diese eigentümliche Szene hin. Indem Penelope die Freier dazu verführt, ihr viele Geschenke zu machen, offenbart sie die gleiche Raffinesse, die ihr Mann so oft praktiziert hat, jener Mann, der, als Schiffbrüchiger, als ein Niemand, im Land der Phaiaken angekommen, am Ende seines Aufenthalts dort ein mit Geschenken beladenes Schiff der Phaiaken besteigt. Sosehr diese Szene, in der Odysseus seine Frau zum ersten Mal wiedersieht, unsere Erwartungen auch enttäuschen mag, wir werden daran erinnert, was die Handlungen der beiden über Jahre hinweg geprägt hat: Sie sind das perfekte Paar.

Und nun, im neunzehnten Gesang, bringt Odysseus es abermals fertig, in Penelopes Gegenwart keinerlei Gefühle zu zeigen. Sie sind einander jetzt viel näher, ihr Gespräch dauert bis in die Nacht hinein. Als der »Bettler« die Spange beschreibt, die Odysseus zuletzt trug – er will ja beweisen, dass seine Geschichte wahr ist und dass der Held unlängst noch am Leben war –, bricht Penelope in Tränen aus, die ihr über das Gesicht fließen, »so wie der Schnee hinschmilzt auf den hochaufragenden Bergen, /den der Ostwind schmolz, wenn der West ihn niedergeschüttet...« Doch im Gegensatz zu ihr lässt Odysseus keine Gefühle erkennen. Laut Homer empfand er Mitleid mit seiner Gattin, »aber ihm standen die Augen wie Eisen, wie Horn in den Lidern,/regungslos, und gewitzt verbarg er seine Tränen«.

Wieder absolute Selbstbeherrschung.

Nach diesem Gespräch befiehlt Penelope, dass der Fremde respektvoll zu behandeln sei, dass man ihn baden und ihm ein luxuriöses Bett geben solle, was zu der Szene mit Eurykleia führt, der Ringkomposition und der Narbe. Die Studenten wollten aber nicht darüber sprechen, sondern über das nächtliche, intime Gespräch zwischen Penelope und Odysseus, der sich erstaunlicherweise noch immer nicht zu erkennen gibt, obwohl es doch eine gute Gelegenheit ist. Warum, fragten sie, kann er denn nicht etwas mehr Gefühle zeigen?

Jack sagte: Ich finde das unmenschlich. Die Atmosphäre ist total romantisch, es ist Nacht, das Feuer brennt, sie sitzen beieinander, berühren sich fast, und er reagiert überhaupt nicht. Als wäre er aus Stein. Mich hat das abgetörnt.

Nina lächelte. Nicht aus Stein, sagte sie. »Wie Eisen, wie Horn.« So steht es da.

Mein Vater sagte: Er tut, was er tun muss.

Was muss er denn tun?, fragte ich.

Er muss herausfinden, ob Penelope ihm noch immer treu ist.

Er warf Jack einen Blick zu. Ich weiß nicht, ob die Atmosphäre so romantisch ist. Na ja, für sie vielleicht, aber nicht für ihn. Für ihn ist es ein Prüfungsgespräch. Er testet sie. Er muss auf der Hut sein.

Ich zögerte mit meiner Antwort. Sicher, Odysseus denkt an das Schicksal seines Kampfgefährten Agamemnon, der nach der Heimkehr von seiner untreuen Frau ermordet wird. Trotzdem werden sich viele Leser fragen, warum Odysseus so kühl, so distanziert reagiert. Dass er Penelope auf die Probe stellt – deren listigen Umgang mit den Freiern er ja gerade mit großer Freude beobachtet hat –, scheint ebenso überflüssig wie die Prüfung von Eumaios im vierzehnten Gesang, denn Athene höchstpersönlich hatte ihn doch der Loyalität des Schweinehirten versichert.

Die Tatsache, dass im ersten Teil des neunzehnten Gesangs die unglaubliche Reserviertheit des Helden betont wird, seine irritierende Fähigkeit, die normalsten menschlichen Regungen zu unterdrücken – ebenjene Charaktereigenschaft, die den Studenten so gegen den Strich ging –, ist sehr raffiniert mit der Geschichte der Narbe verbunden, die den zweiten Teil dieses Gesangs dominiert, der die Studenten nicht interessierte. In der Geschichte dieses Erkennungsmals werden die Themen des Gedichts verwoben – Schmerz und Identität: Nach der Geburt bekommt Odysseus von seinem Großvater Autolykos, der so viel Schmerz über viele Menschen gebracht hat, seinen ungewöhnlichen Namen (»Mann des Schmerzes«), und die Wunde, die dann zur Narbe wird, erhält er, als er Jahre später, während eines Besuchs bei demselben Großvater, auf die Jagd geht. Das heißt, die beiden Dinge, die Odysseus identifizieren, der Name und die Narbe, haben mit Schmerz zu tun.

Interessant ist, wie er zu der Narbe kam. Homer berichtet ausdrücklich, wie sich der jugendliche Odysseus während der Jagd verhielt, dass er nämlich, während die anderen Jagdteilnehmer (seine Onkel, die Söhne von Autolykos) zurückblieben, mit den Hunden vorausging:

> ... *als die Treiber ein Waldtal erreichten; es liefen die Hunde*
> *ihnen voraus und spürten nach Fährten, aber dahinter*
> *des Autolykos Söhne; mit ihnen, nahe den Hunden,*
> *ging der edle Odysseus und schwang die langschattige Lanze.*

Und als der Eber aus dem Dickicht hervorbricht, tritt Odysseus ihm entgegen:

> *Als erster stürmte Odysseus*
> *gegen ihn vor, in der kräftigen Hand hockreckend den Langspeer,*
> *trachtend, ihn zu verwunden; doch kam zuvor ihm der Eber...*

Die Ironie des neunzehnten Gesangs ist also, dass die Narbe, an der Odysseus zu erkennen ist, die seine Identität beweist, das sichtbare Symbol eines jugendlichen Verhaltens ist, das für sein erwachsenes Verhalten ganz untypisch ist: Vorsicht, Wachsamkeit, Reserviertheit. Die Narbe identifiziert ihn also und ist zugleich irreführend, da sie ein Verhalten kennzeichnet, das für ihn nicht mehr charakteristisch ist.

Verstehen Sie, wie toll das ist?, fragte ich meine Studenten. Deshalb ist die Ringkomposition, die mit dem Bad und der Narbe beginnt, nicht bloß eine Abschweifung. Sie ist wesentlich. Wenn er sich als Teenager die Wunde zuzog, weil er ungestüm den anderen voraneilte, sich als Erwachsener aber, wie wir wissen, zurückhält und jede Situation genauestens prüft, bevor er interveniert – was bedeutet das?

Mein Vater rief: Es bedeutet, dass er etwas gelernt hat im Leben.

Genau, sagte ich. Er lernt etwas im Leben, das wird uns in diesem Moment klar. Und was hat das für das Epos ingesamt zu bedeuten?

Madeline sagte: Es bedeutet, dass Odysseus in seiner Jugend genau wie Telemachos war. Dieser Flashback mit der Narbe zeigt, dass es in der *Odyssee* nicht nur um die Erziehung des Sohnes geht, sondern auch um die Entwicklung des Vaters.

Ja, sagte ich. Sehr schön. Sie alle haben heute großartige Ideen beigesteuert.

Und an meinen Vater gewandt, sagte ich: Siehst du? Auch Väter können etwas lernen.

Alle lachten.

Er hat etwas gelernt im Leben.
Sechs Monate nach dieser Diskussion über den neunzehnten Gesang, über Odysseus' Narbe und was sie über seine Erziehung verrät, fiel dieser Satz während eines Gesprächs mit Onkel Howard. Ich hatte mir vorgenommen, mit den beiden Männern zu sprechen, denen Daddy besonders nahe gewesen war – Howard und Nino. Mich interessierten bestimmte Dinge aus seinem Leben, vor allem was seinen Bildungsweg anging, und ich hoffte, die beiden würden mir etwas erzählen können.

In Howards Wohnung in Queens war es dunkel, die Gardinen waren vorgezogen. Es war Oktober. Bei leichtem Nieselregen war ich mit dem Expressbus nach Queens gefahren, die grauen Parkways entlang, vorbei an Flughäfen und Friedhöfen. Howard wohnte in einem schlichten Backsteingebäude an einer Durchgangsstraße, das, wie er mir am Telefon versichert hatte, ganz leicht zu finden sei, der Bus halte vor der Haustür. Plötzlich erinnerte ich mich deutlich an Claire, die auf den Tag genau vor dreißig Jahren aufgeregt von ebendiesem Gebäude erzählt hatte, als sie und Howard herübergekommen waren, um zu berichten, dass sie ihr Haus am Stadtrand verkaufen würden, jenes Haus, in dem ich so oft mit Howard Platten gehört und Claires »spanischen« Kaffee getrunken hatte – weil sie »zentraler« wohnen wollten. *Queens!*, hatte Claire gerufen und tief an ihrer extralangen Zigarette gezogen, sie und Howard saßen auf dem zart geblümten

Wohnzimmersofa meiner Mutter und tranken lustlos dünnen, koffeinfreien Kaffee aus blau-weißen Bechern, während meine Eltern und wir Geschwister die Neuigkeit aufnahmen. *Queens!*, rief sie. *Es ist perfekt! Nach vorne raus haben wir die Stadt und nach hinten raus das Land!* Wir nickten, waren aber nicht sonderlich überzeugt. Queens – das war die Gegend, die ich mit meinen Großeltern und ihren Geschwistern assoziierte, alten Leuten, die zur Wohnungstür schlurften, wenn wir auf Besuch kamen, und ein tränendes Auge an das Guckloch pressten, bis die Tür aufging und wir in das dunkle, höhlenartige Innere eingelassen wurden.

Also fuhr ich an jenem Tag nach Queens. Howard öffnete. Er war zweiundneunzig, und nicht zum ersten Mal überraschte er mich mit seiner Vitalität und seiner gepflegten Erscheinung. An diesem kühlen Vormittag trug er ein blaues Sportsakko, einen grauen Pullover mit V-Ausschnitt über einem Button-Down-Hemd und eine gestreifte Krawatte. Sein Menjoubärtchen war perfekt getrimmt. Er hatte, wie mein Vater, die Gewohnheit, bei der Begrüßung schräg nach unten zu schauen. Wir umarmten uns linkisch, und mit einer halben Armbewegung forderte er mich auf einzutreten. Die Gardinen im Wohnzimmer waren vorgezogen, und die samtige Düsternis erinnerte mich an das Haus, in dem sie vorher gewohnt hatten, nicht weit von uns entfernt. Wenige Monate zuvor war Claire gestorben. Ich war zur Beerdigung gegangen. *Gut, dass du sie in den letzten Jahren nicht gesehen hast*, hatte Howard während der Fahrt zum Friedhof gesagt. *Du hättest sie nicht wiedererkannt ... Sie war nicht mehr sie selbst*, hatte er gesagt und traurig den Kopf geschüttelt. Ich ging an ihm vorbei, hinein in die abgedunkelte Wohnung. In der Essecke im Wohnzimmer stand ein runder Tisch, darauf Sandwiches und eingelegtes Gemüse, alles in Plastikfolie verpackt, bestimmt aus seinem lokalen Deli. Die Oliven steckten auf bunten Zahnstochern.

Es war das einzige Mal, dass ich dort war, abgesehen von dem Tag, an dem Claire beerdigt worden war. Als sie und Howard dort einzogen, sprach Daddy schon nicht mehr mit ihm. Das war überraschend, aber nicht halb so erstaunlich wie die Tatsache, dass mein Vater in dem Moment, wo er den Kontakt zu seinem freundlichen ältesten Bruder abbrach, dem einzigen Onkel, von dem wir bis dahin wussten, wieder mit Bobby sprach, mit dem er seit unserer Kindheit nicht mehr gesprochen hatte. Die Kinderlähmung ist wieder zurück, sagte Daddy, als wäre das eine Erklärung. In dieser Familie, witzelten meine Geschwister und ich bald darauf, ist brüderliche Zuneigung ein Nullsummenspiel (natürlich musste unser Scherz einen mathematischen Unterton haben).

Doch das war lange her. Nun saß ich in der düsteren Wohnung und sprach über Daddy und sollte einige Dinge über ihn hören, von denen ich nicht gewusst hatte.

Ich erkundigte mich nach ihrer Kindheit, fragte Howard, wie mein Vater gewesen war. Woher kam seine notorische Unlust, Gefühle zu zeigen? Hatte er das von den Eltern – waren Poppy Al und Nanny Kay kühl und reserviert gewesen? Hatten sie ihren Gefühlen füreinander Ausdruck gegeben? Wie ich lachend erzählte, hatte ich nie erlebt, dass Dad meine Mutter küsste oder sie zärtlich anredete. Die Männer der besten Freundinnen meiner Mutter, der Viererbande, sagten »Darling« und »Schatz« und »Liebes« zu ihrer Frau. Dad redete meine Mutter immer mit »Marl« an. Nie habe ich ihn »Ich liebe dich« sagen hören, nicht zu ihr, nicht zu uns. Einmal habe ich ihn danach gefragt, woraufhin er sagte: Ach, du weißt doch, für solche Dinge habe ich nicht viel übrig. Vermutlich ist das der Grund, weshalb ich das meinen eigenen Söhnen nicht oft genug sagen kann, ob am Ende eines Telefongesprächs oder in E-Mails oder Textnachrichten, so wie Kinder die Sorte Eltern werden, die sie gern gehabt hätten... Dass mein Vater so *zugeknöpft* war (wie meine Mutter sagte und dabei ihre blauen Augen verdrehte), nahm sie mit Humor – so wie ihr Vater, der große Geschichtenerzähler und Spaßvogel, vermutlich reagiert hätte. Wenn mein Vater von der Arbeit nach Hause kam, erwartete sie ihn manchmal am oberen Treppenende, und sobald er hinaufgestiegen war und sich anschickte, an ihr vorbeizugehen, ohne sie in den Arm zu nehmen, rief sie, als müsse sie sich einer amourösen Attacke erwehren, mit gespielter Entrüstung: *Jay, ich bitte dich, nicht vor den Kindern!,* was wir immer furchtbar komisch fanden. Mit einem dünnen Lächeln verschwand er in seinem Zimmer, um sich den Briefen und Rechnungen zu widmen, die dort auf dem Tischchen lagen. Später, als sie wieder in ihren Lehrerberuf zurückgekehrt war, machte sie sich einen Scherz daraus, ihre Kollegen allwöchentlich aufgeregt zu fragen, ob heute Dienstag sei. *Warum willst du wissen, ob heute Dienstag ist?,* lautete die Antwort, worauf meine Mutter sagte: *Weil ich Jay dienstags küssen darf!* Mit der Zeit wurde die Unlust oder Unfähigkeit meines Vaters, seine Gefühle zu zeigen, paradoxerweise das Vehikel, ihr seine Zuneigung auszudrücken, ihrer emotionalen Bedürftigkeit mit Nachsicht zu begegnen – mit einem jener scherzhaften Kommentare, die sich Fremden nicht erschließen und Ausdruck einer tiefen und geheimen Intimität von Paaren sein können. *Am Nachmittag bin ich in sein Zimmer gegangen, wo er an seinem Computer saß, und habe ihn gefragt: »Jay, mein liebster Schatz, wer ist deine allergrößte Liebe?«, woraufhin dein Vater sagte, den Blick unverwandt auf den Bildschirm gerichtet: »Verschwinde!«* Meine Mutter hat diese Anekdote sehr gern erzählt.

Ich erzählte Howard von meiner Theorie, dass Daddys Aversion gegen körperliche Berührungen auf seine beengte Kindheit zurückzuführen sei: das winzige Zimmer, die drei Jungs, das gemeinsame Klappbett und vor allem Bobby mit seiner Kinderlähmung. *Ich erinnere mich an das Geräusch, wenn er seine eisernen Beinschienen an die Heizung stellte.*

Howard hörte geduldig zu. Als ich geendet hatte, sagte er: Nein. Von beengten Verhältnissen konnte nicht die Rede sein. Dein Vater war ganz allein in der Wohnung.

Aber ich dachte, ihr hättet alle in ...

Nein. Howard schüttelte den Kopf und lächelte freundlich, fast ein wenig schüchtern, wie er immer reagierte, wenn man sich in irgendeiner Sache geirrt hatte, ganz anders als mein Vater, der in solchen Situationen unwillig dreinschaute.

Vergiss nicht, sagte Howard, ich war schon ausgezogen, als dein Vater noch ein Kind war. Ich bin 1920 geboren, 1938 bin ich zur Armee gegangen. Da war dein Vater erst neun oder zehn!

Neun, sagte ich.

Seine Stimme verlor sich. Dann sagte er: Und meine Eltern waren auch nicht da.

Das war mir neu. Wieso nicht?

Howard schien überrascht, dass ich, der Familienhistoriker, davon nichts wusste.

Mein Vater war Elektriker, wie du weißt.

Ich nickte. Natürlich wusste ich das. *Tobt nicht so herum, ihr ruiniert mir die Leitungen!*

Er war gewerkschaftlich organisiert, fuhr Howard fort. Er hat die George-Washington-Bridge verkabelt. Er lächelte versonnen, und ich hatte das vage Gefühl, dass dieser Satz vor langer Zeit in den Küchen der Bronx eine Art Refrain gewesen war, oft zu hören bei bestimmten Gelegenheiten.

Aber schon vor dem Krieg, sagte Howard, war mein Vater berufsbedingt oft lange Zeit nicht zu Hause. Zum Beispiel war er in Washington beim Bau des Pentagon beschäftigt. Das muss kurz nach Pearl Harbor gewesen sein oder kurz zuvor, er war den ganzen Krieg hindurch dort auf Arbeit. Zu Hause war er jedenfalls nicht. Und ich war auch nicht da. Wusstest du das nicht?

Nein.

Und Mutter, fuhr Howard fort, hat in einer Fabrik gearbeitet, in einer Munitionsfabrik, ich glaube in Washington Heights.

Sein schmales Gesicht leuchtete.

Meine Mutter war eine sehr kluge Frau, weißt du. Sie hatte keine große Schulbildung, aber sie hatte Köpfchen. Sie war unglaublich gut in allen möglichen Spielen, Karten, Rommé, Mah-jongg und so. Dein Vater hat seine mathematische Begabung bestimmt von ihr.

Howard schien mehr mit sich zu sprechen als mit mir.

Sie war also auch nicht in der Wohnung. Und dein Onkel Bobby war gern draußen auf der Straße, hat sich mit den Nachbarskindern herumgetrieben. Er hatte zwar Polio, aber er war überall beliebt, er war sehr zugänglich, nicht wie dein Vater. Dein Vater hat schon als Kind am liebsten gelesen, studiert.

Er war also allein, sagte ich.

Ja, die meiste Zeit war er allein, sagte Howard kopfschüttelnd.

Und dann sagte er, als wollte er der Einsamkeit, die mein Vater in seiner Kindheit erlebt haben musste, etwas Tröstliches abgewinnen: Aber er konnte die ganze Zeit lesen. Das hat ihn vorangebracht. Er hat etwas gelernt im Leben.

Er hat etwas gelernt im Leben.

Dann erzählte er noch etwas anderes über meinen Vater, was mir nicht bekannt gewesen war.

Dein Vater war fast zehn Jahre jünger als ich. Als er die Schule besuchte, war ich nur noch selten zu Hause. Aber ich weiß, dass er auf der Highschool immer sehr gute Noten bekommen hat. Da war ich schon längst ausgezogen.

Von den Highschool-Jahren meines Vaters wusste ich ein paar Dinge: Lateinunterricht, *Oh-vid*, dann kein Latein mehr. Dass er nicht auf die Bronx Science, sondern auf die zweitbeste Highschool gegangen war. Ich wollte Howard schon fragen, ob er den Grund dafür wusste, als er in meine Gedanken hinein sagte:

Selbst in der Armee war er der Intelligenteste.

Ich lächelte, erinnerte mich an Daddys Erzählung, dass er den öden Militärdienst nur ertragen hatte, um anschließend studieren zu können. Kartoffelschälen, die GI Bill.

Oh ja, fuhr Howard fort, dein Vater war so gut, dass sie ihn nach West Point schicken wollten.

Echt? Davon hat Daddy nie erzählt, er hat...

Howard wich meinem Blick aus. Oh ja, aber er wollte nicht. Jay ist nach dem Krieg zur Armee gegangen, damit er mit einem GI-Stipendium studieren konnte. Sein Kommandeur hielt ihn für so begabt, dass er ihn nach West Point schicken wollte. Er sollte Offizier werden. Offizier! Er wollte ihn höchstpersönlich empfehlen.

Bei dem Wort »Kommandeur« bekam seine Stimme etwas Strenges. Manchmal vergaß ich – vielleicht, weil er so liebenswürdig war, weil wir stundenlang auf dem Sofa gesessen und Segovia gehört hatten, weil er Claires Vorhaben immer unterstützte –, dass er viele Jahre Soldat gewesen war. *Kommandeur*. Er schaute zu Boden, das gleiche schiefe Grinsen im Gesicht, das ich oft bei meinem Vater gesehen hatte, womöglich der Ausdruck des kleinen Mannes, der vor etwas kapituliert, was er nie verstehen wird. Dann schaute er wieder hoch.

Dein Vater hat mir erst Jahre später davon erzählt. Ich habe das nie verstanden. Er hätte Offizier werden können!

Auch ich war verwirrt. Ich dachte an meinen Vater, für den Bildung so wichtig war, Schule, Studium, Examen, beruflicher Erfolg. Ich dachte daran, dass er mir im letzten Jahr der Highschool vorgeschlagen hatte, mich für einen Reserveoffizierslehrgang zu melden. *Du wärst dann Offizier, sie bezahlen dir das Studium, dafür musst du nur ein paar Jahre Dienst leisten!* Und nun wusste ich, dass er diese Möglichkeit, die er mir ans Herz legte, dreißig Jahre zuvor selbst abgelehnt hatte. Ich wusste, dass er ein vielversprechender Kandidat gewesen war, dass er eine glanzvolle Karriere hätte machen können, aber aus irgendeinem Grund hatte er das Angebot abgelehnt. Das war etwas anderes als die unvollendete Dissertation, die er aus finanziellen Gründen nicht beendet hatte, weil meine Mutter mit Andrew schwanger geworden war. Warum hatte er diese Aufstiegschance abgelehnt?

Sosehr sich mein Vater später auch darüber freute, dass seine Kinder studierten, Dissertationen schrieben, die er selbst nicht geschrieben hatte, akademische Titel erwarben, die er selbst nicht hatte erwerben können – es muss schwierig gewesen sein. Unsere Erfolge, auf die er so stolz war, müssen ihn umso lebhafter an seine eigene Geschichte erinnert haben, an die Wege, die ihm verschlossen geblieben waren und die er, wie ich jetzt wusste, aus irgendeinem Grund ausgeschlagen hatte.

Diese ständige Konkurrenz zwischen Vätern und Söhnen, diese ewigen Geschichten von Erfolg und Misserfolg: Manchmal fragte ich mich, wie Homers Vater gewesen war, wenn es einen Homer gegeben hatte. »Nur wenige Söhne sind wahrlich gleich ihrem Vater, meistens sind sie schlechter und nur wenige besser.« Doch nur so kann die *Odyssee* funktionieren. Wäre Telemachos von Anfang an seinem Vater ebenbürtig gewesen – wäre er imstande gewesen, die Freier zu töten, seine Mutter zu verheiraten und die Herrschaft in Ithaka zu übernehmen, gäbe es keinen Grund, weshalb Odysseus nach Ithaka heimkehren sollte und folglich auch keine *Odyssee*. So wichtig die Erziehung des Telemachos auch ist, für die *Odyssee* muss er ein unfertiger Sohn bleiben.

An all das musste ich denken, während ich in Howards abgedunkelter Wohnung saß und Dinge aus dem Leben meines Vaters erfuhr, von denen ich nichts gewusst hatte. Es ist nicht ganz einfach, wenn einem vertraute Menschen plötzlich als Interviewpartner gegenübersitzen. Ich starrte auf das rote Lämpchen meines Aufnahmegeräts und überlegte, wie ich das Gespräch zu Ende bringen konnte. Schließlich sagte ich: Wenn du meinen Vater mit einem Wort beschreiben müsstest, welches Wort wäre das?

Ich rechnete damit, wünschte mir fast, dass er »einsam« sagen würde, weil es so viel erklärt hätte: seine Unbeholfenheit, seine Reizbarkeit, seine Zugeknöpftheit. Einfach alles.

Fakten widersetzen sich aber oft der Bedeutung, die wir ihnen geben wollen.

Schließlich sagte Howard: Dein Vater war brillant. Er kam aus einfachen Verhältnissen, aber er hat viel gelernt.

ANAGNORISIS
(Wiedererkennung)

Mai

Wiedererkennung ist, wie der Name schon andeutet, der Umschlag von Unkenntnis in Kenntnis... Am besten ist die Wiedererkennung, wenn sie mit der Peripetie eintritt.

ARISTOTELES, *Poetik*

*E*s gehört zu den Merkwürdigkeiten des Lehrerberufs, dass man nie weiß, wen man letztlich erreicht. Man weiß nie, wer sich als wahrer Schüler herausstellen wird, der das, was man anzubieten hat, aufnimmt und sich zu eigen macht. Wobei das, was man anbietet, in nicht geringem Maß auf andere Lehrer zurückgeht, die sich ihrerseits gefragt haben, ob ihr Schüler das, was sie zu vermitteln haben, annehmen wird, und die, wenn er alt genug ist, über diese Erfahrung zu schreiben, inzwischen so alt wie seine Eltern, vielleicht sogar schon tot sind. Man weiß nie, welcher der jungen Leute am Seminartisch sich vom Lehrer oder dem Text aus irgendeinem Grund so tief berühren lässt, dass das Vermittelte noch lange fortleben wird.

Tatsächlich ist Erziehung, die Pädagogik, *das Hinführen des Kindes zum Wissen*, ein komplexer, nicht vorhersehbarer Prozess, dessen Mechanismen und Wirkungen für Schüler wie Lehrer oft unerklärlich sind.

Zum Beispiel:

Am letzten Tag meines Seminars »Die *Odyssee* des Homer«, einem milden Tag Mitte Mai, war ich überzeugt, dass das Experiment – die Teilnahme meines Vaters am Seminar, eine Vorstellung, die viele meiner und seiner Freunde so charmant, so amüsant gefunden hatten – nichts gebracht hatte. Nach dem Januartag, an dem mein Vater auf der verschneiten Zufahrt aus dem Auto stieg, nach dem strengen Februar, in dem wir über die Telemachie sprachen und darüber, was sie uns über die »harmonische Erziehung« des jungen Mannes berichtet, nach dem verregneten März, in dem wir über Odysseus' Aufenthalt bei den Phaiaken sprachen, über die Apologoi, seine Erzählungen und Lügengeschichten, seine fantastischen Abenteuer, nach dem irrwitzig kalten April, in dem wir über die Wiederbegegnungen sprachen, die nach der Heimkehr des Odysseus stattfinden und zur Offenlegung seiner wahren Identität führen – nach all dem war ich überzeugt, dass ich meinem Vater nichts hatte beibringen können. Es war mir nicht möglich gewesen, ihm die Schönheit und Sinnhaftigkeit dieser grandiosen Dichtung nahezubringen, deren Helden er bis zuletzt für unheldenhaft hielt, deren kunstvolle Struktur ihn kaltließ, deren faszinierende Hauptperson ihn nicht faszinierte. Er hatte mich, wie ich kurz nach Semesterende erkennen musste, sogar ein wenig verunsichert, so wie er mich viele Jahre zuvor mit seinen eigenwilligen Tischmanieren schockiert und ein kompliziertes Gefühl von Scham in mir ausgelöst hatte, weshalb ich als Teenager die Nähe all jener Mentoren gesucht hatte, die zum Teil hervorragende Lehrer waren, zum Teil auch nicht. Meine Sorge war, die Studenten könnten seine Nonchalance gegenüber dem Text abstoßend und seine unverhohlene Kritik an meinem Unterricht irritierend finden. Mit Unbehagen dachte ich daran, was sie von dem glatzköpfigen verhutzelten Alten wohl gehalten hatten, der jeden Freitag im ausgeleierten weißen Pullover in seiner Ecke saß und die Überlegungen, die ich meinen Studenten vermitteln wollte, infrage stellte oder rundheraus verwarf.

Nur ein einziges Mal hatte er die Studenten so fasziniert, wie er die Teilnehmer der *Odyssee*-Kreuzfahrt faszinierte. Nur ein einziges Mal zwischen Januar und Mai hatte er sich plötzlich und unerwartet von seiner weichen Seite gezeigt, die ich mir als Kind viel öfter gewünscht habe – wie an jenen Abenden, wenn er, statt sich nach dem Essen über Rechnungen zu beugen, mit einem Seufzer aufstand und in mein Zimmer kam, mich fest in die Decke einpackte und sich auf die Kante des Betts setzte, das er selbst gebaut hatte, und mir aus *Pu der Bär* vorlas. Ich lag glücklich in meinem Bett, eingewickelt wie eine Mumie, und fühlte mich beschützt, wenn er mit seinem nasalen Bariton die kurzen, einfachen Sätze vorlas, mit denen er sich Jahre später erfolglos abmühte, einer seiner periodischen Versuche, das Latein aufzufrischen, das er einst aufgegeben hatte.

Winnie ille Pu.

Nur einmal zeigte mein Vater im Frühjahrssemester 2011 diese andere Seite, die ich während der *Odyssee*-Kreuzfahrt viel öfter und so unerwartet sah. Dieser merkwürdige Moment ereignete sich am zweiten Freitag im Mai, bei der letzten Sitzung, als wir über die lang erwartete Wiederbegegnung zwischen Odysseus und Penelope sprachen, zu der es unmittelbar nach dem Freiermord kommt. Wochenlang hatte ich die Studenten auf diesen Höhepunkt vorbereitet, der zugleich der Höhepunkt der odysseischen Auseinandersetzung mit den Themen Identität und Wiedererkennen ist. Das griechische Wort für Wiedererkennung ist *anagnorisis*, hatte ich erklärt und darauf hingewiesen, dass mit diesem Begriff bestimmte Plots bezeichnet werden. So sagt Aristoteles in seiner *Poetik*, dass die *anagnorisis* ein Grundelement des Plots ist, ein anderer ist die *metabasis*, ein Handlungssprung. Aber der beste Plot ist laut Aristoteles derjenige, in dem der Moment der Wiedererkennung zugleich ein Moment der Peripetie ist. Aus seiner Sicht ist Sophokles' *König Ödipus* auch deswegen das ideale Bühnenstück, weil es diesen doppelten Moment hat: Ödipus' Erkenntnis, dass seine Frau in Wahrheit seine Mutter ist, ist der Moment seines Untergangs. Auch in der *Odyssee* gibt es diesen doppelten Moment von Erkenntnis und Handlungsumschwung, wenngleich das Ergebnis in diesem Fall ein glückliches ist: Der Moment, in dem Odysseus' wahre Identität erkannt wird, ist zugleich der glückliche Moment, in dem er seine Frau, seine Familie und seine Herrschaft zurückgewinnt.

Das Wiedererkennen zwischen Odysseus und Penelope ist auch der Höhepunkt eines anderen Grundthemas der *Odyssee*. Ich erinnerte meine Studenten an all die verführerischen Frauen, Göttinnen und Sterbliche, denen Odysseus während seiner Irrfahrt begegnet war – Kalypso und Nausikaa und Kirke, allesamt reizvolle Alternativen zu Penelope, deren verlockende Angebote er letztlich aber ausschlug. Ich erinnerte an den Begriff *homophrosyne* (Gleichgesinntheit), den Odysseus im sechsten Gesang gegenüber Nausikaa als Kennzeichen einer authentischen Beziehung bezeichnet, jene Qualität, an der es seinen Affären mit den Göttinnen mangelte, mit deren Schönheit Penelope es nie und nimmer aufnehmen konnte. Ich erinnerte an die vielen Metamorphosen, die sich in der *Odyssee* ereignen, angefangen bei Athene, die sich in Mentes und dann in Mentor verwandelt, über Odysseus, der sich in Bettlergestalt nach Troja einschleicht und von Athene im sechsten Gesang aufgehübscht wird, damit er die Phaiaken beeindrucken kann, bis hin zum dreizehnten Gesang, wo er in einen alten Bettler verwandelt wird, damit er die Freier täuschen kann, die diesem abgerissenen Landstreicher, der plötzlich in ihrer Mitte erscheint, tatsächlich auf den Leim gehen. An all diese Transformationen hatte ich erinnert, die, so amüsant oder unerlässlich für den Handlungsverlauf sie auch sind, den Leser der *Odyssee* zwingen, sich mit der Frage auseinanderzusetzen, wie wir jemanden erkennen, wenn auf äußere Erscheinungen kein Verlass mehr ist.

Und nun, im Mai, am Ende des Semesters, sprachen wir also über das lang erwartete Wiedersehen von Odysseus und Penelope. Diese zärtliche Szene folgt – irritierend unvermittelt – auf den Freiermord, zwei Momente auf groteske Weise zu einem doppelten Höhepunkt verknüpft, der das Ethische und das Emotionale, das Öffentliche und das Private zum Ausdruck bringt: Hier die Freier, die die Gesetze der Gastfreundschaft mit Füßen getreten haben, dort die Ehe des Odysseus, die Frage, ob Mann und Frau einander wiederkennen werden.

Dass zwischen dem Freiermord und der Wiedererkennung eine enge Beziehung besteht, macht schon die Tatsache deutlich, dass die Tötung der Freier auf einer Idee von Penelope beruht. Am Ende des neunzehnten Gesangs, nach ihrem langen, emotionalen Gespräch mit dem Bettler und nachdem Eurykleia die Narbe des Odysseus wiedererkannt hat (sie will Penelope sogleich davon erzählen, wird von Odysseus aber zu Stillschweigen verpflichtet), erklärt Penelope, dass sich am nächsten Tag ihr Schicksal entscheiden werde. Sie wolle einen Wettkampf der Freier ausrufen und sei bereit, den Sieger zu ehelichen. Der Wettstreit, den sie sich ausgedacht hat, ist so angelegt, dass der Sieger zumindest einige der bemerkenswerten Fähigkeiten besitzen muss, über die ihr Mann verfügt. Die gestellte Aufgabe, angelehnt an eine denkwürdige Leistung des jungen Odysseus, ist anspruchsvoll: Ein Pfeil muss durch zwölf Äxte geschossen werden. Da aber schon das Spannen des mächtigen Bogens enorme Körperkraft verlangt, wird Penelopes künftiger Ehemann also zumindest kein Schwächling sein.

Im einundzwanzigsten Gesang ruft Penelope den Wettstreit aus, und schnell zeigt sich, dass sie, ob bewusst oder unbewusst, eine Möglichkeit ersonnen hat, wie sie dem echten Odysseus eine Waffe in die Hand geben kann. Odysseus seinerseits denkt schon eine ganze Weile darüber nach, wie er seine Chancen verbessern kann, denn er und Telemachos und ein paar Mitstreiter – der treue Eumaios, dem er sich endlich zu erkennen gegeben hat, ein alter Rinderhirt namens Philoitios und natürlich die treue Eurykleia – sind eindeutig in der Minderzahl. Kurz nach ihrem Wiedersehen bittet er Telemachos, die Waffen der Freier in einer Kammer im Obergeschoss wegzuschließen und sich selbst kampfbereit zu halten. Mit Blick auf den bevorstehenden Wettstreit weist er Eurykleia an, sich mit den anderen Dienerinnen im Frauengemach einzuschließen, und dem Rinderhirten befiehlt er, die Palasttore zu versperren, damit niemand das Gebäude verlassen oder betreten kann. Aber wie soll er, Odysseus, an eine Waffe kommen? Der Bogenwettstreit erweist sich als günstige Gelegenheit.

Wie Aschenputtels Schwestern, die den gläsernen Pantoffel

anziehen wollen, so versuchen die Freier, den Bogen zu spannen, einer nach dem anderen – ohne Erfolg. Schließlich meldet sich der »Bettler«, er wolle es auch einmal probieren, zum Gespött der Freier. Antinoos findet es empörend, dass eine so niedere Person es wagt, sich mit den edlen Männern messen zu wollen. In diesem Moment interveniert die kluge Penelope – und gibt damit (zumindest dem einen oder anderen Leser) zu verstehen, dass sie in dem Bettler längst ihren Mann erkannt hat. Ob Antinoos wirklich glaube, erklärt sie lachend, sie werde den alten Landstreicher heiraten, falls er gewinnen sollte? Natürlich nicht. Da aber niemand den Bogen habe spannen können, sei es nicht verwerflich, dem Alten einen Versuch zu gestatten. Trotz aller Einwände und Verwünschungen der murrenden Freier nimmt Eumaios den mächtigen Bogen, trägt ihn durch den Saal und legt ihn dem Bettler in die Hände. Der wendet ihn hin und her, um zu prüfen, »ob nicht Würmer fräßen am Horn, da der Herr doch lange fort war«, hebt den Bogen, spannt ihn leicht und mühelos – wie ein Sänger, sagt Homer, der eine neue Saite kundig auf seine Lyra spannt –, sodass die Freier plötzlich Angst bekommen:

> *... aus allen Gesichtern*
> *wich die Farbe, und Zeus gab Zeichen mit mächtigem Donner.*
> *Da frohlockte denn also der göttliche Dulder Odysseus,*
> *dass dieses Wunder ihm sandte der Sohn des verschlagenen Kronos.*
> *Und er griff nach dem schnellen Pfeil, der bei ihm auf dem Tisch lag,*
> *einzeln indes im hohlen Köcher die anderen lagen –*
> *diese sollten gar bald die Achaier zu kosten bekommen...*

Und dann beginnt das Gemetzel.

Wenn Homer die Freier hier unvermittelt als »Achaier« bezeichnet (in der *Ilias* verwendet er diese Bezeichnung für die Verbündeten der Griechen), will er sein Publikum darauf vorbereiten, dass der Held, der in der *Odyssee* seine Feinde bislang vor allem mit schlauer List besiegt hat, nunmehr Rache in einer so brutalen Form üben wird, wie wir sie mit der *Ilias* assoziieren. Nachdem Odysseus seine Lumpen abgelegt und den erstaunten Freiern seine wahre Identität offenbart hat, nimmt er sich zunächst Antinoos vor, dessen Kehle sein Speer just in dem Moment durchbohrt, als er einen Becher Wein leeren will – ein passendes Ende für den Anführer der Freier, die die Gesetze der Gastfreundschaft arrogant missachtet haben. »Hunde«, ruft Odysseus,

> *... ihr meintet, ich würde nie wieder vom Lande der Troer*
> *heim nach Hause kommen, dass ihr das Haus mir so kahlschort,*
> *bei den dienenden Frauen schlieft mit roher Gewalt, und*
> *dass ihr, da ich noch lebte, buhltet um meine Gattin,*
> *weder die Götter scheuend, des weiten Himmels Bewohner,*
> *noch die Vergeltung der Menschen, die später über euch käme.*

Als Nächsten trifft es Eurymachos, der noch versucht, seine Haut zu retten, indem er Antinoos für alles verantwortlich macht, und dann den armen Amphinomos, der bei seinem Fluchtversuch getötet wird: Telemachos stößt ihm von hinten die Lanze zwischen die Schulterblätter. Doch die Racheaktion verläuft zunächst nicht ganz nach Plan. Telemachos hat, eine letzte Anspielung auf das Thema Erziehung, in dieser kritischen Situation einen fatalen Fehler gemacht, denn er hat die Kammer, in der er die Waffen der Freier versteckt hat, nicht abgeschlossen. Deshalb können die Freier am Ende ihre Rüstung anlegen und sich verteidigen. Als Odysseus von diesem katastrophalen Versäumnis erfährt, glaubt er zunächst, ein mit den Freiern sympathisierender Diener habe ihn verraten, doch Telemachos gesteht, dass er die Schuldige ist. Interessanterweise blendet Homer in diesem Moment ab, sodass wir nicht wissen, wie Odysseus auf dieses Schuldeingeständnis seines Sohns reagiert. Als wir am ersten Freitag im Mai über diese Stelle diskutierten, meldete sich mein Vater zu Wort.

Telemachos hätte die Aktion also beinahe vermasselt, sagte er. Nein, bitte nicht, dachte ich.

Doch dann fuhr mein Vater fort: Ich finde es sehr beeindruckend, dass er seinen Fehler zugibt. Er hätte seinen Vater in der Annahme lassen können, dass ein Bediensteter Schuld hat, aber er steht zu seinem Fehler. Vielleicht ist das ja der Höhepunkt seiner Erziehung. Indem er Verantwortung übernimmt, beweist er seine Reife.

Bevor ich etwas erwidern konnte, sagte Tommy: Genauso interessant finde ich, dass Odysseus ihn sich nicht vorknöpft, ihn nicht tadelt, kein Wort darüber verliert. Vielleicht hat er ja auch etwas gelernt.

Wie wichtig Telemachos' Versäumnis für das Vater-Sohn-Thema auch sein mag, es ermöglicht eine Schlachtszene, wie sie aus der *Ilias* stammen könnte. Das Blutbad erstreckt sich über die nächsten zweihundert Verse, nur hin und wieder interveniert Athene zugunsten ihres Lieblingssterblichen. (Da habt ihr's!, rief mein Vater zum letzten Mal in diesem Semester. Er siegt nur, weil ihm die Götter helfen!) Und schließlich schaut Odysseus sich um, ob einer der Freier noch am Leben ist. Doch nein, alle sind tot, liegen in Blutlachen

> ... *wie Fische, welche die Fischer*
> *aus dem grauen Meer ans bergende Ufer gezogen*
> *mit dem maschigen Netz; nun liegen sie alle, sich sehnend*
> *nach den Wogen der See, hin auf die Dünen geschüttet,*
> *und es entzieht die Lebenskraft ihnen die strahlende Sonne.*

Eine würdelose Metapher für einen Haufen würdeloser Männer.

Erst nachdem alles Blut aufgewischt ist und der Palast rituell gereinigt wurde, kommt Odysseus abermals mit Penelope zusammen und gibt sich ihr endlich zu erkennen.

Doch das Wiedersehen beginnt – genau wie das Wiedersehen von Vater und Sohn – mit einem irritierenden Antiklimax. Penelope, die während des Gemetzels geschlafen hat, wird von Eurykleia geweckt, die ihr die wunderbare Nachricht überbringt: Odysseus ist heimgekehrt und hat die Freier getötet! Penelope glaubt ihr aber kein Wort. Sie ist genauso misstrauisch und zögerlich, wie Odysseus es die ganze Zeit war. In ihrer Vorsicht offenbart sich die Gleichgesinntheit (*homophrosyne*) des Ehepaars, auch wenn Odysseus, der notorische Märchenerzähler, sich in der ungewohnten und frustrierenden Situation befindet, dass ihm in dem Moment, wo er endlich die Wahrheit sagt, nicht geglaubt wird.

Hier haben wir also wieder das große Thema Identität, sagte ich in die Runde. Wie werden die beiden einander beweisen, wer sie sind? Schließlich sind zwanzig Jahre vergangen, schwierige Jahre, Jahre von Leid, Scham und Bedrängnis. Die von den Göttern bewirkten übernatürlichen Verwandlungen ähneln jener natürlichen Kraft, die unser Gesicht, unseren Körper verändert, die uns grau und faltig macht: die Zeit. Wenn das Äußere, das Gesicht, der Körper nicht mehr wiederzuerkennen ist – was bleibt dann? Gibt es ein inneres »Ich«, das die Zeit überdauert?

Die Studenten schweigen.

Dies ist keine hypothetische dichterische Frage, sagte ich nach einer Weile, sondern eine, mit der wir uns im realen Leben auseinandersetzen müssen!

Sie schauten unbeteiligt. Der vorangegangene Freitag, an dem wir über den Freiermord diskutiert hatten, dessen Brutalität sie fassungslos gemacht hatte, obwohl wir darüber gesprochen hatten, dass Zeus' »gnadenlose Gerechtigkeit« angemessen sei, war ein wunderbarer Tag gewesen, warm, blitzblauer Himmel. Wir waren hinausgegangen und hatten uns auf den Rasen gesetzt und in der kräftigen Maisonne über Mord gesprochen. Aber nun war es unverhältnismäßig kalt, und wir saßen wieder im Seminarraum.

Sie wirkten unruhig, bedrückt. Zur Auflockerung der Atmosphäre erzählte ich von einem Gespräch, das ich ein paar Wochen zuvor mit meiner Mutter geführt hatte, die gerade achtzig geworden war.

Ich hatte von ihr wissen wollen, wie es ist, so alt zu sein. Es ist merkwürdig, hatte sie gesagt. Jeden Morgen schaue ich in den Spiegel und denke: Wer ist diese alte Frau, die mich ansieht? Ich fühle mich noch immer wie eine Sechzehnjährige.

Die Studenten lachten. Den Rest der Geschichte erzählte ich nicht. Weil meine Mutter an dem Tag so gelöster Stimmung gewesen war, hatte ich die Chance genutzt und sie gefragt: Hast du Angst davor, sehr alt zu werden? Krank und hinfällig zu sein? Meine Mutter hatte mit ernstem Gesicht geantwortet: Ich habe nur Angst davor, ohne deinen Vater zu sein.

Sehen Sie, sagte ich in die Runde. Dieser Frage müssen sich alle Menschen stellen. Wie man aussieht und wie man sich fühlt, das Innen und das Außen, Selbstwahrnehmung und Fremdwahrnehmung. Das ist ein absolut odysseisches Thema. Deshalb muss sich diese Wiedererkennungsszene genau so abspielen, wie sie sich abspielt.

Aber die Studenten reagierten nicht, griffen meinen Gedanken nicht auf, spannen ihn nicht weiter. Ich erinnerte mich, wie phlegmatisch sie am ersten Tag des Seminars gewesen waren.

Schade, dass es so zu Ende geht, dachte ich.

Die Wiedererkennungsszene im dreiundzwanzigsten Gesang, die viele Altphilologen und Literaturwissenschaftler für den Höhepunkt der *Odyssee* halten, dreht sich um ein Bett, ein speziell konstruiertes Bett, ein Bett mit einem Geheimnis. Nachdem Penelope aufgewacht ist, geht sie hinunter zu Odysseus, der im großen Saal auf sie wartet. Sie setzt sich an die gegenüberliegende Wand, sie sehen sich an. Telemachos wirft ihr wütend vor, gefühllos und hartherzig zu sein (mit einem Wort, sich genauso zu verhalten, wie Odysseus sich in kritischen Situationen verhalten hat), woraufhin Penelope erklärt, dass sie den Mann, der sich als ihr Gatte ausgibt, auf die Probe stellen werde:

> ... *doch ist's wirklich Odysseus,*
> *der nach Hause gelangt ist, so werden wir beide einander*
> *uns ganz gewiss noch besser erkennen, denn uns verbinden*
> *Zeichen, die nur wir, verborgen den anderen, wissen.*

Nach einem kurzen Zwischenspiel – Odysseus wird von einer Dienerin gebadet und gesalbt und von Athene verschönert – setzt er sich wieder auf seinen Stuhl, gegenüber seiner Frau, und tadelt sie, wie zuvor schon Telemachos, wegen ihrer Kälte. Irritiert bittet er Eurykleia, ihm ein Lager herzurichten. Dies bringt Penelope auf den Gedanken, wie sie den Fremden am besten prüfen kann – ihn, der ihrem Gatten so unheimlich ähnelt. Auch sie wendet sich an Eurykleia und bittet sie, ein Bett herzurichten, aber nicht irgendeines, sondern das Bett des Odysseus. Sie solle es vor die Kammer stellen und für den Fremden bereit machen.

Und siehe da, ihre List funktioniert: Denn als Odysseus ihre Anweisung hört, verliert er zum letzten Mal die Fassung. Zum letzten Mal gibt er sich zu erkennen, wie er sich seinerzeit auf so fatale Weise nach seinem Sieg über den Kyklopen zu erkennen gab. Empört weist er darauf hin, dass das Bett so konstruiert ist, dass man es nicht von der Stelle bewegen kann, »es sei denn, ein Gott höchstpersönlich käme und setzte es leicht, wie er will, an andere Stelle«:

> *Keiner der Sterblichen könnte, und ständ' er in blühendster Jugend,*
> *leicht es bewegen, da ein großes Zeichen gewirkt ist*
> *in dem kunstvollen Bette; ich war's, der es schuf und kein andrer.*
> *Drin im Hof wuchs ein blätterstreckender Stamm eines Ölbaums,*
> *ausgewachsen und kräftig sprossend, so dick wie ein Pfeiler.*
> *Rings um diesen legt' an ich die Kammer, bis ich sie vollendet,*

aus dicht geschichteten Steinen, den Raum oben gut überwölbend;
davor setzte ich Türen, gefugte, dicht eingepasste,
schlug dann ab das Laub des blätterstreckenden Ölbaums,
schnitt den Stamm von der Wurzel herauf zurecht, schabte rings ihn
fachkundig mit dem Erz und richtete ihn nach der Richtschnur,
schnitzt' ihn zum Pfosten des Betts und durchbohrte ihn ganz mit
dem Bohrer,
zimmerte, mit ihm beginnend, das Bett, bis ich es vollendet,
legte dann kunstreich es aus mit Elfenbein, Gold und mit Silber
und spannte ein einen purpurschimmernden Riemen aus Leder.
So tue ich dir kund dieses Zeichen ...

Das Zeichen wird vernommen und verstanden: Nun endlich erkennt Penelope, dass der Fremde wahrhaftig Odysseus ist. Von dem Geheimnis dieses besonders konstruierten Bettes konnte nämlich nur einer wissen – ihr Mann, der Einzige, der Zugang zu ihrem Schlafgemach und ihrem Bett hatte. Das Bett ist also ein doppeltes Symbol: Es steht für Odysseus' wahre Identität und für Penelopes eheliche Treue. Penelope wirft sich ihrem Mann schluchzend in die Arme, und auch er vergießt Tränen. Sein Anblick, sagt Homer in diesem Moment, ist für Penelope so willkommen wie der Anblick von Festland für einen Schiffbrüchigen – ein Bild, das nicht nur verrät, wie ähnlich die beiden einander sind, sondern auch andeutet, dass Penelopes Jahre daheim ebenso abenteuerlich, ebenso leidvoll waren wie die ihres Mannes. Und jetzt erst ziehen sich die beiden zurück zu ihrer ersten gemeinsamen Nacht seit zwanzig Jahren, einer Nacht, die Athene verlängert (einer der zauberhaftesten Einfälle des Gedichts), indem sie die Morgendämmerung zurückhält, damit die beiden etwas mehr Zeit für ihr Zusammensein haben. Zunächst genießen sie die Wonnen der Liebe, dann erzählen sie einander ausführlich, was sie in all den Jahren erlebt haben. Als wir zu dieser Szene kamen, ging es zu meiner Freude etwas lebendiger im Seminarraum zu.

Ich finde, es passt zu Penelope, dass sie sich eine so kluge Prüfung ausgedacht hat, sagte Tommy. Sie bittet ihn nicht um ein Erkennungszeichen, sondern bedient sich einer List. Das ist sehr odysseisch und zeigt, wie gut sie zueinander passen. Tarnung kann man also nur mit *homophrosyne* durchschauen.

Nina sagte: Diese Prüfung, die Penelope sich im dreiundzwanzigsten Gesang ausgedacht hat, ist perfekt. Dass der ganze Palast um dieses Schlafgemach herum gebaut ist, ist eine hübsche Metapher für die enge Verbindung zwischen Odysseus und Penelope.

Jacks Blick wanderte von Nina zu mir. Finden Sie es nicht seltsam, ja sogar unangemessen, dass eine so starke Bindung auf etwas so Oberflächlichem wie Sex basiert?

Sex?, sagte ich.

Genau das passiert doch im Bett!

Nina warf ihm einen verzweifelten Blick zu und sagte: Wenn Odysseus über die Unverrückbarkeit des Bettes spricht, meint er in Wahrheit doch seine unerschütterliche Liebe zu ihr.

Tommys Kommentar schien mir die interessanteste Beobachtung an diesem Tag zu sein. Tatsächlich, sagte er, geht es in dieser Szene nicht in erster Linie um Sex, sondern um Kommunikation. Zuerst machen sie Liebe, aber dann sprechen sie die ganze Nacht miteinander, bevor sie schließlich einschlafen. Es ist, als müssten sie all das Erlebte gefühlsmäßig verarbeiten, und das tun sie, indem sie es erzählen. Im Vordergrund steht die Kommunikation, könnte man sagen. Es ist wie die Geschichte mit den Kyklopen. Letztlich geht es um Sprache.

Richtig, sagte ich. Wir hatten ja gerade davon gesprochen, dass der Körper unzuverlässig ist, die äußere Erscheinung kann man verändern, aber das Innere ...

Also, ich kann ein Lied davon singen, rief mein Vater plötzlich.

Ich wandte mich zu ihm um. Er saß aufrecht da, ein wenig nach vorn gebeugt.

Ich verstehe etwas davon, sagte er und räusperte sich. Solche

Kommentare gehörten, genau wie *Unglaublich, dieser Verkehr!* oder *Sag mir nicht, was ich zu tun habe,* zu seinem Repertoire an stehenden Redewendungen, die, wie ein Zauberspruch oder eine Anrufungsformel, meinen Vater heraufbeschwören können, wie auch bestimmte Äußerlichkeiten, der markante Duft des Old Spice Aftershave, das er sich nach dem Rasieren auf die eingefallenen Wangen und den faltigen Hals klatschte und das immer so synthetisch wie Weichspüler roch, oder das Schabegeräusch des Vier-Klingen-Rasierers, mit dem er gegen die Haarfäden am Hals anging. (Allerdings war es meine Mutter, die mir das Rasieren beibrachte. Das war in den frühen 1970ern, als Daddy wegen seiner Mitarbeit am künstlichen Herzen regelmäßig zwei Wochen im Monat außer Haus war, und als die weichen dunklen Härchen auf meinen Wangen und am Kinn irgendwann nicht mehr zu übersehen waren, schleppte mich meine Mutter ins Badezimmer und sagte: *So, jetzt zeig ich dir, wie man's macht, ich habe bei Grandpa zugeschaut,* und dann befeuchtete sie mein Gesicht, seifte es ein und zog die Rasierklinge über den Hals und die Wangen. Noch Jahre später glaubte ich, dass es sich bei der ständig geröteten Haut um Akne handelte, bis Tante Claire, die wir eines Sonntags besuchten, mein Gesicht in ihre weiße Hand nahm, so wie man einen Hund bei der Schnauze packt, und sagte: *Jungchen, deine Haut ist ja furchtbar gereizt, du rasierst dich gegen den Strich, du musst dich mit dem Strich rasieren. Wer hat dir denn das Rasieren beigebracht?*) Als wir im Seminarraum über Penelope und Odysseus sprachen und mein Vater sagte: *Ich verstehe etwas davon,* eine Redewendung, die mich heute ebenso lebhaft an ihn erinnert wie der Geruch von Old Spice, musste ich plötzlich an die Situation denken, als ich während der Semesterferien in meinem ersten Studienjahr an der Universität, die er mir so nachdrücklich empfohlen hatte, weil sie *besser für mich* sei, meine Eltern unter Tränen in das Geheimnis einweihte, das ich jahrelang für mich behalten hatte. Ich bin schwul, sagte ich, auf der Bettkante sitzend, und starrte unverwandt auf das Muster des Bettüberwurfs. In diesem Moment sagte mein Vater mit einer Weichheit in der Stimme, die mich total überraschte: *Ich verstehe etwas davon, Marlene. Lass mich mit ihm reden.*

Diese Bettkante war der Ort, an dem er ganz zuletzt in unserem Haus saß. An einem Freitag im Januar 2012 – auf den Tag genau ein Jahr nach der ersten Sitzung meines *Odyssee*-Seminars am Bard College – hatte er sich mit ein paar alten Arbeitskollegen in einem Restaurant zum Lunch getroffen. Irgendwann war er aufgestanden, wie einer von ihnen später berichtete, und auf der Suche nach dem Ausgang mit unsicheren Bewegungen durch das Restaurant gelaufen. Dies beunruhigte seine Freunde, aber ein Neurochirurg wäre vermutlich nicht überrascht gewesen, da eingeschränktes räumliches Orientierungsvermögen, wie wir später erfuhren, eines der ersten Anzeichen einer bestimmten Art von Hirnblutung ist, bei der Blut aus den Gefäßen im Frontallappen des Gehirns tritt, sodass der Betroffene Entfernungen und Winkel und Raumverhältnisse nicht mehr richtig einschätzen, seine Bewegungen nicht mehr steuern kann. Als ich am Nachmittag davon erfuhr, nachdem meine Mutter angerufen und gesagt hatte, ich solle schnell kommen, als ich hörte, dass mein Vater in dem Restaurant verwirrt herumgelaufen sei und die Tür nicht gefunden habe, erschrak ich, denn mein Vater war bekannt für seinen untrüglichen Ortssinn. Er fand sich immer zurecht. Ich erinnerte mich lebhaft, dass er, damals, als es noch kein Internet gab, Straßenkarten studierte und Routen plante, wenn wir lange Fahrten unternahmen. Und dass er Leute verachtete, die nach dem Weg fragten. *Wenn man einen Stadtplan hat, muss man sich nicht nach dem Weg erkundigen!* Diese Orientierungsstörung trat etwa zwanzig Minuten später noch einmal auf, nicht mehr ganz so heftig, nachdem einer seiner besorgten Kollegen meinen Vater hinausgeführt hatte, ihn nach Hause brachte und meiner Mutter berichtete, dass Daddy sich »komisch bewegte«. Dann sah sie ihn in dem kleinen

Zimmer verschwinden, das einundfünfzig Jahre lang ihr gemeinsames Schlafzimmer gewesen war, das Zimmer, das er an jenem Januartag zum letzten Mal betrat. Und nach dem Anblick, der sich meiner Mutter später bot, muss er auf der Kante des Doppelbetts gesessen und versucht haben, sein iPad an das Netz anzuschließen. Aber selbst das überforderte ihn. Er saß auf dem Bett, in dem meine drei jüngeren Geschwister gezeugt worden waren, hielt das Kabel in der einen Hand und versuchte, den männlichen Stecker in die weibliche Anschlussbuchse einzuführen, zielte aber immer daneben, wie ein Betrunkener mit dem Türschlüssel, und wir wissen, dass er diese Minuten so verbrachte, die letzten, in denen er seine eigenen Sachen trug und umgeben war von den häuslichen Dingen, die ihm vertraut waren: der Kleiderschrank, gegen den ich gefallen war, als ich vielleicht elf war, und dann, aus der Ohnmacht aufgewacht, zu meinem Schrecken nicht mehr wusste, wer ich war, der schmale Spiegel an der Innenseite der Schranktür, vor dem er sich jeden Morgen in seinem Berufsleben die Krawatte band, der Tisch, an dem er arbeitete und Rechnungen studierte und dem ich mich ängstlich auf Zehenspitzen näherte, wenn ich ein Problem bei einer Mathe-Hausaufgabe hatte. Auf diesem Bett, umgeben von den vertrauten Dingen, die ihm bald völlig fremd sein würden, saß er, als meine Mutter, ein wenig besorgt, weil Geoff berichtet hatte, dass Daddy den Ausgang des Applebee's nicht gefunden hatte, nach ihm schaute und ihn dort vorfand. *Er saß auf dem Bett und versuchte, sein iPad anzuschließen, aber er hat es nicht geschafft,* erzählte meine Mutter abends in der Notaufnahme des Krankenhauses. *Er hat immer wieder gesagt: »Ich hab das zehntausendmal gemacht, ich schaff's nicht«, daraufhin habe ich den Notarzt gerufen.*

Als das passierte, saß er genau dort, wo ich einst gesessen und ihnen erklärt hatte, wer ich bin, und er so erstaunlich liebevoll reagiert hatte. *Ich verstehe etwas davon.*

Jetzt, im Mai 2011, am letzten Tag des *Odyssee*-Seminars, saß mein Vater an der Wand vor dem Fenster, genau dort, wo er sich fünfzehn Wochen zuvor das erste Mal hingesetzt hatte an jenem kalten Januarvormittag und ich die versammelten Studenten begrüßt hatte, und nun sagte er wieder: *Ich verstehe etwas davon.*

Die Studenten wandten sich ihm zu

Und dann fuhr er fort: Fakt ist, ich bin der Einzige hier, der weiß, wie es ist, wenn man so lange mit jemandem zusammenlebt, dass derjenige gar keine Ähnlichkeit mehr hat mit dem Menschen, mit dem man das gemeinsame Leben angefangen hat.

Das stimmte. Sie waren achtzehn gewesen, vielleicht neunzehn. Als mein Vater an diesem Tag davon sprach, wie es ist, wenn ein seit Langem vertrauter Mensch sich im Alter bis zur Unkenntlichkeit verändert, ein Mensch, der so eng mit einem verbunden ist wie Efeu mit einem Baum, konnte ich mir überhaupt nicht vorstellen, wie sich einundachtzig Jahre für diese Kids anfühlten. Ich stellte mir vor, wie sie sein zerfurchtes Gesicht studierten, die Altersflecken, die dünnen Härchen auf seinem Schädel. Auch ich betrachtete ihn und dachte plötzlich: So sieht Odysseus aus, wenn Athene ihn im dreizehnten Gesang mit ihrem Zauberstab berührt. »... ließ ihm schrumpfen die schöne Haut der biegsamen Glieder,/tilgte am Haupt aus das Blondhaar, und rings um all seine Glieder/legte sie ihm die verrunzelte Haut eines uralten Greises/und trübte dann seine Augen, die früher so überaus schönen.«

Ich verstehe etwas davon, sagte Daddy. *Seine Mutter,* fuhr er fort, den Blick zu Boden gerichtet, war das schönste Mädchen. Nicht hübsch – *schön.*

Wie schon einmal, vor vielen Jahren, als ich noch auf die Highschool ging und er einem Nachbar erzählte, wie toll meine Mutter bei irgendeinem Fest, einer Bar-Mizwah oder einer Hochzeit, ausgehen hat, dachte ich: Warum sagt er ihr das nie?

Aber natürlich behielt ich das jetzt für mich. Ich schwieg, genau wie die Studenten, und ließ meinen Vater reden.

Es ist merkwürdig, fuhr er fort, kniff dabei die Augen zusammen, nickte mit dem Kopf, als spräche er mit sich selbst, wie er das immer machte, wenn er sich an irgendeine Belanglosigkeit zu erinnern versuchte, den Namen eines Schauspielers in einem alten Film, die durchschnittliche Schlagzahl eines Baseballstars seiner Kindheit, irgendeine Tatsache, die sein unverändert gutes Gedächtnis beweisen sollte, *Es ist merkwürdig*, sagte er, aber ich finde diesen Teil des Gedichts sehr realistisch. Es gibt Dinge, die man mit jemandem teilt, keine körperlichen Dinge, sondern private Scherze und Erinnerungen, kleine Dinge, von denen andere nichts wissen.

Er bemerkte, dass alle Studenten ihn ansahen, und versuchte auf einmal, einen heiteren Ton anzuschlagen. Na ja, manchmal ist es schon etwas Körperliches, sagte er ein wenig verlegen.

Ich war so überrascht, dass es mir die Sprache verschlug. Aber er hatte natürlich recht, sehr sogar. Zum ersten Mal wurde mir klar, wie viel die *Odyssee* von diesem scheinbar trivialen, aber realen Phänomen wusste, dass Kleinigkeiten die Grundlage größter Intimität zwischen zwei Menschen sein können. Und nicht nur zwischen Ehepartnern oder einem Liebespaar. Ich dachte an »Daddy Loopy«. Ich dachte an das Bett in meinem Arbeitszimmer, das Bett mit seinem kleinen Konstruktionsgeheimnis.

Als mein Vater sagte: *Na ja, manchmal ist es schon etwas Körperliches*, erwartete ich, dass die Studenten reagieren, vielleicht lachen würden. Aber sie hörten wie gebannt zu. Niemand sagte ein Wort.

Wie gesagt, fuhr er fort, ich finde, das Gedicht trifft das ganz genau. Wenn diese Gemeinsamkeit zwischen zwei Menschen besteht, dann schweißt das zusammen, auch wenn alles andere längst verblasst ist.

Er schaute zu mir, als wollte er sehen, ob ich bemerkt hatte, dass er diesen Gedanken aus unseren wochenlangen Diskussionen über die *Odyssee* aufgegriffen hatte.

Das sind die Dinge, an denen man festhält, sagte er, plötzlich unsicher. Deshalb bleibt man ja überhaupt dabei.

Und dann sagte er: Seine Mutter war jedenfalls eine schöne Frau.

Die Studenten schwiegen weiterhin. Was sollten sie auch sagen. Die Ehe meiner Eltern hatte dreimal so lange gedauert wie ihr Leben. Ihre ernsten Gesichter verrieten mir, dass sie beeindruckt waren. Ich hatte plötzlich das Gefühl, dass sie zu ihm aufsahen.

Und dann wurde mir klar, was es mit den magischen Verwandlungen in der *Odyssee* auf sich hatte. Es geht überhaupt nicht um Magie. Etwas geschieht, jemand spricht erregt oder mit Autorität – mit »gefiederten Worten«, wie es bei Homer heißt (*epea pteroenta*) – und plötzlich sieht man alles anders: Der Betreffende sieht tatsächlich anders aus. In dem Moment, als mein Vater sich wieder zurücklehnte, nachdem er erklärt hatte, dass die *Odyssee* etwas richtig verstanden habe, dass Paare Geheimnisse haben, die letztlich das Fundament einer Ehe seien, Geheimnisse, von denen nicht einmal ihre Kinder wissen – in diesem Moment wurde mir klar, dass er irgendwie größer und eindrucksvoller aussah, so wie Odysseus größer und schöner aussieht, wenn Athene will, dass er Erfolg hat, dass er einen Fremden beeindruckt, in dessen Händen sein Schicksal liegt. An diesem Maitag kurz vor Ende des Seminars war auch meinem Vater etwas gelungen. Mit dieser beiläufigen Demonstration liebevoller Zuneigung, in Gegenwart von Studenten, die so jung waren, dass sie nicht wissen konnten, was sie gerade erlebten, hatte sich mein Vater für einen kurzen Moment in jemand anders verwandelt.

Ich hatte meiner Mutter seinerzeit nicht von dieser Begebenheit erzählt, und dann passierte alles auf einmal, sodass ich nicht mehr daran dachte. Doch als ich sie ein Jahr später besuchte, ein Jahr nach dieser letzten Seminarsitzung, fiel es mir wieder ein. Ich war hinausgefahren nach Long Island, um ihr bei einer Bankangelegenheit zu helfen, und natürlich sprachen wir am Ende über Daddy.

Er hat gesagt, ich bin schön? Wir saßen an dem weißen Tisch in ihrer blitzsauberen Küche. An der Wand gegenüber hingen, kunstvoll arrangiert, die altmodischen Küchenutensilien, die sie von ihrer Mutter geerbt hatte: Schneebesen und Siebe und angestoßene Durchschläge aus weißem Email. Sie hatte mir einmal die Zeichnung gezeigt, angefertigt auf einem linierten Blatt Papier, aus der hervorging, wie die Gegenstände angeordnet waren. *So weiß ich, wo alles hingehört, wenn ich die Sachen zum Saubermachen runternehme.* Jedes von ihr gezeichnete Objekt war zu erkennen, auch wenn die Linien wegen des Zitterns in ihren Händen ein wenig krakelig waren.

Irgendwann legten wir eine Pause ein, plauderten, redeten über ihre Freundinnen und meine Geschwister mit ihren Familien. Ich erzählte vom Semester, das bald zu Ende sein würde (ich hielt ein Seminar über die *Ilias*), und dann fiel mir das *Odyssee*-Seminar wieder ein. Und so erzählte ich von der letzten Sitzung damals, von dem Moment, als Daddy gesagt hatte: *Seine Mutter war eine schöne Frau*. Sie wirkte gelöst und munter, und deshalb erwähnte ich auch seine Bemerkung, dass es Dinge zwischen Eheleuten gibt, die sie weiterhin verbinden, wenn vieles andere schon nicht mehr vorhanden ist.

Daddy, fügte ich hinzu, hat sogar von körperlichen Dingen gesprochen. Der koffeinfreie, völlig geschmacklose Tee, den wir tranken, erinnerte mich daran, wie gern mein Vater anständigen Kaffee getrunken hatte.

Körperliche Dinge? Ich bitte dich.

Sie schaute in den Spiegel, die Augen weit aufgerissen wie in einem Horrorfilm, damit sie Lidschatten auftragen konnte, und erzählte eine komische Geschichte.

Ich erinnere mich, wir waren frisch verheiratet, damals war gerade ein Buch herausgekommen, ein Sex-Ratgeber für Ehepaare. Wir sind sofort losgerannt und haben uns das Buch besorgt, Tante Alice und Tante Marcia, Tante Irma und Tante Mimi und ich, und natürlich haben wir darüber geredet und uns dabei in die Hose gemacht. Damals hat man über diese Dinge nicht gesprochen. Da stand: »Sie müssen sich gegenüber Ihrem Mann klar ausdrücken. Sie müssen ihm genau sagen, was Ihnen Vergnügen bereitet.«

Meine Mutter kicherte.

Ich weiß noch, es standen diese ganzen Beispielsätze drin, die man seinem Schatz sagen sollte: »Darling, ich möchte, dass du deine Hand jetzt hierhin legst«, solche Sachen. Na ja, kannst du dir vorstellen? Daddy?

Ich schwieg. Sie hatte den Mund weit geöffnet, wie die Figur in Munchs *Schrei*, um sich die Lippen zu schminken.

Eines Nachts waren wir also im Bett, und irgendwann habe ich die Hand deines Vaters genommen und gesagt: *Jay, ich möchte, dass du deine Hand hierhin legst.* Da hat er mich angesehen und gesagt: *Sag mir nicht, was ich zu tun habe!*

Ich musste laut lachen. Meine Mutter drückte die Lippen auf ein Papiertaschentuch. Dann seufzte sie und sagte: Ach, dein Vater!

Inzwischen konnte sie wehmütig sein. Nach dem Schlaganfall hatte sie an seinem Bett gestanden, in dem er unbeweglich dalag, und herzergreifend geschluchzt wie die Troerinnen, die am Ende der *Ilias* um den getöteten Hektor klagen. *Jay, Jay, ich liebe dich, ich liebe dich, geh nicht von mir, lass mich nicht allein*, hatte sie geschrien, in einem Klagegesang, der so alt ist wie die Menschheit selbst. Die Wörter sind fast zweitrangig, die Laute sagen alles. Homer wusste das. Allein die beiden Wörter, die er in der Schlussszene der *Ilias* verwendet, *adinou goöio* (»Klagegesang«), bringen, laut ausgesprochen, den Schmerz zum Ausdruck.

Ach, dein Vater, sagte sie wieder. Auf dem Tisch lagen ein paar Dokumente und Dinge, von denen sie annahm, sie könnten für mein Buch wichtig sein. Eines davon war Daddys Highschool-Jahrbuch, das ich noch nie gesehen hatte. Das Jahrbuch meiner Mutter hatte ich oft gesehen. Manchmal hatte sie es herausgeholt, um uns den vamphaften Ausdruck auf ihrem Foto zu zeigen (*Ich war in meiner Marlene-Dietrich-Phase!*) oder um die komische Anmerkung vorzulesen, die sie selbst geschrieben hatte: »Hobby: Höhlen erforschen. Berufswunsch: Präparator.« Aber Daddys Jahrbuch war mir neu. Vorsichtig schlug ich es auf, blätterte durch die Seiten aus grauem Hochglanzpapier. Während meine Mutter den Spiegel einpackte und Eyeliner und Lippenstift wegsteckte, las ich laut die Widmungen vor, die Daddys Schulfreunde vor fünfundsechzig Jahren geschrieben hatten:

»Junge, du kannst vielleicht reden – viel Glück, Andy Siff.«
»Einem tollen Kumpel (und 1a Geschichtenerzähler). Viel Glück, Seymour Silver.«
»Dem feschesten Englisch-Schüler, Alles Gute, Laurence Schneck.«

Ich blickte zu meiner Mutter auf. »Fesch? Daddy?«
Sie machte ein ungläubiges Gesicht. Ich wandte mich wieder dem Jahrbuch zu.

»Hoffe, du baust dir ein glückliches Leben auf, Jules ›Nunzio‹ Koenigsberg.«

Unter seinem Foto stand eine Botschaft an sich selbst: »Viel Glück – Jay Mendelsohn.«

Meine Mutter lachte, aber der Gedanke, dass mein Vater sich selbst Glück wünschte, machte mich traurig. Ich konnte fast sein Gesicht sehen, sein schmales, sonnengebräuntes, jugendliches Gesicht, den ironischen Ausdruck, der ich weiß nicht welche Gefühle kaschieren sollte. Hatte er sich auf die Zukunft gefreut? Angst gehabt?

Plötzlich sagte meine Mutter, die sich neben mich gesetzt hatte, um ebenfalls einen Blick in das Jahrbuch zu werfen: Das war übrigens nicht die Highschool, auf die er eigentlich gehen sollte.

Seufzend strich sie mit ihrer blaugeäderten und knotigen Hand über das glatte Papier.

Ich sah sie fragend an.

Ach, du kennst doch die Geschichte, sagte sie. Er war so schlau, dein Vater, und natürlich bekam er einen Platz an der Bronx Science, aber seinem Freund zuliebe hat er darauf verzichtet.

Sie seufzte.

Was für ein »Freund«?, fragte ich.

Ach, du weißt doch, sie waren immer zusammen. Sie waren wirklich dicke Freunde.

Wer?

Meine Mutter verdrehte die Augen. Gene! Eugene Miller! Sie waren seit der Kindheit befreundet, seit sie fünf waren. Daddy fand ihn toll. Aber im Gegensatz zu Daddy hat Eugene es nicht auf die Bronx Science geschafft, und Daddy wollte nicht, dass Eugene sich schlecht fühlt. Also ist er ebenfalls auf die DeWitt Clinton gegangen. Aber es war nicht seine erste Wahl.

Meine Mutter betrachtete Daddys Handschrift unter dem Foto.

»Viel Glück – Jay Mendelsohn.«

Ach ja, sagte sie schließlich. Ist doch egal, welche Schule er besucht hat. Es ist nicht mehr wichtig.

Ich schweig.

Seine Mutter war eine schöne Frau, hatte mein Vater während der letzten Seminarsitzung im Mai 2011 gesagt. Mir schien, dass die Studenten ihn zum ersten Mal wirklich sympathisch fanden, als er davon sprach, wie schön meine Mutter gewesen war, und darüber, was von den Geheimnissen und Gemeinsamkeiten geblieben war, seit sie sich 1948 in der Bronx kennengelernt und zusammengefunden hatten: Sie siebzehn und er neunzehn, gerade aus der Armee entlassen – in die er eingetreten war, um studieren zu können.

Im Frühjahr 2013 wohnte Nino noch immer in dem komfortablen, großzügigen Haus, in dem wir vierzig Jahre zuvor exotische Speisen genossen und kostbare Geschenke überreicht hatten, Orrefors-Gläser und Venini-Vasen, teuren bernsteinfarbenen Kognac in bauchigen Flaschen. Ich hatte ein paar Wochen zuvor angerufen und gesagt, dass ich gern mit ihm über Daddy reden wolle. Ich hätte schon mit Onkel Howard über Daddys Kindheit gesprochen, und nun wolle ich mit ihm darüber reden, wie Daddy als junger Mann gewesen war.

Als ich am späten Nachmittag eintraf, stellte ich mir vor, dass ich zum Abendessen bleiben, übernachten und am nächsten Morgen wieder aufbrechen würde. Doch ich blieb das ganze Wochenende. Das passiert oft, wenn man Nino und Barbara besucht. Dank der speziellen Cocktails, der ausgesuchten Weine, Barbaras Kochkunst und Ninos reichen Erinnerungen vergisst man schnell, dass man nach Hause will.

Barbara. Irene, die schöne, schwarzhaarige Griechin, gab es schon lange nicht mehr. Seit fünfundzwanzig Jahren ist Barbara an seiner Seite, Jüdin, scharfsinnig und amüsant, schlank, elegant gekleidet, die den Eigenarten ihres zweiten Mannes, die sie für Schwächen und Neurosen hält, mit spitzer, theatralischer Ungeduld begegnet. Ach, *er!*, sagt sie, wenn bestimmte Themen zur Sprache kommen, Ninos Abneigung gegen das Fliegen oder seine allzu langatmige Begründung, warum Gurke perfekt zu einer bestimmten Sorte Martini passt. *Er!*, sagt sie, wenn sie eine Burrata oder eine Frittata auf den Tisch stellt und sich milde über dieses oder jenes Detail beschwert, da sie genauso hervorragend kochen kann wie Nino und sich für kulinarische Genüsse ebenso begeistert wie für Reisen und daher, wie er, in dieser zweiten Ehe eine gewisse *homophrosyne* gefunden hat, eine Gemeinsamkeit von Interessen und Geschmack, die so ganz anders ist als die umgekehrte *homophrosyne* meiner Eltern, deren Ehe etliche absolut symmetrische Dissonanzen überstanden hat oder vielleicht sogar darauf gründete – er wollte reisen, sie blieb lieber zu Hause, sie amüsant, aufgeschlossen und emotional, er verschroben, reserviert und distanziert... Der Martini, den ich zur Begrüßung bekam, war stark, und Barbara sorgte dafür, dass unsere Gläser nie leer waren. »Das ist Medizin!«, verkündete sie und schenkte, meine abwehrende Handbewegung ignorierend, immer wieder aus der Kristallkaraffe nach.

Nino begann zu erzählen, wie er Daddy in den frühen 1950ern kennengelernt hatte. Ich spürte, dass er mir zuliebe, dem Sohn seines alten Freundes zuliebe, zuallererst zum Ausdruck bringen wollte, wie großzügig mein Vater gewesen war. Er trank mit sichtlichem Genuss von seinem Cocktail, schloss die Augen und öffnete sie dann wieder, richtete die hellblauen Augen auf mich und begann zu erzählen.

Wir haben uns unter unvergesslichen Bedingungen kennengelernt. Es war der Tag, als ich zu einem Bewerbungsgespräch bei Grumman erschien. Dein Vater arbeitete dort schon, er nahm also an dem Gespräch teil. Weil ich noch keine Unbedenklichkeitsbescheinigung hatte, durfte ich nicht unbegleitet auf dem Gelände herumlaufen. Als wir eine Pause machten, haben sie mich buchstäblich in ein Zimmer eingesperrt. Darauf war ich nicht vorbereitet, ich hatte nichts zu essen mitgenommen! Und das mir!

Nino lachte. Da ich die Geschichten der kulinarischen Wunder kannte, mit denen er großgeworden war, der geradezu mythischen Speisen, die seine Mutter für ihn und meine Eltern zubereitete, als sie alle jung waren, wusste ich, warum er lachte.

Ich sitze also allein und hungrig in einem Zimmer. Und plötzlich klopft es an der Tür, ich mache auf, und draußen steht dein Vater und sagt: »Wollen Sie die Hälfte von meinem Sandwich?«

Nino klatschte in die Hände. Das fand ich rührend, fuhr er fort. Offensichtlich hatte dein Vater die ganze Sache mitbekommen. Er gibt mir also die Hälfte seines Sandwichs ab, wir plaudern den Rest der Pause, wir haben uns auf Anhieb gut verstanden. Es war, als hätte sich in diesem geschlossenen Zimmer ein Wunder ereignet. Und als ich bei Grumman anfing, war ich in seiner Gruppe. Wir waren fortan unzertrennlich.

Ich weiß, dein Vater hat oft streng gewirkt. Aber im Grunde war er sehr weich, sehr großzügig. Das hat mich gerührt.

Woran habt ihr in all den Jahren bei Grumman eigentlich gearbeitet?, fragte ich. Meinem Vater hatte ich diese Frage nie gestellt. Ich erzählte Nino, dass ich Daddy nie in der Firma besucht und ihn auch nie gebeten hatte, mir von seiner Arbeit zu erzählen, weil ich mit meiner Matheschwäche befürchtete, er würde mir seine übliche Antwort geben: *Das verstehst du ohnehin nicht.*

Nino trank von seinem Martini, der wegen der Gurkenscheibe etwas grünlich schimmerte. In seinen Augen war ein Funkeln. *Ungewissheit!*

Ich sah ihn fragend an, doch er lächelte. Damals, sagte er, haben wir an der sogenannten Monte-Carlo-Methode gearbeitet. Das ist ein Verfahren zur Simulation von ungewissen Ereignissen. Man nimmt Zufallszahlen und verwendet sie, sagen wir, in einer Sequenz von zehntausend Schritten. Beim ersten Schritt sagt die Zufallszahl, in welche Richtung man gehen soll, die zweite Zahl gibt eine neue Richtung an. Und wenn man das zehntausend Mal gemacht hat, liefert das Durchschnittsergebnis einen Hinweis darauf, wie die ganze Sache unter realistischen Bedingungen aussehen könnte. Weil man eben mit einem Durchschnitt von Zufallsereignissen arbeitet.

Warum war das für Grumman denn so interessant?, fragte ich. Im selben Moment spürte ich die alte Scham in mir, ich sah mich an der Tür meines Vaters stehen mit meiner Matheaufgabe, deren Zahlen und Zeichen mir so fremd waren, als wären es Maya-Hieroglyphen.

Aber Nino lachte nur. Warum? Weil wir ein Rüstungsbetrieb waren, wir haben im Auftrag des Pentagon für die Raumfahrt gearbeitet. Bomben oder Mondlandefahrzeuge testet man nicht im praktischen Einsatz. Man muss vorher alles auf dem Papier durchrechnen.

So erfuhr ich, dass mein Vater – der so viel Wert auf Präzision und Logik legte, der alles Irrationale befremdlich fand, der eine Schwäche für Landkarten hatte, für Webseiten, mit denen er schon Tage vor seinem Ausflug nach Manhattan das Parkhaus ausfindig machen konnte, das meinem Apartment am nächsten war, *um nicht wie ein Blöder im Kreis herumirren zu müssen* –, dass mein Vater in seinem Berufsleben viel über Ungewissheit nachgedacht hatte.

Zuerst hatte ich überhaupt keine Ahnung, wie das technisch funktioniert, fuhr Nino fort, aber dein Dad hat mir geduldig alles erklärt. Er hat mich unter seine Fittiche genommen.

Bei den Worten »unter seine Fittiche genommen« wurde seine Stimme etwas zittrig. Ich glaube, ihm hat diese Rolle gefallen.

Ich schwieg, dachte an Onkel Howards Erzählung, dass mein Vater in der Wohnung allein gewesen war, Howard beim Militär, Bobby draußen auf der Straße mit den anderen Kids, der Großvater in Washington beim Bau des Pentagon, Nanny, die sich dankbar in ihren Job in der Rüstungsfabrik flüchtete, und mein zehnjähriger Vater saß allein mit seinen Büchern da, las und las und las und hatte niemanden, mit dem er reden, sich darüber austauschen konnte.

Er hat mich unter seine Fittiche genommen.

Er war neugierig, fuhr Nino fort. Sooft er irgendetwas aufschnappte, wollte er es verstehen, und wenn es nur ein kleines bisschen war. Er war sehr skeptisch, was vermutlich mit seiner Herkunft zusammenhing. Er hat alles infrage gestellt. Manchmal konnte er einem auf den Geist gehen. »Warum sagst du das?«, das war eine stehende Redewendung. Ich weiß nicht, ob er das Gefühl hatte, dass er wegen seiner Herkunft wacher sein musste, nicht alles akzeptieren konnte, was die anderen Kids akzeptierten.

Er musste wohl so sein, um das Milieu hinter sich zu lassen, in dem er aufgewachsen war.

Was andere Leute machen, interessiert mich nicht, wir sind anders als die anderen.

Nicht, dass ihm seine Herkunft peinlich gewesen wäre, sagte Nino. Ich erinnere mich, dass er großen Respekt für seinen Vater hatte. Er sah seinen Vater nicht als heroische Figur, aber doch als einen bewundernswerten, ehrlichen Menschen, als jemanden, der authentisch war. Ich glaube, das hat ihn sehr geprägt.

Ich dachte daran, wie er 1975 am Krankenbett seines Vaters gestanden hatte, der zusehends schmaler wurde.

Vater ist Vater.

Irgendwann zogen wir in die Küche um. Das Abendessen war fertig. Tafelspitz!, sagte Nino in jenem leicht professoralen Ton, in den er verfällt, wenn er über kulinarische Themen spricht. Die erhabenste Form des Bratens! Standardgericht der bürgerlichen österreichischen Küche!

Barbara verdrehte die Augen. Mit einem tiefen Seufzer entkorkte Nino den exquisiten Burgunder, den er zum Essen ausgewählt hatte.

Und irgendwann haben sich unsere Wege getrennt, sagte er. Ich habe eine akademische Laufbahn eingeschlagen, während er weiterhin bei Grumman gearbeitet hat. Wir haben uns nur noch selten gesehen, zu gelegentlichen Treffen mit der Familie. Unser Verhältnis war nicht mehr so eng wie früher ... Es hatte mit seiner Dissertation zu tun.

Du meinst, weil du, im Gegensatz zu ihm, deine Dissertation beenden konntest?

Nino nickte. 1966 kündigte ich bei Grumman. Stony Brook University suchte Mathematikprofessoren, aber man musste eine Dissertation vorlegen. Ich konnte mich also bewerben, im Gegensatz zu deinem Dad.

Es wurde still in der Küche. Deshalb, fuhr er fort, war es für ihn ein so großer Triumph, als er Jahre später als Dozent an der Hofstra University anfing. Endlich Professor!

Ich dachte an das weiße Namensschild an der Tür seines Arbeitszimmers, unseres alten Schlafzimmers: PROF. JAY MENDELSOHN.

Diese Professorenstelle, sagte er, so spät sie auch kam, muss eine Erlösung für ihn gewesen sein – sie entschädigte ihn dafür, dass er seine Dissertation nicht fertiggeschrieben hatte.

Ich weiß nicht, sagte ich, ich glaube nicht, dass es eine große Sache für ihn war. Er hat ziemlich offen darüber gesprochen. Er hat es damit erklärt, dass meine Mutter mit Andrew schwanger geworden war.

Nino schüttelte den Kopf. Nein, das war nicht der Grund. Grumman hat uns ermuntert, eine Dissertation zu schreiben. Sie haben uns finanziell unterstützt. Dein Vater hatte die gleichen Privilegien wie ich – wir bekamen schon am frühen Nachmittag frei, um am Courant Institute der New York University zu studieren. Dein Vater und ich sind oft gemeinsam nach Manhattan gefahren, er hat den einen Kurs belegt, ich einen anderen. Ja, er war im Begriff, eine Familie zu gründen, während ich damals noch ledig war. Aber er hat nicht deshalb aufgehört.

Was war denn deiner Ansicht nach der Grund?

Ich glaube, es gab zwei Gründe. Dein Vater hatte immer ein kleines Problem. Er vertrug es nicht, dass er, um diese Urkunde zu bekommen, eine Arbeit über ein vorgegebenes Thema schreiben und diese Arbeit dann verteidigen musste. Das war der Unterschied zwischen ihm und mir. Vergiss nicht, ich hatte eine Jesuitenschule besucht! Ich sagte mir, okay, wenn das so üblich ist, dann mache ich das halt so. Aber dein Vater war anders. Und obwohl er sogar mit ein paar Professoren über ein mögliches Dissertationsthema gesprochen hatte, beschloss er wohl, sich der ganzen Sache nicht zu unterziehen. Ich habe mich immer schlecht gefühlt, weil es mich in eine blöde Situation gebracht hat.

Vielleicht, fuhr Nino nach einer Weile fort, hat er sich einfach vor der Rivalität gescheut. Wenn seine Dissertation nicht akzeptiert worden wäre, wenn er die mündliche Prüfung nicht bestanden hätte, wäre das für ihn vermutlich ein großes Problem gewesen. Er musste besser sein, weil er die Vaterfigur und ich der Sohn war.

Ich war der Sohn. Er nahm mich unter seine Fittiche. Er war die Vaterfigur.

Ich schwieg.

Er musste besser sein.

Das war das eine, sagte Nino schließlich. Und das andere war: Ich hatte immer das Gefühl, dass er die Sache hingeschmissen hat, weil er Versagensangst hatte. Diese Angst brauchte er eigentlich nicht zu haben, aber es bestand immer die Möglichkeit. Du weißt ja, unser Arbeitsschwerpunkt war die Ungewissheit, es ging um Zufälle, um Durchschnittswerte, um aus Zufällen eine Art Gewissheit zu berechnen. Und ich vermute, dass er genau davor Angst hatte – vor der Ungewissheit. Nicht zu wissen, ob er es schaffen würde. Dieses Risiko wollte er einfach nicht eingehen. Die meisten Leute würden sagen: Okay, ich hab's versucht, ich hab's vergeigt, Pech gehabt. Aber dein Vater konnte mit Scheitern nicht umgehen, also ist er Risiken gar nicht erst eingegangen.

In meinem Kopf überschlug sich alles. Natürlich dachte ich an Onkel Howard, der erzählt hatte, dass Daddy ein Angebot für West Point bekommen hatte, das er aus irgendeinem Grund abgelehnt hatte. Ich entsann mich, wie oft ich kurz davor gewesen war, meine Dissertation hinzuschmeißen, und dann hat Daddy gesagt: *Du willst doch nicht dein Leben lang von einer ungeschriebenen Dissertation verfolgt werden.* Und dann habe ich weitergemacht. All die Jahre hatte er uns in dem Glauben gelassen, dass er wegen äußerer Umstände aufgehört hat, auf die er keinen Einfluss hatte – wegen Mutter, wegen uns. Und nun stellte sich heraus, dass es seine eigene Entscheidung gewesen war. Wütend dachte ich, dass er mich, uns alle angelogen hatte. Und dann spürte ich nur noch Traurigkeit. Er hatte Angst oder Selbstzweifel gehabt oder beides. Auch mich hatten Angst und Selbstzweifel geplagt. Gab es einen Unterschied?

Plötzlich erkannte ich beschämt, worin der Unterschied bestand. Im Gegensatz zu mir hatte Daddy keinen Vater gehabt, der seinen Sohn zur Promotion drängte und (entgegen dem homerischen Diktum) ihn ermunterte, etwas Besseres zu werden als der Vater.

Als könnte Nino meine Gedanken lesen, sagte er: Ich hatte immer das Gefühl, dass das eine große Leerstelle in seinem Leben war, und deshalb war es ihm wohl so wichtig, dass seine Kinder Erfolg haben.

Barbara zog eine Augenbraue hoch. Dass mein Vater uns zu akademischen Höchstleistungen antrieb, seine Freude über unsere Erfolge selbst in Gegenwart von Freunden lautstark zum Ausdruck brachte, deren Kinder andere Präferenzen hatten, war allseits bekannt. Barbara und ich schmunzelten, aber Nino ließ sich nicht beeindrucken.

Deshalb, fuhr er fort, war vorzeigbarer Erfolg so wichtig für ihn. Auszeichnungen? Gut! Eine Promotion? Gut! Für ihn war das wie eine Rüstung, denn er wollte emotional und intellektuell nicht verletzbar sein. Nicht verletzbar – dieses Bild trifft es genau. Dass er den Strengen herausgekehrt hat, dass er diese rigiden ethischen Maßstäbe angelegt hat, war wohl eine Art Überkompensation.

Mein Lächeln schien Nino etwas milder zu stimmen. Ich erinnere mich, fuhr er fort, Anfang der Sechziger waren wir auf Dienstreise in El Paso, wir waren jung, aber dein Vater war ja schon verheiratet. Nach einem üppigen Dinner mit unseren Gastgebern, jeder Menge Wein, stiegen wir in den Aufzug, um in unsere Zimmer hinaufzufahren, und in dem Moment steigen zwei junge mexikanische Schönheiten ein. Es waren vermutlich... na ja, jedenfalls haben sie uns aufmerksam angesehen. Ich wandte mich an deinen Vater, der mir einen seiner typischen Blicke zuwarf und sagte: »Mach, was du willst. Ich geh schlafen.«

Ich dachte daran, dass er gesagt hatte: *Seine Mutter war eine schöne Frau, nicht hübsch, sondern schön.*

Und: *Es gibt Dinge, die man mit jemandem teilt, keine körperlichen Dinge, sondern private Scherze und Erinnerungen, kleine Dinge, von denen andere nichts wissen.*

Und: *Wenn diese Gemeinsamkeit zwischen zwei Menschen besteht, dann schweißt das zusammen, auch wenn alles andere längst verblasst ist.*

Ich schwieg.

Bald wandten wir uns anderen Dingen zu, Nino erzählte von seiner Zeit als Gastdozent an einer italienischen Universität, einer Zeit, in der seine erste Ehe zerbrochen war. Aber schließlich kehrten wir zu Daddy und seiner Teilnahme an meinem *Odyssee*-Seminar zurück. Nino hatte davon gehört, mein Vater hatte ihm davon berichtet. Und während ich gerade von irgendeiner amüsanten Begebenheit im Seminar erzählte, rief plötzlich Barbara, die (wie meine Mutter) Lehrerin gewesen war und mir berichtet hatte, dass sie die *Odyssee* kürzlich wieder gelesen habe: Ist doch klar, dass Odysseus für Jay eine unsympathische Figur war! Odysseus war ein Abenteurer, ein Lügner. Einer, der Risiken auf sich genommen hat!

Wir lachten. Nino sagte: Dass eine Figur wie Odysseus es immer wieder schafft davonzukommen, muss ihn furchtbar geärgert haben!

In diesem Moment sagte Barbara zu mir: Ich weiß jetzt, was du vorhast. Ich weiß, warum du mit deinem Onkel gesprochen hast. Ich weiß, warum du hier bist!

Nämlich? Warum?

Barbara lächelte wie eine Schülerin, die überzeugt ist, ihrem Lehrer ein Schnippchen geschlagen zu haben. Sie sagte: Du bist wie Telemachos.

Ich lachte, sagte aber nichts.
Barbara hakte nach: Na? Sag schon, was hast du gelernt?
Ich fing an zu erzählen.

Das letzte Wiedersehen in der *Odyssee* ereignet sich ganz zum Schluss, im vierundzwanzigsten Gesang. Nachdem Odysseus mit Penelope zusammen war, macht er sich auf den Weg, seinen Vater Laertes zu suchen, der außerhalb der Stadt lebt. Ein Sohn auf der Suche nach seinem Vater. So beginnt die *Odyssee*, und so endet sie.

Odysseus findet Laertes, der seinen Garten bestellt, aber statt auf ihn zuzueilen, »ihn zu umarmen und zu küssen und zu sagen, dass er zurückgelangt sei ins Land seiner Väter«, beschließt er, ihn »mit neckenden Worten auf die Probe zu stellen«. Und so nimmt er abermals eine falsche Identität an, stellt sich als alter Freund von Odysseus vor, den er fünf Jahre zuvor bei bester Gesundheit gesehen habe. Der grambgebeugte alte König indes, der überzeugt ist, dass sein Sohn nicht mehr am Leben ist, bricht in Tränen aus und streut sich in seiner Verzweiflung Erde aufs Haupt. Odysseus ist so überwältigt von diesem Anblick, dass er die letzte seiner vielen Lügen aufgibt, sich dem Vater endlich zu erkennen gibt und ihn umarmt.

Das Epos endet wenig später, als Laertes, Odysseus und Telemachos sich einer Schar bewaffneter Männer erwehren müssen, der Väter der getöteten Freier, die den Tod ihrer Söhne rächen wollen. »Welch ein Tag heute, liebe Götter, wie ich mich freue: Im Erweis ihres Wertes wetteifern mein Sohn und mein Enkel!« Doch es ist der Großvater, schwach, kraftlos und hoffnungslos, den die *Odyssee* in einem letzten Transformationsmoment ehrt: Als die drei Generationen sich anschicken, ihren Feinden gegenüberzutreten, verleiht Athene dem greisen Laertes jugendliche Kraft, sodass er den Vater des Antinoos mit seinem Speer tötet. Doch dies ist der Einzige, der in diesem Kampf fällt, denn Athene und Zeus bringen das Epos nach gemeinsamem Beschluss zu Ende – so wie sie es fünfzehntausend Verse zuvor in Gang gesetzt hatten. Die beiden Götter nehmen den aufgebrachten Angehörigen der getöteten Freier die Erinnerung an dieses Ereignis und zwingen die Sterblichen, Frieden zu schließen, dessen Bedingungen von Athene formuliert werden.

Nicht allen Kommentatoren und Lesern gefällt dieser recht steife, förmliche Schluss. In Wahrheit, sagen sie, ende das Epos mit dem dreiundzwanzigsten Gesang, mit dem Wiedersehen zwischen Odysseus und Penelope. Wer so argumentiert, vergisst jedoch, wie das Epos angefangen hat: mit einer lähmenden politischen Krise in Ithaka, die Penelope und Telemachos ebenso betrifft wie die Bevölkerung... Der feierlichen Ausrufung des Friedensvertrags folgt aber ein letzter schelmischer Moment. Homer schildert, wie Athene den Vertrag verkündet:

Pallas Athene, die Tochter des Zeus, des Trägers der Ägis,
Mentor in allem gleich, sowohl an Gestalt wie an Stimme.

Die *Odyssee* endet also mit einem Augenzwinkern: Die Tarnungen und Täuschungen gehen weiter.

Wie zur Bestätigung dessen, dass das Wiedersehen von Penelope und Odysseus der wahre Höhepunkt der *Odyssee* ist, dauerte unsere Diskussion dieser Szene bis weit in die zweite Hälfte der Sitzung, sodass nur noch wenig Zeit blieb, über das Wiedersehen von Odysseus und seinem Vater und über den kontroversen Schluss zu sprechen. Das Ende der Sitzung nahte, viele Studenten redeten gleichzeitig, sodass meine Aufzeichnungen von diesem Tag ein ziemliches Durcheinander sind.

Ein paar Studenten wollten tatsächlich über die Begegnung von Odysseus und Laertes sprechen. Für Madeline war es die emotional befriedigendste aller Wiedersehensszenen. Nina störte sich daran, dass Odysseus seinen Vater erst noch auf die Probe stellt.

Das ist die reinste Folter, rief sie. So heftig hatte ich sie in all den Wochen noch nie erlebt. Das hat mir gar nicht gefallen, fuhr sie fort. Odysseus kommt einfach nicht davon los, seine Spielchen zu spielen, dabei gibt es doch überhaupt keinen Grund mehr für ihn, seine Identität zu verbergen. Ich fand das völlig daneben.

Jack hatte gerade einen interessanten Gedanken zu Ninas Kommentar beigesteuert – dass Odysseus seinen Vater prüft, sei notwendig. Würde Laertes denn glauben, dass er tatsächlich der ist, für den er sich ausgibt, wenn er nicht jeden auf die Probe stellt? –, als ich sah, dass mein Vater auf seine Uhr tippte. Es war 12.40 Uhr, schon zehn Minuten über der Zeit, er musste seinen Zug erwischen.

Wir waren am Ende angelangt. Ich sagte ein paar abschließende Worte, wies darauf hin, wie viel Vergnügen mir das Seminar gemacht hatte, ein paar Studenten klatschten zaghaft, dann standen alle auf und verließen wenig später den Raum.

Ich fuhr meinen Vater zum Bahnhof.

Erst als ich wieder zu Hause war, fiel mir ein, dass ich nicht die Frage gestellt hatte, die mich so beschäftigte, die, im Gegensatz zu vielen anderen meiner Fragen, vielleicht keine rhetorische Frage war, die zu keiner bestimmten Einsicht oder Interpretation führen sollte, zu der ich oder einer meiner Lehrer oder einer von ihren Lehrern in all den Jahren und Jahrhunderten gekommen war. Es war eine ehrliche Frage, auf die ich noch keine Antwort wusste. Madelines und Ninas Kritik an Odysseus, Jacks Überlegung, dass Misstrauen sozusagen der Kern von Odysseus' komplexer Identität ist, hatten mich so beeindruckt, dass ich keine Gelegenheit mehr hatte, sie auf eine Anomalie hinzuweisen, die mir oft aufgefallen war.

Die *Odyssee* ist ein Gedicht, in dem das Geschichtenerzählen in all seinen Formen gefeiert wird, einschließlich Flunkereien und

Lügengeschichten, wie die Erzählungen des Odysseus beweisen. Doch obwohl er nichts dabei findet, seine Gefährten, seine Gastgeber, seine Wohltäter, seine Diener, seinen Sohn, seine Frau, selbst die Göttin Athene zu belügen, ist die einzige Lügengeschichte, die er nicht bis zu Ende erzählen kann, diejenige, die seinem Vater Laertes zu erzählen er anhebt. Gern hätte ich daher die Frage gestellt: Wie kommt es, dass aus Homers Sicht die einzige wirklich undenkbare Lügengeschichte diejenige ist, die ein Sohn seinem Vater erzählen könnte?

Zwei, drei Tage später wurde ich von Froma, die Jahre zuvor meine Dissertation betreut hatte, dazu gedrängt, die *Odysseus-*Kreuzfahrt zu machen.

Ich hatte sie angerufen, um ihr zum Geburtstag zu gratulieren. Happy Birthday!, rief ich. Sie brummte irgendetwas Unverständliches. Wie alt bist du eigentlich inzwischen?, fragte sie. Ich sagte es ihr, worauf sie erstaunt ausrief: Echt? Kein Wunder, dass ich alt bin.

Wir plauderten ein wenig, kamen aber bald auf das gerade beendete Semester zu sprechen.

Wie war's denn?, fragte sie. Hat sich dein Vater eifrig beteiligt?

Ich musste lachen. Ich erzählte von den Meinungsverschiedenheiten, die wir gelegentlich hatten. *Er ist kein Held, weil er weint. Er ist kein Held, weil er seine Frau betrügt. Er ist kein Held, weil ihm die Götter helfen.*

Und die Studenten, wie fanden sie ihn?

Tatsächlich konnte ich ziemlich genau sagen, wie sie ihn fanden, denn einige hatten mir überraschenderweise nach der letzten Sitzung geschrieben, wie toll es war, dass mein Vater teilgenommen hatte. Ich las Froma einige E-Mails vor.

Tommy schrieb: »Man spürte immer, dass er genauso begeistert bei der Sache war wie wir und dass er trotz seines Alters eine ungeheure Wissbegier hatte.«

Wie nett!, rief Froma.

Jack schrieb, mein Vater habe »glücklich und humorvoll« auf ihn gewirkt. »Es war schön, dass Ihr Vater dabei war. Seine Anwesenheit war für uns alle ein großer Gewinn.« *Glücklich und humorvoll?*, hatte ich gedacht, als ich Jacks E-Mail das erste Mal las. *Ein großer Gewinn?* Von wem redet er?

Eine Bemerkung von Tom Blondschopf überraschte mich aus einem anderen Grund:

> Ich hatte das Vergnügen, Ihrem Vater außerhalb des Campus zu begegnen. Wir beide standen auf dem Bahnhof von Rhinecliff, ich wartete auf Freunde, er auf den Zug nach Hause. Wir redeten etwa eine Stunde miteinander, über die *Odyssee* und das Leben im Allgemeinen. Mir fiel auf, wie ehrlich, engagiert und nachdenklich er war. Es war ein wunderbares Gespräch. Vielen Dank, dass Sie ihn jede Woche mitgebracht haben.

Als ich das las, fragte ich mich, warum Daddy mir nicht davon erzählt hatte. Anfang März – als wir gerade mit den Apologoi angefangen hatten und er erklärte, dass er lieber den Zug nehmen, statt mit dem Auto fahren wolle – war ich überzeugt, dass er Angst vor dem Fahren hatte und das nicht gern zugeben wollte. Nie wäre ich auf den Gedanken gekommen, dass es vielleicht einen anderen Grund gab.

Madeline schrieb:

> Wir sind uns am Bahnhof Rhinecliff oft über den Weg gelaufen. Er hat mich immer erkannt und begrüßt. Wir haben viel über die *Odyssee* und das Seminar diskutiert, das hat mir geholfen, meine eigenen Gedanken zu entwickeln. Mit einem meiner Freunde, ebenfalls aus

Long Island, hat er die ganze Zeit über seine Tätigkeit als Professor und bei Grumman geredet. Er war sehr zugewandt und überhaupt total nett. Ich bin sicher, er war sehr beeindruckt von Ihnen, auch wenn er mit Ihren Ansichten nicht immer einverstanden war.

Brendan schrieb:

Ihr Vater hat mich sehr beeindruckt, als wir eines Tages auf den Zug warteten und er von seinem Latein-Unterricht an der Highschool erzählte. Beeindruckend fand ich, dass er nach all den Jahren etwas zu Ende bringen wollte, womit er angefangen hat, als er praktisch so alt war wie wir. Wie viele Leute können das von sich sagen?

Er hat deine Studenten wirklich beeindruckt, findest du nicht?, sagte Froma.

Ja, sagte ich. Ein solches Seminar werde ich wohl kein zweites Mal erleben.

Ich bemühte mich, heiter zu klingen, aber in Gedanken war ich längst woanders. Während des ganzen Semesters hatte ich Freunden und Kollegen erzählt, dass mein einundachtzigjähriger Vater beschlossen hatte, an meinem *Odyssee*-Seminar teilzunehmen, aber am Ende war er wirklich ein »Student« gewesen, ein Wort, das auf das lateinische *studium* (»fleißiges Streben, sich einer Sache widmen«) zurückgeht. Er hatte sich in einer Weise dem Stoff gewidmet, die ich nie für möglich gehalten hätte, und ich hatte nichts bemerkt.

Froma fragte, was ich für den Sommer vorhatte. Ich konnte sie in ihrem Arbeitszimmer sitzen sehen, der Zigarettenrauch stieg an die Decke, vorbei an den Bücherregalen, dem Makramee-Wandbehang, den Plakaten aus den 70ern und 80ern, auf denen Konferenzen in Paris und Groningen und Berlin und Jerusalem angekündigt wurden, deren Teilnehmer inzwischen wohl mehrheitlich so tot waren wie die Bibliothekare von Alexandria. Im Hintergrund hörte ich leises Klappern, wie klimpernde Münzen. Sie spielt mit ihrem Schmuck, dachte ich, wickelt sich ihre jüngste Neuerwerbung um den Finger.

Moment!, rief sie plötzlich. Ich schicke dir einen Link, musst du dir unbedingt ansehen!

Ich lächelte bei dem Gedanken, wie oft Froma mich schon gedrängt hatte, etwas Bestimmtes zu tun, eine Reise zu unternehmen, aufgeschlossener zu sein, nicht so rigide an Dinge heranzugehen. Ich dachte an ihre Reaktion, als ich mit meiner Dissertation nicht vorankam und in meiner Verzweiflung zu ihr gegangen war, weil irgendeine Idee, von der ich ganz begeistert war, nicht aufging. Nachdem ich Froma von meiner Schwierigkeit berichtet hatte, sagte sie: Dein Problem ist, dass du alles, was nicht in deine Theorie passt, als Problem ansiehst, statt als Chance, dein Denken zu erweitern und eine bessere Theorie zu entwickeln. Du bist so fixiert auf die Richtigkeit deiner Ideen, dass du nicht siehst, was direkt vor deiner Nase ist.

Ich erinnerte mich an die Situation, in der sie das gesagt hatte. Und plötzlich wusste ich, dass ich mich während des ganzen Semesters genau so verhalten hatte. Ich war so fixiert darauf gewesen, die Studenten dazu zu bringen, alles so zu sehen und zu interpretieren wie ich, dass ich ihre Einwände, ihre Zweifel als Problem empfunden hatte und nicht als Chance, etwas zu sehen, was ich noch nie gesehen hatte. Genau das hatten sie mir sagen wollen an dem Tag, an dem sie mir ihre Interpretation der Apologoi erklärten und darauf hinwiesen, dass Homer vielleicht sagt, Odysseus könnte sich das alles ausgedacht haben. Aber ich hatte nicht zugehört.

Wieder ging mir durch den Kopf, was Brendan an dem Tag gesagt hatte. *Vielleicht könnte man ja sagen, dass dies eine Geschichte über das Zuhören ist. Darüber, wie die eigene Sichtweise die Wahrnehmung beeinflusst. Tatsächlich ist es doch so, dass Polyphem von vornherein nur hört, was er hören will.*

Ich hatte gehört, was ich hören wollte. Und gesehen, was ich sehen wollte – und übersehen, was vor meiner Nase war. Ich dachte daran, wie oft ich mich über meinen Vater geärgert hatte, über seine Reserviertheit gegenüber den Studenten, darüber, dass er, wenn er von Madeline und Nina und Tom Blondschopf sprach, *er* oder *sie* gesagt hatte, *ich bin ihrer Meinung, ich bin seiner Meinung*, und doch war er ihnen nähergekommen, hatte sich die Mühe gemacht, ihnen zuzuhören. Die ganze Zeit hatte ich mich als eine Art pädagogischen Odysseus gesehen, der die Studenten mitnimmt auf eine spannende Abenteuerreise durch den Text, und am Ende hatte sich gezeigt, dass ich der Kyklop war.

Ich hab's, rief Froma in diesem Moment, ich hab's gefunden.

Was hast du gefunden?, fragte ich. Eine Sekunde, sagte sie, und wenig später kam ihre E-Mail mit einem Link zur Webseite einer Kreuzfahrtreederei. »Auf den Spuren der *Odyssee*«, stand da.

Das musst du machen!, sagte Froma. Ich rief also meinen Vater an und schickte ihm den Link, und zu meiner Überraschung rief er zurück und sagte: Okay, Dan, wir fahren!

Von einer E-Mail, die mir eine Studentin über die Anwesenheit meines Vaters geschrieben hatte, erzählte ich Froma nichts – ich kann noch immer nicht sagen, ob aus Scham über meine eigene Unfähigkeit oder aus unbewusster Rivalität mit meinem Vater.

Die letzte E-Mail, die ich nach Semesterende erhielt, war von Trisha, die ihr Studium später mit einer brillanten Arbeit über das Höhlenthema bei Homer und in der späteren griechischen Literatur abschloss und sich auf diese Weise in die Familie der *Odyssee*-Gelehrten einreihte, die bis Porphyrios im dritten Jahrhundert zurückgeht, der seinerzeit ein Traktat über die Höhle der Nymphen in der *Odyssee* verfasst hat. Trishas Mail endete mit drei Sätzen, in denen sie nüchtern, knapp und bündig, wie es meinem Vater gefallen hätte, die Wirkung beschreibt, die sich jeder Lehrer wünscht:

Er war ein unglaublicher Mensch und eine Bereicherung für das Seminar. Mit ihm zu reden, war ein Vergnügen. Ich werde die *Odyssee* nie lesen können, ohne an ihn zu denken.

Letztlich weiß man nie, wohin Erziehung führt – wer zuhören und wer in bestimmten Fällen der Lehrer sein wird.

SEMA
(Das Zeichen)

6. April 2012

»So tue kund ich dir dieses Zeichen, aber ich weiß nicht, ob mir noch, Frau, fest im Boden das Bett fußt oder ob's einer/mir hat verrückt, der unten des Ölbaums Stamm hat durchschnitten.«

Odyssee, 23.202–204

Die spürbare Unruhe, die sich durch den Beginn der *Odyssee* zieht, die scheinbar unauflösliche Ungewissheit, die auf Sohn, Gattin und Palast des verschollenen Königs lastet, wird durch ein starkes, wenn auch makabres Motiv symbolisiert – ein leeres Grab, ein nicht vorhandener Leichnam. Im weiteren Verlauf der Handlung beklagen mehrere Personen, dass Odysseus, von dem inzwischen angenommen wird, er habe auf See den Tod gefunden, nicht bestattet wurde. Der als vermisst geltende Vater, Gatte und König hat keine Grabstätte, keinen Grabhügel (wie er seinerzeit den Toten errichtet wurde), keine Inschrift, die verkündet, wer er war und welche Heldentaten er vollbracht hat. »Denn... wär er gestorben bei seinen Gefährten im Lande der Troer«, erklärt Telemachos im ersten Gesang, »dann hätten ihm ein Grabmal errichtet alle Achaier... Jetzt aber rafften ihn ruhmlos fort wild brausende Winde.« Dass Verstorbene nicht begraben werden, war eine im antiken Griechenland besonders erschreckende Vorstellung, was schon aus den ersten Versen der *Ilias* hervorgeht: Der Gedanke, einige der Helden, die in Troja den Tod fanden, könnten als »Beutestücke von Hunden und Vögeln« enden, ist unerträglich. Auch in vielen anderen griechischen Mythen wird deutlich, dass Tote unbedingt zu bestatten sind. Diese Forderung spielt eine zentrale Rolle etwa in der Geschichte von Antigone, der Tochter des Ödipus, die dreihundert Jahre nach den homerischen Epen von Sophokles dramatisiert wurde: Die junge Prinzessin Antigone wendet sich, obwohl sie es mit dem eigenen Leben bezahlt, gegen ein brutales Gesetz, wonach ihr Bruder, der als

Verräter des Staates gilt, kein Begräbnis erhalten darf. Interessanterweise scheint Sophokles die Haltung der Antigone zu billigen, denn ihr Gegenspieler, der König, der das Gesetz erlassen hat, lenkt schließlich ein und erklärt sich bereit, den Toten höchstpersönlich zu bestatten. Die Vorstellung, dass selbst Gaunern und Verbrechern ein anständiges Begräbnis zusteht, geht auf die *Odyssee* zurück. Im dritten Gesang erfahren wir, dass die Mörder des Agamemnon, nachdem sie von dessen Sohn erschlagen wurden, in einem gemeinsamen Grab rituell bestattet wurden.

Das Begräbnisthema zieht sich durch die gesamte *Odyssee*. Als Odysseus im elften Gesang die Unterwelt besucht und auf den Schatten des unglücklichen Elpenor trifft, bittet der ihn um ein anständiges Begräbnis:

… verbrenne mich samt den Waffen, so viele ich habe,
schütte ein Grabmal mir auf an des grauen Meeres Gestade,
eines unseligen Mannes Mal, auch der Nachwelt zur Kunde.
Dieses erfülle du mir und steck in den Hügel das Ruder,
das ich, solange ich lebe, bedient unter meinen Gefährten.

Wir wissen, dass Odysseus das ersehnte Grabmal errichtet, das übrigens genauso aussieht wie das Grabmal, das sich seine eigene Familie im ersten Gesang für ihn wünscht. Und wenn Odysseus im vierzehnten Gesang in Bettlergestalt die Hütte von Eumaios betritt, kommt das Thema abermals auf. Eumaios, der treue Sauhirt, ist überzeugt, dass sein Herr schon lange tot ist, auf See verschollen, und wiederholt fast wortwörtlich, was wir schon im ersten Gesang gehört haben: »Da sie ihn nicht bezwungen haben unter den Troern … Dann hätten ihm ein Grabmal errichtet alle Achaier … Jetzt aber rafften ihn ruhmlos fort wild brausende Winde.«

Interessanterweise werden die gleichen Worte ganz zum Schluss, im vierundzwanzigsten Gesang, noch einmal wiederholt, und zwar im Gespräch zweier Seelen, nachdem die Nachricht von

Odysseus' Triumph die Welt der Toten erreicht hat. Die eine Seele gehört Achilleus, die andere Agamemnon. Odysseus' Erfolg erfreut besonders den Letzteren, der bei seiner Heimkehr von seiner treulosen Gattin und deren Liebhaber ermordet wird – das genaue Gegenteil, wie meine Studenten sehr gut erkannten, von Odysseus' heimlicher Rückkehr zu seiner Frau, die ihm die ganze Zeit treu gewesen war. Die Erinnerung an die traurige Heimkehr des Agamemnon inspiriert die Seele des Achilleus zu den nunmehr vertrauten Worten: »Hättest du doch im Genuss deiner Würde und Macht... dort im Troerland deinen Tod und dein Schicksal gefunden! Dann hätten dir ein Grabmal errichtet alle Achaier.« Um ihn zu trösten, beschreibt Agamemnon daraufhin ganz detailliert, wie die Griechen ihn, den toten Achilleus, begruben. Eine Szene, die die *Ilias*, die vor Achilleus' Tod endet, nicht beschreiben konnte. Agamemnon schildert das eindrucksvolle Trauerritual: den Klagegesang der griechischen Soldaten, den erschütternden Schrei seiner Mutter, der Meeresnymphe Thetis, die siebzehntägige Trauerklage und das Verbrennen des Leichnams am achtzehnten Tag, die von Hephaistos angefertigte goldene Urne, in die seine Mutter die Asche des Verstorbenen legt. »Und um sie häuften wir auf einen großen, stattlichen Hügel,/wir, der argeiischen Lanzenschwinger mächtige Heerschar,/an dem breiten Hellespontos auf ragendem Vorsprung.«

Angesichts der wiederholten Erwähnungen von Gräbern und Bestattungsriten im abschließenden Gesang – Agamemnon geht ohne Grab aus, Achilleus erhält eine prächtige Bestattung – drängt sich der Eindruck auf, dass die *Odyssee* die *Ilias* »begräbt«, das heißt, dass sie von der älteren Dichtung Abschied nimmt und auch von sich selbst. Zwar hat *Odyssee* durchaus komödienhafte Züge – sie schließt mit einem triumphalen, freudigen Happy End –, aber die häufigen Verweise auf Gräber und Bestattungen, in denen immer etwas von Sterblichkeit, Endgültigkeit und Vollendung anklingt, haben eine deutlich melancholische Aura.

Tatsächlich erfahren wir in der *Odyssee* sogar die Einzelheiten von Odysseus' eigenem Tod, auch wenn der erst weit in der Zukunft eintreten wird. Während seines Besuchs im Reich der Toten erfahren wir nicht nur die Einzelheiten vom Tod des armen Elpenor, der Seher Teiresias kündet auch das Ende des Odysseus an und im gleichen Atemzug das Ende des Epos. Sobald er die Freier getötet habe, müsse er Poseidon besänftigen, der seit Langem zornig auf ihn ist. Zu diesem Zweck soll er ein Ruder nehmen, das Symbol seines eigenen Leids und auch Symbol des Meers, des Reichs Poseidons, und damit so weit wandern, bis er auf ein Ackerbau treibendes Volk stößt, das vom Meer nichts weiß und das Ruder für einen Dreschflegel hält. Dort soll er das Ruder in die Erde rammen und Poseidon Opfer bringen. Indem Odysseus das Meer an einen Ort bringt, wo man noch nie davon gehört hat, wird er den Ruhm Poseidons erhöhen, jenes Gottes, den er beleidigt hat und den er, in diesem abschließenden Akt der Versöhnung, besänftigt. Besonders interessant ist hier, dass das von Odysseus zu errichtende Grabmal an dasjenige erinnert, das Elpenor sich gewünscht hat: ein Grabhügel, in dem ein Ruder steckt. Dieses sonderbare Monument ist so etwas wie ein »Grabmal« für Odysseus selbst, denn in dem Moment, als Teiresias das eigentümliche Ritual verkündet, das Odysseus ausführen soll, kündet er ihm auch von seinem Tod, der sich in vielen Jahren ereignen wird:

> ... *der Tod aber wird dich ereilen*
> *außerhalb des Meers und ganz sanft; der wird dich dann töten,*
> *bist du geschwächt vom begüterten Alter; die Völker um dich her*
> *werden gesegnet sein.*

Das Gegenstück zu diesem Blick in die Zukunft ist die Rückblende, der wir später im neunzehnten Gesang begegnen, wenn die Geschichte von Odysseus' Geburt und seiner Narbe erzählt wird. Diese Paarungen – Tod und Geburt, Ausblick und Rückblick – machen deutlich, dass die *Odyssee*, sosehr dieses lange Gedicht wie ein ausführlicher Bericht über eine einzige Begebenheit im Leben des Protagonisten anmutet, in Wahrheit eine Art Biografie ist, die mithilfe akrobatischer erzählerischer und chronologischer Kunststücke das ganze Leben des Helden präsentiert. Der Tod Elpenors ist ein solcher Kunstgriff, er steht für einen Tod, den wir in diesem Epos nicht erleben werden; aber wir begreifen, dass die Geschichte erst enden kann, wenn der Held gestorben und begraben ist, betrauert wurde und ein Grabmal bekommen hat.

Das griechische Wort für »Grab«, das Elpenor verwendet, wenn er Odysseus anfleht, ein Grab für ihn aufzuschütten, ist *sema*. Die Hauptbedeutung von *sema* ist allerdings »Zeichen«, eine Bedeutung, die sich in dem Wort Semiotik erhalten hat, der Wissenschaft von den Zeichen und Zeichensystemen. Den Griechen dienten die Semata, die in der *Odyssee* so oft erwähnt werden, der Anzeige von Informationen über die Toten: Sie sollten eine Geschichte erzählen. Im ersten Gesang beispielsweise beklagt jemand, dass Odysseus, weil er in Troja nicht begraben wurde, »ruhmlos« sein werde – was darauf hinweist, in welcher Weise das Grabmal von dem Toten erzählen sollte. Auch der besagte Elpenor stellt im elften Gesang fest, dass sein *sema*, versehen mit dem Ruder, das seine Tätigkeit symbolisiert, noch vielen Generationen Informationen über ihn vermitteln werde. Und auch der Schrein, den Odysseus für Poseidon errichten soll, ebenfalls im elften Gesang beschrieben, soll eine Geschichte erzählen – die Geschichte eines Feindes von Poseidon, der sich schließlich mit ihm versöhnt, indem er ihn Menschen bekannt macht, die von ihm nichts wissen.

Sema bezeichnet aber nicht nur die verschiedenen Grabmäler und Monumente, von denen in der *Odyssee* die Rede ist, denn wir begegnen dem Wort auch in einem nicht so düsteren Kontext. Im dreiundzwanzigsten Gesang beschreibt Odysseus ausführlich das

Bett, das er einst für sich und Penelope gebaut hatte, dessen Geheimnis darin bestand, dass es sich nicht von der Stelle bewegen ließ. Am Ende seiner leidenschaftlichen Rede bezeichnet er das Geheimnis des Bettes als *sema*, als das Zeichen der unverrückbaren Liebe zwischen ihm und Penelope.

In der Welt der *Odyssee* steht *sema* also für eine sichtbar gemachte Geschichte: das Monument, der Grabhügel, das Ruder, das Bett – das alles sind Zeichen, die denjenigen, die sie lesen können, ebenso klar eine Geschichte erzählen wie die Geschichte, in die diese *semata* eingebettet sind, die Geschichte, die uns der Dichter erzählt.

Aber in den allermeisten Fällen bezeichnet das Wort *sema* ein Grab, das verschiedene Formen annehmen kann – ein Grabhügel oder ein Objekt (etwa ein Ruder), das mit der Zeit den unsichtbaren Körper symbolisiert und Aufmerksamkeit erregt, sodass Fremde stehen bleiben und die oft in Versform gehaltene Inschrift lesen, die vom Leben des dort Begrabenen erzählt.

Mein Vater hatte den Schlaganfall Ende Januar, zwei Monate nach seinem Sturz auf dem Parkplatz. Anfang Januar war die winzige Hüftknochenfraktur, die er sich bei dem Sturz zugezogen hatte, fast vollständig verheilt. Das einzige Problem war ein Blutgerinnsel, das sich kurz nach den Feiertagen in seinem Bein gebildet hatte. Die Ärzte hatten uns bereits gewarnt, dass es dazu kommen könnte. In der zweiten Januarwoche ging er wegen des Blutgerinnsels in das lokale Krankenhaus, keine große Sache, am nächsten Tag war er schon wieder zu Hause. Zur Verhinderung weiterer Blutgerinnsel musste er Blutverdünner nehmen, und es waren die Blutverdünner, die den Schlaganfall verursachten. Das verdünnte Blut trat aus den Blutgefäßen in seinem Gehirn, die, wie der Neurochirurg uns später erklärte, durch das frühe Rauchen in Mitleidenschaft gezogen worden waren. Diese Blutgefäße, sagte der Arzt, der meiner Mutter und mir einen Hirnscan meines Vaters zeigte, an jenem ersten Abend, an dem ich meine Mutter in der Notaufnahme traf, nachdem sie den Notarzt angerufen hatte, *da er sein iPad nicht anschließen konnte und ich wusste, dass etwas nicht in Ordnung war mit ihm*, diese Gefäße haben im Grunde die Struktur von Zuckerwatte: Mit der Zeit werden sie mürbe und zerbröseln. Ich studierte die Aufnahme und dachte: bröselig wie Zuckerwatte, ein passender Vergleich. Das hätte von Homer sein können.

Bröselig wie Zuckerwatte. Ich dachte an meinen Vater, der in all den Jahren damit angegeben hatte, dass er von einem Tag auf den anderen mit dem Rauchen aufgehört hatte, wie stolz er auf diesen harten Schnitt war. Ich studierte den Scan und sagte zu dem Chirurgen: Aber mein Vater raucht nicht. Er hat vor Jahren aufgehört, so um 1970.

Der Arzt schüttelte den Kopf. Ja, das ist lange her, aber glauben Sie mir, der Schaden ist bereits angerichtet.

Man hatte uns gleich erklärt, dass der »Schaden« umfangreich sei. Der junge Neurochirurg hielt Röntgenbilder und Scans gegen das Licht und sagte etwas von Frontallappen. Dies hier, sagte er und zeigte auf einen dunklen Fleck, ist der Schlaganfall.

Meine Mutter saß am Bett meines Vaters in der neurochirurgischen Intensivabteilung, diverse Monitore überwachten Puls, Atem, Blutbild. Es sieht aus wie in seinem Arbeitszimmer, dachte ich. Meine Mutter sah kleiner aus, zerknittert, in sich zusammengesunken, wie ein Vogel, der den Kopf in seinen Federn vergräbt.

Das da?, sagte sie und zeigte auf den tintenklecksartigen Fleck, von dem der Arzt gesprochen hatte. Der Diamant, den mein Großvater fünfzig Jahre zuvor gekauft hatte, weil er seiner Ansicht nach besser zu ihr passte als der Ring, den mein Vater sich damals hätte leisten können, funkelte an dem knotigen Finger, der die Umrisse des Flecks nachzeichnete: die »Blutung«. Aber es sieht so aus, als wäre der ganze Kopf von der Blutung betroffen, sagte sie.

Der Arzt sagte: Genau das meine ich, Mrs. Mendelsohn, die Schädigung ist sehr exten..., sehr groß.

Meine Mutter richtete sich plötzlich auf. In den letzten Jahren war sie kleiner und krummer geworden, aber in diesem Moment schien sie zwanzig Zentimeter größer geworden zu sein. Junger Mann, sagte sie, ich weiß, was »extensiv« bedeutet, ich habe an einer New Yorker Schule unterrichtet. Ich bin Lehrerin, mein Mann ist Mathematiker, mein Sohn ist Professor. Wir sind nicht schwachsinnig.

Tut mir leid, sagte der Arzt, sichtlich betroffen.

Reden Sie mit mir nicht wie mit einem Kind, fuhr meine Mutter fort. Ich möchte einfach verstehen, was mit meinem Mann passiert ist. Er hatte sich mit ehemaligen Arbeitskollegen zum Mittagessen getroffen, er fühlte sich gut, aber dann hat er den Ausgang nicht gefunden, und später konnte er sein iPad nicht ans Netz anschließen. Ich verstehe nicht, wie das passieren konnte.

Es waren die Blutverdünner, sagte der Arzt. Wie Sie wissen, gab es ein kleines Blutgerinnsel, das durch den Sturz verursacht worden war, den er – er schaute in den Papieren auf seinem Clipboard nach –, den er im November hatte.

Ja, sagte meine Mutter. Wir waren alle zu Thanksgiving bei Andrew, meinem ältesten Sohn, in Kalifornien. Sie wollten nur Besorgungen machen, Jay und Andrew wollten für das Abendessen einkaufen, die anderen waren alle noch unterwegs. Und dann ist da dieses beschissene Stück Metall – ich schaute erschrocken hoch, das Wort »beschissen« hatte ich noch nie aus dem Mund meiner Mutter gehört – dort an diesem Dings auf dem Parkplatz, wo man die Einkaufswagen abstellt, mein Mann stolpert darüber und fällt hin. So hat alles angefangen.

Ja, sagte der Arzt routiniert freundlich. Aber diese Geschichte ist jetzt nicht mehr wichtig, es geht nicht mehr um den Sturz, sondern um den Schlaganfall, der von den Blutverdünnern verursacht wurde, die er ab letzter Woche wegen des Blutgerinnsels bekam.

Für mich ist die Geschichte aber wichtig, fauchte meine Mutter. Ich will es einfach verstehen.

In den nächsten drei Monaten gab es immer wieder solche Situationen, in denen die Ärzte meine Mutter wie ein Kind behandelten und sie wütend reagierte. Das ist meine letzte Selbstbehauptungsphase, sagte sie später. Ich musste lachen. In den Siebzigern, als sie Anfang vierzig war – als Women's Lib in der Luft lag und ihre Gespräche mit der Viererbande etwas Verschwörerisches annahmen, wenn sie an Feiertagen in New Jersey und auf Long Island und in Washington am Küchentisch saßen und über Betty Friedan und Gloria Steinem redeten –, in den Siebzigern hatte sie die erste dieser »Phasen« durchlaufen. *M steht für »Mutter«, nicht für »Magd«!*, entgegnete sie, wenn wir sie baten, etwas für uns zu erledigen. *Wasch deine Tennissocken selbst, du weißt, wo die Waschmaschine steht.* Und dann, in den Achtzigern, engagierte sie sich bei lokalen Umweltschützern, lief bei Kundgebungen mit einem Megafon herum, fertigte Flugblätter an und konfrontierte Kongressabgeordnete mit Statistiken über die Verschmutzung des Grundwassers, bewaffnet mit einem Notizblock voller Grafiken und Zahlen in roter Schrift. *Deine Mutter ist ein kluger Kopf, und nun zeigt sie es allen*, sagte mein Vater manchmal in dieser Phase, und die Bewunderung in seiner Stimme war unüberhörbar... Meine Mutter bewahrte die längst nicht mehr verwendeten Parfümflaschen in ihrem Badezimmerschränkchen auf, schöne kleine Glasflakons mit exotischen goldenen Etiketten, SHALIMAR UND SUBLIME UND ARPÈGE, von deren Inhalt nur noch ein braunes Konzentrat auf dem Boden der Flasche übrig war, und wenn man sie öffnete, was ich als Jugendlicher heimlich tat, entwich jedes Mal ein Duft, stark wie Riechsalz, der mich an längst vergangene Abende erinnerte, meine Mutter Anfang der 1970er, in einem

Hosenanzug aus grünem Samt, mit einem silbernen Gürtel tief auf der Hüfte, unterwegs zu irgendeiner eleganten Bar-Mizwa, Ende der 1960er, wie sie sich, im Persianermantel mit passendem Hut, das kastanienbraune Haar rötlich schimmernd vor den schwarzen Pelzkringeln, eingeladen zu einer Dinnerparty »in der Stadt«, über Andrew und mich beugt und uns beiden einen Gutenacht-Kuss gibt, und Daddy, der sie stolz beobachtet, hält ihr die Tür auf und tut, als warte er ungeduldig, während sie ihre schwarzen Glacéhandschuhe überstreift, aber im Grunde findet er alles ganz toll. Als mein Vater sagte: *Deine Mutter ist ein kluger Kopf, und nun zeigt sie es allen*, ein Echo aus fernen Zeiten, etwas, von dem ich geglaubt hatte, es habe sich Jahre zuvor erledigt, ein Hauch von etwas, das zwischen ihnen gewesen war, lange bevor wir geboren wurden, seine Anerkennung für ihre Klugheit und ihren Geschmack, ihre Energie, ihren Humor, dafür, dass sie seine unbändige Neugier bewunderte und seine Unduldsamkeit gegenüber dummen Leuten, das gemeinsame Vergnügen an Wortspielen, Witzen, Kreuzworträtseln, Songtexten – in dem Moment stieg der leise Duft all dessen, was ihre Beziehung einst ausgemacht hatte, in die Luft. Und damals, als meine Mutter bei den Umweltaktivisten mitmachte, schien mir, dass das Vergnügen, das beide aneinander fanden und das mit einer merklich entspannteren häuslichen Atmosphäre einherging, kein Zufall war.

Jetzt, in der neurochirurgischen Intensivabteilung, behauptete sich meine Mutter wieder. *Für mich ist die Geschichte aber wichtig.*

Sie ist die Tochter ihres Vaters, dachte ich: Alles muss eine Geschichte sein. Und dann musste ich an das *Odyssee*-Seminar denken. Das Epos ist voller Geschichten, zumal solchen, die der Held erzählt, wahre und erfundene, Lügen und »ausgeschmückte« Versionen von Ereignissen, die tatsächlich stattgefunden haben. Jedes Ereignis, das lehrt uns die *Odyssee*, kann in den Händen des richtigen Erzählers eine packende Geschichte werden. Ist Odysseus (der in seinem abschließenden Racheakt von einem anderen Dichter mit einem Barden verglichen wird, der seine Lyra bespannt) denn nicht der Dichter seines eigenen Lebens? Wir alle brauchen Geschichten, um der Welt einen Sinn zu geben. Der Arzt brauchte seine Zahlen, meine Mutter brauchte eine Geschichte, die einen Zusammenhang ergab zwischen Thanksgiving und dem Sturz auf dem Parkplatz des Supermarkts und den Monitoren mit ihren geheimnisvollen Punkten und Linien, die in der Dunkelheit grün leuchteten, und meinem Vater, der dort lag, zuckend wie eine Marionette, im halb geöffneten Mund ein Plastikschlauch, dick und hellblau und mit Klebestreifen fixiert, wie ein Stück Abflussrohr. Vielleicht hatte mein Vater – der, wie ich inzwischen weiß, in Einsamkeit und Schweigen aufgewachsen war – vor langer Zeit die Geschichten meiner Mutter gebraucht.

In den nächsten Tagen lag mein Vater reglos da. Dann, in der letzten Januarwoche, zeigte er Anzeichen von Bewusstsein. Wenn man ihn ansprach, kniff er die Augen zusammen, um zu signalisieren, dass er einen hörte. Eine Woche ging das so, zu mehr war er nicht imstande. Kaum hatte sich diese Neuigkeit herumgesprochen, kamen Besucher, jeder saß auf dem kleinen Plastikstuhl, auf dem meine Mutter gesessen hatte, und redete laut mit meinem Vater, der dann die Augen zusammenkniff wie früher, wenn er, zum Beweis seiner Geistesschärfe, sich an irgendetwas zu erinnern versuchte, ein Baseballergebnis, das Jahr der Spanischen Grippe, den Namen von Franklin Roosevelts zweitem Vizepräsidenten oder einer Schauspielerin in einem B-Movie. Andrew und Ginny und die Kinder kamen mit dem Flugzeug aus Kalifornien, Matt und Maya und ihre Tochter kamen mit dem Wagen aus Washington, Lily und unsere Söhne kamen aus New Jersey, Jennifer und Greg kamen mit ihren beiden kleinen Söhnen aus Baltimore, Eric kam fast täglich aus Manhattan vorbei. Wir saßen abwechselnd auf dem Plastikstuhl neben dem gigantischen Bett mit den vielen Schläuchen und Knöpfen und Monitoren, in dem mein Vater lag wie ein eingezwängter Astronaut in der Raumkapsel, und sangen, ohne die irritierten Blicke des Pflegepersonals zu beachten, Songs von Rodgers und Hart, deren Texte ihm so gefallen hatten.

Is your figure less than Greek?
Is your mouth a little weak?
When you open it to speak, are you smart?

Doch er konnte nicht sprechen, konnte nur die Augen zusammenkneifen, sodass wir wussten, dass er da war, irgendwo. Andere Besucher kamen, mir unbekannte Leute, Freunde aus Grumman-Zeiten, ehemalige Kollegen von der Hofstra. Einmal saß ein junger Mann bei ihm am Bett, als ich frühmorgens hereinkam. Entschuldigen Sie, wer sind Sie?, fragte ich. Er sagte: Mein Name ist Khan, ich habe bei Ihrem Vater studiert, er war ein wunderbarer Mentor. An einem anderen Tag, Anfang Februar – ein Jahr zuvor hatten wir im Seminar über die Telemachie gesprochen –, sagte die Krankenschwester, die meinen Vater wusch: Heute Morgen war Mr. Mendelsohn wieder da, er kommt so früh! Welcher Mr. Mendelsohn?, fragte ich, worauf sie entschuldigend lächelte und sagte, dass sie das nicht wisse. Könnte es Eric sein?, überlegte ich und beschloss, mich am Empfang zu erkundigen. Ich kann das nicht mit Sicherheit sagen, sagte die Dame, es ist ein netter alter Herr, der morgens in aller Frühe kommt und bei ihm sitzt, er hat gesagt, er kommt mit dem Bus aus Queens, einmal Umsteigen, mehr als eine Stunde pro Strecke.

Onkel Howard.

Nino kam mit Barbara. *Jay, Jay,* rief er und nahm Vaters Hand, du musst wieder gesund werden, wir haben noch so viel zu bereden.

In den nächsten zehn Tagen schien er Fortschritte zu machen, beziehungsweise sich zu »stabilisieren«, wie der Arzt sagte. Wir klammerten uns an dieses Wort, obwohl wir nicht zu fragen wagten, was das langfristig bedeutete: stabilisiert auf diesem Niveau? Meine Geschwister und ich schüttelten nur den Kopf, wenn wir das Wort »stabilisieren« hörten, mussten nicht einmal aussprechen, was wir dachten: dass er genau das immer befürchtet hatte, dass er nicht auf diesem niedrigen Niveau dahinvegetieren wollte, eher sollten wir den Stecker ziehen.

Dann, eines Montagabends am Ende der ersten Februarwoche, als ich im Haus meiner Eltern war, kam mitten in der Nacht ein Anruf der Klinik, wir sollten kommen. Der Zustand Ihres Vaters verschlechtert sich, sagte die Stimme am anderen Ende der Leitung. Ich sagte meiner Mutter Bescheid. Sie war ganz ruhig. Ich spürte, dass sie mit etwas Ähnlichem gerechnet hatte. Schweigend zogen wir uns an. Es war Viertel nach vier. Zieh deine Stiefel an und deinen Schal und die Mütze, sagte sie in der Diele, als wäre ich ein Siebenjähriger, der auf Klassenfahrt geht. Sie knipste überall im Haus das Licht aus, eines nach dem anderen, wie an jedem Abend vor dem Schlafengehen. *Klick, klick, klick, klick* und *klick*. Wir traten hinaus in die Kälte.

Der Arzt sagte: Das Problem ist die Hirnschwellung. Die Schwellung ist so stark, dass sich das Gehirn verschoben hat.

Ich sah ihn verständnislos an. Was meinen Sie damit, sein Gehirn hat sich verschoben? Wie kann sich das Gehirn verschieben?

Diese Vorstellung hatte etwas Gruseliges. Ich sagte: Ich meine, das Gehirn ist im Schädel, wie kann ... ich meine, wohin kann es sich denn bewegen? Ich zitterte.

Der Arzt sagte geduldig: Ich weiß, es klingt merkwürdig, aber das Gehirn kann sich tatsächlich im Schädel bewegen.

Meine Mutter sagte: Und was bedeutet das? Sie hatte einen Notizblock mitgebracht und schrieb mit, was der Arzt sagte.

Es sieht nicht gut aus. Die Bewegung, die Schwellung wird bleibende Auswirkungen auf das Gehirn haben.

Was für Auswirkungen?, fragte meine Mutter. Das wissen wir im Moment nicht, sagte der Arzt. Aber wenn sich die Lage verschlechtert, wären es vermutlich schwerwiegende Auswirkungen, und dann wären wir in einer Situation, in der eine Entscheidung getroffen werden müsste.

Eine Entscheidung, sagte meine Mutter.

Eine Entscheidung, echote ich. Wir schwiegen. Nach einer Weile sagte ich in meiner Hilflosigkeit: Mein Vater ist jemand, der seine Denkfähigkeit über alles schätzt.

Meine Mutter schwieg. Die Monitore leuchteten und piepsten. Die Raumkapsel war auf ihrer Reise weiß der Himmel wohin. Vielleicht wusste es mein Vater, dachte ich auf einmal. Vielleicht saß er in dem Ding, steuerte es sogar.

Der Arzt sagte: Sie können jetzt eine Weile bei ihm bleiben, bevor Sie wieder nach Hause gehen. Sie müssen sich ein wenig ausruhen, für morgen. Im Moment müssen Sie nichts entscheiden.

Ich sah meine Mutter an. Ich würde gern bei ihm bleiben, sagte ich.

Sie nickte. Ich hol dir einen Kaffee, sagte sie. Du musst noch heimfahren, und du bist müde. Sie marschierte los, mit ihrem gelben Notizblock in der Armbeuge, wie eine Schuldirektorin beim morgendlichen Rundgang. Als sie am Schwesternzimmer vorbeikam, hörte ich sie sagen: Oh, vielen Dank, ich weiß, wo es ist. Soll ich Ihnen einen Kaffee mitbringen?

Dann war ich allein mit meinem Vater.

Er lag völlig bewegungslos da. Das Einzige, was sich im Zimmer bewegte, waren die intravenösen Infusionen und das rhythmische Keuchen des Beatmungsgeräts, an das man ihn angeschlossen hatte. Bildete ich es mir nur ein, oder hatte sich tatsächlich etwas verändert an ihm? In den zurückliegenden Tagen war er in seinem Körper irgendwie präsent gewesen. Es war klar, dass er hören konnte, es war klar, dass »jemand in seinem Körper anwesend war«, wie eine freundliche Krankenschwester es ausgedrückt hatte, als ich beschreiben wollte, dass ihn der Schlaganfall nicht ausgelöscht hatte. Aber nun, nachdem das Gehirn sich bewegt hatte, war ich mir nicht mehr sicher. Mir schien, als wäre er schon tot.

Ich saß da, wusste nicht, wohin mit mir. Daddy?, sagte ich.

Die Monitore leuchteten und piepsten.

Ich betrachtete das Gesicht, das mir so vertraut war, das eingefallene Oval, die halbmondförmigen Ringe unter den braunen Augen, tief und übergroß, da er so viel Gewicht verloren hatte. So zerfurcht sein Gesicht auch war, im Dämmerlicht sah es eigentümlich unschuldig und glatt aus, wie das Gesicht eines schlafenden Kindes. Ich stellte ihn mir als Kind vor, allein in der Wohnung in der Bronx, während sein Vater und seine Mutter auf Arbeit waren, Howie im Krieg, Bobby mit seinen Krücken draußen auf der Straße, um zu demonstrieren, was für ein harter Bursche er war. Ich stellte mir dieses einsame Kind vor, wie es sich in der leeren Wohnung über ein Buch beugte, hungrig zu lesen begann, alles las, was die Leere vertrieb. Ich studierte sein Gesicht. Die Furchen zwischen den Augen hatten sich tief eingegraben, von dem ganzen Stirnrunzeln, dachte ich und musste ein Grinsen unterdrücken. Ich dachte daran, wie er mich angefahren hatte: *Sei nicht so ein Waschlappen!* Ich betrachtete sein Profil, die markanten Wangenknochen, die durch das diffuse Licht der Monitore betont wurden, die Hakennase, der dünne Mund, obszön nach unten gezogen von dem blauen Atemschlauch. Ich dachte an sein *Das ist schön, Dan* und das anschließende *Aber die Vorstellung von absoluter Liebe ist Quatsch.* Er sah aristokratisch aus, dachte ich. Es war das Gesicht eines toten Pharaos, der auf einer Steinplatte lag, bereit zum Einbalsamieren. Die Hand, versehen mit Schläuchen und Kanülen, lag an der Seite. Ich dachte an seine Hand, die in der Grotte der Kalypso meine Hand gehalten hatte. Ich dachte an Xenia, die gesagt hatte: *Ihr Vater ist so sympathisch.* Ich dachte daran, wie er nach unserem Besuch in der Grotte der Kalypso etwas gesagt hatte, was ich als Kind so gern von ihm gehört hätte:

Gut gemacht, Dan! Daran dachte ich, während ich meinen Vater betrachtete, an diesem Tag, der womöglich sein letzter war, und dachte: Wer ist dieser Mann? und verstand, dass ich diese Frage nie würde beantworten können.

Daddy, sagte ich wieder. Er bewegte sich nicht.

Und dann dachte ich, dass das sowieso völlig unmöglich war. Ich dachte an all die Dinge, die ich jahrelang vor meinem Vater verborgen hatte und die ihm trotzdem nicht entgangen waren. Nun ja, warum auch nicht. Er war schließlich mein Erzeuger. Ein Vater schafft seinen Sohn aus seinem Fleisch und Blut und aus seinem Geist und prägt ihn dann mit seinen Vorstellungen und Träumen, auch mit seinen Brutalitäten und Misserfolgen. Doch der Sohn, auch wenn er von seinem Vater ist, kann nicht alles über seinen Vater wissen, weil der Vater vor ihm da ist. Immer ist der Vater schon viel länger auf der Welt als der Sohn, das kann der Sohn nie aufholen, er wird nie alles wissen können. Kein Wunder, dass die Griechen glaubten, nur wenige Söhne könnten es mit den Vätern aufnehmen. Die meisten sind ihnen unterlegen, nur sehr wenige übertreffen sie. Es geht nicht um Wert, sondern um Kenntnis. Der Vater kennt den Sohn, aber der Sohn wird den Vater nie restlos kennen.

Kein Wunder, dachte ich, dass Odysseus seinen Vater Laertes im abschließenden Gesang nicht anlügen kann.

Daddy, sagte ich leise.

Dann kam eine Krankenschwester herein und machte das Deckenlicht an. Plötzlich war es nicht mehr das Gesicht eines Königs, das ich vor mir sah, sondern das eines kranken alten Mannes, eines Mannes, der nicht mehr in seinem Körper anwesend war, dessen Gehirn – dieses ausgeprägte Gehirn, das alles für ihn gewesen war, ihm in der Kindheit das Überleben ermöglicht hatte, mit dem er die Familie ernährt und seine Kinder versorgt hatte, uns gedrängt und angetrieben und auch gedemütigt hatte, das am Ende bestimmte Geheimnisse enthielt, die er nur mit der

Frau teilte, mit der sechzig Jahre zusammen gewesen war –, dessen Gehirn sich bewegt hatte.

Ich betrachtete ihn und wusste, wofür wir uns entscheiden würden, morgen.

Wenig später fuhren meine Mutter und ich nach Hause. Schau, es wird schon hell, sagte meine Mutter ganz ruhig. Hellrosa Streifen zeichneten sich wie Finger am Horizont ab. Ich erinnerte mich an eine befreundete Krankenschwester, die mir einmal erzählt hatte, dass dies die Tageszeit ist, in der die Menschen sterben. Ich erzählte meiner Mutter nichts davon, aber während der Fahrt dachte ich: *Lass ihn sterben, lass ihn sterben, es soll nicht so weit kommen, dass wir es tun müssen.*

Am nächsten Morgen fuhren meine Mutter und ich ins Krankenhaus, wo Eric uns erwartete. Er war schon früh mit dem Zug gekommen. Um neun Uhr sollte das Gespräch mit dem Ärzteteam stattfinden. Es müsse nicht sofort etwas passieren, hatte der Arzt am Telefon gesagt, bevor wir aufgebrochen waren. Aber es wäre sinnvoll, sich darauf einzustellen, sich innerlich vorzubereiten. Natürlich sollten die anderen Angehörigen anwesend sein, wenn der Zeitpunkt gekommen sei.

Während der Fahrt war mir, als schwebte ich außerhalb meines Körpers.

Ich hatte angenommen, dass das Gespräch in einem speziellen Raum stattfinden werde, einem getäfelten Zimmer, in dem es ruhig war. Aber wir versammelten uns einfach draußen vor dem Zimmer meines Vaters, standen auf dem Korridor, während Schwestern und Assistenzärzte mit Clipboards und fahrbaren Tragen vorbeieilten. Der Neurologe war da, ein Psychologe und ein Palliativmediziner. Meine Mutter, mein Bruder und ich hörten ihnen zu, doch wir hatten Mühe, ihren Ausführungen konzentriert zu folgen. Wir hatten mit den anderen Familienangehörigen telefoniert, wir wussten, was zu tun war, noch ehe wir im Krankenhaus eingetroffen waren. Hatte Daddy denn nicht immer gesagt: *Zieht einfach den Stecker raus, ich will nicht in einem Pflegeheim enden und im Rollstuhl herumgeschoben werden?* Wir reden darüber, dass wir das Leben von Jay Mendelsohn beenden werden, sagte ich mir immer wieder, dort auf dem Korridor. Wir werden das Leben von Jay Mendelsohn beenden.

Und plötzlich, während der Arzt gerade die Frage meiner Mutter beantwortete, wie lange »es« nach dem Abschalten der Geräte dauern werde – sie notierte alles gewissenhaft, drückte beim Schreiben so stark auf, dass jede Seite ihres Notizblocks, wie ich später zu Hause bemerkte, als ich ihre Aufzeichnungen durchging, sich wie durch Geisterhand auf der nächsten Seite abgezeichnet hatte, wie bei einem Palimpsest, und wenn wir in den vorangegangenen Wochen mit einem Arzt oder einer Krankenschwester sprechen mussten, nahm sie ihren Notizblock und zitierte etwas aus ihren Aufzeichnungen, und die Schwester, ein junger Rotschopf, hatte beeindruckt dreingeschaut und aufmerksam zugehört –, plötzlich, während der Arzt noch darüber sprach, wie lange »es« dauern werde, trat ebenjene Schwester zu uns heran.

Herr Doktor, sagte sie.

Der Arzt hielt irritiert einen Finger hoch und redete weiter. Seine Worte erhoben sich leise in die Höhe, unmöglich zu verstehen. *Wir werden das Leben von Jay Mendelsohn beenden*, sagte ich mir immer wieder.

Herr Doktor, sagte der Rotschopf abermals und räusperte sich.

Der Arzt wandte sich zu ihr um. Ja?, sagte er, was gibt's?

Mr. Mendelsohn ist wach. Er scheint anzudeuten, dass er ein Glas Wasser haben möchte.

Erwarte das Unerwartete.

Die *Ilias* und die *Odyssee* enden mit einer Unvermitteltheit, die manche Studenten überrascht. Die *Ilias* schildert, wie angekündigt, die Auswirkungen von Achilleus' Zorn auf Agamemnon, deren letzte die Tötung des trojanischen Heerführers Hektor ist (der zuvor Achilleus' geliebten Kampfgefährten Patroklos getötet hatte – eine unvorhergesehene Folge seines Rückzugs vom Schlachtfeld). In all den Jahren, in denen ich die *Ilias* unterrichtet habe, erwarteten die meisten Studenten, das Epos werde damit enden, dass Achilleus den Mann tötet, der seinen Freund umgebracht hat. Tatsächlich aber endet die *Ilias* mit einer ausführlichen Beschreibung der Bestattung von Hektor, die mit den schlichten Worten schließt:

So denn besorgten sie Hektors, des Pferdebezähmers, Bestattung.

Gemessen an der Vorgeschichte, ist dieser ruhige Tonfall fast irritierend undramatisch. Am Ende des *Ilias*-Seminars, das ich ein Jahr nach dem *Odyssee*-Seminar hielt, an dem mein Vater teilgenommen hatte, schrieb mir ein Student eine ungehaltene E-Mail: »Das war's?«

Gleiches gilt für die *Odyssee*, deren abschließende Verse unaufgeregt und undramatisch von dem Frieden berichten, den Athene und Zeus den feindlichen Parteien auf Ithaka oktroyieren, und von Athenes kurioser Tarnung:

Mentor in allem gleichend, sowohl an Gestalt wie an Stimme.

Als wir am letzten Tag des Seminars darüber sprachen, hatte Jack ausgerufen: Unfassbar, dass dies das Ende ist, aber es kommt einfach nichts mehr.

Mein Vater hatte gesagt: Bei einem guten Buch wünscht man sich, dass es nicht aufhört.

Nach dieser furchtbaren Woche, in der sich das Gehirn meines

Vaters verschoben hatte, erholte er sich langsam. Jay lässt sich nicht so schnell unterkriegen, sagten alle. Ich begann, meine Geschwister und deren Angehörige, Nachbarn und Freunde regelmäßig über seinen Zustand zu informieren. Zuerst schlug er die Augen auf, dann kam ein wenig Kraft in die Hand, sodass er, wenn man seine Hand hielt, ein wenig drücken konnte. Nach ein paar Wochen wurde der Atemschlauch entfernt, sodass er reden konnte. Als Erstes sagte er: Wo ist Mutter? Wie geht es ihr? Bis an sein Lebensende waren das die Worte, die er als Erstes sagte, wenn er aufwachte: *Wo ist Mutter? Wie geht es ihr?*

Bei einer solchen Gelegenheit war einer meiner Brüder anwesend. Er sah mich an und sagte verwundert: Er liebt sie wirklich.

In der zweiten Februarhälfte machte er erkennbar Fortschritte. Wenn seine Kinder und Freunde ihn besuchten, ging es lebhafter zu, da es so aussah, als würde er es schaffen. Anfang März wurde er von der Intensivstation in die Reha verlegt. In seinem Zimmer war ein Fernseher. Er fing an, Baseball zu schauen. Es war Frühling. An einem Wochenende kam Lily mit den Jungs, wir saßen alle in dem kleinen Zimmer und sahen den Mets zu. Ich stand an der Wand und beobachtete, wie mein Vater und die Jungs das Spiel verfolgten. Sie protestierten gegen eine Schiedsrichterentscheidung. Ich dachte an Laertes im allerletzten Moment des Ruhms, der ihm so unerwartet auf dem Schlachtfeld geschenkt wurde, an sein Glücksgefühl darüber, dass er noch den Tag erleben durfte, zusammen mit Sohn und Enkelsohn auf dem Schlachtfeld zu stehen. »Welch ein Tag heute, liebe Götter, wie ich mich freue!«, sagt er.

Mein Vater lebte auf. Er wollte sein iPad haben, das Fernsehprogramm langweilte ihn. Er freute sich darauf, bald entlassen zu werden, dann könnte er zu Hause auf seinem neuen elektronischen Keyboard spielen. Er hatte sich die Präludien und Fugen von Bach selbst beigebracht. Diese Stücke sind schwer, sagte er, aber genau das ist der Punkt. Eines Tages saß ich bei ihm, er strich sich mit einer steifen Hand über das Kinn.

Dan, könntest du mich rasieren?

In der ganzen Zeit hatte er sich natürlich nicht rasiert. Und so dünn sein Bart auch war, mit den Stoppeln sah er ungepflegt aus, nicht wie Jay Mendelsohn.

Ich fragte die Schwester, ob das okay sei. Klar, sagte sie, nehmen Sie den elektrischen Rasierer in seinem Zimmer. Ich setzte mich also zu meinem Vater, nahm sein Gesicht in die Hände und rasierte ihn. Er war so brav wie ein Kind, das beim Friseur sitzt. Ich versuchte, mich zu erinnern, wann ich sein Gesicht zum letzten Mal berührt hatte. Vermutlich vor Jahren.

Danke, Dan, sagte er.

Kein Problem, Daddy. Schön, dass du wieder wie früher aussiehst.

In der dritten Märzwoche sagten die Reha-Leute, dass man prüfen wolle, ob er wieder laufen könne. Ich sah zu, wie er in eine komplizierte Gehhilfe geschnallt wurde, die mit schweren Beinschienen versehen war. Zwei kräftige junge Männer stützten ihn. Er machte einen roboterhaften Schritt und sackte dann erschöpft zusammen. Die beiden Männer halfen ihm wieder in den Rollstuhl. Gut gemacht!, sagte einer von ihnen, so wie man ein Kleinkind lobt. Mein Vater sah mich an und sagte: Jetzt weiß ich, wie sich mein Bruder Bobby sein ganzes Leben lang gefühlt hat.

Ende März erschien in einem Reisemagazin ein Artikel, den ich über unsere *Odyssee*-Kreuzfahrt geschrieben hatte. Ich brachte ein Exemplar der Zeitschrift mit ins Krankenhaus. Als mein Vater anfing, sich allmählich wieder zu erholen, hatte der Arzt darauf hingewiesen, dass der Schlaganfall sein Sehvermögen erheblich beeinträchtigt habe. Das Gesichtsfeld sei wahrscheinlich um die Hälfte reduziert. Um das zu testen, hielt ich meinem Vater eines Tages eine Karteikarte hin, auf die ich in schwarzen Druckbuchstaben BASEBALL geschrieben hatte. Mein Vater sah genau hin und sagte dann, im Tonfall eines Viertklässlers, der etwas buchstabieren soll: BALL! An dem Tag, an dem ich das Magazin mitgebracht hatte, sagte ich: Weißt du was, die Schrift ist so klein, ich werde es dir einfach vorlesen. Ich setzte mich auf die Bettkante und las ihm den Artikel vor. Als ich geendet hatte, schaute er auf und nickte: Genau so war's!

Dann zuckte er heftig mit dem Auge, bis ich begriff, dass er mir zuzwinkern wollte. Ich finde aber immer noch, dass Odysseus kein besonderer Held ist!, sagte er.

In den letzten Märztagen machte er so gute Fortschritte, dass beschlossen wurde, ihn aus der Reha in ein Pflegeheim zu verlegen, das in der Nähe des Hauses meiner Eltern war. Für meine Mutter war es also kein großer Aufwand, dort hinzufahren. Es ist ganz nett dort, sagte sie immer wieder, als müsse sie sich selbst überzeugen, obgleich sie so gut wie ich wusste, dass »nett« die Sache nicht traf. Wir alle wussten, was mein Vater von Pflegeheimen hielt.

Zieht einfach den Stecker und geht ein paar Bier trinken!

Er schien sich zu stabilisieren. Ich beschloss, eine Auslandsreise zu machen, die ich seit Daddys Schlaganfall mehrmals gebucht und wieder verschoben hatte. Es geht ihm gut, sagte meine Mutter am Telefon. Es ist ja nur für ein paar Tage. Ginny kommt herüber. Andrew muss arbeiten, aber sie ist so wunderbar, sie wird mir Gesellschaft leisten, und wir werden ihn jeden Tag besuchen.

Gut, dachte ich erleichtert. Ginny mit ihrem kühlen Kopf, ihrer praktischen Art und ihrer Ausgeglichenheit ist genau das Richtige für meine Mutter.

Ich flog nach Kopenhagen. Jeden Tag rief ich vom Hotel aus an. Es geht ihm gut in dem Heim, sagte meine Mutter, obwohl ich mir denken konnte, was er davon hielt, in einem Pflegeheim zu sein. Ich fahre ihn im Rollstuhl herum, sagte sie.

Dann sagte sie: Ein bisschen deprimiert sieht er aus.

An dem Tag, an dem ich zurückfliegen sollte, wurde mein

Vater wieder ins Krankenhaus verlegt. Wegen irgendeiner Infektion, die er sich im Pflegeheim zugezogen hat, sagte meine Mutter gereizt, als ich kurz vor dem Boarding anrief. Sie haben angeblich nichts gemerkt, aber ich kenne ihn, ich wusste, dass etwas nicht in Ordnung war. Er hat mich nicht erkannt, hat nur wirres Zeug von sich gegeben. Also wurde er wieder ins Krankenhaus gebracht, er bekommt jetzt Antibiotika.

Fünfzehn Stunden später war ich in meinem Haus auf dem Campus. Gleich am nächsten Tag fuhr ich nach Long Island und traf meine Mutter und Ginny im Krankenhaus. Daddy schlief unruhig, als wir sein Zimmer betraten. Eine Schwester hielt seinen Fuß in der Hand, und ich überlegte kurz, ob mit seinen Beinen etwas nicht stimmte, doch dann sah ich, dass sie ihm die Zehennägel schnitt. Es war ein anrührendes Bild, wie sie dasaß und sich hingebungsvoll um ihn kümmerte. Ich konnte den Blick nicht von seinen langen, schmalen Füßen wenden. Sie waren weiß, glatt und unschuldig wie die eines Kindes.

Die Schwester schaute zu uns hoch. Er ist immer wieder weg, sagte sie. Seien Sie nicht besorgt, wenn er Sie nicht erkennt. Diese Infektionen sorgen für Durcheinander im Kopf, aber er bekommt jetzt Antibiotika, und es wird ihm bald wieder besser gehen.

Wir saßen bei ihm, während er schlief. Ein Arzt kam herein und sprach mit der Schwester, dann mit uns. Wir haben alles im Griff, sagte er munter. Übermorgen können wir ihn entlassen.

Mein Vater war tough.

Mutter und Ginny gingen los, um Kaffee zu holen. In der Zwischenzeit wachte er auf. Er bewegte die Lippen und wollte etwas sagen, aber sosehr ich mich bemühte, ihn zu verstehen, ich wurde nicht schlau daraus. Er war so schwach, dass seine Worte nicht mehr als gehauchte Luft waren. *Bah bah bah*, so klang es.

Die Schwester sagte: Ich glaube, er möchte, dass wir seine Lippen mit etwas Eiswasser benetzen. Sie reichte mir den Tupfer. Wollen Sie das machen?

Ja, sagte ich.

Ich saß auf der Bettkante und gab meinem Vater Wasser. Er lächelte schwach, aber das galt nicht mir. Er freute sich einfach, dass sein Durst gelöscht wurde. Es war der 5. April. Seit dem 19. Januar, dem Tag, an dem er den Schlaganfall gehabt hatte, war er intravenös ernährt worden. Seit zweieinhalb Monaten hatte er kein Wasser mehr getrunken.

Er streckte die Zunge ein wenig heraus, über die gelblichen Schneidezähne. Ich begriff, dass er Danke sagen wollte. Ich sagte: Gern geschehen, Daddy. Er lächelte wieder. Ob er wusste, wer ich war?

Dann fing er wieder an, aufgeregt zu flüstern. Ich beugte mich über ihn. Die Schwester drückte einen Knopf, woraufhin das Bett brummte und summte und das Kopfende sich etwas aufrichtete.

So müssen Sie sich nicht hinlegen, um ihn zu verstehen. Die Schwester lächelte.

Mein Vater tätschelte die Matratze, als wollte er sich bei ihr bedanken, dass sie sich aufgerichtet hatte. Tür, sagte er, wie ein Kind, das noch nicht richtig sprechen kann. Nein, Daddy, das ist ein Bett, sagte ich. Ginnys und mein Blick trafen sich. Wir dachten beide dasselbe: Er ist nicht mehr da.

Niemand zu Hause.

Am nächsten Vormittag, einem Freitag, hatte ich ein Seminar, weshalb ich nicht auf Long Island bleiben konnte. Ist schon okay, Ginny ist bei mir, sagte meine Mutter. Ginny sagte: Ich melde mich, wenn etwas passiert.

Ich nahm ein Taxi zum Bahnhof, fuhr nach Manhattan und wartete auf den Anschlusszug. Erst nach elf war ich zu Hause. Ich dachte, wie anstrengend es für meinen Vater gewesen sein musste, jede Woche zum Seminar mit dem Zug herzukommen und wieder zurückzufahren.

Ich stieg hinauf in mein Arbeitszimmer, um eine E-Mail über Daddys aktuellen Zustand zu schreiben. Ich warf meine Tasche auf das Bett, in dem er im letzten Frühjahr geschlafen hatte. Auf dem Bett lag die Leinendecke, die ich in Malta gekauft hatte, während der Kreuzfahrt im letzten Sommer. Erst neun Monate war das her. Vor einem Jahr saßen wir im Seminarraum und sprachen über die zweite Hälfte der *Odyssee* – Odysseus' *nostos*, die *anagnorisis*, das Wiedersehen mit seinem Sohn und seiner Frau.

Wie leer stand ich da und schaute auf die Büchertasche, die Tagesdecke, auf das Bett, das Daddy eigenhändig gebaut hatte. Dann sagte ich laut: Mein Gott!

Tür, hatte er gesagt.

Ich sah auf die Uhr. Zu spät, um Mutter anzurufen. Gleich morgen früh würde ich sie anrufen und ihr davon erzählen.

Das Telefon riss mich aus dem Schlaf. Auf meinem iPhone stand GINNY.

Ja?, sagte ich.

Ginny sagte: Daniel.

Verschlafen schaute ich auf das Display. 7.14 Uhr. Hi, sagte ich heiser. Was gibt's?

Ginny sagte mit klarer Stimme: Dein Vater.

DANKSAGUNG

Dieses Buch hätte ohne die jahrelange Unterstützung und Ermutigung vieler Freunde nicht geschrieben werden können. Alle wissen, wer gemeint ist. Einige von ihnen, die mir besonders nahestehen, seien jedoch genannt: In erster Linie, wie immer, Stephen Simcock, daneben Bill Blackstone (»DadB«), Lise Funderburg, Patti Hart, Richard Kramer, Donna Masini, Chip McGrath, Nancy Novogrod, Éric Trudel und natürlich Jamie Romm und Tanya Marcuse und ihre wunderbaren Kinder, die mir seit vielen Jahren eine zweite Familie sind und mich in vielfältiger Weise getragen haben.

Jenny Strauss Clay und Froma Zeitlin sind bis heute meine Fixsterne, wofür ich dankbar bin. Jenny muss ich überdies für ihre sorgfältige Durchsicht des fertigen Manuskripts danken. (Und ich denke gern an George Zeitlin, den großen Abenteurer, mit dem Froma und ich viele gemeinsame Reisen unternommen haben.) Jake Stortini und Jesse Feldmus und die Clique vom Murray's in Tivoli im Hudson Valley boten mir einen wundervollen Rückzugsort, wo ich monatelang ungestört arbeiten konnte. Bob Gottlieb, der dem Namen, den ich ihm vor mehr als zwanzig Jahren gegeben habe (»Great One!«), bis heute alle Ehre macht, hat wertvolle Anregungen beigesteuert.

Und der andere Bob, Bob Silvers, bestand darauf, das Manuskript zu lesen, obwohl es ihm schon ziemlich schlecht ging. Bei unserem letzten Gespräch verlor er, wie gewöhnlich, kein Wort über seine Person, sondern konzentrierte sich ganz auf mich und meine Arbeit, die er so klug und großzügig begleitet hat. Dass er diese Zeilen nicht mehr lesen kann, erfüllt mich mit tiefer Trauer.

Lydia Wills hat den langen Prozess in Gang gesetzt, dessen Endergebnis dieses Buch ist. Andrew Wylie und Kristina Moore sind die engagiertesten und zuverlässigsten Fürsprecher, die sich ein Autor nur wünschen kann. Dass sie an dieses Projekt in all seinen schwierigen Entwicklungsphasen geglaubt haben, bedeutet mir sehr viel.

Jennifer Kurdyla vom Verlagshaus Knopf ist ein Muster an Geduld, ihre aufmerksamen editorischen und praktischen Anregungen waren mir eine große Hilfe. Mein besonderer Dank geht an Robin Desser, Cheflektorin von Knopf, bei der ich durch magische Bestimmung nach vielen Jahren wieder gelandet bin. Ohne ihr Engagement und Mitgefühl, ihre Geduld und Zuneigung und ohne ihre bewundernswerte Fähigkeit, lange vor dem Autor den Kern dieses Buchs zu erfassen, hätte diese Geschichte nicht erzählt werden können.

Am Ende wie am Anfang: die Familienangehörigen. Es ist ein großes Glück, so menschliche, kluge, talentierte, geduldige und humorvolle Geschwister zu haben – Andrew Mendelsohn und Virginia Shea, Matt Mendelsohn und Maya Vastardis, Eric Mendelsohn sowie Jennifer Mendelsohn und Greg Abel. Dieses Buch ist in vielerlei Hinsicht das Produkt ihrer Zusammenarbeit und Unterstützung, ganz zu schweigen von ihren lebendigen Erinnerungen. Wenn es hier naturgemäß hauptsächlich um meine eigenen Erinnerungen geht und wenn diese zuweilen von den ihren abweichen, sollten wir bedenken, wie mein Vater es wohl formulieren würde, dass dieser Bogen nur ein kleiner Teil eines großen Kreises ist.

Lily Knezevich hat mir die Chance gegeben, eine eigene Familie zu haben, wofür ich ihr zutiefst dankbar bin. Unsere Jungs sind das Größte in meinem Leben. Danke, Peter, danke, Thomas.

Bedanken möchte ich mich ganz besonders bei meiner Mutter Marlene Jaeger Mendelsohn, die mir von ihren nicht immer einfachen Erinnerungen erzählt und mir erlaubt hat, in diesem Buch darüber zu schreiben. Nichts kann die *homophrosyne*, die die Beziehung zwischen ihr und meinem Vater über vierundsechzig Jahre getragen hat, besser zum Ausdruck bringen.

Anmerkung des Übersetzers

Für die Zitate aus »Odyssee« und »Ilias« wurden die folgenden Übertragungen herangezogen:

Homer, *Odyssee*. Aus dem Griechischen übersetzt und kommentiert von Kurt Steinmann, mit einem Nachwort von Walter Burkert, Manesse, Zürich 2007.

Homer, *Ilias*. Aus dem Griechischen übersetzt und kommentiert von Kurt Steinmann, mit einem Nachwort von Jan Philipp Reemtsma, Manesse, München 2017.

Homer, *Ilias*. Übersetzt von Wolfgang Schadewaldt, Insel, Frankfurt/M. 1992.

Die Übersetzung des Gedichts »Ithaka« von Konstantinos Kavafis ist der folgenden Übertragung entnommen:

Konstantinos Kavafis, *Das Gesamtwerk*. Aus dem Griechischen übersetzt und herausgegeben von Robert Elsie, mit einer Einführung von Marguerite Yourcenar, Ammann Verlag Zürich, 1997.

Die hochgelobte Neuübersetzung des Großklassikers

Kurt Steinmanns vielgelobte Versübertragung der *Odyssee* verbindet in idealer Weise hohe Texttreue mit sprachlicher Eleganz. Mühelos gelingt es ihm, dem jahrtausendealten Menschheitsepos um die Abenteuer des listenreichen Odysseus und dessen Gefährten neues Leben einzuhauchen. So erstrahlen einige der berühmtesten Episoden der Weltliteratur – die Gefangenschaft beim Kyklopen Polyphem, die verführerischen Gesänge der Sirenen, die Bedrohung durch Skylla und Charybdis – in frischem Glanz. Von der Sorgfalt der reich kommentierten Neuübersetzung – erstmals 2007 bei Manesse erschienen – zeugt auch die Taschenbuch-Ausgabe des kanonischen Großklassikers.